教育部高职高专规划教材

计算机辅助制造

朱 彤 主编

汪红兵 副主编

化学工业出版社
教材出版中心
·北京·

(京) 新登字 039 号

图书在版编目（CIP）数据

计算机辅助制造/朱彤主编. —北京：化学工业出版社，2005.10
教育部高职高专规划教材
ISBN 978-7-5025-7731-5

Ⅰ. 计… Ⅱ. 朱… Ⅲ. 计算机辅助制造-高等学校：技术学院-教材 Ⅳ. TP391.73

中国版本图书馆 CIP 数据核字（2005）第 117802 号

教育部高职高专规划教材
计算机辅助制造
朱 彤 主 编
汪红兵 副主编
责任编辑：高 钰 韩庆利
责任校对：郑 捷
封面设计：潘 峰
*
化学工业出版社
教材出版中心 出版发行
（北京市东城区青年湖南街 13 号 邮政编码 100011）
购书咨询：(010)64518888
购书传真：(010)64519686
售后服务：(010)64518899
http://www.cip.com.cn
*
新华书店北京发行所经销
北京市兴顺印刷厂印装
开本 787mm×1092mm 1/16 印张 11¾ 字数 284 千字
2006 年 1 月第 1 版 2008 年 7 月北京第 2 次印刷
ISBN 978-7-5025-7731-5
定 价：19.00 元

出版说明

高职高专教材建设工作是整个高职高专教学工作中的重要组成部分。改革开放以来，在各级教育行政部门、有关学校和出版社的共同努力下，各地先后出版了一些高职高专教育教材。但从整体上看，具有高职高专教育特色的教材极其匮乏，不少院校尚在借用本科或中专教材，教材建设落后于高职高专教育的发展需要。为此，1999 年教育部组织制定了《高职高专教育专门课课程基本要求》（以下简称《基本要求》）和《高职高专教育专业人才培养目标及规格》（以下简称《培养规格》），通过推荐、招标及遴选，组织了一批学术水平高、教学经验丰富、实践能力强的教师，成立了“教育部高职高专规划教材”编写队伍，并在有关出版社的积极配合下，推出一批“教育部高职高专规划教材”。

“教育部高职高专规划教材”计划出版500种，用5年左右时间完成。这500种教材中，专门课（专业基础课、专业理论与专业能力课）教材将占很高的比例。专门课教材建设在很大程度上影响着高职高专教学质量。专门课教材是按照《培养规格》的要求，在对有关专业的人才培养模式和教学内容体系改革进行充分调查研究和论证的基础上，充分汲取高职、高专和成人高等学校在探索培养技术应用型专门人才方面取得的成功经验和教学成果编写而成的。这套教材充分体现了高等职业教育的应用特色和能力本位，调整了新世纪人才必须具备的文化基础和技术基础，突出了人才的创新素质和创新能力的培养。在有关课程开发委员会组织下，专门课教材建设得到了举办高职高专教育的广大院校的积极支持。我们计划先用2～3 年的时间，在继承原有高职高专和成人高等学校教材建设成果的基础上，充分汲取近几年来各类学校在探索培养技术应用型专门人才方面取得的成功经验，解决新形势下高职高专教育教材的有无问题；然后再用 2～3 年的时间，在《新世纪高职高专教育人才培养模式和教学内容体系改革与建设项目计划》立项研究的基础上，通过研究、改革和建设，推出一大批教育部高职高专规划教材，从而形成优化配套的高职高专教育教材体系。

本套教材适用于各级各类举办高职高专教育的院校使用。希望各用书学校积极选用这批经过系统论证、严格审查、正式出版的规划教材，并组织本校教师以对事业的责任感对教材教学开展研究工作，不断推动规划教材建设工作的发展与提高。

教育部高等教育司

前　言

机械制造业是国民经济的支柱产业。随着计算机技术、信息技术、微电子技术的发展，制造业也发生了革命性的变化，数控加工设备不断替代传统的加工设备，同时，数控技术正朝着高精度、高速度、高柔性、高可靠性和复合化的方向发展。计算机辅助制造作为先进的数控加工方法，越来越多地得到人们的重视。为此，我们编写了本书，以适应我国高等职业技术教育发展和高级应用型技术人才培养的需要。

编者经过多年的教学实践，结合学生需要掌握的知识和技能，确定了本书的编写内容。本书以 UG 软件为平台，从应用角度系统地介绍了计算机辅助制造的基本知识、数控加工基础、几何造型技术以及常用加工方法等。本书突出应用性，体现先进性，在编写时力求“实时性和实用性”，将学习方法和技能培养有机结合，重在培养学生应用专业软件进行产品加工制造的能力。

本书读者对象为高职高专院校数控专业、模具专业、机电一体化专业、机械设计制造及自动化专业的学生，也可供大学本科学生及企业工程技术人员参考。

本书由朱彤任主编，汪红兵任副主编。其中第一～四章由朱彤编写，第五～八章由汪红兵编写。全书由朱彤负责统稿和定稿。

由于编者水平有限，书中疏漏和不妥之处在所难免，请读者批评指正。

编者

2005 年 7 月

目　录

第一章　概论……1

第一节　CAM 的基本概念……1
第二节　CAD/CAM 软件功能……5
第三节　CAD/CAM 的硬件……7

第二章　数控编程及加工工艺基础……9

第一节　数控编程基本知识……9
第二节　数控加工工艺分析……14

第三章　几何造型技术……32

第一节　几何造型技术……32
第二节　线框造型……34
第三节　实体造型……39
第四节　曲面造型……56
第五节　装配建模……58

第四章　加工应用基础……65

第一节　加工应用简介……65
第二节　操作导航器的应用……68
第三节　创建几何……74
第四节　创建刀具……83
第五节　创建加工方法……86
第六节　创建程序组……89
第七节　创建操作……89
第八节　刀具路径管理……91
第九节　初步体验创建加工操作的过程……98

第五章　平面铣……100

第一节　基础知识……100
第二节　平面铣加工的操作参数……103
第三节　平面铣实例……125
第四节　表面铣操作……128

第六章　型腔铣……132

第一节　基础知识……132

第二节　型腔铣加工的操作参数……134
第三节　型腔铣实例……139
第四节　等高轮廓铣……141

第七章　固定轴曲面轮廓铣加工……143

第一节　基础知识……143
第二节　常用驱动方法……146
第三节　固定轴曲面轮廓铣加工参数和选项……151
第四节　固定轴铣实例……160

第八章　加工操作中的高级应用……162

第一节　机床控制操作……162
第二节　后置处理技术……167
第三节　装配加工……177

参考文献……179

第一章 概 论

第一节 CAM的基本概念

一、CAM 的含义

一般来说，计算机辅助制造（Computer Aided Manufacturing，CAM）是指应用计算机来进行产品制造的统称。有广义 CAM 和狭义 CAM 之分。广义 CAM 是指利用计算机辅助完成从原材料到产品的全部制造过程，其中包括直接制造过程和间接制造过程。它包括很多方面，如计算机数控（Computer Numerical Control，CNC）、直接控制（Direct Numerical Control，DNC）、柔性制造系统（Flexible Manufacture System，FMS）、机器人（Robots）、计算机辅助编程工艺规划（Computer Aided Process Planning，CAPP）、计算机辅助测试（Computer Aided Test，CAT）、计算机辅助生成计划编制（Production Planning Simulation，PPS），以及计算机辅助生产管理（Computer Aided Program Management，CAPM）。狭义 CAM 是指制造过程中某个环节应用计算机，在计算机辅助设计和制造（CAD/CAM）中，通常是指计算机辅助机械加工（Computer Aided Machining），更明确地说，是指数控加工。它的输入信息是零件的工艺路线和工序内容，输出信息是刀具加工时的运动轨迹（刀位文件）和数控程序。在本书中主要介绍狭义 CAM，即计算机辅助机械加工，也就是数控加工，并以 UG 软件为平台，结合实例从应用角度介绍 CAM 基本知识及软件编程。

二、CAM 系统

1．CAM 系统的概念

计算机辅助制造系统是通过计算机分级结构控制和管理制造过程的多方面工作，它的目标是开发一个集成的信息网络来监测一个广阔的相互关联的制造作业范围，并根据一个总体的管理策略控制每项作业。

从自动化的角度来看，数控机床加工是一个工序自动化的加工过程，加工中心是实现零件部分或全部机械加工过程自动化，计算机直接控制和柔性制造系统是完成一族零件或不同族零件的自动化制造过程，而计算机辅助制造是计算机进入制造过程这样一个总的概念。

2．CAM 系统的结构

一个大规模的计算机辅助制造系统是一个计算机分级结构的网络，它由两级或三级计算机组成，中央计算机控制全局，提供经过处理的信息；主计算机管理某一方面的工作，并对下属的计算机工作站或微型计算机发布指令和进行监控；计算机工作站或微型计算机承担单一的工艺过程控制或管理工作。

一个完整的计算机系统是由硬件和软件两大部分组成。

硬件主要是指计算机及各种配套设备，如各种档次的计算机、打印机、绘图仪等，广义上讲，还包括数控加工的各种机械设备等，是 CAM 系统的物质基础。软件一般包括系统软件、支撑软件和应用软件等，是 CAM 系统的核心。硬件的性能及其 CAM 功能的实现必须通过软件实现。

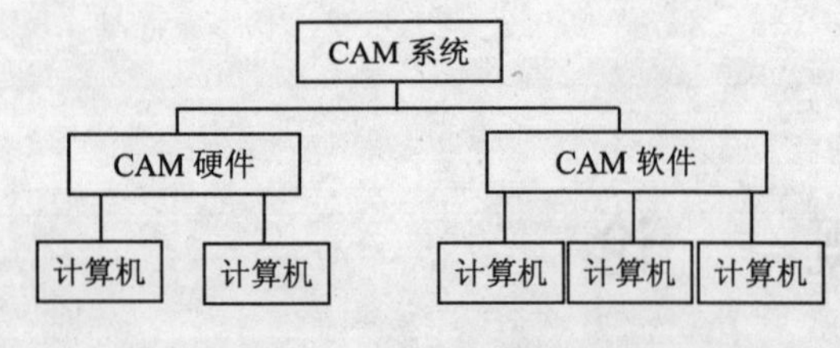

图 1-1　CAM 系统组成简图

图 1-1 为 CAM 系统组成简图。

三、CAM 的基本实现过程

数控编程技术包含了数控加工与编程、金属加工工艺、CAD/CAM 软件操作等多方面的知识与经验，其主要任务是计算加工走刀中的刀位点（简称 CL 点）。根据数控加工的类型，数控编程可分为数控铣加工编程、数控车加工编程、数控电加工编程等，而数控铣加工编程又可分为 2.5 轴铣加工编程、3 轴铣加工编程和多轴（如 4 轴、5 轴）铣加工编程等。3 轴铣加工是最常用的一种加工类型，而 3 轴铣加工编程又是目前应用最广泛的数控编程技术。

数控编程经历了手工编程、APT 语言编程和交互式图形编程 3 个阶段。交互式图形编程就是通常所说的 CAM 软件编程。由于 CAM 软件自动编程具有速度快、精度高、直观性好、使用简便、便于检查和修改等优点，已成为目前国内外数控加工中普遍采用的数控编程方法，在后面的章节中，将以 UG 软件为例重点介绍 3 轴铣加工自动编程方法。

交互式图形编程的实现是以 CAD 技术为前提的。数控编程的核心是刀位点计算。对于复杂的产品，其数控加工刀位点的人工计算十分困难，而 CAD 技术的发展为解决这一问题提供了有力的工具。利用 CAD 技术生成的产品三维造型包含了数控编程所需要的完整的产品表面几何信息，而计算机软件可针对这些几何信息进行数控加工刀位点的自动计算。因此，绝大多数的数控编程软件同时具备 CAD 的功能，故称为 CAD/CAM 一体化软件。

CAM 系统基本工作过程包括 5 个方面：建立加工模型；确定合理的加工工艺方案；数控自动编程；加工前准备；DNC 通信。

1．建立加工模型

利用 CAM 系统提供的图形生成和编辑功能绘制三维被加工零件，作为计算机自动生成刀具轨迹的依据。

加工模型的建立是通过人机交互方式进行的。被加工零件一般用工程图的形式表达在图纸上，用户可根据图纸建立三维加工模型。针对这种需求，CAM 系统应提供强大的几何建模功能，不仅能生成常用的直线和圆弧，还应能提供复杂的样条线、组合曲线、各种规则的和不规则的曲面等的造型方法，并提供各种过渡、裁剪、几何变换等编辑手段。

被加工零件数据也可以由其他 CAD/CAM 系统导入，因此 CAM 系统针对此类需求提供了标准的数据接口，如 DXF、IGES、STEP 等。

另外在进行编程前，还需对 CAD 模型进行完善，即对 CAD 模型进行适合于 CAM 程序编制的处理。由于 CAD 造型人员更多考虑零件设计的方便性和完整性，并不顾及对 CAM 加工的影响，所以要根据加工对象的确定及加工区域规划对模型做一些完善。通常有以下内容。

（1）坐标系的确定。坐标系是加工的基准，将坐标系定位于适合机床操作人员确定的位置，同时保持坐标系的统一。

（2）隐藏部分对加工不产生影响的曲面，按曲面的性质进行分色或分层。这样一方面看上去更为直观清楚；另一方面在选择加工对象时，可以通过过滤方式快速地选择所需对象。

（3）修补部分曲面。对于因有不加工部位存在而造成的曲面空缺部位，应该补充完整。如钻孔的曲面，存在狭小的凹槽的部位等，应该将这些曲面重新做完整，这样获得的刀具路径规范而且安全。

（4）增加安全曲面。如将边缘曲面进行适当延长。

2．确定合理的加工工艺方案

在数控程序编制之前，必须要根据所加工对象的几何特性及毛坯、材料、刀具及设备等生产准备条件，确定合理的、切实可行的工艺方案。只有合理的工艺方案才能保证数控加工的顺利进行，否则，可能会发生断刀、表面质量差等问题，甚至根本无法进行加工。确定了工艺方案，做到心中有数，就可以进入实际数控编程阶段。同时，需要将毛坯、刀具、设备等生产准备工作完成。

加工工艺分析和规划的主要内容包括以下几个方面。

（1）加工对象的确定　通过对模型的分析，确定这一工件的哪些部位需要在数控铣床上或者数控加工中心加工。数控铣的工艺适应性也是有一定限制的，对于尖角、细小的筋条等不适合加工的部位应使用线切割或者电加工来加工；而另外一些加工内容，可能使用普通机床有更好的经济性，如孔的加工、回转体加工，则可以使用钻床或车床来进行。

（2）加工区域规划　即对加工对象进行分析，按其形状特征、功能特征及精度、粗糙度要求将加工对象分成数个加工区域。对加工区域进行合理规划可以达到提高加工效率和加工质量的目的。

（3）加工工艺路线规划　即从粗加工到精加工再到清根加工的流程及加工余量分配。

（4）加工工艺和加工方式确定　如刀具选择、加工工艺参数和切削方式（刀轨形式）选择等。

在完成工艺分析后，应填写一张 CAM 数控加工工序卡，表中的项目应包括加工区域、加工性质、走刀方式、使用刀具、主轴转速、切削进给等选项。完成了工艺分析及规划可以说是完成了 CAM 编程 80％的工作量。同时，工艺分析的水平决定了 NC 程序的质量。

3．数控自动编程

通常数控自动编程有如下五个基本步骤。

第一步：读入加工模型（或选定加工对象）。

第二步：工艺准备。

确定毛坯类型与尺寸、刀具类型与大小；设定加工参数（下刀速度及走刀速度 F、主轴速度 S、下刀方式、切入切出方式等）；确定加工方式与切削量参数（粗加工、精加工、清根加工、残余量加工等）；设定加工精度参数等。

第三步：自动生成加工刀路（脱机编程）。

自动编程系统根据所选定的加工策略、工艺参数等，自动生成加工刀路，并通过图形方式显示在屏幕上。现阶段实际上得到的只是刀具与工件间的相对运动关系，按照这样的方式走刀，就能够加工出需要的产品。数控机床就是要根据所生成的特定 NC 指令，实现所要求的相对运动。无论在什么设备上加工，只要机床具有要求的运动功能，刀具与工件间的相对运动关系都是相同的。

第四步：校验与编辑。

自动编程所生成的加工刀路，是否满足要求，需要做充分的验证才能进行实际加工。一般自动编程（CAM）系统都提供方便的校验功能，包括如下内容。

（1）动态图形刀路显示功能　在屏幕上再现刀路的几何图形及运动状态，帮助操作者正确操作并直观检验刀路是否正确，是否是操作者所希望的刀路。

（2）动态实体加工仿真功能　高级的 CAM 系统都有内置式实体仿真模块，用实体仿真方法再现数控加工中材料去除的过程，如果刀路不正确，或提刀高度不够，能够形象地显示出来，并有报警提示，如红色或声响提示过切或撞刀等。还可以通过放大、旋转、剖切、透视等功能进一步观察加工细节或内部情况。能够帮助操作者在实际加工之前及早发现问题，及时更正刀路，避免失误。

（3）刀柄、刀杆碰撞与干涉检查　实体仿真只是检查了刀具与工件间互动关系，无法检验刀杆、刀柄等部分与工件、夹具等是否会发生碰撞。希望在加工过程中的刀具长度越短越好，以提高刀具的刚性，实现最优切削性能。但夹刀长度越短，越可能发生刀柄、刀杆与工件间的碰撞，操作者非常希望能够知道每个工序，最短的夹刀长度是多少，在给定的刀长情况下是否会发生碰撞。

（4）机床环境运动仿真　对三轴以上的联动方式，如 5 面体加工，5 轴联动加工等，机床运动方式变得非常复杂，操作者很难通过 NC 程序想像机床的实际运动过程，也很难预测可能发生的碰撞、干涉等问题。一些高级的 CAM 系统或专业的软件系统能够提供机床运动仿真功能，在计算机屏幕上再现整个机床运动部件，接近实际的加工运动过程。

通过以上校验，如果刀路不能满足加工要求，可以重新设定加工方式、加工参数，重新生成新的刀路，或对已经产生的刀路进行编辑修改。

第五步：后置处理。

经过校验后的刀具轨迹，只是反映了刀具与所加工工件之间的相对运动关系。通过自动编程系统的后处理，生成特定数控机床设备的加工指令文件，满足数控机床的代码格式要求，数控机床的控制系统能够识别该代码文件，并正确地执行，走出加工所希望的运动轨迹。

至此，数控自动编程的工作基本结束，将所生成的 NC 文件保存成特定的文件，通过 DNC 通信系统传输给数控设备的控制系统。

4．加工前准备

加工前的准备工作主要是毛坯找正、对刀，并在数控机床上设定局部坐标、刀长补正、刀径补正等基本参数。

自动编程是脱机编程形式，只是保证了加工的形状正确，并符合加工的工艺要求。实际加工中必须要考虑毛坯的放置位置，确定加工坐标系与毛坯的相对位置，加工前的毛坯找正与对刀操作就是解决该问题的关键。其原理与操作方式简单介绍如下。

自动编程所生成的 NC 指令实际上是在工件坐标系 G54 或 G55～G59 下的程序，工件坐标系的原点就是 CAD 几何模型的原点位置，通过找正与对刀操作，就是要找出在毛坯上该原点的位置，实现工件坐标系与机床机械坐标系间的联系与统一，将加工精确地控制在所需要的位置上。

首先，保证毛坯的放置方向与几何模型的方向相同，放置位置保证数控加工时不超程，并夹紧毛坯。分别测量 X、Y 两个方向的基准，通过简单计算可以知道工件坐标原点在机床机械坐标系下的坐标值，将其输入到数控系统的 G54（局部坐标系）的 X、Y 参数中，即实现了坐标系的统一，完成了找正操作。Z 方向的找正是靠对刀完成的。调整刀具到 Z 方向的某个基准面，通过机床机械坐标计算出 G54 的原点的机械坐标，输入控制系统中，实现了第一把刀具的对刀，能够保证数控加工正好所需的深度。使用同一基准对其他刀具进行对刀操作，各刀具对准基准面时的机械坐标与第一把刀具机械坐标的差值，输入到数控系统中相应刀号的刀长补正 H 中，即可保证每把刀具都能够加工到精确的深度。

5．DNC 通信

当编程与准备工作完成之后，操作者即可以正式开始实际产品的数控加工。但必须要将 NC 指令传输给数控机床的控制系统。需要根据数控机床的接口情况而定，一般有如下几种方式。

（1）通过网络　对于最新的 CNC 控制系统，有的提供网络接口，直接并入企业 CAD/CAM 网络中。NC 指令文件直接可以通过网络存入控制系统中。

（2）通过磁盘驱动器 将NC文件拷贝到数控系统中。缺点是数控文件不宜超过磁盘容量，有时也受数控系统内存空间的限制。

（3）通过RS-232串口 几乎所有的数控设备都配置有RS-232串口，通过串行口可以很方便地将NC文件输入数控机床。当NC指令文件超过内存的容量时，可以通过在线式DNC通信，实现边传输边加工，解决海量程序的加工问题。

第二节 CAD/CAM软件功能

CAD/CAM软件发展到今天，已经变得相当成熟。各种CAD/CAM软件的功能十分繁杂多样，以至于其用户手册的内容往往庞大到无法作为用户的学习用书，而只能作为功能使用的参考资料。

然而，CAD/CAM软件的NC编程功能往往是面向许多种类的加工需求的，如数控车、数控铣（又分2轴、3轴及多轴加工）、线切割等。对于一个具体的使用者而言，一般只需要掌握其中一种类型的数控编程即可满足实际工作的需要。例如对于模具制造企业的数控铣加工NC编程人员，一般掌握2轴及3轴加工的交互式图形编程方法就可以了。而且，大多数软件所提供的核心功能是基本相同的，只要掌握了这些基本功能，加上良好的操作习惯和一定的工艺经验，就完全能够编制出优良的数控程序。

一、CAD/CAM软件功能

对于2轴及3轴数控铣加工，可将现有CAD/CAM软件所提供的基本功能作如下概括的分类。

（1）三维造型功能 如前所述，加工表面的几何信息是CAD/CAM软件进行加工刀轨计算的依据，因此CAD/CAM软件至少能够提供基本的曲面造型功能。

（2）参数管理 参数（如加工对象、刀具参数、加工工艺参数等）的设置是交互式图形编程的主要操作内容，因此也是CAD/CAM软件数控编程的主要功能组成部分，它包括参数输入、修改、管理、优化等。

（3）刀位点计算 根据用户设定的加工参数和加工对象计算出刀位点。由于刀位点计算是数控编程中最重要和最复杂的工作环节，因此它也是利用CAD/CAM软件进行交互式图形编程的最明显的优势。

（4）仿真 以图形化的方式直观、逼真地模拟加工过程，以检验所编制的NC程序是否存在问题。

（5）刀轨的编辑和修改 提供多种编辑手段（如增加、删除、修改刀轨段等），便于用户对编制的数控刀轨进行修改。

（6）后处理 CAD/CAM软件计算出的刀轨包含了大量刀位点的坐标值，后处理的作用就是将这些刀位点坐标值按标准的格式“填写”到数控程序中，得到程序主体的内容。它实际上是一个文字处理过程。当然，还需要在程序的开头和结尾处加上一些辅助指令，如在程序开始部分加上主轴旋转、冷却液开等指令，在程序结尾部分加上主轴停止、冷却液关等指令。

（7）工艺文档生成 将机床操作人员所需要的工艺信息（如程序名称、加工次序、刀具参数等）编写成标准、规范的文档。这一功能虽然简单，但它对保证编程人员与机床操作人员的配合、避免失误有重要的作用。

二、常用CAD/CAM软件简介

1．UG（UNIGRAPHICS）

UG是美国Mc Donnell公司开发的集CAD/CAM/CAE于一体的计算机辅助设计与制造软

件。其特点是模具设计和数控加工能力强，具有良好的二次开发接口。UG 适用于机械、汽车、造船、航空和模具行业的设计和制造。它的主要模块功能和特点如下。

（1）Computer Aided Design（CAD） 计算机辅助设计模块能实现实体造型、三维转二维、高级装配（逼真的动态装配仿真）、标准零件库调用、几何公差分析与检查等。

（2）Computer Aided Manufacturing（CAM） 计算机辅助制造模块能实现图形化刀具路径编辑、动态地观察刀具切削路径、更改刀具切削路径（如延伸、修剪及边界的设定）、修改切削速度和方向、校验刀具路径、后置处理模块能适应各类数控机床，如 2~5 轴铣床、2~4 轴车床、线切割和电火化机床等。

（3）Computer Aided Engineer（CAE） 计算机辅助工程模块主要用于：

① 有限元分析，将零件的几何模型转化成有限元模型，并以图形化的方式显示结果，如应力分布、温度分布等，从而可以针对性地改进以获得最优化设计；

② 复杂机构运动分析。

（4）Sheet Metal 钣金设计与制造模块主要用于复杂钣金件的设计与制造，它含有丰富的用于创建复杂曲面的平面图样库、相应的材料库和成型操作方案，并能对诸如冲孔、折弯、切割等钣金件特征自动编程。

（5）Web Products 网页产品，通过客户网页浏览器向客户提供网络优质服务，一方面可以将 UG 的新产品零件数据及时发布到网页上，另一方面也允许用户利用 UG 的零件和装配数据来创建自己的网页。

（6）Knowledge Based Engineer（KBE） 基于工程的知识，通过知识驱动和繁衍，对工程问题提供最佳解决方案的计算机集成技术，是专家知识的继承、创新和管理，是计算机辅助技术（CAX）与人工智能（AI）技术的集成。

（7）Routing Applications 线路应用模块能够快速创建管路的装配线路，如油路、气路、水路、电路等管线的布局、走向与长度计算等。

（8）Quality Applications 质量控制方面的应用主要是设计验证、加工检查等。

（9）Data Exchange 数据交换提供了 UG 与其他 CAD/CAM 软件（如 Pro / Engineer、CATIA、IDEAS 和 AutoCAD 等软件）的数据交换接口。

（10）Special Applications 特殊应用主要是 UG 软件其他方面的应用，如快速成型技术和产品数据管理等。

2．Pro / Engineer

Pro / Engineer 是美国 PTC 公司（Parametric Technology Corporation）开发的新一代集计算机辅助设计、制造、工程分析于一体的大型软件。自 1988 年问世以来，十多年间已成为全世界及中国地区最普及的三维 CAD/CAM 系统。Pro / Engineer 是一个全方位的 3D 产品开发软件，它集合了零件设计、产品组合、模具开发、数控加工、钣金件设计、铸造件设计、造型设计、逆向工程、自动测量、机构仿真、应力分析、产品数据库管理等功能于一体。其主要的特点是参数化设计，给设计和制造带来很大的灵活性。它提出了基于特征的实体造型技术和行为建模理论，将优化设计理论糅合到多变量参数化设计，实现了产品从概念设计、详细设计到制造的全过程自动化。由于 Pro / Engineer 软件具有强大的功能，因此备受用户的青睐。它发展迅速，版本不断更新，功能也不断完善。

3．CATIA

CATIA（Computer Aided Three-dimensional Interactive Application）是法国达索公司开发的集 CAD/CAM/CAE 于一体的计算机辅助设计制造的系统软件。在汽车、航天、机械等行业也有较广泛应用。

4．IDEAS

IDEAS 是美国 SDRC（Structural Dynamics Research Corporation）公司开发的集机械产品设计、制造、分析、测试和信息管理于一体的系统软件。具有很强的工程设计分析和测试能力，适用于机械、汽车、仪器、仪表和塑料制品行业的设计和制造。

5．MasterCAM

MasterCAM 是美国 CNC Software 公司开发的集计算机辅助设计和制造于一体的系统软件。它既能在 MasterCAM 的 CAD 模块上绘制二维和三维零件图形，又能在 MasterCAM 的 CAM 模块上，对被加工零件直接编制刀具路径和数控加工程序。它是目前在模具设计和数控加工中使用非常普遍，而且相当成功的软件。它主要应用于加工中心、数控铣床、数控车床、线切割、雕刻机等先进制造设备。由于 MasterCAM 软件的性能价格比较好，而且学习使用比较方便，因此容易被中小企业所接受。鉴于它的普遍性和实用性，目前该软件装机量居世界第一。

第三节　CAD/CAM的硬件

计算机辅助制造的支撑环境总体上可分为软件和硬件两大方面，前面已对计算机辅助设计与制造软件作了较详细的介绍，下面对计算机辅助设计制造的硬件作一介绍。

计算机辅助设计制造的硬件主要由计算机、外部设备和带有通信接口的数控机床三大部分组成。

一、计算机

计算机按性能指标可分为巨型机、大型机、小型机、工作站、微机五大类。分类的主要性能指标有输入输出能力、信息处理能力（运算速度、字长位数）、硬件配置规模（内、外存储容量）、通信功能、多用户工作能力、运行环境要求等。由于微机发展迅速，价格便宜，现在个人微机的 CPU 芯片也可配到 Pentium Ⅳ，硬盘 120G，内存 512Mb，显卡 128Mb（支持高速三维动态图形），基本能够满足大多数计算机辅助制造软件的需求。而且目前大多数 CAD/CAM 软件都面向微机操作系统，一些原先只能在工作站上运行的软件，如今也能在微机上运行了。

二、外部设备

外部设备通常是由输入装置、输出装置、外存储器、计算机网络和其他外围设备组成。

（1）输入装置　由键盘、鼠标、扫描仪等组成。键盘用于输入命令、文字和参数值，还可用于定位、定值、拾取等。鼠标主要用于定位、拾取，并通过选择菜单命令或对话框按钮来输入命令或其他信息。扫描仪可以将实物、图像、图形或文字的光信号变为电信号，以点阵图像的格式输入到计算机，以便进行各种处理。

（2）输出装置　由显示器、打印机、绘图仪等组成。目前广泛使用的是光栅扫描式 CRT 显示器和液晶显示器。一般分辨率可配到 1024×768 以上。常用的打印机有针式、喷墨式和激光式等多种，喷墨打印机和激光打印机因其打印质量好、打印速度快而得到广泛应用。绘图仪主要用于绘制大型图纸，有平板式和滚筒式。

（3）外存储器　常用外存储器有磁盘、磁带和光盘等。在计算机辅助设计和制造中，存储大容量的数据和图形是一个突出的问题。光盘和活动式硬盘磁条（可通过 USB 接口即插即用）因其存储容量大、可擦写、使用携带方便而普遍使用。

（4）计算机网络　用通信线路和设备把分散在不同地理位置的计算机互相连接，按网络协议（TCP/IP）进行通信、资源共享。计算机网络有广域网或局域网，通过网络可实现远程通信和异地制造。

（5）其他外围设备　在计算机辅助设计和制造中，待加工零件来源有两种：一种是从无到有，是由设计师凭意念设计出来的，然后编程加工；另一种是一个现成的实物样品，需要精确测量来建立其几何模型，然后再加工。为了精确测量实物需要三坐标测量机或三维模具扫描机，它能将实物扫描数据转化为不同格式的三维数据文件，供CAD/CAM软件包调用处理，生成 CNC 加工程序，实现无纸化精密数控加工。目前市场上比较著名的产品有：英国雷尼绍（Renishaw）公司生产的模具激光扫描系统（Retroscan 、Rescan200 、Rescan350 和高速扫描机 Cyclone）和罗兰（Roland）公司生产的三维模具扫描机（MDX-500/560）等。

三、数控机床

用于制造的数控机床设备很多，常规的有加工中心（具有丰富的刀具库，并能支持 2~5 轴数控加工）、数控车床、数控铣床、数控镗床、数控钻床、数控磨床和数控冲床等；功能比较特殊的数控设备有线切割、电火花、雕刻机、激光成型加工机、电子贴装机和快速成型机等。总体上讲，计算机辅助设计和制造设备要满足精密加工和特种加工的需求。现代制造业的特点要求零件的设计与制造更趋于以下几个方面。

（1）个性化　多品种小批量的变形设计与制造。

（2）人性化　产品更符合人体工程学舒适、美观的要求，外形由流线型的自由曲线和曲面组成，给设计与制造提出了更难、更高的要求。

（3）安全性和可靠性　现代制造设备为机电一体化集成产品，自动化程度高，具有高速、高效加工的特点，这对产品的安全性与可靠性提出了更高的要求。因此一般数控设备都带有故障诊断与报警保护模块，某些先进制造设备同时带有在线监测与故障诊断、保护模块。

（4）人为设计与仿形设计并进　有些零件需要人为设计制造，而另一些则是按实样进行精确测量与仿制（如人工假肢、假牙或器官的制造），即所谓的逆向工程。

现代制造业的特点和趋势要求先进制造设备具有高度的集成化（机械、电气、液压、气动、数控等）、柔性化（模块化结构使加工设备能够一机多用，适应不同加工对象的柔性加工）和信息化（高档数控设备要能够接受和处理多方面的信息，如多种传感器的各类检测信息、控制信息和包含在NC程序里的零件几何信息与工艺信息等），集加工、检测、智能化控制于一身。

第二章　数控编程及加工工艺基础

第一节　数控编程基本知识

一、数控编程的方法

与普通机床不同，数控机床加工零件的过程完全自动地进行，加工过程中人工不能干预。因此，首先必须将所要加工零件的全部信息，包括工艺过程、刀具运行轨迹、工艺参数（主轴转速、进给量、切削深度）以及辅助动作（换刀、变速、冷却、夹紧、松开）等按加工顺序用数控代码和规定的程序格式正确地编制出数控程序，输入到数控装置，数控装置按程序要求控制数控机床，对零件进行加工。

在数控技术的发展过程中，研制出了许多编程方法。所谓数控编程，一般指包括零件图样分析、工艺分析与设计、图形数学处理、编写并输入程序清单、程序校验的全部工作。数控编程的方法有两种，即手工编程和自动编程。

1．手工编程

编制零件加工程序的各个步骤中，从零件图纸分析、工艺处理、数学处理、编写程序单、输入程序到程序检验，均由人工完成，即完全用人工编制程序的过程，称为“手工编程”。

对于点位加工和几何形状不太复杂的零件，程序编制计算较简单，程序段不多，用手工编程即可实现。但对轮廓形状不是由简单的直线、圆弧组成的复杂零件，如由非圆曲线、列表曲线等组成的零件，特别是对于具有空间曲面的零件，以及几何元素虽然并不复杂，但程序量很大的零件，由于编制程序时计算繁琐，工作量大，容易出错，难校对，采用手工编程难以实现。据统计，采用手工编程时，一个复杂零件的编程时间与机床加工时间的比例，平均为30:1。因此，为了缩短生成周期，提高数控机床的利用率，有效地解决各种模具及复杂零件的加工问题，应采取自动编程的方法。

2．自动编程

使用计算机进行数控机床程序的编制工作，由计算机自动进行数值计算，编写零件加工程序单，自动输出打印并将加工程序制成控制介质，即数控机床编程的大部分工作或全部工作由计算机完成的过程，称为“自动编程”。自动编程代替程序编制人员完成了大量繁琐的数值计算工作，可将编程效率提高几十倍甚至上百倍，同时解决了手工编程难以解决的复杂零件的编程问题。

典型的自动编程有人机对话自动编程和图形交互自动编程。

在人机对话自动编程中，从工件的图形定义、刀具的选择、起刀点的确定、走刀路线的安排，到各种工艺指令的插入，都由计算机完成，最后得到所需的加工程序。图形交互自动编程通常以计算机辅助设计（CAD）为基础，利用 CAD 软件的图形编辑功能将零件的几何图形绘制到计算机上，然后调用数控编程和加工仿真模块，采用人机交互的方式在计算机屏幕上指定被加工的部位，输入加工参数，计算机便可自动进行数学处理并编写出数控加工程序，同时在计算机上进行仿真加工。本书将以大型的 CAD/CAM 软件 UG 为例，介绍 UG 软件的自动编程和仿真加工方法。

CAM 系统实现图形交互自动编程基本步骤包括：建立加工模型，确定加工工艺，生成刀具轨迹，生成后置处理代码，输出加工代码。

（1）建立加工模型　主要是根据工程图纸建立三维加工模型。利用 CAM 系统提供的图形生成和编辑功能将被加工零件绘制在计算机屏幕上，作为计算机自动生成刀具轨迹的依据。

被加工零件数据也可以通过 CAM 系统提供的标准数据接口（如 DXF、IGES、STEP 等）从其他 CAD/CAM 软件调入，直接或者经过修正后使用。

（2）确定加工工艺　加工工艺的确定目前主要依靠人工进行，其主要内容有：核准加工零件的尺寸、公差和精度要求，确定装夹方案，选择刀具，确定加工路线，确定加工工艺参数等。

（3）生成刀具轨迹　建立了加工模型后，即可利用 CAM 系统提供的多种形式的刀具轨迹生成功能进行数控编程。用户可以根据不同的工艺要求和精度要求，通过交互方法指定加工方式和加工参数，方便快速地生成所需要的刀具轨迹即刀具的切削路径。

为满足特殊的工艺要求，CAM 系统应能对已生成的刀具进行编辑。通常 CAM 系统还可以通过模拟仿真检验生成的刀具轨迹的精度及进行加工过程干涉检查，并可通过代码校验，用图形方式检验加工代码的正确性。

（4）生成后置处理代码　在屏幕上用图形形式显示的刀具轨迹要变成可以控制机床的代码，需要进行所谓后置处理。后置处理的目的是形成数控指令文件，利用 CAM 系统提供的后置处理器，用户按机床规定的格式进行定制，即可方便地生成和特定机床相匹配的加工代码。

（5）输出加工代码　生成数控指令之后，可通过计算机的标准接口与机床直接相通。CAM 系统一般可通过计算机的串口或并口与机床连接，将数控加工代码传输到数控机床，控制机床多个坐标的伺服系统，驱动机床。

二、数控机床的坐标系统

数控加工是基于数字的加工，刀具与工件的相对位置必须在相应坐标系下才能确定。数控机床的坐标系统，包括坐标系、坐标原点和运动方向，对于数控工艺制定、编程及操作，是一个十分重要的概念。比如在考虑装夹时，在数控机床上找正或定位，保证的是工件坐标系与机床坐标系的相对位置关系，即要保证工件坐标系各坐标轴与机床坐标系各对应坐标轴平行、正方向一致，工件坐标系原点位置则由对刀保证。由于工件在数控机床上一次安装往往加工许多工艺内容，工序集中，在确定工件坐标系时需考虑的因素必然很多，所以每一个数控工艺员、编程员和数控机床的操作者，都必须对数控机床的坐标系统有一个完整且正确的理解。

数控机床的坐标和运动方向均已标准化，国际上采用 ISO 和 EIA 标准，我国也颁布了标准 JB/T 3051－1999《数控机床　坐标和运动方向的命名》。

1．标准的坐标系与运动方向

（1）为便于编程人员在不知道机床加工时是刀具移动还是工件移动的情况下，确定机床的加工工艺过程，一律假定刀具相对于静止的工件运动。

（2）标准的机床直角坐标系是右手笛卡儿坐标系，如图 2-1 所示。机床沿某一坐标轴运动的正方向是使工件和刀具距离增大的方向，各坐标轴正方向的确定方法如下。

① Z 轴的正方向通常取平行于机床主轴的方向，且增大工件和刀具距离的方向为正方向。对于没有主轴的机床（如牛头刨床），则 Z 轴垂直于工件装夹平面。如果机床有一系列主轴，则选尽可能垂直于工件装夹面的主要轴作为 Z 轴。

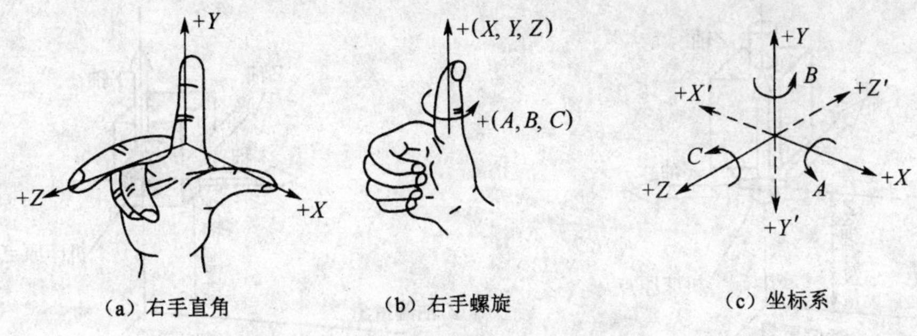

（a）右手直角　（b）右手螺旋　（c）坐标系

图 2-1　数控机床标准坐标系

② *X* 轴是水平的，且平行于工件装夹面。在工件旋转的机床上（如车床），*X* 轴方向是指直径方向，主刀架上的刀具离开工件旋转中心的方向为 *X* 轴的正方向。

③ *Y* 轴及方向是依据 *X* 和 *Z* 的运动按右手直角坐标系确定。

（3）在图 2-1 中，*A*、*B*、*C* 表示轴线平行于 *X*、*Y*、*Z* 的旋转运动坐标，其正方向是按右手螺旋确定的前进方向。

（4）除 *X*、*Y*、*Z* 坐标系中的主要直线运动之外，若有第二组平行于它们的坐标运动时，可分别指定为 *U*、*V*、*W*。如果在第一组旋转运动 *A*、*B*、*C* 存在的同时，还有平行于或不平行于 *A*、*B*、*C* 的第二组旋转运动，可命名为 *D* 和 *E*。

（5）对于工件运动而刀具不运动的机床，与前述的规定相反，用带“′”的字母表示工件相对刀具正向运动的指令，如“+*X*′”。

图 2-2 所示为不同类型的机床坐标系简图。

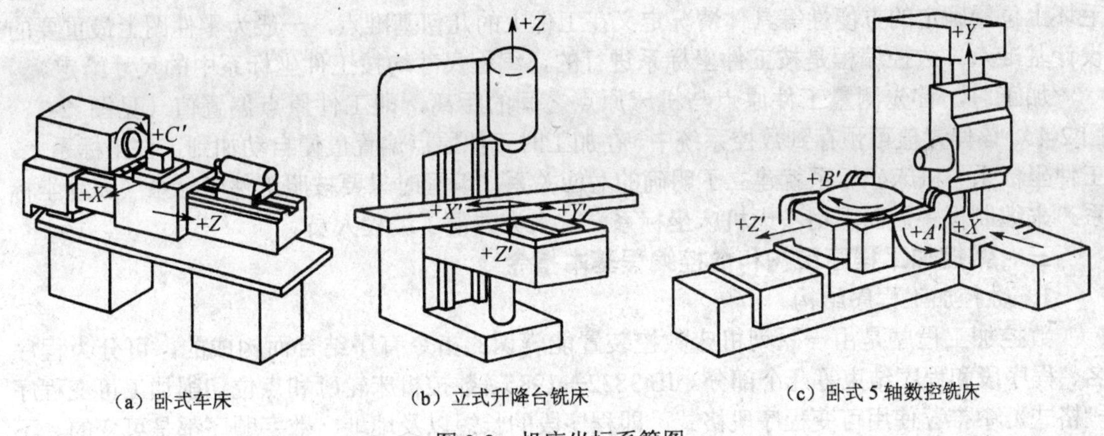

（a）卧式车床　（b）立式升降台铣床　（c）卧式 5 轴数控铣床

图 2-2　机床坐标系简图

2．机床坐标系与工件坐标系

（1）机床原点与机床坐标系　数控机床都有一个基准位置，称为机床原点，是机床制造商设置在机床上的一个物理位置，其作用是使机床与控制系统同步，建立测量机床运动坐标的起始点。机床上有一些固定的基准线（如主轴中心线）和固定的基准面（如工作台面、主轴端面和 T 形槽侧面等），机床原点一般设在主轴位于正极限位置时的一个基准点上，当机床的坐标轴手动返回各自的零点以后，用各坐标轴部件上基准线和基准面之间的给定距离来决定机床原点的位置。机床坐标系是机床上固有的坐标系，是用来确定工件坐标系的基本坐标系，是确定刀具（刀架）或工件（工作台）位置的参考系，并建立在机床原点上。机床坐标系各坐标和运动正方向按前述标准坐标系规定设定（见图 2-3、图 2-4）。

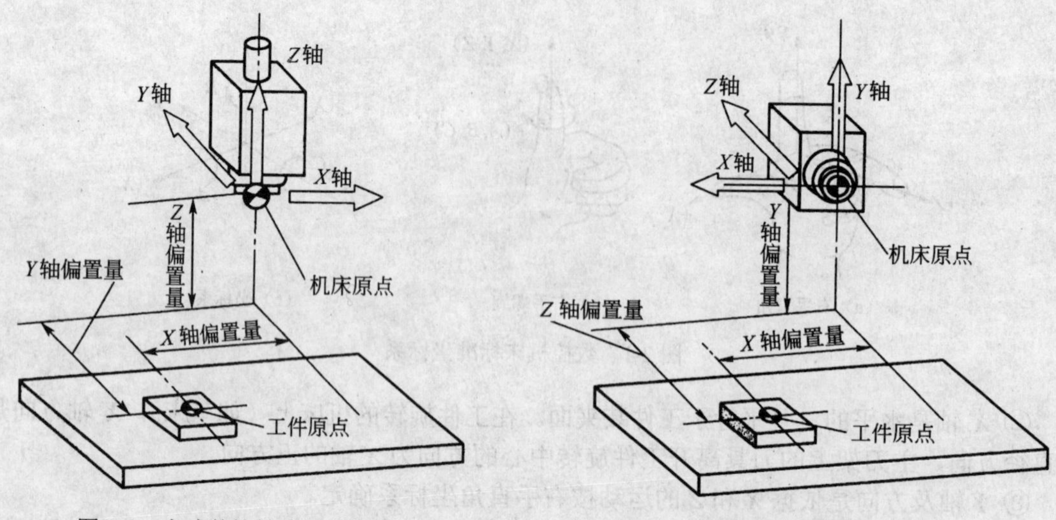

图 2-3 立式数控机床的坐标系

图 2-4 卧式数控机床的坐标系

（2）工件坐标系与工件坐标系原点 工件坐标系是编程人员在编程时设定的坐标系，也称为编程坐标系。在进行数控编程时，首先要根据被加工零件的形状特点和尺寸，在零件图纸上建立工件坐标系，使零件上的所有几何元素都有确定的位置，同时也决定了在数控加工时，零件在机床上的放置方向。

工件坐标系原点也称为工件原点或编程原点（见图 2-3、图 2-4），一般用 G92 或 G54~G59 指令指定。

工件坐标系原点是由编程人员根据编程计算方便性、机床调整方便性、对刀方便性、在毛坯上位置确定的方便性等具体情况定义在工件上的几何基准点，一般为零件图上最重要的设计基准点。数控编程是按工件坐标系进行的，编程尺寸均按工件坐标系中的尺寸给定。

加工时，首先测量工件原点与机床原点之间的距离，即工件原点偏置值（见图 2-3、图 2-4）。该偏置值可预存到数控系统中，在加工时工件原点偏置值便自动加到工件坐标系上，工件坐标系与机床坐标系就建立了明确的对应关系，编程时只要按照工件坐标系（编程坐标系）来编制程序，而不用考虑机床坐标系，这大大方便了编程人员。

三、数控加工程序结构和数控编程基本指令

1．数控加工程序结构

数控加工程序是由一系列机床数控装置能辨识的指令有序结合而构成的，可分为程序名、程序段和程序结束等几个部分。JB 3832—1985《数控机床轮廓和点位切削加工可变程序段格式》中推荐使用可变程序段格式，即程序段的长短以及地址、数字顺序都是可变的。下面通过一个加工中心编程示例来分析程序的格式和构成。

```
%                               （起始符）
O0001                           （程序名）
N0010 G40 G17 G90               （程序段）
N0020 G91 G28 Z0.0
N0030 T01 M06
N0040 S1500 M03
N0050 G00 G54 G90 X87.3 Y18.404
N0060 G43 H01 Z100 M08
……
```

N6190 M05
N6200 M09
N6210 M30 （程序结束）
% （结束符）

上面的程序中每一行称为一个程序段或单节（Block），程序段由程序段号（字）、地址、数字、符号等组成，每一程序段至少由一个程序字（Word）所组成，程序字是由一个地址（Address）和数字（Number）组成（如 G00、G01、X87.3、M30 等）。CNC 装置按照程序中的程序段顺序，依次执行程序。

程序起始符一般与结束符相同（通常为“%”），单列一行，也有数控系统采用其他字符，应根据数控机床的操作说明使用。

程序名单列一行，以规定的英文字母（通常为“O”）为首，后面接若干位（通常为 2 位或 4 位）的数字，如 O0001，也可称为程序号。

数控程序的每一程序段之前可以加一顺序号，用地址 N 后面加上 1～9999 中任意数字表示；之后可以加一结束符号（通常为“；”），以表示一个程序段的结束。

2．数控编程基本指令

数控程序所用的代码，主要有准备功能（G 功能）、辅助功能（M 功能）、进给功能（F 功能）、主轴转速功能（S 功能）和刀具功能（T 功能）。在数控编程中，用各种 G 指令和 M 指令来描述工艺过程的各种操作和运动特征。现国际上广泛采用 ISO－1056－1975E 标准，我国等效采用该标准制定了 JB/T 3208－1999 标准。

（1）准备功能 G 指令　准备功能的作用主要是指定数控机床的加工方式，如插补、刀具补偿、固定循环等。该指令由地址符 G 和其后的二位数字组成，从 G00 到 G99 共 100 种。随着数控机床功能的增加，G00 至 G99 已不够使用，有些数控系统的地址符 G 后已经使用三位数字。从目前国内外数控系统所用功能来看，只有一些常用的 G 指令按标准规定，具有一定的灵活性，因此在编程时必须根据机床系统说明书，不可生搬硬套。

参照我国制定的 JB/T 3208－1999 标准规定的 G 代码定义，选择了部分常用 G 代码及其功能列于表 2-1。

表 2-1　准备功能 G 代码及其功能

代码	功能	代码	功能	代码	功能
G00	点定位	G35	螺纹切削、减螺距	G58	直线偏移 *XZ*
G01	直线插补	G40	刀具补偿/刀具偏置注销	G59	直线偏移 *YZ*
G02	顺时针方向圆弧插补	G41	刀具补偿—左	G80	固定循环注销
G03	逆时针方向圆弧插补	G42	刀具补偿—右	G81~G89	固定循环
G04	暂停	G43	刀具偏置—正	G90	绝对尺寸
G06	抛物线插补	G44	刀具偏置—负	G91	增量尺寸
G17	*XY* 平面选择	G53	直线偏移，注销	G92	预置寄存
G18	*ZX* 平面选择	G54	直线偏移 *X*	G94	每分钟进给
G19	*YZ* 平面选择	G55	直线偏移 *Y*	G95	主轴每转进给
G33	螺纹切削、等螺距	G56	直线偏移 *Z*	G96	恒线速度
G34	螺纹切削、增螺距	G57	直线偏移 *XY*	G97	每分钟转数（主轴）

（2）辅助功能 M 指令　辅助功能主要是为数控机床加工、操作而设定的工艺性指令，如主轴正反转、停止、冷却液的开关，工件或刀具的夹紧或松开，刀具的更换等功能。该指令

由地址符 M 和其后的 2～3 位数字组成（大多为 2 位）。

参照我国制定的 JB/T 3208－1999 标准规定的 M 代码定义，选择了部分常用 M 代码及其功能列表 2-2。

表 2-2　辅助功能 M 代码及其功能

代　码	功　能	代　码	功　能	代　码	功　能
M00	程序停止	M10	夹紧	M39	主轴速度范围 2
M01	计划停止	M11	松开	M50	3 号切削液开
M02	程序结束	M13	主轴顺时针方向，切削液开	M51	4 号切削液开
M03	主轴顺时针方向旋转	M14	主轴逆时针方向，切削液开	M55	刀具直线位移，位置 1
M04	主轴逆时针方向旋转	M19	主轴定向停止	M56	刀具直线位移，位置 2
M05	主轴停转	M30	纸带结束	M61	工件直线位移，位置 1
M06	换刀	M36	进给范围 1	M62	工件直线位移，位置 2
M07	2 号切削液开	M37	进给范围 2	M71	工件角度位移，位置 1
M08	1 号切削液开	M38	主轴速度范围 1	M72	工件角度位移，位置 2
M09	切削液关				

（3）进给功能 F 指令　进给功能用来指定切削的进给速度。现在一般都能使用直接给定法，即可用地址符 F 后面的数字指定进给速度。一般用每分钟进给，单位是 mm/min，如 F300 即表示进给速度为 300mm/min；对于车床或者加工螺纹，可用每转进给，单位是 mm/r，如 F0.1 即表示进给速度为 0.1mm/r。

F 代码为续效代码，一经设定后如未被重新指定，则表示先前所设定的进给速度继续有效。F 代码指令值如超过制造厂商所设定的范围时，则以厂商所设定的最高或最低进给速度为实际进给速度。

（4）主轴转速功能 S 指令　主轴转速功能用来指定主轴转速，用地址符 S 和其后的 1～4 位数字表示。有恒转速（单位 r/min）和恒线速度（单位 m/min）两种指令方式。S 代码只是设定主轴转速的大小，并不会使主轴回转，必须有 M03（主轴正转）或 M04（主轴反转）指令时，主轴才开始旋转。

（5）刀具功能 T 指令　刀具功能主要用于选择所需的刀具，同时还可用来指定刀具补偿号。一般加工中心程序中 T 代码的数字直接表示选择的刀具号码，如 T01 表示 1 号刀。由于不同的数控系统有不同的指令方法和含义，具体应用时应参照数控机床的编程说明书。

第二节　数控加工工艺分析

一、机械加工工艺的基本概念

机械加工工艺，是将各种原材料、半成品加工成为产品的方法和过程，是机械工业的基础知识之一。采用先进适用的制造工艺及设备是提高产品质量、降低成本、提高效率、减轻环境污染的主要途径。

1．生产过程

把原材料转变为产品的全过程，称为生产过程。它由如下主要环节组成：原材料和能源供应、毛坯和零件成形、零件机械加工、材料改性与处理、装配与包装、搬运与储存、检测与质量监控、自动控制装置与系统。

2．工艺过程

改变生产对象的形状、尺寸、相对位置和性质，使其成为成品或半成品的过程，称为工艺过程。工艺过程是生产过程的主体，包括机械加工工艺过程、热处理工艺过程和装配工艺过程等。数控加工工艺主要是指机械加工工艺，其加工过程是在数控机床上完成的，因而数控加工工艺有别于一般的机械加工工艺，但其基本理论主流仍然是机械加工工艺。

在机械加工工艺过程中，针对零件的结构特点和技术要求，采用不同的加工方法和装备，按照一定的顺序依次进行才能完成由毛坯到零件的转变过程。因此，机械加工工艺过程是由一个或若干个顺序排列的工序组成的，每个工序又可分为若干个安装、工位、工步和进给。

① 工序　一个或一组工人，在一个工作地对同一个或同时对几个工件所连续完成的那一部分工艺过程，称为工序。划分工序的依据是工作地是否发生变化和工作是否连续。

② 工步　在加工表面（或装配时连接面）、加工（或装配）工具和切削用量中的转速和进给量均保持不变的情况下，所连续完成的那一部分工序内容，称为工步。划分工步的依据是加工表面和工具是否变化。

③ 进给　在一个工步内，若被加工表面需切除的余量较大，可分几次切削，每次切削称为一次进给。

④ 安装　工件经一次装夹（定位和夹紧）后所完成的那一部分工序，称为安装。在一道工序中，工件可能只需安装一次，也可能需要安装几次。

⑤ 工位　对于回转工作台（或夹具）、移动工作台（或夹具），工件在一次安装中先后处于几个不同的位置进行加工，每个位置称为一个工位。采用多工位加工方法，可减少安装次数，提高加工精度和效率。

二、数控加工工艺特点和内容

数控加工工艺与普通机加工工艺有相同之处，但也有差异。在程序编制开始前，手工和自动编程都要对被加工零件进行工艺分析，拟定工艺方案。在程序编制过程中，还要处理一些工艺问题。实践表明，数控加工工艺是程序编制的基础，是一项十分重要的工作。

1．数控加工工艺特点

一般来说，数控加工的工序内容多且复杂，应尽量减少零件的装夹次数，便于保证精度（特别是位置精度），提高生产效率，充分发挥数控机床的优势。

从编程角度看，数控加工程序的编制要比普通机加工工艺规程复杂。在通用机床上加工的部分工艺内容，如工序内工步的安排、走刀路线、切削刀具和切削用量等，可以由操作工人来选择和决定。而在数控加工时，这些内容都是由程序控制执行，即程序要准确地反映出上述内容。所以，数控加工程序要有极高的正确性和合理性，不能有丝毫的差错，否则加工不出高质量的零件。针对这一特点，在编制加工程序时必须细心，同时在编程过程中应同操作人员配合好，以提高程序编制的质量。

数控加工工艺的基本特点如下。

（1）内容十分明确而具体　数控加工工艺与普通加工工艺相比，在工艺文件的内容和格式上都有较大区别。如在加工部位、加工顺序、刀具配置与使用顺序、刀具轨迹、切削参数等方面，都要比普通机床加工工艺中的工序内容更详细。数控加工工艺必须详细到每一次走刀路线和每一个操作细节，即普通加工工艺通常留给操作者完成的工艺与操作内容（如工步的安排、刀具几何形状及安装位置等），都必须由编程人员在编程时予以预先确定。也就是说，在普通机床加工时本来由操作工人在加工中灵活掌握并通过实时调整来处理的许多工艺问题，在数控加工时就必须由编程人员事先具体设计和明确安排。

（2）工艺工作要求相当准确而严密　数控机床虽然自动化程度高，但自适应性差，它不能像普通加工时那样可以根据加工过程中出现的问题自由地进行人为调整。例如，在数控机床上加工内螺纹时，它并不知道孔中是否挤满了切屑，何时需要退一次刀待清除切屑后再进行加工。所以，在数控加工的工艺设计中必须注意加工过程中的每一个细节，尤其是对图形进行数学处理、计算和编程时一定要力求准确无误。否则，可能会出现重大机械事故和质量事故。

（3）采用多坐标联动自动控制加工复杂表面　对于一般简单表面的加工方法，数控加工与普通加工无太大的差别。但是对于一些复杂表面、特殊表面或有特殊要求的表面，数控加工与普通加工有着根本不同的加工方法。例如，对于曲线和曲面的加工，普通加工是用画线、样板、靠模、钳工、成形加工等方法进行，不仅生产效率低，而且还难以保证加工质量。而数控加工则采用多坐标联动自动控制加工方法，其加工质量与生产效率是普通加工方法无法比拟的。

（4）采用先进的工艺装备　为了满足数控加工中高质量、高效率和高柔性的要求，数控加工中广泛采用先进的数控刀具、组合夹具等工艺装备。

（5）采用工序集中　由于现代数控机床具有刚性大、精度高、刀库容量大、切削参数范围广及多坐标、多工位等特点。因此，在工件的一次装夹中可以完成多个表面的多种加工，甚至可在工作台上装夹几个相同或相似的工件进行加工，从而缩短了加工工艺路线和生产周期，减少了加工设备、工装和工件的运输工作量。

2．数控加工工艺的主要内容

在程序编制中，数控加工工艺的主要内容如下：

（1）选择适合在数控机床上加工的零件或工序内容；

（2）对零件进行数控加工工艺性分析；

（3）制定工艺路线，包括工序划分、加工顺序的安排、基准选择以及与非数控加工工序的衔接等；

（4）设计数控加工工序，主要包括确定工步、选择刀具、定位与安装夹具、确定走刀路线、确定切削用量等；

（5）调整数控加工工序程序，如增加对刀和刀具补偿等；

（6）容差分配；

（7）数控机床上部分指令的处理。

3．数控加工方法的选择

普通的数控加工与普通机床手动加工相比，就刀具的切削原理而言没有什么不同，但高速切削机床主轴转速高达几万转/分钟，切削速度、进给速度的设定，刀具的选择与传统的切削有很大的不同。数控加工的机械零件和模具，通常都是由外圆、内孔、平面、成形表面、曲面等组成，所以数控加工主要就是基本表面（包含曲面）加工的组合，数控加工方法的选择也就是对各种加工方法的选择及组合优化，以达到加工表面的精度和粗糙度要求。工件上的加工表面往往需要通过粗加工、半精加工、精加工等才能逐步达到质量要求，模具曲面还需进行抛光加工。具体应根据每个加工表面的技术要求，先选择能保证该要求的最终加工方法，后选择其前导加工方法。

使加工表面达到同等质量的加工方法是多种多样的，选择时应考虑下列因素。

（1）加工方法所能达到的加工经济精度和表面粗糙度　各种加工方法所能达到的经济精度与表面粗糙度可查阅有关机械加工工艺手册。

（2）工件材料的性质　例如淬火钢采用磨削加工，而有色金属一般都用金刚镗或精密车削。

（3）工件的结构形状和尺寸　以内圆表面加工为例，回转体工件上的孔常采用车削、磨削加工。箱体工件上 IT7 级公差的孔不宜采用拉或磨孔，通常采用镗孔或铰孔，孔径大采用镗孔，孔径小采用铰孔。

（4）生产类型　根据不同的生产类型选择不同的加工方法，同时也要考虑工厂目前的实际情况。

4．数控机床的选择

选择数控机床主要取决于零件加工的内容、零件的尺寸大小和精度的高低。其具体要求如下。

（1）数控机床的主要规格尺寸应与加工零件的外廓尺寸相适应，即小零件应选小机床，大零件应选大机床，做到合理使用设备。

（2）数控机床精度与工序要求的加工精度相适应。

（3）数控机床的生产率与加工零件的生产类型相适应。单件小批生产选择通用设备，大批大量生产选择高效的专用设备。

（4）数控机床选择还应结合现场的实际情况。例如设备的类型、规格及精度状况、负荷的平衡状况及设备的分布排列情况等。

5．数控加工的工艺文件

数控加工的工艺文件就是填写工艺规程的各种卡片。数控加工工序卡是数控机床操作人员进行数控加工的主要指导性工艺文件。它主要包括的内容有：所用的数控设备、程序号、零件图号、材料、本工序的定位、夹紧简图、工序具体加工内容（工步顺序、工步内容）和各工步所用刀具、切削用量、各工步所用检验量具等。在铣削、加工中心上加工，采用工序集中的方式，一个工序内有许多加工工步。通常把工艺文件分成数控工艺卡、刀具卡、程序清单。

目前，数控加工的工艺文件还没有标准化和规范化，只能做到按部门或按单位局部统一。下面介绍的工艺文件供读者参考。常见的数控加工工序卡见表 2-3。刀具卡分为车削类刀具卡和铣削类刀具卡。车削类刀具卡的内容有刀具号、刀具名称、刀具型号、刀片的型号和牌号、刀尖半径，见表 2-4；铣削类刀具卡的内容有刀具号、刀具名称、刀柄型号、刀具的直径和长度、补偿值，见表 2-5。程序清单为具体的程序，它存放在计算机中，通过计算机的串行口送入控制器。

表 2-3　数控加工工序卡

<table>
<tr><td rowspan="2">（单位）</td><td rowspan="2" colspan="2">数控加工工序卡片</td><td colspan="2">产品名称或代号</td><td colspan="2">零件名称</td><td colspan="2">材料</td><td>零件图号</td></tr>
<tr><td colspan="2"></td><td colspan="2"></td><td colspan="2"></td><td></td></tr>
<tr><td>工序号</td><td>程序编号</td><td colspan="2">夹具名称</td><td colspan="2">夹具编号</td><td colspan="3">使用设备</td><td>车间</td></tr>
<tr><td></td><td></td><td colspan="2"></td><td colspan="2"></td><td colspan="3"></td><td></td></tr>
<tr><td>工步号</td><td>工步内容</td><td>加工面</td><td>刀具号</td><td>刀具规格
/mm</td><td>主轴转速
/(r/mm)</td><td>进给量
/(mm/min)</td><td>背吃刀量
/mm</td><td colspan="2">备注</td></tr>
<tr><td></td><td></td><td></td><td></td><td></td><td></td><td></td><td></td><td colspan="2"></td></tr>
<tr><td></td><td></td><td></td><td></td><td></td><td></td><td></td><td></td><td colspan="2"></td></tr>
<tr><td></td><td></td><td></td><td></td><td></td><td></td><td></td><td></td><td colspan="2"></td></tr>
<tr><td></td><td></td><td></td><td></td><td></td><td></td><td></td><td></td><td colspan="2"></td></tr>
<tr><td></td><td></td><td></td><td></td><td></td><td></td><td></td><td></td><td colspan="2"></td></tr>
<tr><td>编制</td><td></td><td>审核</td><td></td><td>批准</td><td colspan="2"></td><td colspan="2">共　页</td><td>第　页</td></tr>
</table>

表 2-4　数控加工刀具卡（车）

产品名称或代号			零件名称		零件图号		程序编号	
工步号	刀具号	刀具名称	刀具型号	刀片		刀尖半径/mm	备注	
				型号	牌号			
编制		审核		批准		共　页	第　页	

表 2-5　数控加工刀具卡（铣）

产品名称或代号			零件名称		零件图号		程序编号	
工步号	刀具号	刀具名称	刀柄型号	刀具		补偿值/mm	备注	
				直径/mm	长度/mm			
编制		审核		批准		共　页	第　页	

三、数控机床刀具

1．刀具材料

在金属切削领域，金属切削机床的发展和刀具材料的开发是相辅相成的关系。刀具材料从碳素工具钢到今天的硬质合金和超硬材料（陶瓷、立方氮化硼、聚晶金刚石等）的出现，都是随着机床主轴转速提高、功率增大，主轴精度的提高，机床刚性的增加而逐步发展的。同时由于新的工程材料（耐磨、耐热、超轻、高强、纤维等）不断出现，也对切削刀具材料的发展起到了促进作用。

目前所采用的数控机床刀具材料，大体上可以分为五大类：高速钢（High Speed Steel，HSS）、硬质合金（Cemented Carbide）、陶瓷（Ceramics）、立方氮化硼（Cubic Boron Nitride，CBN）、聚晶金刚石（Polymerize Crystal Diamond，PCD）。

（1）高速钢　高速钢是一种含钨（W）、钼（Mo）、铬（Cr）、钒（V）等合金元素较多的工具钢，它具有较好的力学性能和良好的工艺性，可以承受较大的切削力和冲击。高速钢刀具材料已有悠久的历史，随着材料科学的发展，高速钢刀具材料的品种已从单纯型的 W 系发展到 WMo 系、WMoAl 系、WMoCo 系，其中 WMoAl 系是我国特有的品种。同时，由于高速钢刀具热处理技术（真空，保护气热处理）的进步以及成形金属切削工艺（全磨制钻头、丝锥等）的更新，使得高速钢刀具的红硬性、耐磨性和表面层质量都得到了很大提高和改善。因此高速钢仍是数控机床用刀具的选择对象之一。

（2）硬质合金　它是用高硬度、难熔的金属化合物（WC、TiC 等）微米数量级的粉末与 Co、Mo、Ni 等金属黏结剂烧结而成的粉末冶金制品。其高温碳化物含量超过高速钢，具有硬度高（大于 89HRC）、熔点高、化学稳定性好、热稳定性好的特点，但其韧性差，脆性大，承受冲击和振动能力低。其切削效率是高速钢刀具的5～10倍，因此，硬质合金是目前主要刀具材料。

按ISO标准，硬质合金刀片材料大致分为K、P、M三大类。K类，国家标准YG类，常用牌号有YG3、YG3X、YG6、YG6X、YG8等，主要用于加工铸铁、有色金属和非金属材料；P类，国家标准YT类，常用牌号有YT5、YT14、YT15、YT30等，主要用于加工钢料；M类，国家标准YW类，常用牌号有YW1、YW2等，主要用于加工钢和铸铁。

采用化学气相沉积（CVD）或物理气相沉积（PVD）法，在硬质合金或其他材料刀具基体上涂覆一薄层耐磨性高的难熔金属（或非金属）化合物，得到涂层刀具材料，较好地解决了材料硬度及耐磨性与强度及韧性的矛盾。

目前，最先进的涂层技术也称ZX技术，是利用纳米技术和薄膜涂层技术，使每层镀膜厚1nm的TiN和AlN超薄膜交互涂镀约2000层累积而成。它的特点是远比以往的涂层硬，其硬度高达4000HV，接近CBN的硬度，寿命是一般涂层的3倍，大幅度提高耐磨损性，产品应用更加广泛，是有发展前途的刀具材料。

（3）陶瓷　常用的陶瓷刀具材料是以Al_2O_3或Si_3N_4为基体成分，在高温下烧结而成的。其硬度可达 91～95HRA，耐磨性比硬质合金高十几倍，适合于加工冷硬铸铁和淬硬钢。在1200℃高温下仍能切削，切削速度比硬质合金高2～10倍。具有良好的抗粘性能，使它与多种金属的亲和力小。化学稳定性好，即使在熔化时，与钢也不起相互作用。抗氧化能力强。

Al_2O_3基陶瓷刀具牌号有M16、SG3、AG2等，适于各种铸铁及钢料的精加工、粗加工；Si_3N_4基陶瓷刀具牌号有 SM、7L、105、FT80、F85 等，适于端铣和切削有氧化皮的毛坯工件，也可对铸铁、淬硬钢等高硬材料进行精加工和半精加工；在Si_3N_4中加入Al_2O_3等形成的新材料称为塞隆（Sialon）陶瓷，它是迄今陶瓷中强度最高的材料，是高速粗加工铸铁及镍基合金的理想刀具材料。

（4）立方氮化硼　立方氮化硼是靠超高压、高温技术人工合成的新型刀具材料，由美国通用（GE）电气公司研制开发。有很高的硬度及耐磨性，仅次于金刚石；热稳定性比金刚石高1倍，可以高速切削高温合金，切削速度比硬质合金高3～5倍；有优良的化学稳定性，适于加工钢铁材料。

国内目前生产CBN刀片的企业有成都工具研究所（FD型、LD-J-CFⅡ型）、贵阳第六砂轮厂（DLS-F）、郑州磨料磨具研究所（LF型）、桂林矿产地质研究院（LBN-Y型）。其他还有首都机械厂、牡丹江超硬材料工具厂、哈尔滨砂轮厂、北京科技大学、吉林大学等。

国外如瑞典 SANDVIK 公司生产的立方氮化硼刀片牌号为 CB50，刀片的形状有圆形、正方形、三角形三种。美国GE公司的牌号为BZN。日本住友电气公司的牌号为BN。

（5）聚晶金刚石　金刚石有天然及人造两类，除少数超精密及特殊用途外，工业上多使用人造聚晶金刚石作为刀具及磨具材料。

金刚石具有极高的硬度，比硬质合金及切削用陶瓷高几倍；研磨能力很强，耐磨性比一般砂轮高100～200倍，且随着工件材料硬度增大而提高。具有很高的导热性，刃磨非常锋利，粗糙度值小，可在纳米级稳定切削。具有较低的摩擦系数，能保证较好的工件质量。

金刚石刀具主要用于加工各种有色金属，如铝合金、铜合金、镁合金等，也用于加工钛合金、金、银、铂、各种陶瓷和水泥制品；对于各种非金属材料，如石墨、橡胶、塑料、玻璃及其聚合材料的加工效果都很好。金刚石刀具超精密加工广泛用于加工激光扫描器和高速摄影机的扫描棱镜、特形光学零件、电视、录像机、照相机零件、计算机磁盘等，而且随着晶粒不断细化，可用来制作切割用水刀。

目前国内已有部分聚晶金刚石刀片产品。瑞典 SANDVIK 公司的聚晶金刚石刀片的牌号为 CD10，主要是将聚晶金刚石颗粒烧结在刀片刃口的顶端部分。其形状有四边形、菱形、正方形、三角形等。美国 GE 公司的聚晶金刚石刀片的牌号为 COMPAX，它是将聚晶金刚石颗粒烧结在刀片的整个刃口平面上（厚度有 0.5mm），其形状有圆形、扇形和矩形。

2．数控机床常用刀具

数控机床刀具指的是数控机床和加工中心用刀具，在国外发展很快，品种很多，已形成系列。在我国，由于对数控机床刀具的研究开发起步较晚，数控机床刀具成了工具行业中最薄弱的一环。数控机床刀具的落后已经成为影响我国国产和进口数控机床充分发挥作用的主要障碍。

数控机床刀具的分类方法很多。按刀具切削部分的材料可分为高速钢、硬质合金、陶瓷、立方氮化硼和金刚石等刀具；按刀具的结构形式可分为整体式、焊接式、机夹可转位式等刀具；按所使用机床的类型、结构和性能可分为车刀、钻头、绞刀和铣刀等。

（1）数控机床常用车刀　为了减少换刀时间和方便对刀，便于实现机械加工的标准化，数控车削加工时，大多使用系列化、标准化的刀具，应尽量采用机夹可转位式车刀和模块式刀具系统。

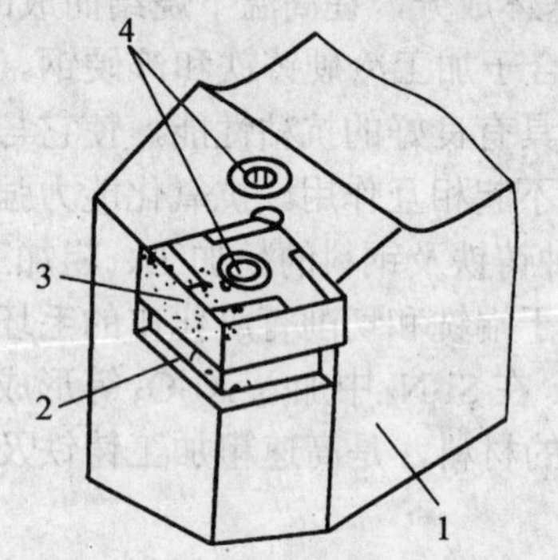

图 2-5　机夹可转位式车刀结构形式

1—刀杆；2—刀垫；3—刀片；4—夹紧元件

机夹可转位外圆车刀、端面车刀等的刀柄和刀头都有国家标准及系列化型号。对所选择的刀具，在使用前都需对刀具尺寸进行严格的测量以获得精确资料，并由操作者将这些数据输入数控系统，经程序调用而完成加工过程，从而加工出合格的工件。

数控车床常用的机夹可转位式车刀结构形式如图 2-5 所示，刀垫、刀片套装在刀杆的夹紧元件上，由该元件将刀片压向支承面而固定。机夹可转位车刀刀片形状主要依据被加工工件的表面形状、切削方法、刀具寿命和刀片的转位次数等因素选择。刀片型号组成见国家标准 GB 2076—87《切削刀具可转位刀片型号表示规则》。

模块式刀具系统（Block Tool System，BTS），其刀体是一样的，仅更换刀头及刀杆即可适用于不同加工的需要。图 2-6 所示为具有不同刀头及刀杆的 BTS。

BTS 由三部分组成：切削头部、连接部分和刀具体（见图 2-7）。切削头部有一系列不同的形状，可完成车削、镗孔、钻孔、切断、攻螺纹以及检测工作。刀具体内部装有拉紧机构，拉紧靠碟形弹簧和增力杠杆来实现。对于中等规格的模块式刀具系统——BT32，此拉紧力为 25kN。这种模块式刀具系统可手动换刀，也可机动换刀。换刀迅速，手动换刀用时 5s，机动换刀只需 2s。

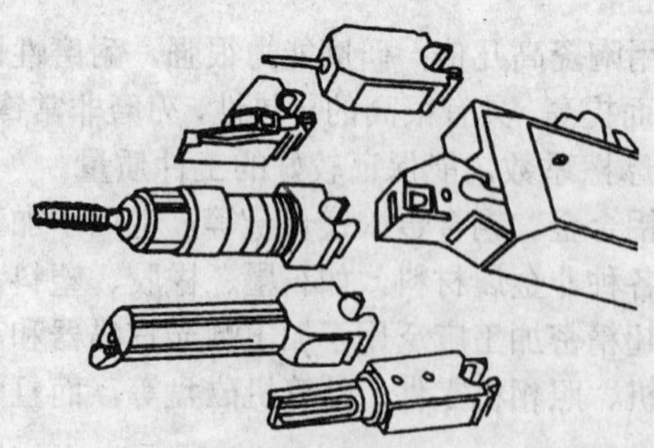
图 2-6　具有不同刀头及刀杆的 BTS

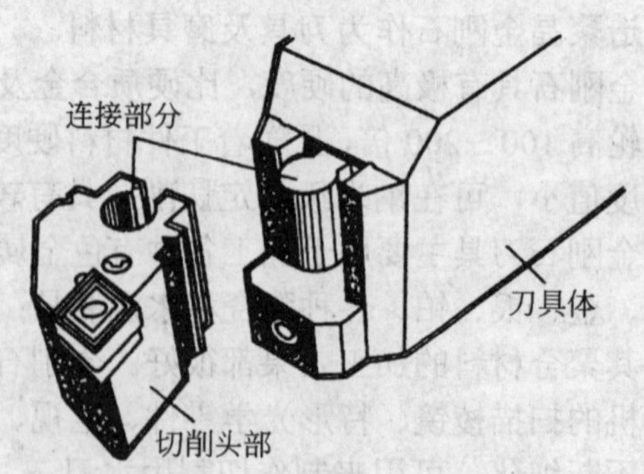

图 2-7　BTS 的三个组成部分

（2）数控机床常用铣刀

① 面铣刀　如图 2-8 所示，面铣刀圆周方向切削刃为主切削刃，端部切削刃为副切削刃。面铣刀多制成套式镶齿结构，刀齿为高速钢或硬质合金，刀体为 40Cr。高速钢面铣刀按国家标准规定，直径 $d=\phi 80\sim 250$mm，螺旋角$\beta=10°$，刀齿数 $Z=10\sim 26$。

硬质合金面铣刀的铣削速度、加工效率和工件表面质量均高于高速钢铣刀，并可加工带有硬皮和淬硬层的工件，因而在数控加工中得到了广泛的应用。

② 立铣刀　立铣刀是数控机床上用得最多的一种铣刀，硬质合金立铣刀如图 2-9 所示。立铣刀的圆柱表面和端面上都有切削刃，它们可同时进行切削，也可单独进行切削。

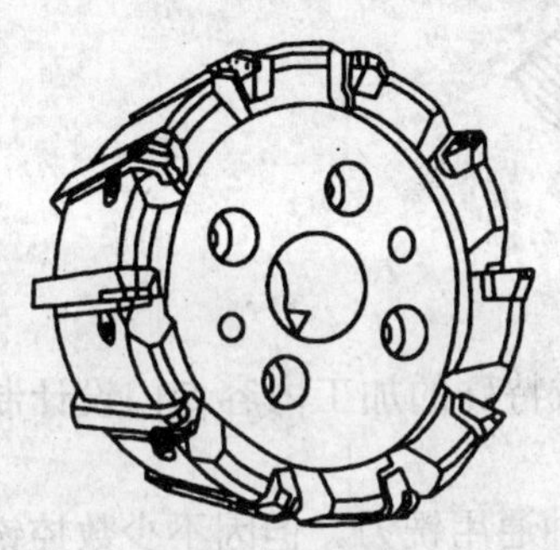

图 2-8　面铣刀

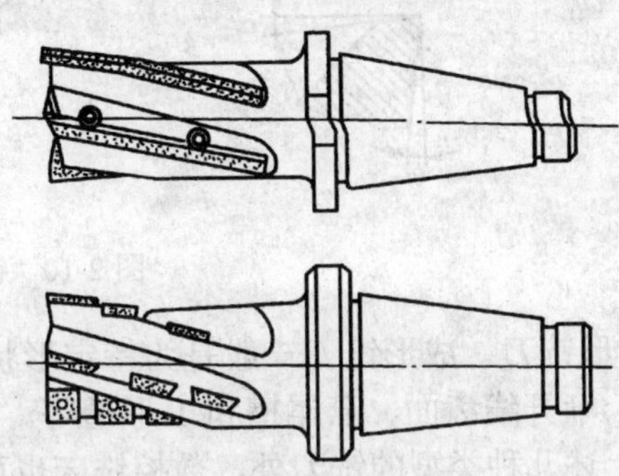

图 2-9　硬质合金立铣刀

立铣刀圆柱表面的切削刃为主切削刃，端面上的切削刃为副切削刃。主切削刃一般为螺旋齿，这样可以增加切削平稳性，提高加工精度。由于普通立铣刀端面中心处无切削刃，所以立铣刀不能作轴向进给，端面刃主要用来加工与侧面相垂直的底平面。立铣刀的轴向长度较长，刀齿数较少，容屑槽圆弧半径则较大。一般粗齿立铣刀，Z=3～4；细齿立铣刀，Z=5～8；套式结构，Z=10～20。

直径较小的立铣刀，一般制成带柄形式。ϕ2～7mm 的立铣刀制成直柄；ϕ6～63mm 的立铣刀制成莫氏锥柄；ϕ25～80mm 的立铣刀制成 7∶24 锥柄，内有螺孔用来拉紧刀具。一般是由专业厂家按照一定的规范设计制造成统一形式，统一尺寸的刀柄，使铣刀能快速自动装卸。

③ 模具铣刀　模具铣刀由立铣刀发展而成，可分为圆锥形立铣刀、圆柱形球头立铣刀和圆锥形球头立铣刀三种，其柄部有直柄、削平型直柄和莫氏锥柄。它的结构特点是球头或端面上布满了切削刃，圆周刃与球头刃圆弧连接，可以作径向和轴向进给。国家标准规定直径 $d=\phi 4\sim 63$mm，直径ϕ16mm 以下的硬质合金模具铣刀多制成整体结构，直径ϕ16mm 以上的硬质合金模具铣刀制成焊接或机夹可转位刀片结构。

④ 键槽铣刀　键槽铣刀如图 2-10 所示，它有两个刀齿，圆柱面和端面都有切削刃，端面刃延至中心，既像立铣刀，又像钻头。加工时先轴向进给达到槽深，然后沿键槽方向铣出键槽全长。

键槽铣刀的圆周切削刃仅在靠近端面的一小段长度内发生磨损，重磨时，只需刃磨端面切削刃，因此重磨后铣刀直径不变。国家标准规定，直柄键槽铣刀直径 $d=\phi 2\sim 22$mm，锥柄键槽铣刀直径 $d=\phi 14\sim 50$mm。

⑤ 鼓形铣刀　切削刃分布在半径为 R 的圆弧面上，端面无切削刃。加工时控制刀具上下位置，相应改变刀刃的切削部位，可以在工件上切出从负到正的不同斜角。可以加工类似飞机上的变斜角零件的变斜角面。这种刀具的特点是刃磨困难，切削条件差，而且不适于加工有底的轮廓表面。

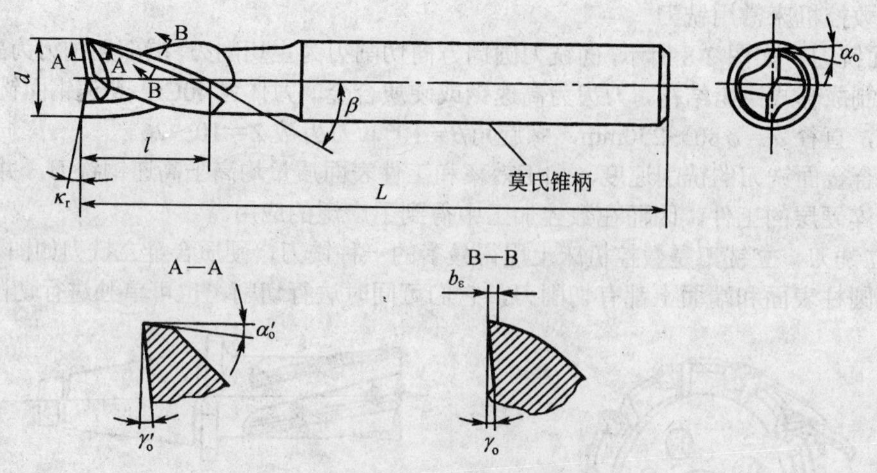

图 2-10　键槽铣刀

⑥ 成形铣刀　成形铣刀一般是为特定形状的工件或特殊的加工内容专门设计制造的，如角度面、渐开线齿面、燕尾槽和 T 形槽等。

除了上述几种类型的铣刀外，数控铣床也可使用各种通用铣刀。但因不少数控铣床的主轴内有特殊的拉刀装置，或因主轴内锥孔有别，需配过渡套和拉钉。

（3）加工中心常用刀具　在加工中心上，各种刀具分别装在刀库里，按程序指令进行选刀和换刀工作。加工中心上使用的刀具通常由刃具和刀柄两部分组成。刃具有面加工用的铣刀和孔加工用的钻头、扩孔钻、镗刀、铰刀、丝锥等。加工中心有自动交换刀具的功能，刀柄要满足机床主轴的自动松开和夹紧定位，并能准确地安装各种切削刃具，适应换刀机械手的夹持，适应在刀库中储存和识别等要求。

为了提高生产率，国内外加工中心正向着高速、高刚性和大功率方向发展。这就要求刀具必须具有能够承受高速切削和强力切削的性能。同一批刀具在切削性能和刀具寿命方面不得有较大差异。在选择刀具材料时，一般尽可能选用硬质合金刀具，精密镗孔等还可以选用性能更好、更耐磨的立方氮化硼和金刚石刀具。

① 刀柄　刀柄是机床主轴和刀具之间的连接工具，是加工中心必备的辅具。刀柄的选用要和机床的主轴孔相对应，并且已经标准化和系列化。

加工中心上一般采用 7∶24 圆锥刀柄，这类刀柄不能自锁，换刀比较方便，与直柄相比具有较高的定心精度和刚度。其锥柄部分和机械抓拿部分均有相应的国际标准和国家标准。GB10944《自动换刀机床用 7∶24 圆锥工具柄部 40、45 和 50 号圆锥柄》和 GB10945《自动换刀机床用 7∶24 圆锥工具柄部 40、45 和 50 号圆锥柄用拉钉》对此做了规定。这两个国家标准与国际标准 ISO 7388/1 和 ISO 7388/2 等效。选用时，具体尺寸可以查阅有关国家标准。

② 工具系统　由于数控设备特别是加工中心加工内容的多样性，使其配备的刀具和装夹工具种类也很多，并且要求刀具更换迅速。因此，刀辅具的标准化和系列化十分重要。把通用性较强的刀具和配套装夹工具系列化、标准化，就成为通常所说的工具系统。采用工具系统进行加工，虽然工具成本高些，但它能可靠地保证加工质量，最大限度地提高加工质量和生产率，使加工中心的效能得到充分发挥。

目前我国建立的工具系统是镗铣类工具系统，这种工具系统一般由与机床主轴连接的锥柄、延伸部分的连杆和工作部分的刀具组成。它们经组合后可以完成钻孔、扩孔、铰孔、镗孔、攻螺纹等加工工艺。镗铣类工具系统分为整体式结构和模块式结构两大类。

a．整体式结构　即 TSG 整体式工具系统，是把工具柄部和装夹刀具的工作部分做成一体，要求不同工作部分都具有同样结构的刀柄，以便与机床的主轴相连。其优点是结构简单，使用方便、可靠、更换迅速等，缺点是锥柄的品种和数量较多。我国 TSG82 工具系统就属于整体式结构的工具系统。

b．模块式结构　即 TMG 工具系统，是把刀具的柄部和工作部分分开，制成系统化的柄部（主柄模块）、中间连接块（中间模块）和工作头部（工作模块）三个主要部分，然后通过各种连接结构，在保证刀杆连接精度、强度、刚性的前提下，将这三部分连接成整体，如图 2-11 所示。这种工具系统的每类模块中又分为若干小类和规格，然后用不同规格的中间连接块组装成不同用途、不同规格的模块式刀具，方便了制造、使用和保管，减少了工具的规格、品种和数量的储备，对加工中心较多的企业有很高的实用价值。

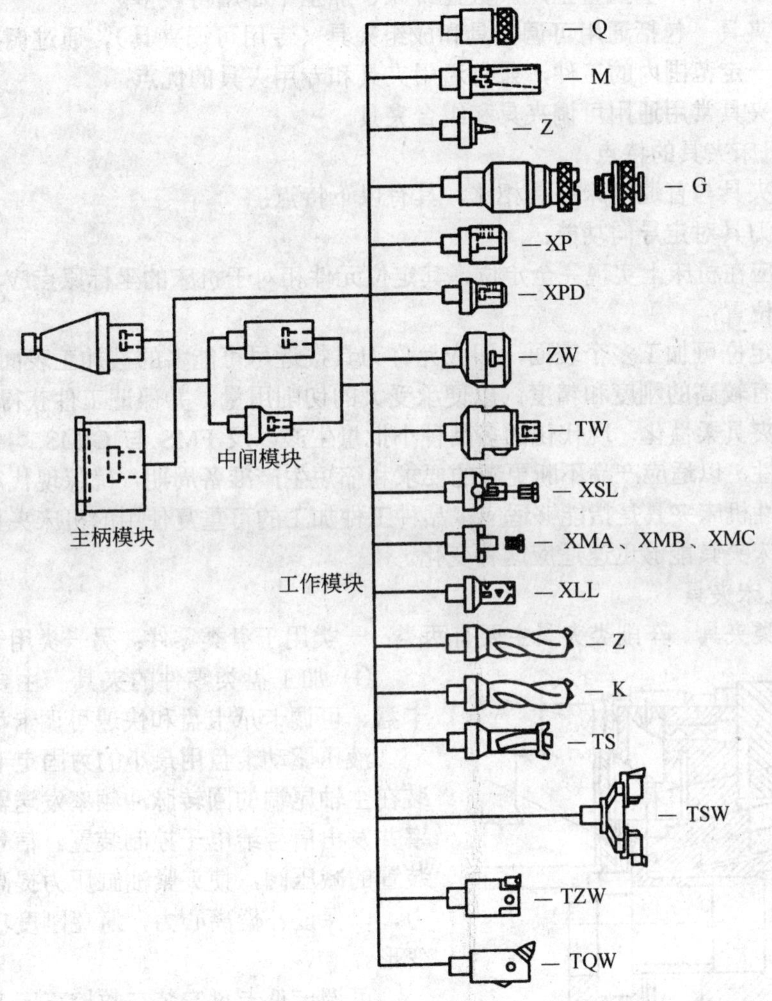

图 2-11　TMG 工具系统

目前，模块式工具系统已成为数控加工刀具发展的方向。国外有许多应用比较成熟和广泛的模块化工具系统，例如瑞典的山特维克（SANDVIK）公司（公司网址 www.sandvik.com）有比较完善的模块式工具系统。国内 TMG 工具系统有两种：一种是圆柱定心径向销钉锁紧式工具系统（即 TMG21 工具系统）；另一种是圆锥定心轴向螺栓拉紧式工具系统（即 TMG10

工具系统）。比较先进的为 TMG50 工具系统，该系统比 TMG21 精度高，由上海机床附件一厂正式生产。

四、数控机床夹具

1. 机床夹具的分类

数控机床夹具按专业化程度可分类如下。

（1）通用夹具　如常见的三爪自定心卡盘、台虎钳、V 形块、分度头和转台等，通常作为数控机床、通用机床的附件，主要用于单件、小批量生产。

（2）专用夹具　根据零件工艺过程中某工序的要求专门设计的夹具，此夹具仅用于该工序的零件加工用，此类夹具一般用于成批和大量生产中。

（3）组合夹具　由许多标准件组合而成，可根据零件加工工序的需要进行拼装，用完后再拆卸，可用于单件、小批量生产。数控铣床、加工中心用得较多。

（4）可调夹具　包括通用可调夹具和成组夹具（专用可调夹具），通过调整或更换少量元件就能加工一定范围内的工件，兼有通用夹具和专用夹具的优点。

数控机床夹具常用通用可调夹具和组合夹具。

2. 数控机床夹具的特点

数控机床夹具与普通机床夹具相比，具有以下特点：

（1）无需刀具对定导向功能；

（2）夹具应在机床上实现完全定位，其定位元件相对于机床的坐标原点应具有准确和稳定可靠的坐标位置；

（3）一次定位可加工多个表面，即应允许刀具接近尽可能多的被加工表面；

（4）应具有较高的刚度和精度，以便承受大的切削用量，并保证工件获得精确定位；

（5）机床夹具柔性化，现代化的多品种小批量生产以及 FMS 与 CIMS 均要求机床夹具具有较高的柔性，以适应产品不断更新的要求和缩短生产准备周期，确保现代制造系统的真正柔性化。柔性机床夹具是指能够适应多品种工件加工的可重复使用的机床夹具，当工件品种变化时，机床夹具能够迅速适应这种变化。

3. 数控机床夹具

（1）车削类夹具　车削类夹具主要有两类：一类用于盘类零件；另一类用于轴类零件。

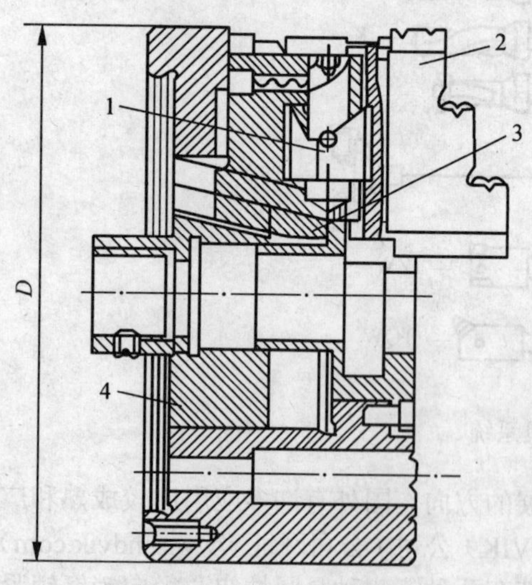

图 2-12　快速可调卡盘

1—螺杆；2—卡爪；3—基体；4—卡盘体

① 加工盘类零件的夹具　主要有液压驱动卡盘、可调卡爪卡盘和快速可调卡盘等。

液压驱动卡盘用最小的力固定毛坯，回转时，装在主轴尾端的回转脉冲频率发送器调节回转频率并发出信号给电子控制装置。信号作用于液压装置的减压阀，使夹紧油缸压力提高，增大夹紧力，以保证补偿离心力，避免刚度较差的毛坯的变形。

可调卡爪卡盘安装在数控车床上后，不淬火的卡爪可以按照数控机床的给定程序进行镗削到需要程度。每个卡爪可借差动螺杆进行单独调整。

图 2-12 所示为快速可调卡盘，用于夹紧法兰、套、杯形、杆类零件。利用扳手将螺杆 1 转动 90°，可将快速更换或单独调整的卡爪 2 相对于基体 3 移到需要的尺寸位置，而无需对卡爪进行镗削。

为了卡爪的定位，在卡盘体4上做有圆周槽，当卡爪2到达要求位置后，转动螺杆，使螺杆1的螺纹与卡爪2的螺纹啮合。此时被弹簧压着的钢球进入螺杆的小槽中，并固定在需要的位置。这样，可在 2min 内逐个将卡爪调整好。毛坯的快速夹紧，可借助于装在主轴尾部的机械（或液压、气动、电气机械）传动来完成。这种夹具的结构刚性好，工作可靠。

② 加工轴类零件的夹具　在数控车床上加工轴类零件时，毛坯装在主轴顶尖和尾架顶尖间，工件用主轴上的拨动卡盘传动旋转。这时拨动卡盘应满足以下要求：粗加工时能传递最大转矩；能在主轴高转速时进行加工；能按顶尖使毛坯定位；能快速调整，由用顶尖加工改变为用卡盘加工。

常用的加工轴类零件的夹具有三爪拨动卡盘、能自动夹紧的拨动卡盘、复合卡盘、快速可调万能卡盘等。

（2）钻、镗、铣类夹具　在数控钻、镗、铣床上加工零件，工件要安置在工作台上，因此用于这类机床上的主要是在工作台上安装形式不同的各种夹具。

箱体零件在工作台上安装，通常用一个导向面、两个支承面的三平面安装法。虽然这是简单、可靠并且安装精度高的方法，但三个安装面不能加工。而采用一个平面和两个销孔的安装定位方法，其定位精度则低于三平面法。

（3）组合夹具　组合夹具适用范围广，适合于产品品种多、变化更新快的新产品试制和小批量生产。组合夹具分为槽系组合夹具和孔系组合夹具。槽系组合夹具各元件之间用键槽和键相互定位，它的主要结构要素为槽宽、槽距及其公差，以及紧固螺栓直径。孔系组合夹具各元件之间用定位销和孔相互定位，它的主要结构要素为定位销孔直径、定位孔中心距及紧固螺栓直径等。与槽系组合夹具相比，孔系组合夹具元件种类更为简化，包括基础件、结构件、定位件、夹紧件和紧固件5类，图2-13所示为孔系组合夹具结构。

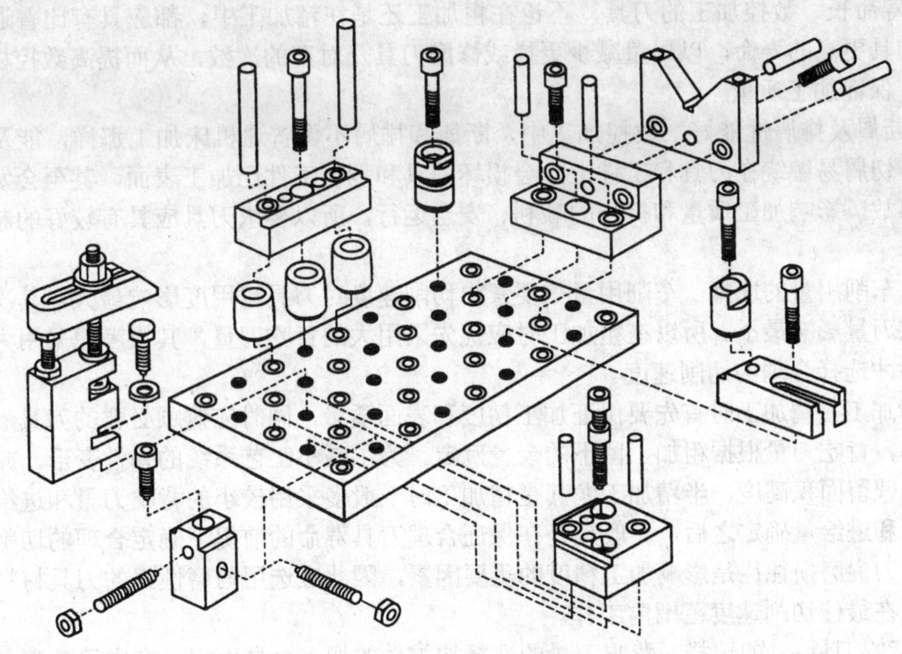

图2-13　孔系组合夹具结构

五、数控加工的工序设计

1．工件装夹与夹具选择

数控加工的特点对夹具提出了两个基本要求：一是保证夹具的坐标方向与机床的坐标方

向相对固定；二是要能协调零件与机床坐标系的尺寸。除此之外，重点考虑以下几点。

（1）单件小批量生产时，优先选用组合夹具、可调夹具和通用夹具，以缩短生产准备时间和节省生产费用；

（2）在成批生产时，才考虑采用专用夹具，并力求结构简单；

（3）零件的装卸要快速、方便、可靠，以缩短机床的停顿时间；

（4）夹具上各零部件应不妨碍机床对零件各表面的加工，即夹具要敞开，其定位、夹紧机构元件不能影响加工中的走刀（如产生碰撞等）；

（5）为提高数控加工的效率，批量较大的零件加工可以采用多工位、气动或液压夹具。

2．刀具与切削用量选择

（1）刀具的选择　一般优先采用标准刀具，必要时也可采用各种高生产率的复合刀具及其他一些专用刀具。此外，应结合实际情况，尽可能选用各种先进刀具，如可转位刀具、硬质合金刀具、陶瓷涂层刀具等。刀具的类型、规格和精度等级应符合加工要求，刀具材料应与工件材料相适应。数控加工所用刀具在刀具性能上应高于普通加工所用刀具，所以选择数控加工刀具时，还应考虑以下几个方面。

① 切削性能好　数控加工能采用大的背吃刀量和高速进给，刀具必须具有能够承受高速切削和强力切削的能力。同时，同一批刀具在切削性能和刀具寿命方面一定要稳定，以便实现按刀具使用寿命换刀或由数控系统对刀具寿命进行管理。

② 精度高　为适应数控加工的高精度和自动换刀等要求，刀具必须具有较高的精度。如有的整体式立铣刀的径向尺寸精度高达0.005mm等。

③ 可靠性高　要保证数控加工中不会发生刀具意外损坏及潜在缺陷而影响到加工的顺利进行，要求刀具及与之组合的附件必须具有很好的可靠性及较强的适应性。

④ 寿命长　数控加工的刀具，不论在粗加工还是在精加工中，都应具有比普通机床加工所用刀具更高的寿命，以尽量减少更换或修磨刀具及对刀的次数，从而提高数控机床的加工效率，保证加工质量。

⑤ 断屑及排屑性能好　数控加工中，断屑和排屑不像普通机床加工那样，能及时由人工处理，切屑易缠绕在刀具和工件上，会损坏刀具和划伤工件已加工表面，甚至会发生伤人和设备事故，影响加工质量和机床的顺利、安全运行，所以要求刀具应具有较好的断屑和排屑性能。

（2）车削用量的选择　车削用量三要素中切削速度对刀具耐用度影响最大，其次是进给量，背吃刀量影响最小。所以在粗加工时应优先采用大的背吃刀量，其次考虑采用大的进给量，最后才选择合理的切削速度。

半精加工、精加工时首先要保证加工精度和表面质量，同时应兼顾必要的刀具耐用度和生产效率，背吃刀量根据粗加工留下的余量确定。为了减小工艺系统的弹性变形，减小已加工表面的残留面积高度，半精加工尤其是精加工时一般多采用较小的背吃刀量和进给量。在背吃刀量和进给量确定之后，一般也是在保证合理刀具寿命的前提下确定合理的切削速度。精加工时刀尖磨损往往是影响加工精度的重要因素，因此应选用耐磨性好的刀具材料，并尽可能使之在最佳切削速度范围内工作。

① 背吃刀量 a_p 的选择　背吃刀量的选择按零件的加工余量而定，在中等功率车床上，粗加工时可达8～10mm，在保留后续加工余量的前提下，尽可能一次走刀切完。当采用不重磨刀具时，背吃刀量所形成的实际切削刃长度不宜超过总切削刃长度的2/3。

② 进给量 f 的选择　粗加工时按刀杆强度和刚度、刀片强度、机床功率的转矩许可条件，进给量选择一个最大的值。精加工时，则在获得满意的表面粗糙度前提下选一个较大值。

③ 切削速度 v_C 的选择　在 a_P 和 f 已定的基础上，按选定的刀具耐用度，通过查手册来确定 v_C。

切削速度确定后，可以按工件最大部分直径 d_{max} 计算出车床主轴转速 n，即

$$n = 1000 \times \frac{v_C}{\pi d_{max}} \quad (r/min)$$

（3）铣削用量选择　铣削时的铣削用量由铣削速度 v_C、进给量 f、背吃刀量（又称铣削深度）a_P 和侧吃刀量（又称铣削宽度）a_e 4 要素组成。

① 背吃刀量 a_P 和侧吃刀量 a_e 的确定　从刀具耐用度出发，切削用量的选择方法是：先选取背吃刀量或侧吃刀量，其次确定进给速度，最后确定切削速度。如果零件精度要求不高，在工艺系统刚度允许的情况下，最好一次切净加工余量，即 a_P 或 a_e 等于加工余量，以提高加工效率；如果零件精度要求高，为保证表面粗糙度和精度，只好采用多次走刀。

在工件表面粗糙度值要求为 R_a12.5~25μm 时，如果圆周铣削的加工余量小于 5mm，端铣的加工余量小于 6mm，粗铣一次进给就可以达到要求。但在余量较大，工艺系统刚性较差或机床动力不足时，可分两次进给完成。

在工件表面粗糙度值要求为 R_a3.2~12.5μm 时，可分粗铣和半精铣两步进行。粗铣时背吃刀量或侧吃刀量选取同前，粗铣后留 0.5～1.0mm 余量，在半精铣时切除。

在工件表面粗糙度值要求为 R_a0.8~3.2μm 时，可分粗铣、半精铣、精铣三步进行。半精铣时背吃刀量或侧吃刀量取 1.5～2mm；精铣时圆周铣侧吃刀量取 0.3～0.5mm，面铣刀背吃刀量取 0.5～1.0mm。

一般情况下，为提高切削效率要尽量选用大直径的铣刀。切削宽度取刀具直径的 1/3～1/2，切削深度应大于冷硬层。

② 进给量的确定　工件在进给运动方向上相对刀具的移动量即为铣削时的进给量。由于铣刀为多刃刀具，计算时按单位时间不同，有以下三种度量方式。

a. 每齿进给量 f_z。单位为毫米每齿（mm/齿）。

b. 每转进给量 f。单位为毫米每转（mm/r）。

c. 每分钟进给量 v_f。又称进给速度，铣削时的进给量一般指每分钟进给量 v_f，单位为毫米每分钟（mm/min）。

上述三者关系为

$$v_f = fn = f_z Z n \quad (mm/min)$$

式中　Z——铣刀齿数；

n——铣刀转速，r/min。

每齿进给量 f_z 的选取主要取决于工件材料的力学性能、刀具材料、工件表面粗糙度等因素。工件材料的强度和硬度越高，f_z 越小；反之则越大。硬质合金铣刀的每齿进给量高于同类高速钢铣刀。工件表面粗糙度值越小，f_z 就越小。工件刚性差或刀具强度低时，应取小值。每齿进给量的确定可参考表 2-6。

表 2-6　铣刀每齿进给量 f_z

工件材料	每齿进给量 f_z/(mm/齿)			
	粗铣		精铣	
	高速钢铣刀	硬质合金铣刀	高速钢铣刀	硬质合金铣刀
钢	0.10~0.15	0.10~0.20	0.02~0.05	0.10~0.15
铸铁	0.12~0.20	0.15~0.30		

进给速度应根据所采用机床的性能、刀具材料和尺寸、被加工零件材料的切削加工性能和加工余量的大小来综合地确定。一般原则是：工件表面的加工余量大，进给速度低；反之相反。进给速度可由机床操作者根据被加工工件表面的具体情况进行手工调整，以获得最佳切削状态。

③ 铣削速度 v_C 和主轴转速 n 的确定　铣削速度 v_C 即铣刀最大直径处的线速度。单位为米每分钟（m/min）。根据切削原理可知，铣削速度的高低主要取决于被加工零件的精度、材料、刀具的材料和刀具的耐用度等因素。

铣削速度可以通过经验公式计算确定，也可以根据生产实践经验在机床说明书允许的范围内查表选取或者参考有关切削用量手册选用。表 2-7 提供了钢和铸铁的铣削速度。

表 2-7　铣削速度

工件材料	硬度 HBS	铣削速度 v_C/(m/min)	
		高速钢铣刀	硬质合金铣刀
钢	<225	18~24	66~150
	225~325	12~36	54~120
	325~425	6~21	36~75
铸铁	<190	21~36	66~150
	190~260	9~18	45~90
	160~320	4.5~10	21~30

主轴转速 n（r/min）根据允许的铣削速度 v_C（m/min）来确定。

$$n=\frac{1000v_C}{\pi d}$$

式中　d——铣刀直径，mm。

主轴转速 n 要根据计算值在机床说明书中选取标准值，并填入程序单中。

从理论上讲，v_C 的值越大越好，因为这不仅可以提高生产率，而且可以避开生成积屑瘤的临界速度，获得较低的表面粗糙度值。但实际上由于机床、刀具等的限制，使用国内机床、刀具时允许的铣削速度常常只能在 100～200m/min 范围内选取。但对于材质较软的铝镁合金等 v_C 可提高一倍左右。

铣削速度和每齿进给量，应通过试验选取效率和刀具寿命的综合最佳值。

3．加工路线确定

在数控加工过程中，每道工序加工路线的确定都是非常重要的，因为它与零件的加工精度和表面粗糙度直接相关。确定加工路线就是确定刀具的运动轨迹和方向。妥善地安排加工路线，对于提高加工质量和保证零件的技术要求是非常重要的。加工路线不仅包括切削加工时的加工路线，还包括刀具到位、对刀、退刀和换刀等一系列过程的刀具运动路线。

（1）对刀点和换刀点的确定　数控机床中使用的刀具类型很多，为了更准确地描述刀具运动，首先引入刀位点的概念。刀位点对于立铣刀和端面铣刀来说是刀具的轴线与刀具底平面的交点；对球头铣刀来说是球头部分的球心；对车刀和镗刀来说是刀尖；对钻头来说是钻尖。刀位点是描述刀具运动的基准。

对刀点是数控加工时刀具（刀位点）相对工件运动的起点，刀具运动从这一点开始。对刀点确定后，刀具相对“程序原点”的位置就确定了。

对刀点可以设在被加工零件上或设在机床夹具上，但必须与零件的定位基准有一定的坐标尺寸联系，如图 2-14 中的 X_0 和 Y_0，以便确定机床坐标系与零件坐标系的相互关系。

为了提高零件的加工精度，对刀点应尽量选在零件的设计基准或工艺基准上。例如，当用孔定位零件时，选择孔中心作为对刀点较为合适。

对刀点不仅仅是程序的起点，而且往往又是程序的终点。对刀点找正的准确度直接影响零件的加工精度。其找正的方法应与零件加工精度的要求相适应，对刀时要使对刀点和刀位点保持一致。

换刀点是在为数控车床、数控钻镗床、加工中心等多刀加工的机床程序编制时设定的，以实现加工中途换刀。换刀点的位置应根据工序内容和数控机床的要求而定，为了防止换刀时刀具碰伤零件或夹具等，换刀点常常设在被加工零件的外面，并要远离零件（见图 2-14）。

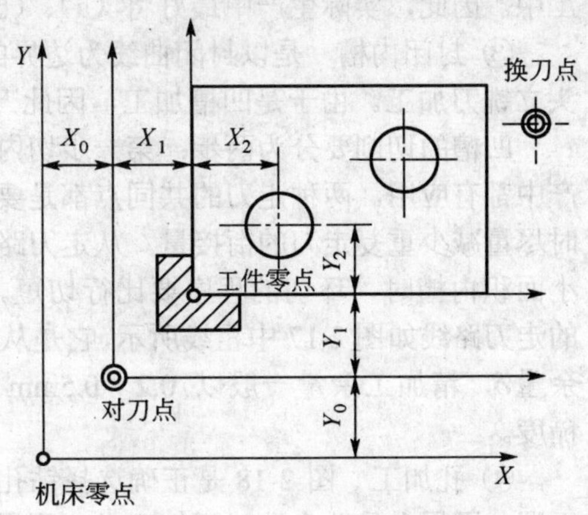

图 2-14　设置对刀点和换刀点

（2）加工路线的确定　确定加工路线主要要保证被加工零件获得良好的加工精度和表面质量，如铣削零件表面时，尽量采用顺铣方式。进刀、退刀位置应选在零件不太重要的部位，并且使刀具沿零件的切线方向进、退刀，以避免产生刀痕。尽量缩短走刀路径，使加工路线最短，减少空走刀时间。

① 旋转体类零件　一般用数控车床或者数控磨床加工，零件的毛坯多为棒料或锻件，加工余量大且不均匀。如图 2-15 所示零件表面形状复杂，其粗加工路线应按图中 1～4 依次分段加工，然后再换精车刀一次成形，最后用螺纹车刀粗车、精车螺纹。至于粗加工走刀的具体次数，应视每次的切削深度而定。

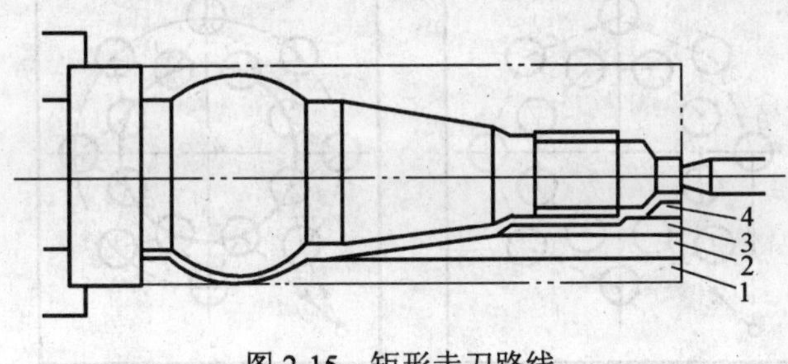

图 2-15　矩形走刀路线

② 曲面　一般用铣削，常用球头刀采用行切法进行加工。所谓行切法是指刀具与零件轮廓的切点轨迹是一行一行的，而行间的距离是按零件加工精度的要求确定的。对于边界敞开的曲面加工，可采用三种走刀路线，如图 2-16 所示发动机大叶片，图（a）沿 Y 向行切，符合这类零件数据给出情况，便于加工后检验，叶形的准确度较高，但程序较多；图（b）沿 X 向行切，每次沿直线加工，刀位点计算简单，程序少，加工过程

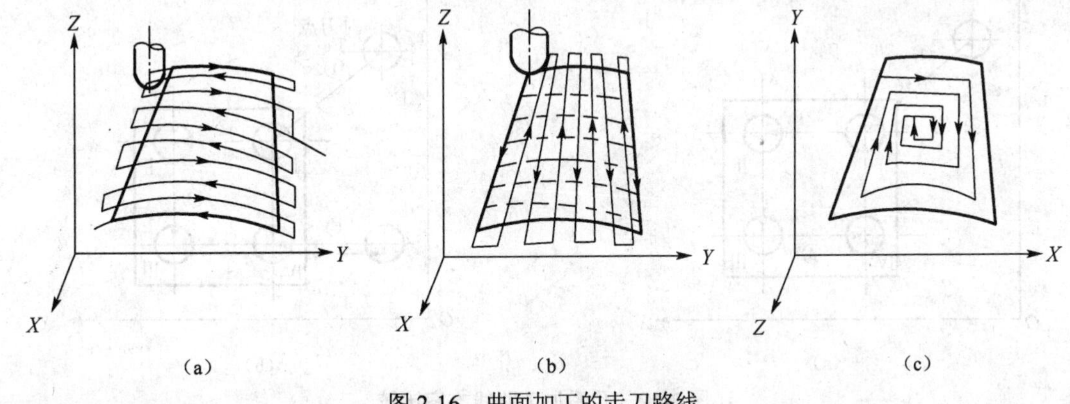

图 2-16　曲面加工的走刀路线

符合直纹面的形成，可以准确保证母线的直线度；图（c）沿 X 向环切，一般应用在内槽加工中。因此，实际生产中最好将（a）、（b）两种方案结合起来。球头刀由边界外开始加工。

③ 封闭内槽　是以封闭曲线为边界的平底凹坑，如图 2-17 所示，一般采用端铣刀和球头立铣刀加工。由于是凹槽加工，因此刀具边缘部分的圆角半径应符合凹槽的加工要求。

凹槽的切削要分为两步：第一步切内腔；第二步切轮廓。切削内腔时，环切和行切在生产中都有应用。两种走刀的共同点都是要切净内腔中的全部面积，不留死角，不伤轮廓，同时尽量减少重复走刀的衔接量。从走刀路线的长短比较，行切法要略优于环切法。但在加工小面积内槽时，环切的程序要比行切短。切轮廓通常又分为粗加工和精加工两步。粗加工的走刀路线如图 2-17 中粗线所示，它是从内槽轮廓线向里平移一个铣刀半径 R 和一个精加工余量 δ，精加工余量一般以 0.2～0.5mm 为宜，采用顺铣，提高工件表面的精度和减小粗糙度。

④ 孔加工　图 2-18 是正确选择钻孔加工路线的例子。按照一般习惯，总是先加工均布于同一圆周上的八个孔，再加工另一圆周上的孔，如图 2-18（a）所示。但是对点位控制的数控机床而言，要求定位精度高，定位过程尽可能快，因此这类机床应按空程最短来安排走刀路线，如图 2-18（b）所示，以节省加工时间。对于孔位置精度要求较高的工件，如在精镗孔系时，镗孔路线要安排各孔的定位方向一致，即采用单向趋近定位点的方法，以避免传动系统的误差或测量系统误差对定位精度的影响。图 2-19（a）所示的加工路线中，在加工孔Ⅳ时，X 方向的反向间隙将影响与孔Ⅲ之间的孔距精度；图 2-19（b）所示的加工路线中，可使各孔的定位方向一致，从而提高孔距精度。

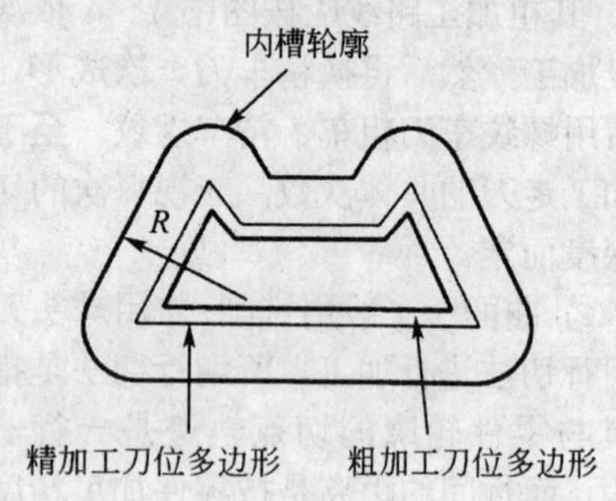

图 2-17　内槽走刀路线

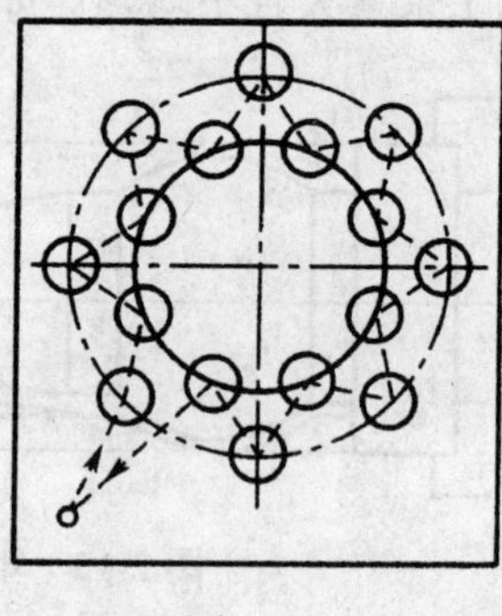

（a）　（b）

图 2-18　钻孔加工最短路线选择

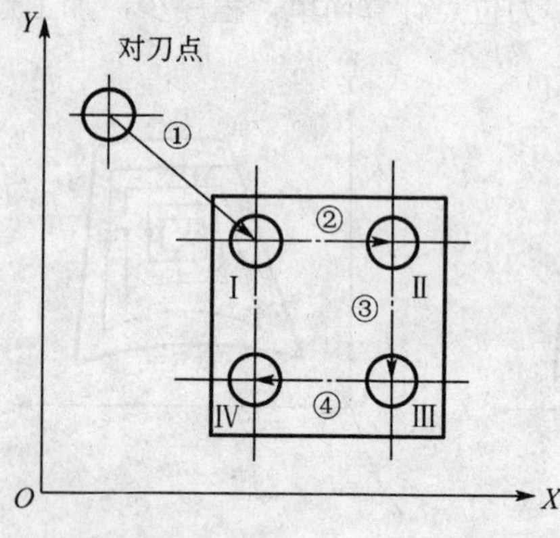

（a）

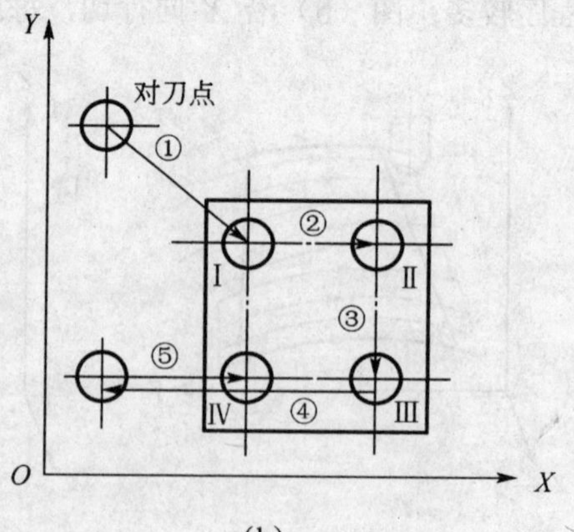

（b）

图 2-19　孔系加工路线方案比较

⑤ 外轮廓　采用端铣刀的侧刃进行外轮廓平面的铣削，切入、切出部分要考虑外延，以保证工件轮廓的平滑过渡。切入时，应先与轮廓的延长线接触，然后沿轮廓曲线的切线方向切入。对于精度要求较高的零件来说，要避免法向切入零件轮廓，如图 2-20 所示。

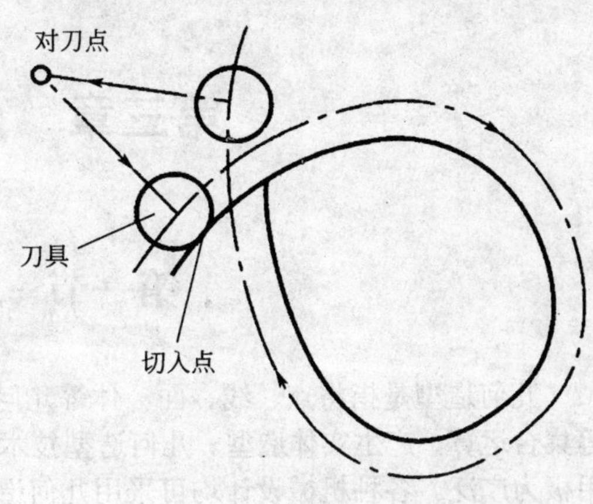

图 2-20　加工外轮廓的刀具切入路线

在轮廓铣削中，应避免进给停顿。以免刀具在进给停顿处的零件轮廓上留下切痕。采用顺铣还是逆铣，对加工后表面的粗糙度也有影响。究竟采用哪种铣切方法，应根据零件加工要求、工件材料的性质特点以及具体机床刀具条件综合考虑，确定原则与普通机械加工相同。一般来说，数控机床采用的滚珠丝杠，其运动间隙极小，且顺铣多于逆铣，所以应尽可能采用顺铣。对于铝镁合金、钛合金和耐热合金等材料来说，最好采用顺铣，这对于降低加工表面粗糙度和提高刀具耐用度都有利。但如果零件毛坯为黑色金属锻件或铸件，表皮硬而且余量一般较大，这时采用逆铣较为有利。

第三章　几何造型技术

第一节　几何造型技术

几何造型是指将点、线、面、体等几何元素，经过平移、旋转等几何变换和并、交、差等集合运算，产生实体造型。几何造型技术作为CAD/CAM技术的基础，在机械工程领域应用极为广泛。各种机械设计均可采用几何造型技术建立计算机模型，在汽车车身、轮船船体及飞机机身等设计中不仅可以代替实物模型的制作，而且可以大大缩短设计周期，节省人力、物力。下面介绍实体造型的参数化造型技术、变量化造型技术和特征造型技术。

一、参数化造型技术

早期的CAD系统是利用固定的尺寸值来定义几何元素，输入的每一条线都是确定的位置，但不包括产品图形内在的尺寸约束、拓扑约束及工程约束（如应力、性能约束等）。因此，当要想修改实体的结构形状时，只有重新造型。这不仅使设计人员投入相当的精力用于重复劳动，而且这种重复劳动的结果并不能反映设计人员对产品的本质构思和意图。而新产品的设计，不可避免地要经历多次反复的修改，进行零件形状和尺寸的综合协调、优化。对于定型产品的设计，需要形成系列，以便针对生产特点和应用需求提供不同型号规格的产品。这些都需要产品的设计图可以随着某些结构尺寸的修改或规格系列的变化而自动修改图形。

参数化造型是先建立图形与尺寸参数之间的约束关系，然后使用约束来定义和修改几何模型。这些尺寸约束及拓扑约束反映了设计时要考虑的因素。实现参数化的一组参数与这些约束保持一定的关系，初始设计的实体自然要满足这些约束，而当输入新的参数值时，也将保持这些约束关系并获得一个新的造型。

参数化造型系统也称为尺寸驱动系统，它只考虑物体的几何约束（尺寸约束和拓扑约束），而不考虑工程约束。设计对象的结构形状比较定型，可以用一组参数来约定尺寸关系。参数与设计对象的控制尺寸有明显的对应，参数的求解较简单，设计结果的修改受到尺寸驱动。

尺寸驱动的几何模型由几何元素、尺寸约束和拓扑约束三部分组成。当修改某一尺寸时，系统自动检索该尺寸在尺寸链中的位置，找到它的起始几何元素和终止几何元素，使它们按新尺寸值进行调整，得到新模型；接着检查所有几何元素是否满足约束，如不满足，则保持拓扑约束不变，按尺寸约束修改几何模型，直至全部满足约束条件为止。

二、变量化造型技术

参数化造型技术具有基于特征、全尺寸约束、尺寸驱动几何形状修改、全数据相关的特点，全尺寸约束既不能漏注尺寸（欠约束）又不能多注尺寸（过约束），全数据相关指一个参数的修改导致其他相关尺寸全部更新。变量化造型技术是在参数化造型技术的基础上又做了进一步修改后提出的设计思想，变量化造型既保留了参数化造型基于特征、尺寸驱动几何形状修改、全数据相关的优点，又在约束定义方面做了根本性的改变。变量化造型将几何约束中的尺寸约束和拓扑约束分开处理，不苛求全约束，并增加了工程约束。

参数化造型过程类似于工程师读图的过程，由关键尺寸、形状尺寸、定位尺寸直至参考尺寸，无一遗漏全部看懂（输入计算机）后，形状自然在脑海中（屏幕上）形成。这种对思维的苛刻束缚带来了相当的副作用：绝不允许欠尺寸约束；零件截面形状复杂时，满屏幕的尺寸让人无从下手；只有尺寸驱动一种修改手段，不知哪个尺寸会朝着令设计者满意的方向发展；若给出一个极不合理的尺寸参数，发生特征之间的干涉，会引起拓扑关系的改变。

在新产品开发初期，设计者对各几何形状的准确尺寸和各几何形状之间严格的尺寸定位关系还很难完全确定，自然希望欠约束的存在。此外，也很难决定整个零件的尺寸基准及参数控制方式。变量化造型技术的指导思想就是：设计者可以采用先形状后尺寸的设计方式，允许采用不完全尺寸约束，只给出必要的设计条件。变量化造型过程类似于工程师在脑海里思考设计方案的过程，满足设计要求的几何形状是第一位的，尺寸细节是后来才逐步精确、完善的。设计过程相对自由宽松，设计者有更多的时间和精力去考虑设计方案，这符合创造性思维规律。变量化造型技术可进行任意约束情况下的产品设计，不仅可以实现尺寸驱动，还可以实现约束驱动，即由工程关系驱动几何形状的改变，比较适合产品创新设计。

变量化造型的原理如图 3-1 所示。图中：几何元素指构成实体的直线、圆等几何图形要素；几何约束包括尺寸约束及拓扑约束；尺寸值指每次赋给的一组具体值；工程约束表达设计对象的原理、性能等；约束管理用来确定约束状态，识别欠约束和过约束等问题；约束网络分解是将约束划分为较小的方程组，通过采用代数联立方程求解或推理方法逐步求解得到每个几何元素特定点的坐标，从而得到一个具体的几何模型。

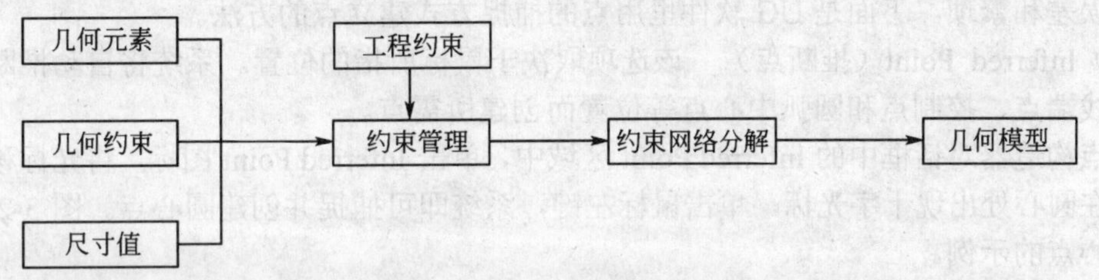

图 3-1 变量化造型的原理

三、特征造型技术

现实世界的物体具有三维形状和质量，因而三维实体造型可以更加真实、完整、清楚地描述物体，其利用计算机技术存储物体的几何信息和拓扑信息，代表了 CAD/CAM 技术的主流。

实体造型技术是 20 世纪 70 年代后期、80 年代初期逐步发展完善并推向市场的。实体造型是利用一些基本体素，如长方体、圆柱体、球体、锥体、圆环体以及平面轮廓扫掠体等通过布尔运算生成复杂形体的一种造型技术。实体造型主要包括两部分内容，即体素的定义和描述、体素之间的布尔运算（交、并、差）。体素是一种简单的几何形体，它们可以通过少量参数进行描述，例如长方体可以通过长、宽、高定义形状。

目前的许多 CAD/CAM 软件都是一种基于特征的实体造型工具。它可以按照直观的过程创建机械零件的三维实体模型，且能自动生成与该模型相关联的二维工程图。构造三维实体模型的过程称为特征造型，造型的结果称为几何造型。基于特征的实体造型过程除了要用到参数化造型技术、变量化造型技术之外，还要用到特征造型技术和数据库联动技术。

特征的概念很广，在此仅限于讨论几何特征，特征指可以用参数驱动的实体模型，其满足下列条件。

（1）是一个实体或零件中的具体构成之一。

（2）能对应于某一形状。

（3）具有工程上的意义（即与加工方法的一定对应关系）。

（4）性质是可以预料的。

零件的几何模型可以看成是由一系列的特征堆积而成，改变特征的形状和位置，就可以改变零件的几何模型。

第二节　线框造型

在CAD/CAM软件中，线框造型功能一般分为点、直线、圆和圆弧、样条、抛物线、双曲线等类型。本节以UG软件为例，讲述线框造型的基本功能及应用。其他CAD/CAM软件的线框功能设置大致相同。

一、点

1．单个点

利用捕捉方式功能建立单个点，捕捉所选择对象的相关点，如曲线的端点、中点、两曲线的交点、圆心点、最近点、控制点、定角度点等。一般利用点工具菜单完成单个点的捕捉。也可用智能捕捉方式，即在计算机屏幕上，鼠标移动到上述捕捉点附近，捕捉点自然增亮，以此捕捉该点。用点捕捉方式建点的目的是增加点的定位精度和捕捉点的方便性，避免输入数据时误差和繁琐。下面是UG软件里用点的捕捉方式建立点的方法。

（1）Inferred Point（推断点）　该选项取决于鼠标所指的位置。系统将自动推断出存在点、曲线端点、控制点和圆弧中心点等位置而创建所需点。

在点构造器对话框中的Inferred Point区域中，单击Inferred Point图标，将光标移至圆形附近，在圆心处出现十字光标，单击鼠标左键，系统即可捕捉并创建圆心点。图3-2所示为创建圆心点的示例。

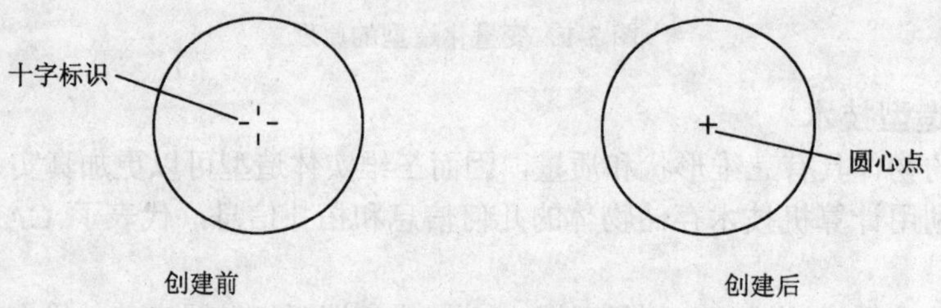

图3-2　Inferred Point创建圆心点

（2）Cursor Location（光标点）　该选项用于鼠标在屏幕中的任意点。在点构造器对话框的Inferred Point区域中，单击Cursor Location图标，在工作视图区的任意位置单击鼠标左键，系统将在所选位置创建点。

（3）Existing Point（已存点）　该选项用于选取已经建立的点。在点构造器对话框中的Inferred Point区域中，单击Existing Point图标，系统将在工作视图区的一个已经存在的点上创建点。

（4）End Point（端点）　该选项用于选取已经建立的直线、圆弧以及样条曲线的端点。

单击点构造器对话框的Inferred Point区域中的End Point图标，将光标移至圆弧附近，单击鼠标左键，系统捕捉并创建圆弧的右端点。图3-3所示为创建端点的示例。

图 3-3　End Point 创建端点

（5）Control Point（控制点）　在点构造器的对话框中的 Inferred Point 区域中，单击 Control Point 图标，系统将在工作视图区中创建直线的端点或者中点、圆弧的端点或者中点、圆心点和曲线的端点等控制点。

单击 Inferred Point 区域中的 Control Point 图标，将光标移至需要创建样条曲线控制点的附近，单击鼠标左键，系统捕捉并创建控制点。图 3-4 所示为创建控制点的示例。

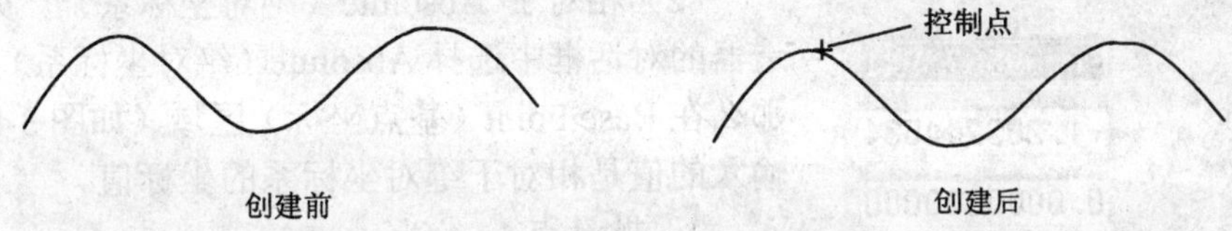

图 3-4　Control Point 创建控制点

（6）Intersection Point（交点）　在点构造器的对话框中的 Inferred Point 区域中，单击 Intersection Point 图标，系统将在工作视图区中创建 2 段曲线的交点。

单击 Inferred Point 区域中的 Intersection Point 图标，将光标移至需要创建样条曲线控制点的附近，单击鼠标左键，系统捕捉并创建交点。图 3-5 所示为创建交点的示例。

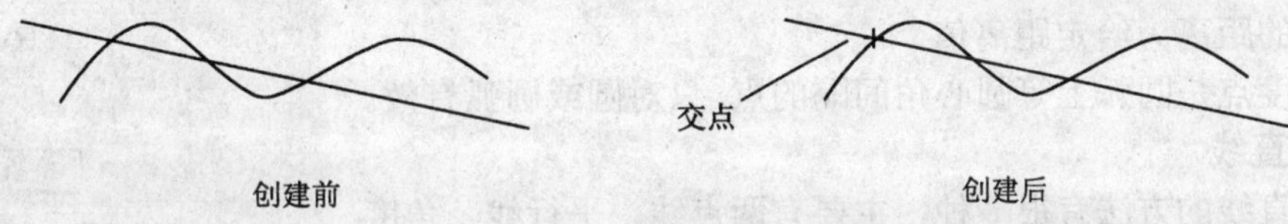

图 3-5　Intersection Point 创建交点

（7）Arc/Ellipse/Sphere Center（中心点）　该选项用于选择圆弧、椭圆、球的中心点。

（8）Angle on Arc/Ellipse（定角度点）　该选项可在工作视图区中创建与 XC 坐标轴正向成一定角度的直线上创建点。

单击 Inferred Point 区域中的 Angle on Arc/Ellipse 图标，将光标移至需要创建定角度点的圆弧或者椭圆弧附近，单击鼠标左键，在 Point Constructor（创建点）对话框中的 Angle（角度）文本栏输入所需的角度值，如图 3-6 所示。

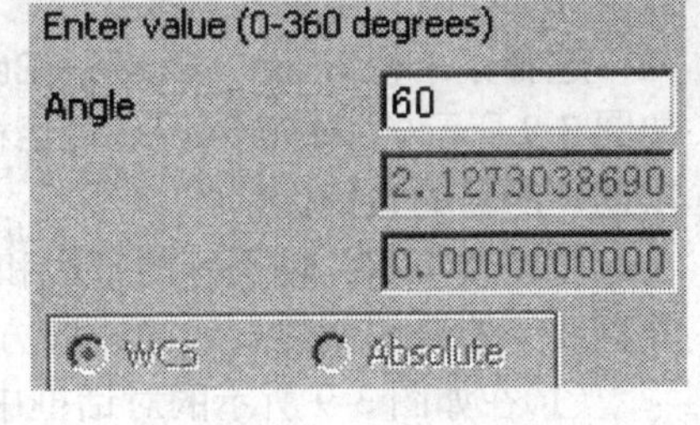

图 3-6　设置角度值

单击 Point Constructor（创建点）对话框中的 OK 按钮，系统捕捉并创建定角度点。图 3-7 所示为使用 Angle on Arc/Ellipse（定角度点）创建定角度点的示例。

（9）Quadrant Point（四分点）　该选项可在工作视图区中的圆弧或者椭圆弧的四分点处创建一个点。

另外还可以用直接输入坐标值方式创建点，输入坐标值创建点的方式有 2 种。

（1）相对于 WCS（工作坐标系）　如果在点构造器的对话框中选择 WCS（工作坐标系）

单选按钮，那么在 Base Point（基点坐标）区域中输入的值是相对于工作坐标系的坐标值。

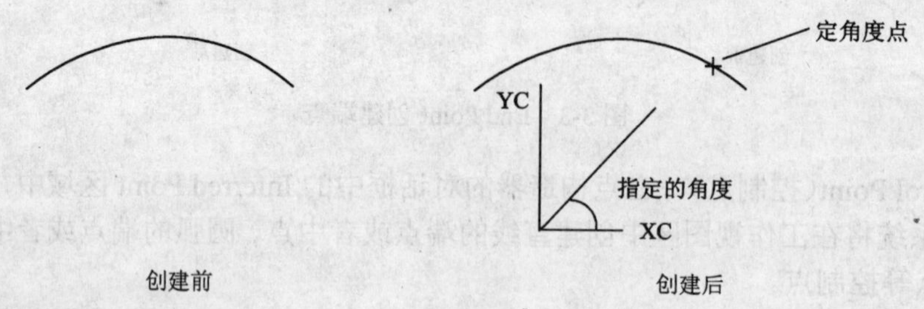

图 3-7 创建指定角度点

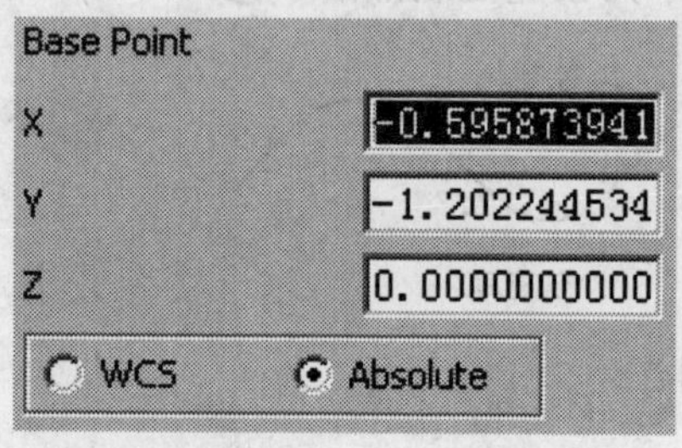

图 3-8 Absolute 方式的坐标值输入模式

（2）相对于 Absolute（绝对坐标系） 如果在点构造器的对话框中选择 Absolute（绝对坐标系）单选按钮，那么在 Base Point（基点坐标）区域（如图 3-8 所示）中输入的值是相对于绝对坐标系的坐标值。

2．批量点

批量点就是同时生成多个点的操作。批量点的方法有等分点、等距点以及等角度点。

等分点是曲线上按照弧长的等分点。给定一条曲线，给定点的个数，生成均布在曲线上的多个点。

等距点是曲线上间隔为给定弧长距离的点。指定一条曲线，给定弧长值，生成发布在曲线上的一系列点，相邻两点之间沿曲线弧长的距离为给定距离值。

等角度点是圆弧上等圆心角间隔的点。只对圆或圆弧有效。

二、直线

生成直线的方法有很多种，主要有两点线、平行线、角度线、曲线切线/法线、角等分线以及水平/铅垂线等。下面以实例介绍在 UG 软件里创建直线。

选择菜单栏 Insert—Curve—Basic Curves…选项，在打开的如图 3-9 所示的 Basic Curves 对话框中单击直线图标 ，可以创建所需的直线。

以创建与 XC 轴平行的直线和创建与已知直线成一定角度的直线为例介绍创建直线的一般方法。

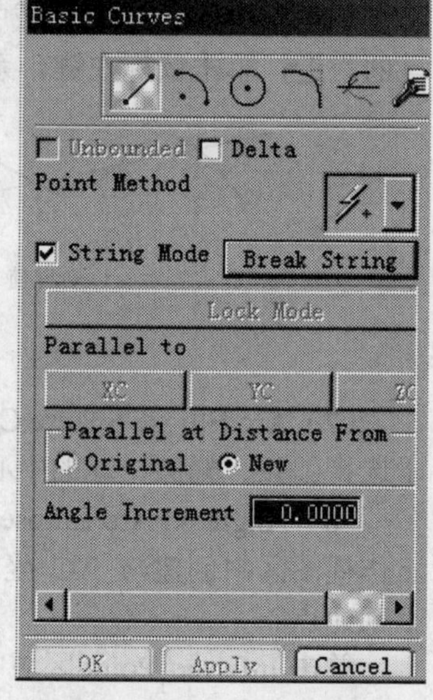

图 3-9 Basic Curves 对话框

（1）在如图 3-9 所示的对话框中单击 图标，取消 String Mode 的选中，在参数工具栏中输入如图 3-10 所示的数值。

图 3-10 输入创建直线坐标轴

（2）光标在 ZC 文本栏中时，按回车键，创建直线在原点的第一个端点。单击如图 3-10 所示对话框中的 XC 按钮，在参数工具栏中的 0.000 栏输入 100 后回车，系统创建图 3-11（a）所示的平行于 XC 轴的直线。

（3）将光标移至 ZC 附近，直线段的左端点显示小的圆形时，单击鼠标左键，创建另一条直线的第一个端点，在参数工具栏中的 0.000 栏输入 100 和在 0.00 中输入 30 后确认，系统创建如图 3-11（b）所示的与 XC 轴成 30° 的直线。

图 3-11　创建平行于 XC 轴的直线和创建与 XC 轴成 30° 的直线

三、圆和圆弧

以实例介绍在 UG 软件里创建圆和圆弧。

创建圆的方法一般包括 3 种方式。

（1）设置创建圆的圆心和圆上的点的方式创建圆。

（2）设置圆的圆心或者相切对象方式创建圆。

（3）设置圆的圆心或者半径或者直径值方式创建圆。

单击 Basic Curves 对话框中的 图标，显示如图 3-12 所示的圆的 Basic Curves 对话框。

圆心和圆上的点可以在参数工具栏里通过坐标值输入，也可以用鼠标在工作区内选点输入。创建圆后，Multiple Positions 复选框激活。选中此选项，给定圆心，系统可以复制与前一圆相同的圆。

单击 Basic Curves 对话框中的 图标，显示如图 3-13 所示的圆弧的 Basic Curves 对话框。

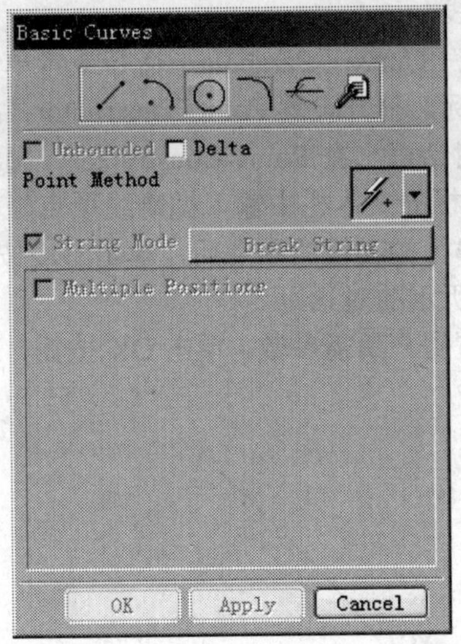

图 3-12　圆的 Basic Curves 对话框

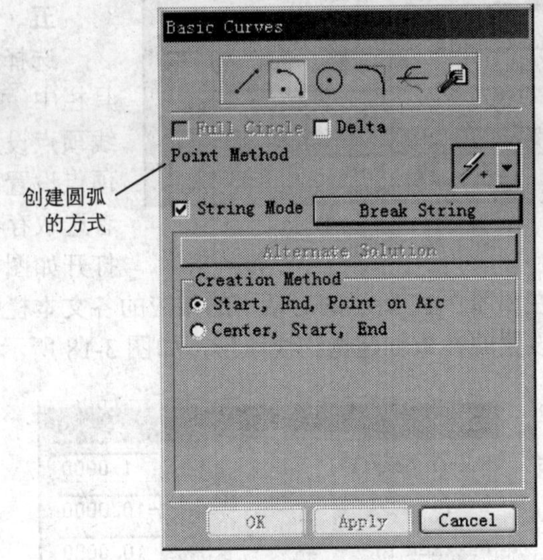

图 3-13　圆弧的 Basic Curves 对话框

1．圆弧 Basic Curves 对话框简介

（1）Full Circle　取消 String Mode 选中，激活此选项，系统以全圆形式创建圆弧。

（2）Alternate Solution　单击该按钮，系统会绘出显示圆弧互补的那段圆弧。

2．创建圆弧实例

以 Center，Start，End 方式创建圆弧为例介绍创建圆弧的一般方法。

（1）在图 3-13 所示的对话框中选择 Center，Start，End 单选按钮，在参数工具栏中输入如图 3-14 所示的参数值。

图 3-14　输入创建圆弧参数值

（2）光标在 XC 文本栏中时，回车，系统创建圆弧的中心。

（3）在参数工具栏中输入坐标值或者在视图中选取 2 点，系统根据 2 点的位置创建圆弧。图 3-15 所示为起点坐标为（60，20，0）、终点坐标为（30，15，0）和圆心坐标为（40，0，0）的圆弧。

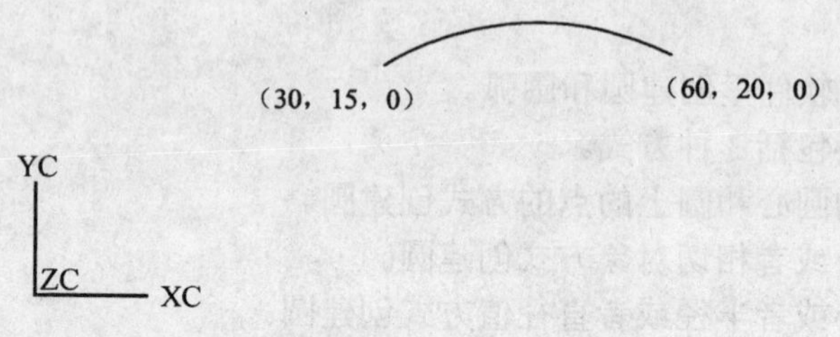

图 3-15　Center, Start, End 方式创建的圆弧

四、样条曲线

样条曲线是通过多项式曲线和所设定的点来拟合的曲线。选择图标 或者单击菜单 Insert—Curve—Spline 选项，系统会弹出如图 3-16 所示的对话框。

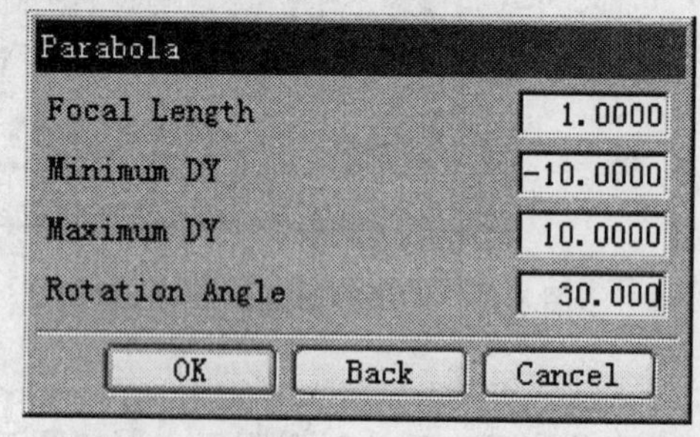

图 3-16　Spline 对话框

五、抛物线

选择 Insert—Curve—Parabola…命令或者单击工具栏中 图标，打开设置 Point Constructor（抛物线顶点设置）对话框。在 Point Constructor（抛物线顶点设置）对话框的文本栏中输入抛物线顶点坐标或者选取存在点作为抛物线的顶点后，单击 OK 按钮，打开如图 3-17 所示的对话框。

在如图 3-17 所示的对话框的相应的各文本栏中设置用户所需参数，单击 OK 按钮，系统按照设置的参数创建抛物线图形，如图 3-18 所示。

Parabola

Focal Length	1.0000
Minimum DY	-10.0000
Maximum DY	10.0000
Rotation Angle	30.000

OK　Back　Cancel

图 3-17　Parabola 对话框

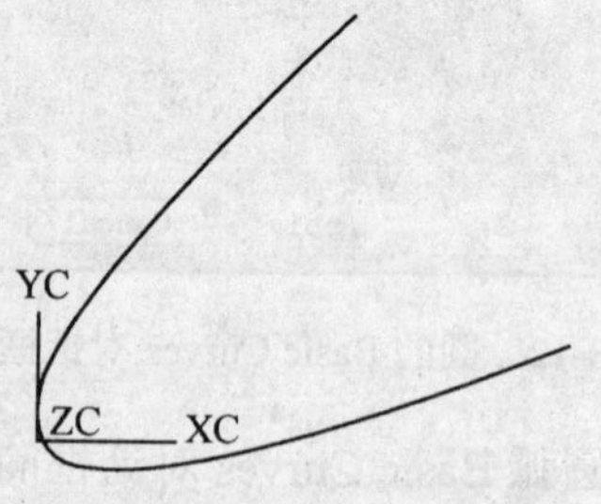

图 3-18　建立的抛物线

六、双曲线

选择 Insert—Curve—Hyperbola…命令或者单击工具栏中 图标，打开用于设置抛物线

顶点的 Point Constructor 对话框，提示用户确定双曲线的位置，确定以后系统弹出图 3-19（a）所示的对话框，当用户确定相关参数以后，系统会自动生成双曲线，如图 3-19（b）所示。

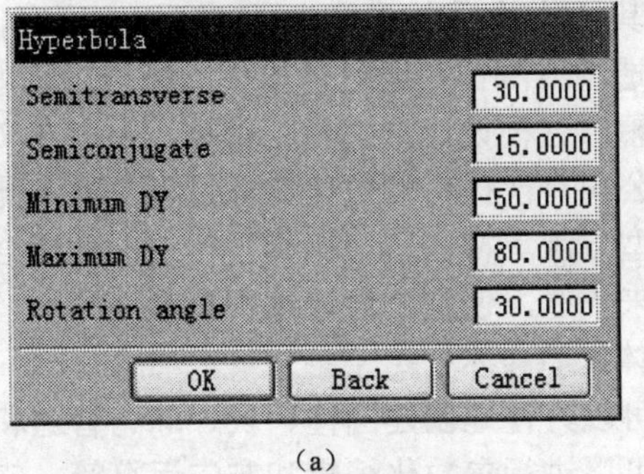

（a）

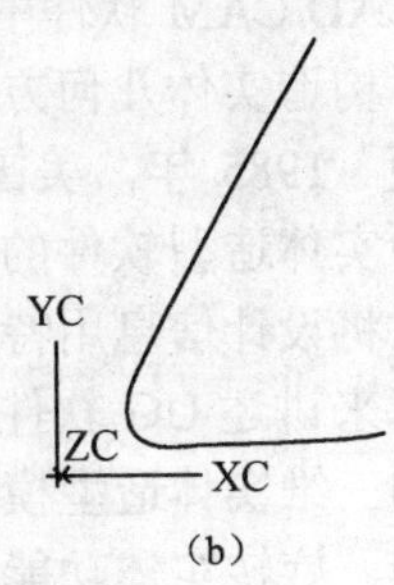

（b）

图 3-19　双曲线对话框及创建的双曲线

七、螺旋线

选择 Insert—Curve—Helix…命令或者单击工具栏中 图标，系统弹出如图 3-20（a）所示的对话框。在该对话框中输入螺旋线的圈数、螺距后再设定 Right Hand 或者 Left Hand 选项来确定螺旋线的选项。对应的相关参数确定后，系统会自动生成螺旋线，如图 3-20（b）所示。

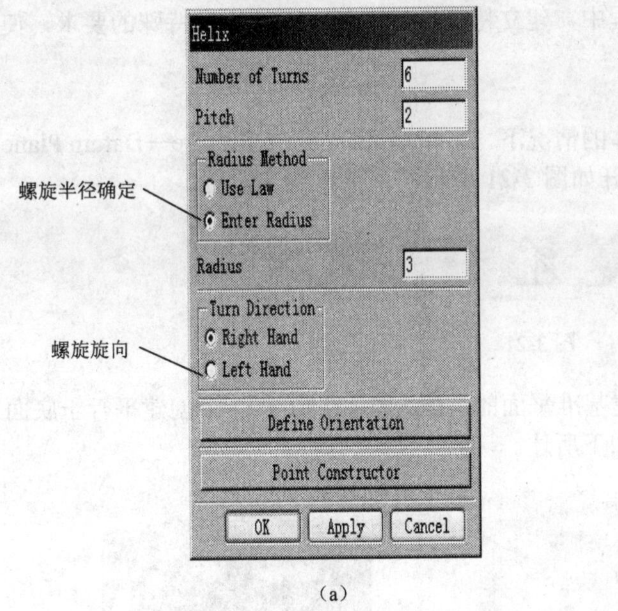

（a）

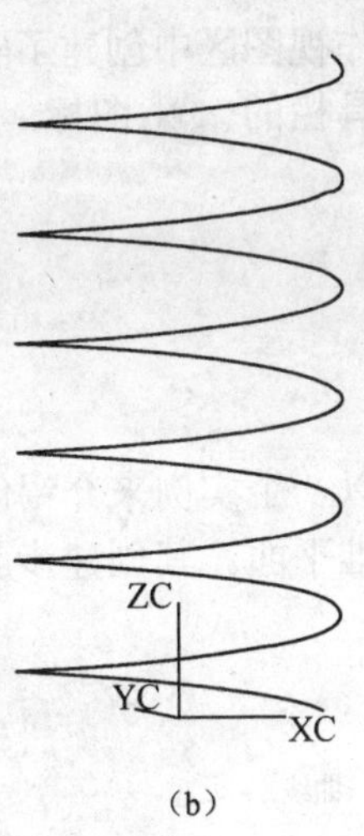

（b）

图 3-20　双螺旋线对话框及创建的螺旋线

在此采用 Enter Radius（输入半径方式），该方式用于设定螺旋线为一个定值。在这种方式下，需要输入 Radius 数值，确定螺旋线的半径值。

第三节　实体造型

目前，实体造型系统中采用的实体表达方法主要有三类：基本体素分解表示法、构造实体几何法、边界表示法。基本体素分解表示法是将复杂的几何形体经过层层分解，并将它逼近表示成一簇基本体素（如立方体、圆柱体等集合）。构造实体几何法通过简单形体（如块体、圆柱、球等）的交、并、差集合运算来表达复杂的几何形体。边界表示法的主要思想是通过实体的边界元素有向表面、边、顶点及其拓扑关系来描述三维空间的正则实体。

在早期的CAD/CAM软件中，实体造型方法都是通过基本体的拼合运算来实现的。基本上原始地表达了构造实体几何方法的思想。这种设计方式使工程技术人员在实际的产品设计中，颇感不方便。1985年，美国PTC公司首次提出参数化特征造型方法。此后，参数化特征造型方法成为实体造型软件的基本造型方法。特征造型抛弃了传统的体素合并和交、并、差的繁琐方式，将设计信息用特征术语来描述，使整个设计过程直观、简单、准确。在此以参数化造型技术来讲述UG软件中的实体造型技术。

运用UG的三维实体造型模块功能可以方便地创建圆柱、块、球、管道和圆锥等实体，也可以实现扫描、旋转实体功能，并且可以进行参数化编辑和布尔运算等。三维实体建模技术结合了传统建模技术和参数化建模技术的优点，是一种具有相关参数化设计功能的新一代建模技术。

UG三维实体造型技术是一种基于特征和约束的建模技术，它充分发挥了传统的线框、实体、表面和复杂曲面的优势，提高了设计的层次性和保持装配、加工以及直接引用到二维工程图中的关联性。可以使用草图建立三维实体模型的截面图，极大地方便了用户建立实体的截面模型。

一、参考特征

在建立三维实体模型的过程中，建立特征的方向和位置往往有特殊的要求，使用参考特征是行之有效的解决办法。

1．基准平面

在工作视图区中创建了实体的情况下，选择Insert—Form Feature—Datum Plane…命令或者单击工具栏的 图标，打开如图3-21所示的基准平面工具栏。

图3-21　基准平面工具栏

下面以一个实例来介绍创建基准平面的一般方法。在图3-22中创建平行于底面且经过曲线1的基准平面。其创建步骤如下所述。

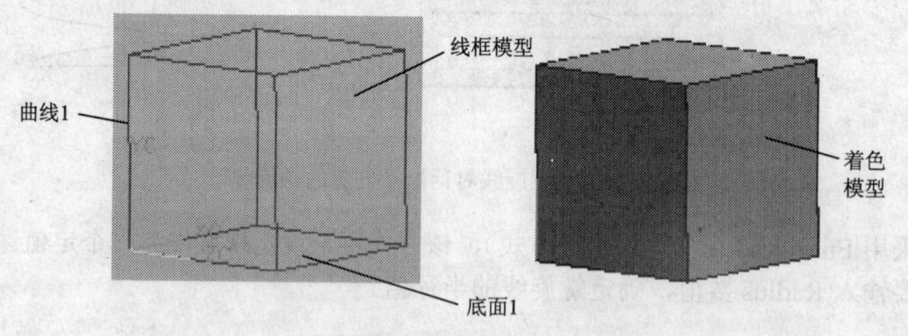

图3-22　待创建基准平面

操作步骤如下。

步骤1：点击三维造型工具栏上的图标 ，或者选择 Insert－Form Feature－Datum

Plane…命令，打开如图 3-23 所示的对话框。单击 ，选择 Constraint 中的 下拉列表选项。

步骤 2：依次选择底面 1，曲线 1 的中点，工作视图区显示创建的平面和法向。

步骤 3：单击鼠标中键或者在图 3-23 所示的 Datum Plane 对话框中单击 OK 按钮，系统创建如图 3-24 所示的经过曲线 1 的中点，平行于底面的基准平面。

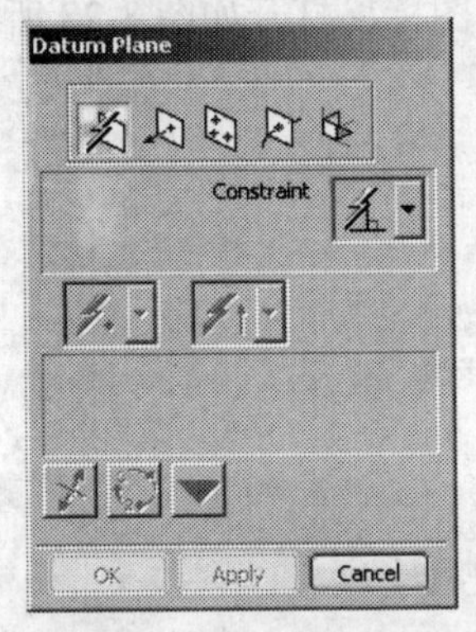

图 3-23 Datum Plane 对话框

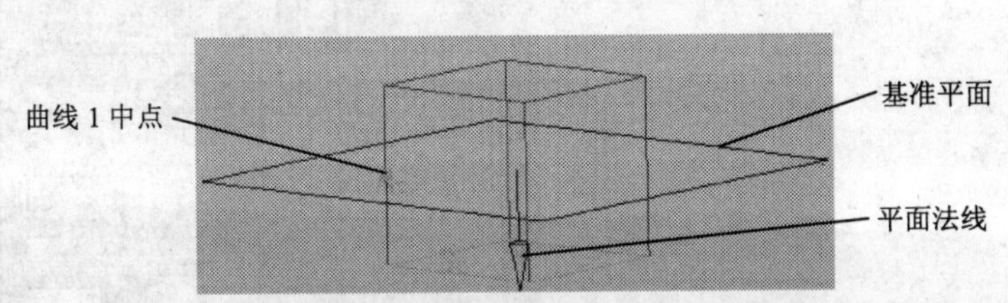

图 3-24 创建基准平面

2．基准轴

在工作视图区中创建了实体的情况下，选择 Insert－Form Feature—Datum Axis…命令或者单击工具栏的 图标，打开如图 3-25 所示的基准轴工具栏。

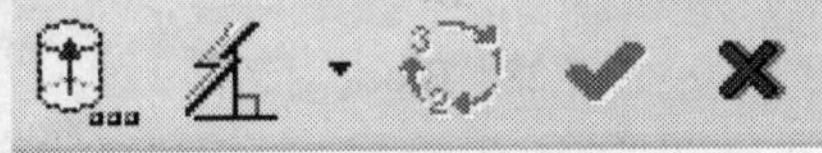

图 3-25 基准轴工具栏

下面以一个实例来介绍创建基准轴的一般方法。在图 3-26 中创建经过曲线 1 中点和曲线 2 中点的基准轴。其创建步骤如下所述。

操作步骤如下。

步骤 1：点击三维造型工具栏上的图标 ，或者选择 Insert－Form Feature－Datum Axis…命令，打开如图 3-27 所示的 Datum Axis 对话框。单击 ，选择 Constraint 中 下拉列表选项。

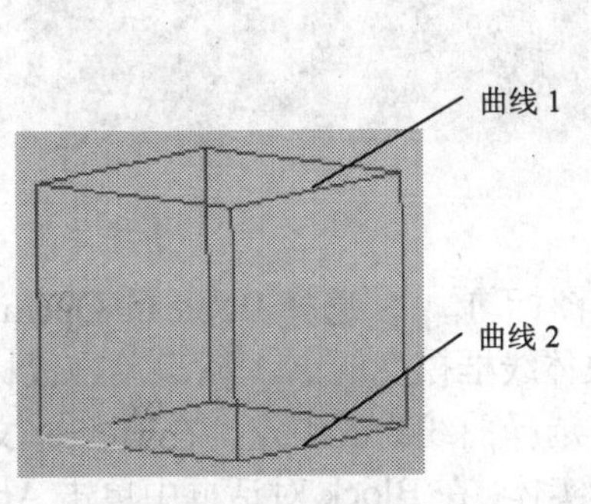

图 3-26 待创建基准轴

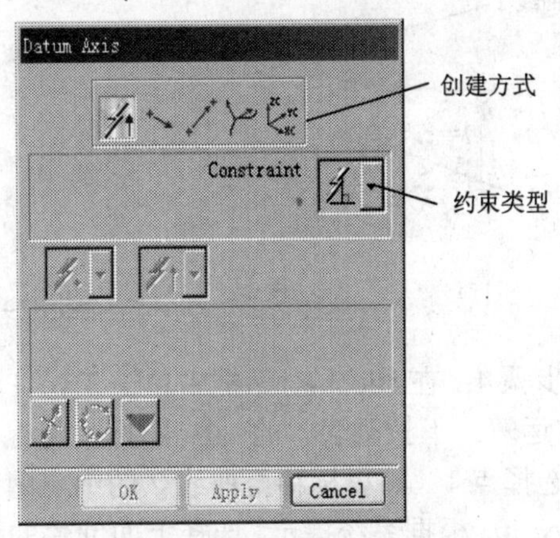

图 3-27 Datum Axis 对话框

步骤 2：在图形中依次选择曲线 1 中点、选择曲线 2 中点。

步骤 3：单击鼠标中键或者在图 3-27 Datum Axis 对话框中单击 OK 按钮。

二、基本体素

UG 三维实体造型的基本体素主要包括块体、圆柱、球、圆锥和管道等。

1．块体

选择 Insert－Form Feature－Block…命令或单击工具栏中的 图标，打开如图 3-28 所示的 Block 对话框。

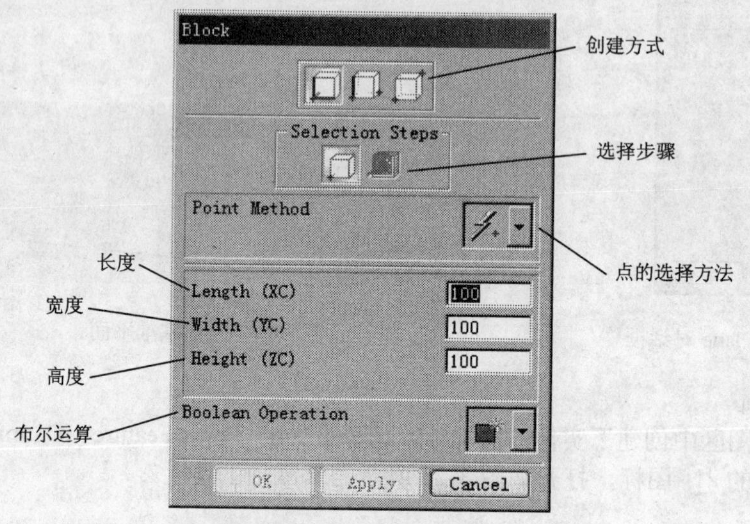

图 3-28　Block 对话框

以下以创建块体实例介绍创建块体的一般过程。

步骤 1：在打开图 3-28 Block 对话框中单击 图标。

步骤 2：在图 3-28 Block 对话框中选择 Point Method 下拉列表中的 选项，在打开的 Point Constructor 对话框中设置 Base Point 文本框中的数值为下图所示的数值后，单击鼠标中键，系统打开图 3-28 Block 对话框，在该对话框中的文本栏内输入块体参数设置栏所示的数值。

步骤 3：单击鼠标中键，系统创建的块体如图 3-29 所示。

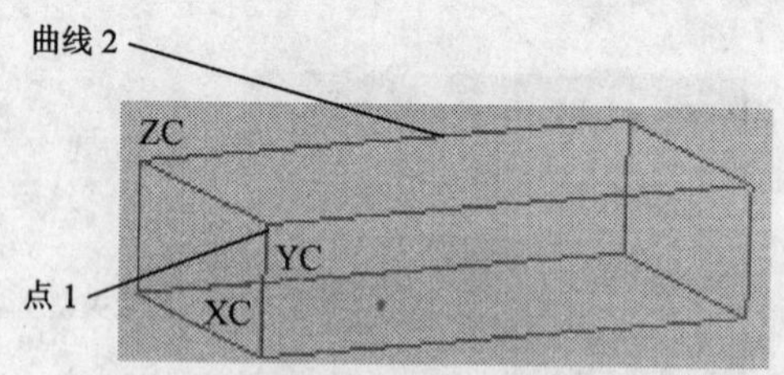

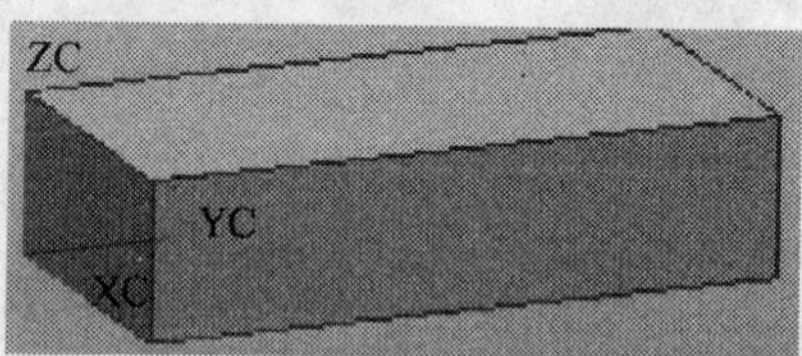

图 3-29　创建的块体

步骤 4：在 Block 对话框中单击 Two Points，Height 图标 ，选择 Boolean Operation（布尔运算）下拉列表中的 图标，将鼠标移至上图块体线框模型的点 1 附近单击鼠标左键，选择点 1。将鼠标移至曲线 2 的中点附近单击左键，选择曲线 2 的中点。在 Height 文本栏输入 30。根据系统提示，选择上面创建的块体作为目标实体，在 Block 对话框中单击 Apply

按钮，系统将创建的块体和图 3-29 所示的块体合并为如图 3-30 所示的块体。

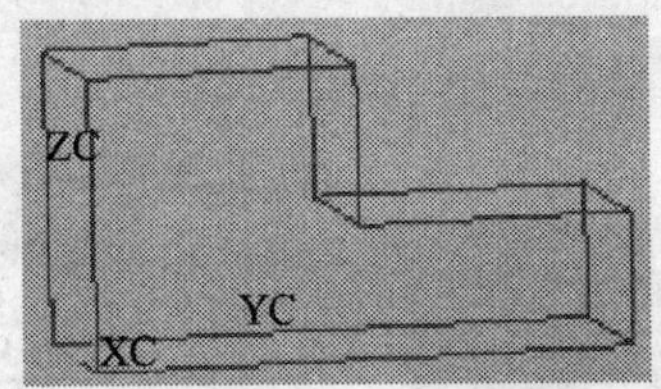

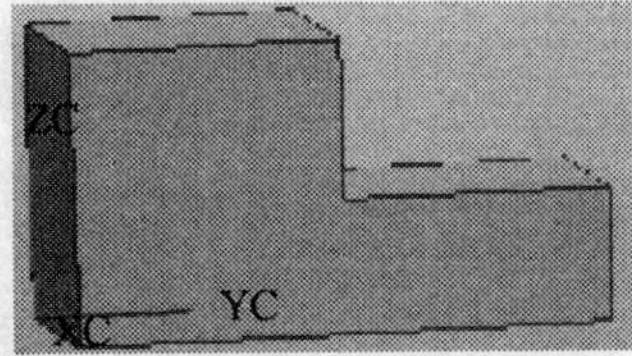

图 3-30　创建合并的块体

步骤 5：在 Block 对话框中单击 图标，选择 Boolean Operation（布尔运算）下拉列表中的 图标，将鼠标移至上面创建的合并实体中的曲线 1 的中点附近单击鼠标左键选择曲线 1 的中点，再选择曲线 2 的中点，选择合并实体为目标实体，在 Block 对话框中单击 OK，系统将创建的实体与图 3-30 所示合并实体作相减操作，得到如图 3-31 所示的一个实体。

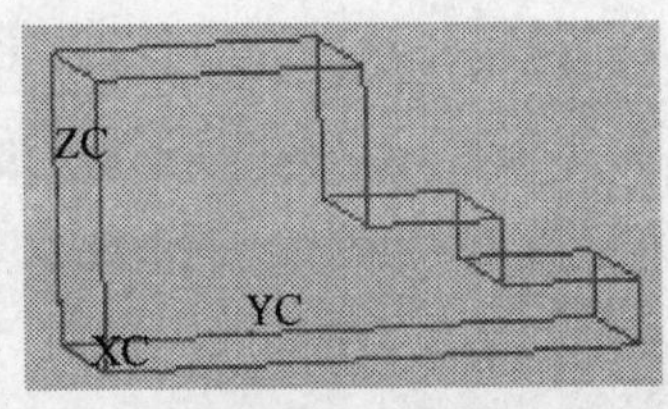

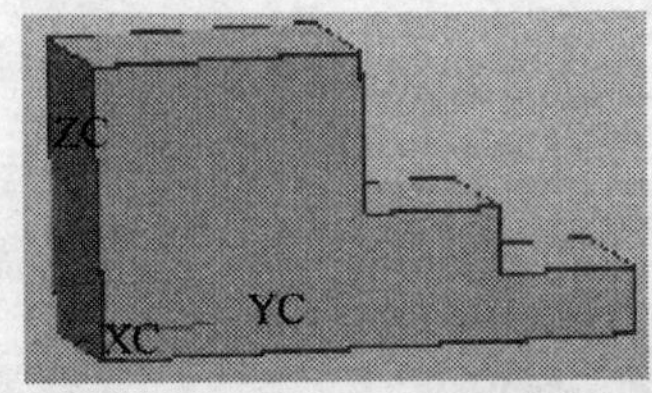

图 3-31　创建相减的块体

2．圆柱

选择 Insert－Form Feature－Cylinders…命令或单击工具栏中的 图标，打开如图 3-32 所示的 Cylinder 对话框。

以下以创建块体实例介绍创建块体的一般过程。

步骤 1：在打开的图 30Cylinder 对话框中单击 Diameter Height 按钮，在打开的 Vector Constructor 对话框中选择 图标后，单击鼠标中键，设置圆柱的轴向为 YC 方向。

步骤 2：在打开的图 3-33 所示创建圆柱参数对话框中设置图示的文本框中的数值后，单击鼠标中键。

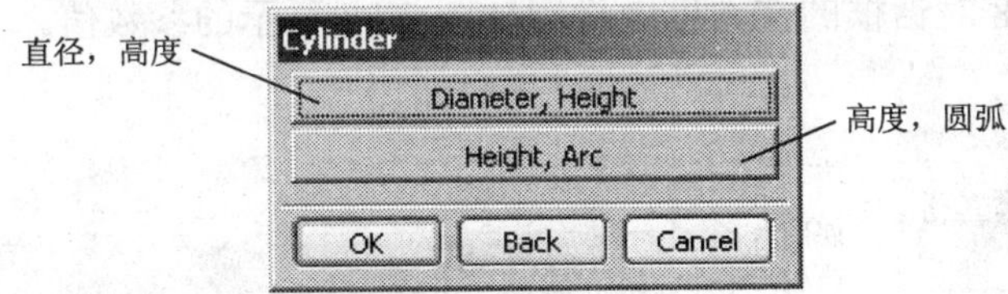

图 3-32　Cylinder 对话框

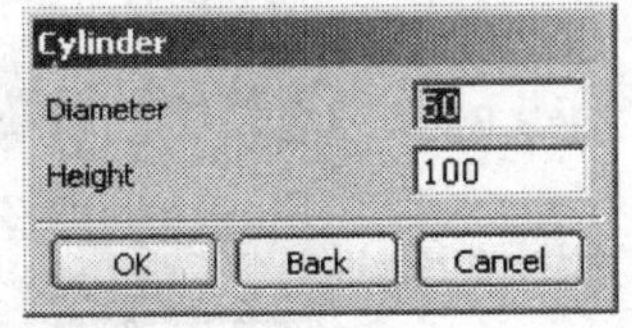

图 3-33　创建圆柱参数对话框

步骤 3：在打开的 Point Constructor 对话框中单击 Reset 按钮，设置圆柱底面圆心的位置在工作坐标系中的原点，单击鼠标中键，系统将创建图 3-34 所示的圆柱体。

步骤 4：在打开的图 3-32Cylinder 对话框中单击 Height，Arc 按钮，在打开的如图 3-35 所示高度参数设置对话框中的 Height 文本栏输入 50，单击鼠标中键。

步骤 5：打开圆弧曲线对话框，根据系统提示，选择如图 3-34 所示的图形中的曲线 1，工作视图区显示与 YC 轴同向的矢量符号。

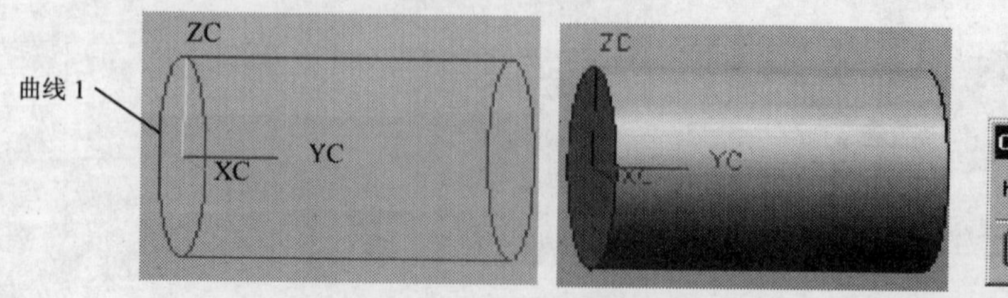

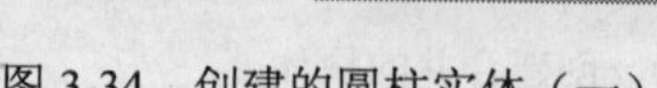

图 3-34 创建的圆柱实体（一）

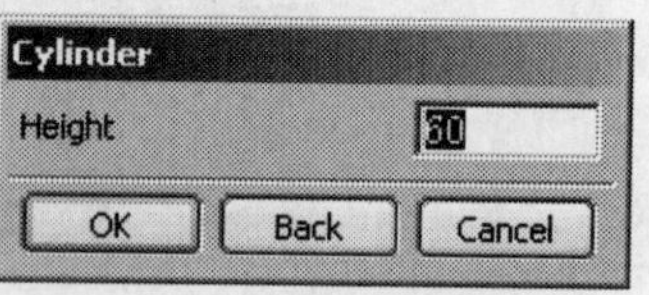

图 3-35 高度参数对话框

步骤 6：根据提示栏中的 Reverse axis orientation（反向）提示，在打开的对话框中单击 Yes 按钮，设置创建的圆柱体与 YC 轴方向相反。

步骤 7：在打开的 Boolean Operation 对话框中选择 Unite 按钮。

步骤 8：根据提示栏的 Select target solid（选择目标实体），选取如图 3-34 所示的图形中的圆柱体，系统创建如图 3-36 所示的圆柱体。

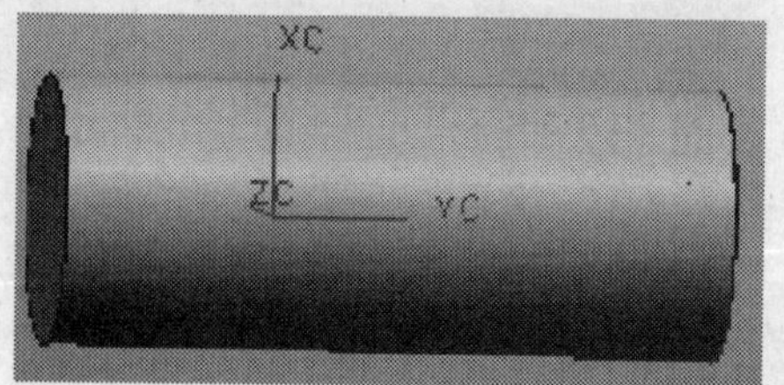

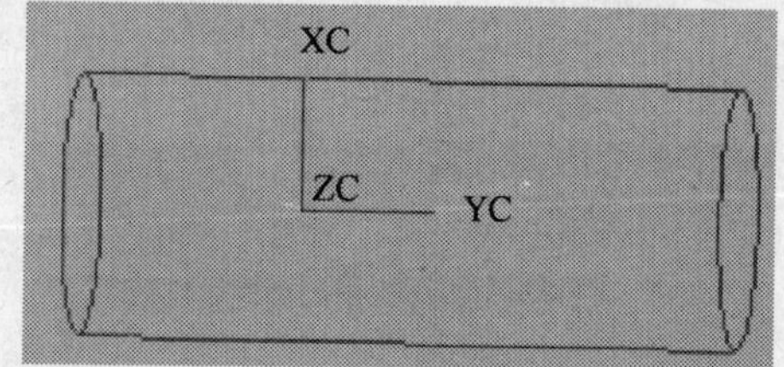

图 3-36 创建的圆柱实体（二）

3．圆锥

选择 Insert－Form Feature－Cone…命令或单击工具栏中的 图标，打开如图 3-37 所示的 Cone 对话框。

下面以 Diameters Height（直径，高度）方法介绍创建圆锥（或圆台）的一般方法。

步骤 1：在打开的图 3-37 所示的对话框中单击 Diameters Height 按钮，打开设置圆锥轴线的 Vector Constructor 对话框。

步骤 2：在 Vector Constructor 对话框中选择 图标，设置圆锥轴线方向与 ZC 轴方向同向。

步骤 3：单击鼠标中键，在图 3-38 对话框的文本框中设置如图 3-38 所示的参数值。

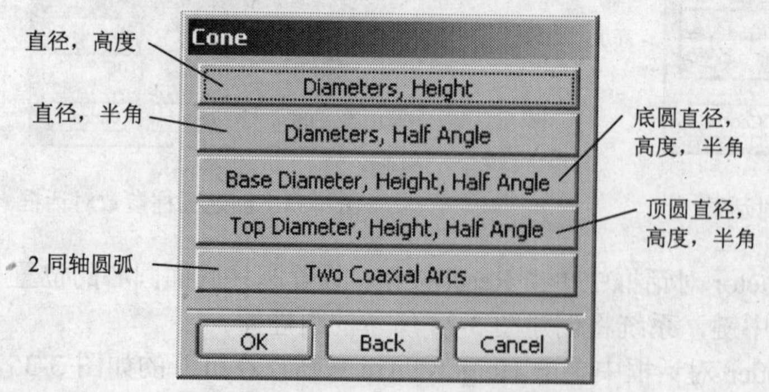

图 3-37 Cone 对话框

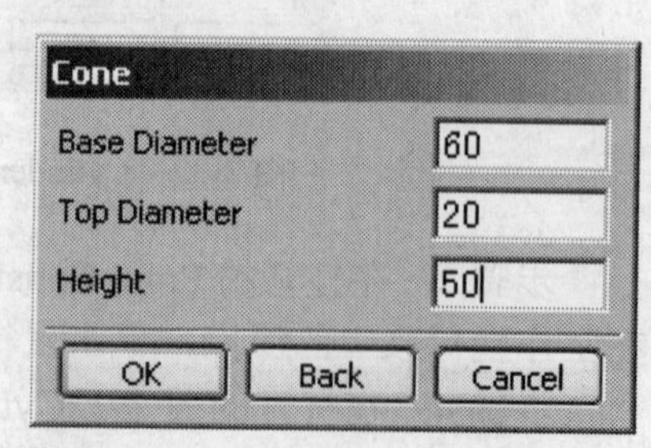

图 3-38 Cone 参数设置对话框

步骤 4：在图 3-38 所示的对话框中单击 OK 按钮，在打开的 Point Constructor 对话框中单击 Reset 按钮，设置圆锥底面圆心的位置在工作坐标系中的原点。

步骤 5：在 Point Constructor 对话框中单击 OK 按钮，系统创建的圆锥（圆台）如图 3-39 所示。

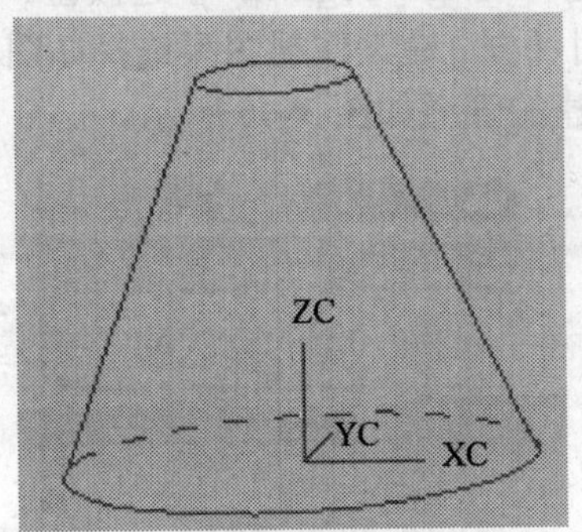

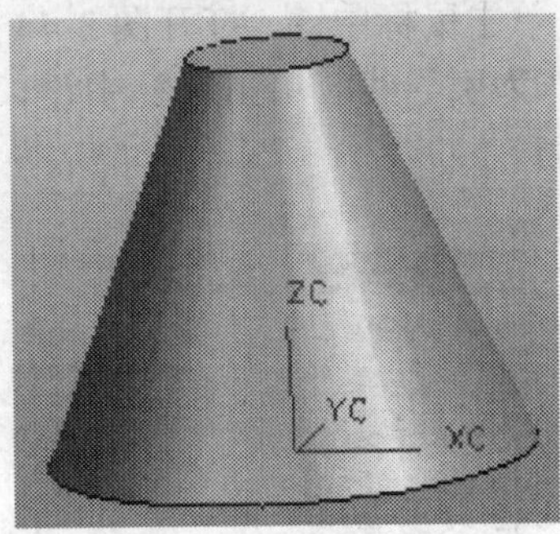

图 3-39　创建的圆锥（圆台）实体

4．球

选择 Insert－Form Feature－Spheres…命令或单击工具栏中的 图标，打开如图 3-40 所示的 Sphere 对话框。

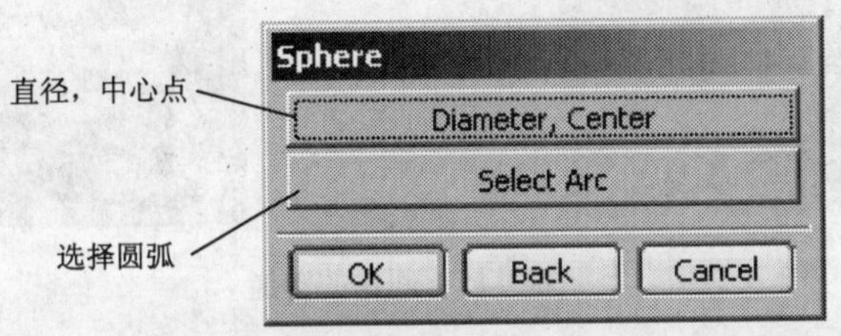

图 3-40　Sphere 对话框

步骤 1：在打开的图 3-40 所示的 Sphere 对话框中单击 Diameter Center 按钮。

步骤 2：在打开的图 3-41 所示的 Sphere 参数对话框中的 Diameter 文本框中输入 100，设置球体的直径为 100mm。

步骤 3：单击鼠标中键，在打开的 Point Constructor 对话框中单击 Reset 按钮，设置球体的中心位于工作坐标系的原点。单击鼠标中键，系统创建如图 3-42 所示的球体。

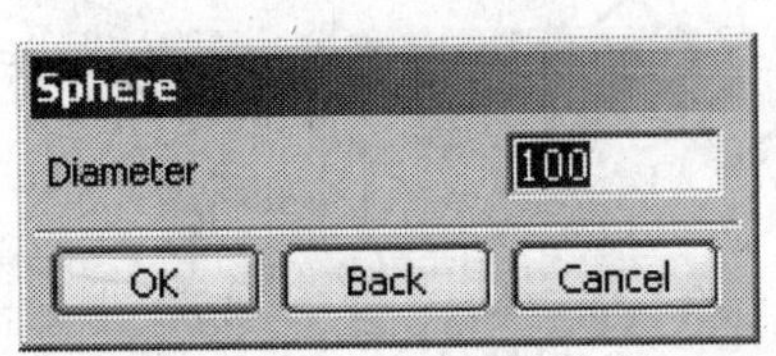

图 3-41　Sphere 参数对话框

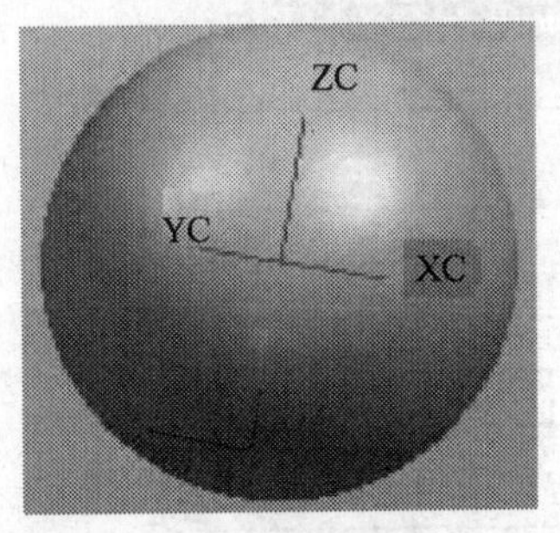

图 3-42　创建的球体着色模型

5．管道

选择 Insert－Form Feature－Tube…命令或单击工具栏中的图标，打开如图 3-43 所示的 Tube 对话框。

步骤 1：在打开的图 3-43 所示的 Tube 对话框中的 Outer Diameter 文本栏输入 20，在 Inner Diameter 文本栏输入 16，在 Output Type 区域中选择 Single Segment 单选按钮。

步骤 2：单击鼠标中键，打开图 3-44 所示的对话框。在工作视图区选择如图 3-45 左图所示的曲线 1 作为引导线。单击鼠标中键，系统创建的管道如图 3-45 所示。

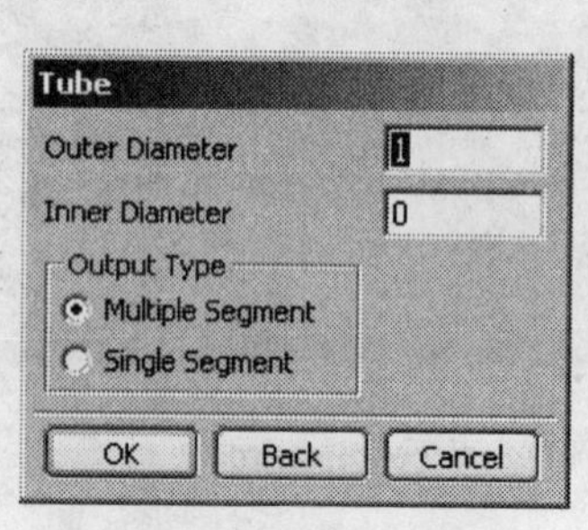

图 3-43　Tube 对话框

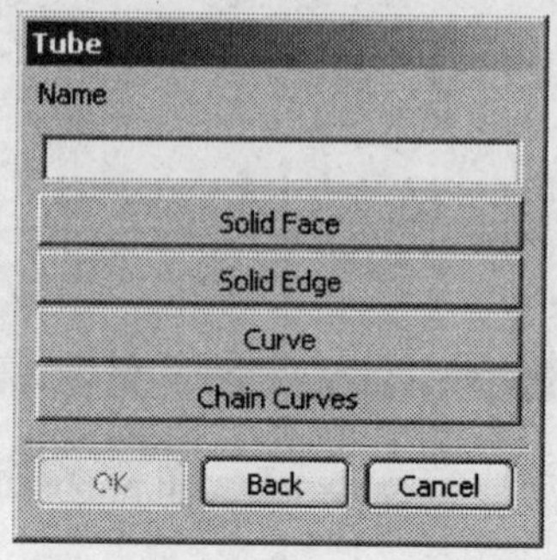

图 3-44　选择引导线和边的对话框

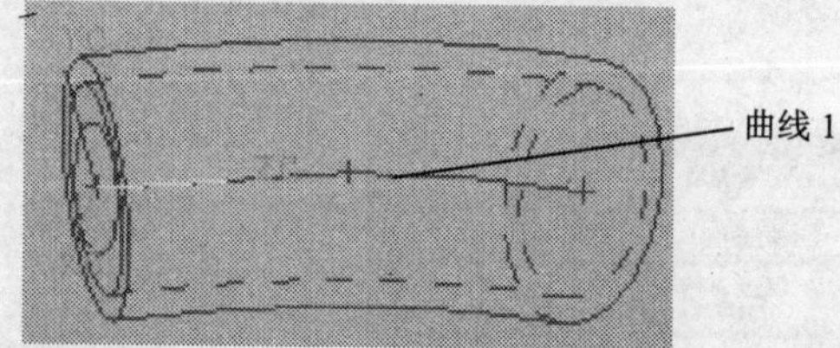

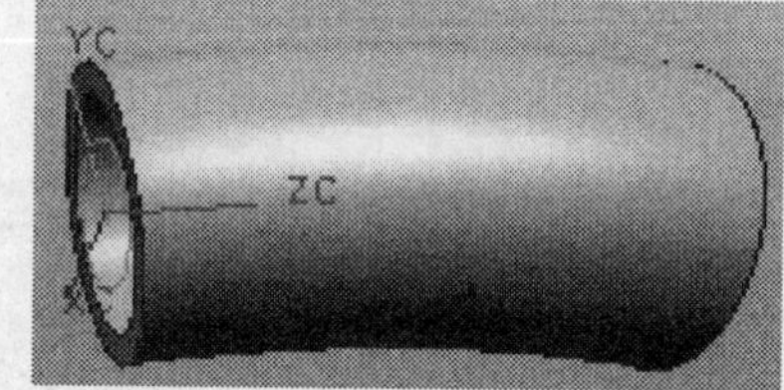

图 3-45　创建的管道

三、特征生成

特征生成包括拉伸、旋转、扫描和创建孔、凸台、型腔、凸垫、键槽和环形槽等基本命令。

1．拉伸

选择 Insert－Form Feature－Extrude…命令，打开如图 3-46 所示的 Extrude Body 对话框。系统提供了五种拉伸方法，下面图 3-47 所示的曲线 1、曲线 2、曲线 3 和曲线 4 为拉伸对象，以 Direction Distance（方向，距离）方法介绍创建实体的一般方法。

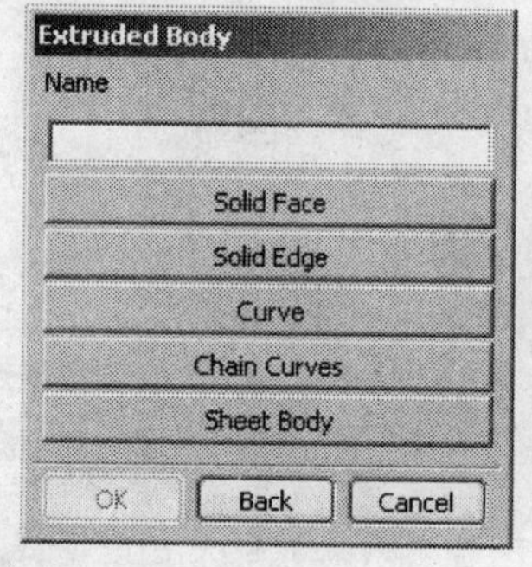

图 3-46　Extrude Body 对话框

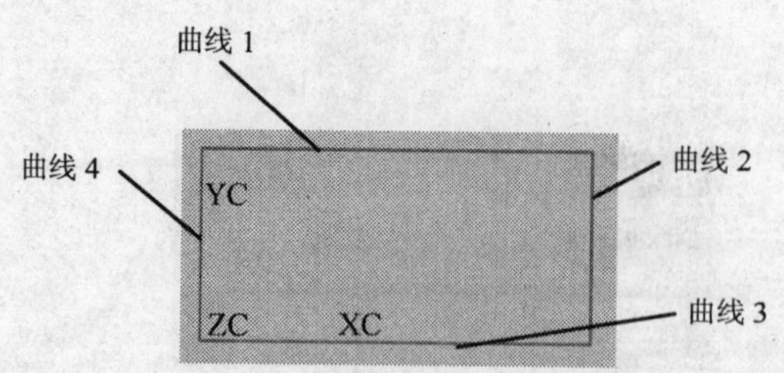

图 3-47　特征拉伸曲线

步骤 1：在打开的如图 3-46 所示的 Extrude Body 对话框中选择 Chain Curve 按钮，依次选择曲线 1、曲线 2、曲线 3 和曲线 4，单击鼠标中键，打开图 3-48 拉伸方式对话框。

步骤 2：在打开的如图 3-48 所示的对话框中单击 Direction Distance 按钮。

步骤 3：在打开的对话框中设置拉伸的方向，在此选择 ↑ZC 图标，设置拉伸方向为沿 ZC 轴的正向。

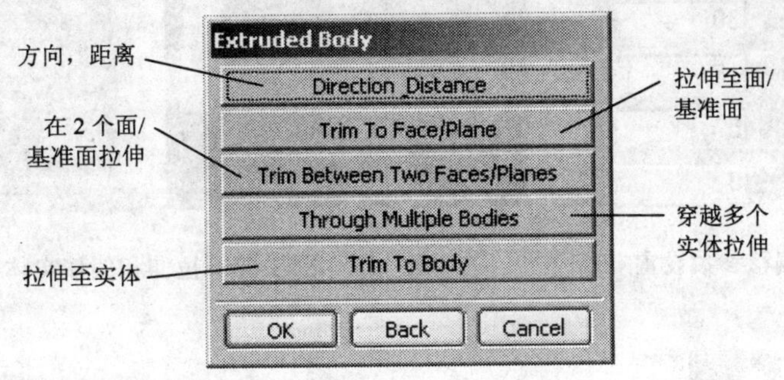

图 3-48 拉伸方式对话框

步骤 4：在打开的图 3-49 所示的对话框中设置如图 3-50 所示的参数。单击鼠标中键，系统可创建如图 3-51 所示的拉伸实体。

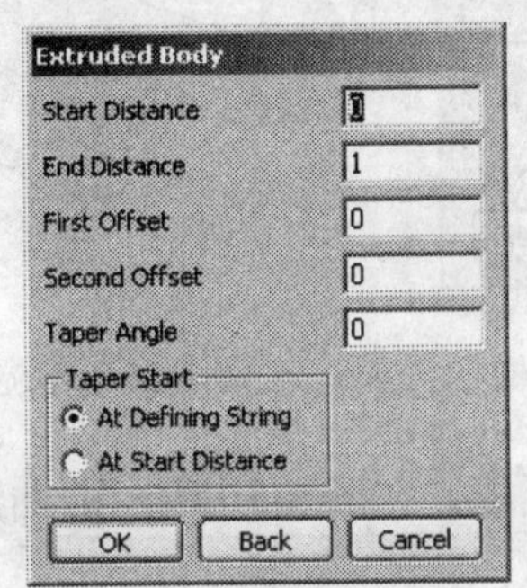

图 3-49 拉伸参数设置对话框

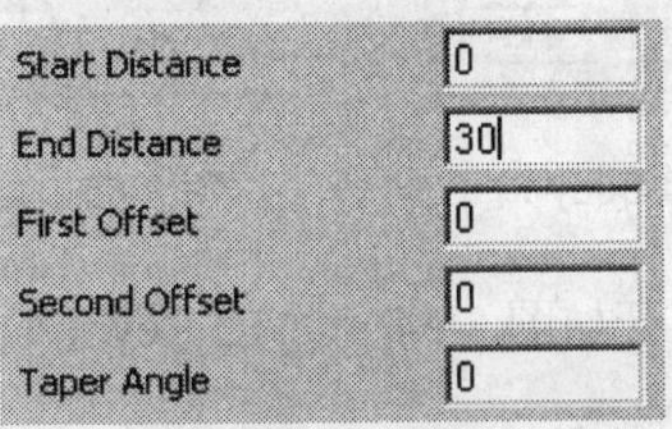

图 3-50 拉伸参数设置

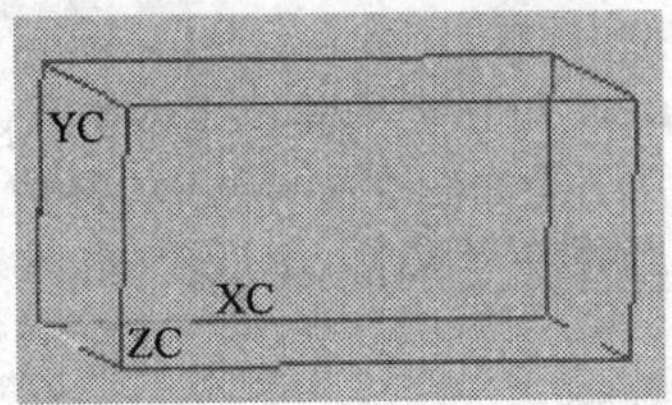

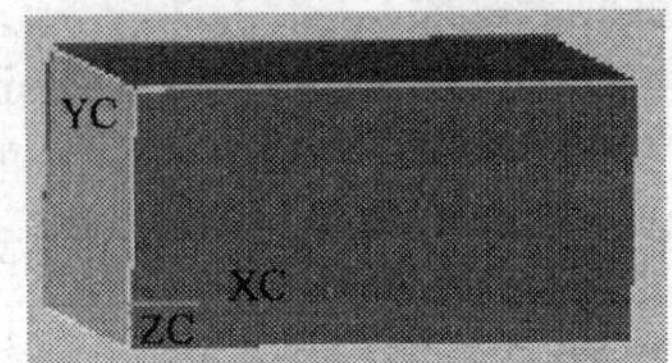

图 3-51 拉伸实体

步骤 5：选择 Edit－Blank－Blank…命令，打开 Class Select 对话框，选取工作视图区中的如图 3-51 所示的实体模型，单击鼠标中键，隐藏所选实体。

步骤 6：执行如同步骤 1、2 和 3 操作，在打开的图 3-49 所示的对话框中参数设置如图 3-52 所示。单击鼠标中键，创建如图 3-53 所示的壁厚为（15–5）＝10 的实体。

2．旋转

选择 Insert－Form Feature－Revolve…命令，打开如图 3-54 所示的 Revolved Body 对话框。

选定实体表面、边、曲线、曲线链或者片体为旋转对象后，在图 3-54 对话框中单击 OK 按钮，打开如图 3-55 所示的旋转方式的对话框。系统提供了三种旋转方法，下面图 3-56 所示的曲线为旋转对象，以 Axis Angle（轴，旋转角）方式旋转为例介绍旋转的一般过程。

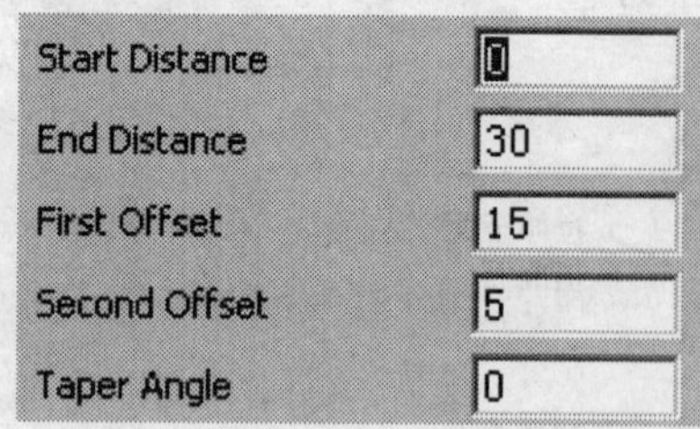

图 3-52　拉伸和偏移参数设置

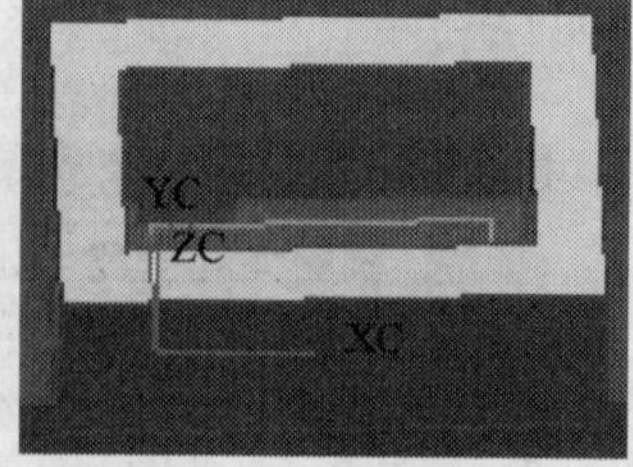

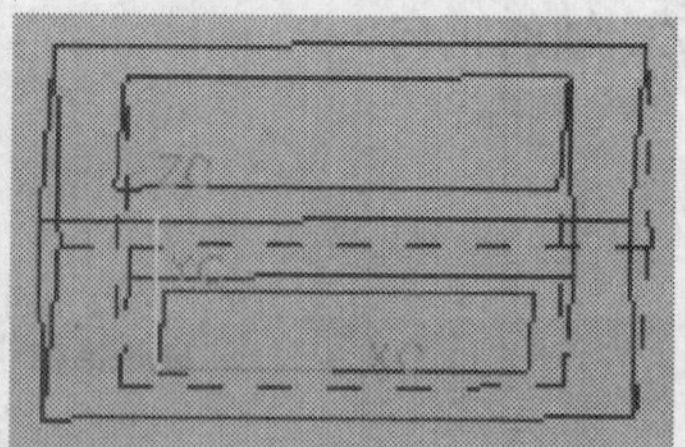

图 3-53　拉伸和偏移实体

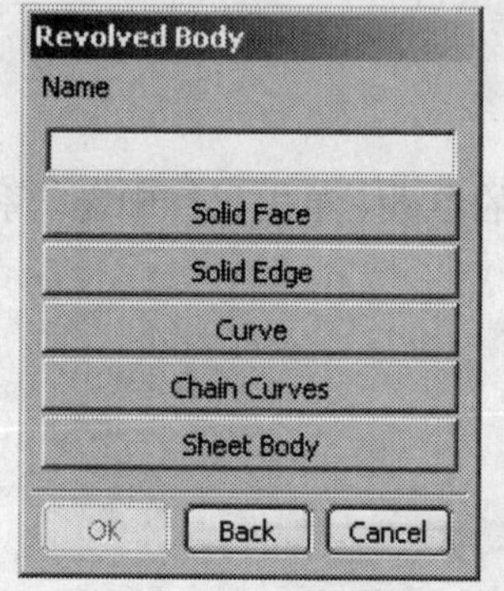

图 3-54　Revolved Body 对话框

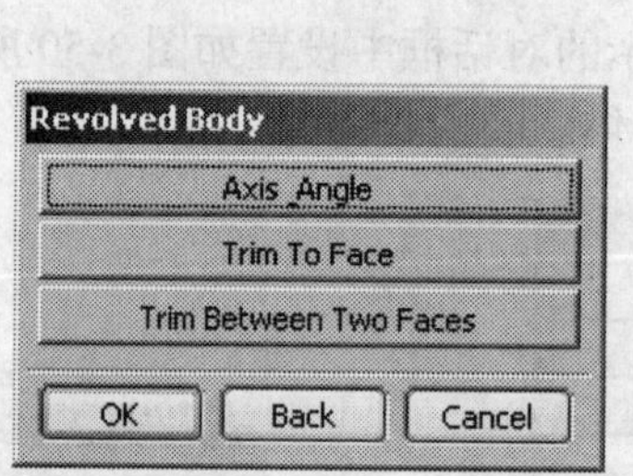

图 3-55　旋转方式对话框

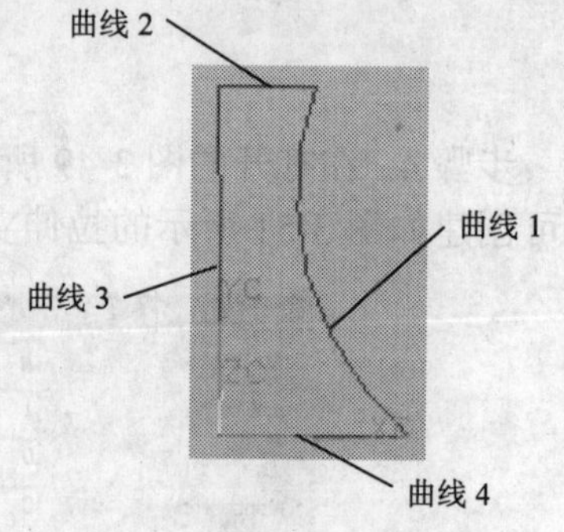

图 3-56　待旋转曲线

步骤 1：打开如图 3-54 所示的 Revolved Body 对话框，在图 3-56 所示的曲线图形中选择曲线 1。

步骤 2：单击鼠标中键，在打开的如图 3-55 所示的对话框中单击 Axis Angle 按钮，在打开的 Vector Constructor 对话框中单击 YC，设置曲线 1 绕 YC 轴旋转，同时工作视图区显示 YC 方向的矢量箭头。

步骤 3：单击鼠标中键，在弹开的 Point Constructor 对话框中单击 Reset 按钮，设置曲线 1 绕曲线 1 工作坐标系原点旋转。在打开的对话框中设置如图 3-57 所示的参数。

步骤 4：单击鼠标中键，创建如图 3-58 所示的壁厚为 2 的旋转实体。

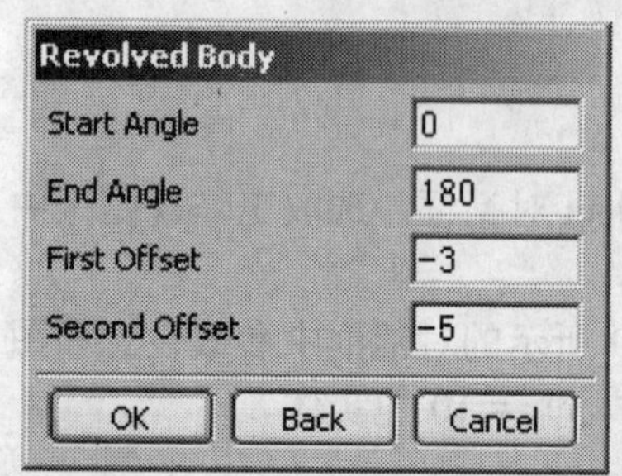

图 3-57　设置曲线 1 旋转参数对话框

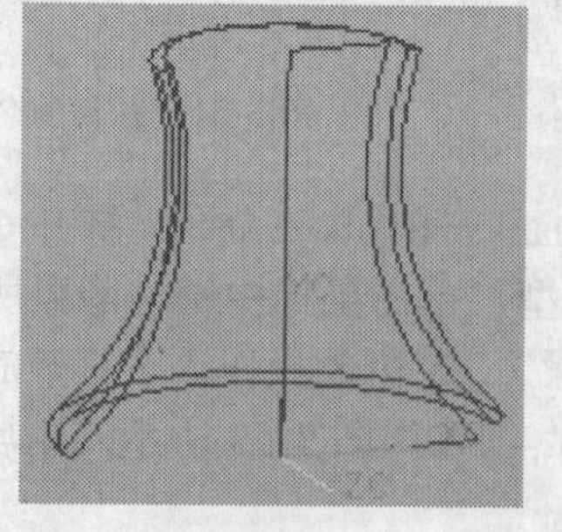

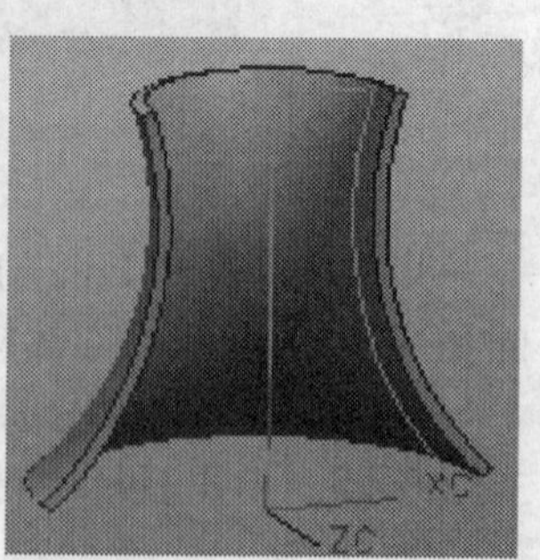

图 3-58　旋转曲线 1 所得实体

步骤 5：执行如图步骤 1、2 和 3 的类似操作，选取如图 3-56 所示的图形中的曲线 1、2、3 和 4，在打开的旋转参数对话框中设置如图 3-59 所示的对话框中的参数。

步骤 6：单击鼠标中键，系统创建如图 3-60 所示的旋转实体。

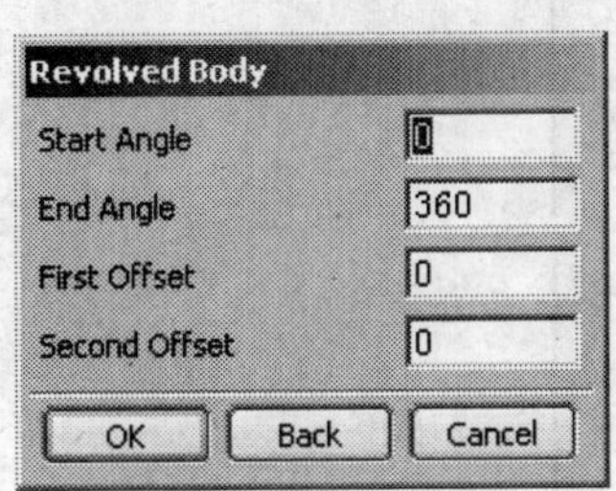

图 3-59　设置旋转参数对话框

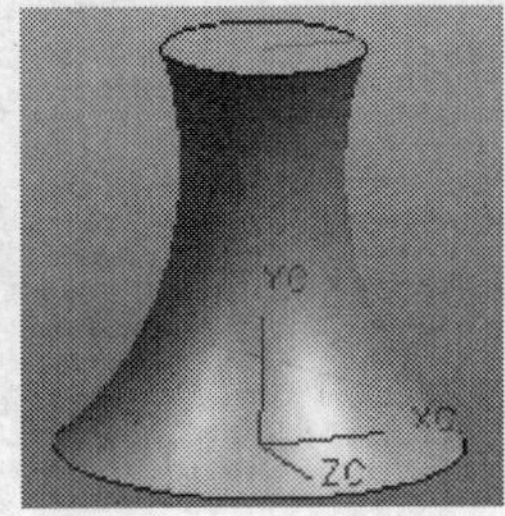

图 3-60　创建的旋转实体

3．扫描

选择 Insert－Form Feature－Sweep along Guide…命令，打开如图 3-61 所示的 Sweep along Guide 对话框。

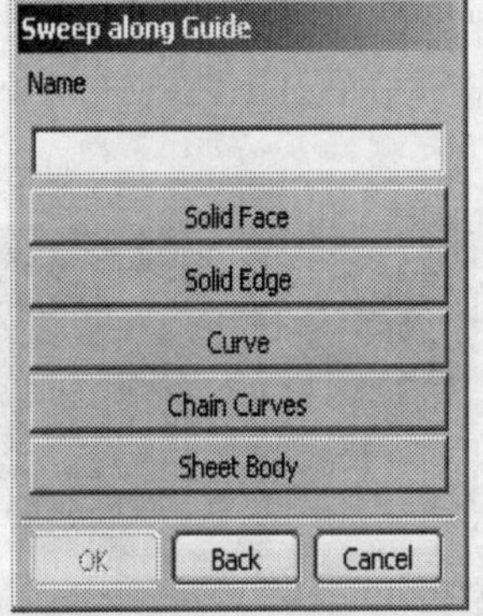

图 3-61　扫描选择对象对话框

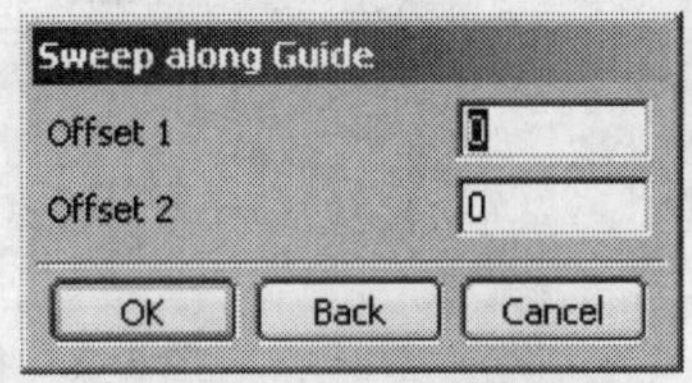

图 3-62　扫描参数设置对话框

下面以图 3-63 所示的曲线创建扫描实体。

打开如图 3-61 所示的对话框，选择图 3-63 所示曲线 1 作为截面线。单击鼠标中键，选择图 3-63 所示曲线 2 作为导引线，单击鼠标中键，在打开的扫描参数对话框中设置图 3-62 所示的参数。单击鼠标中键，系统创建如图 3-64 所示的扫描实体。

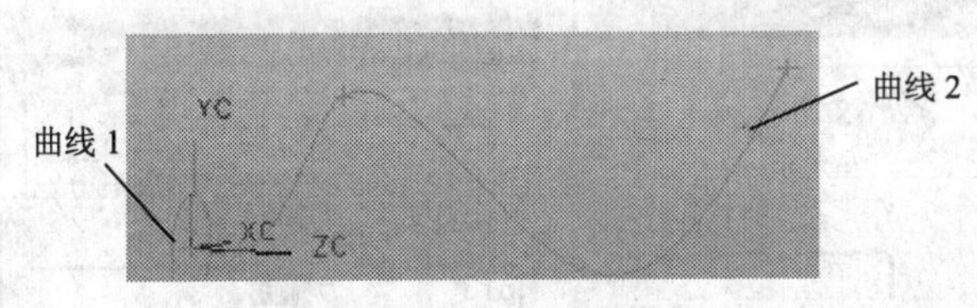

图 3-63　待扫描曲线

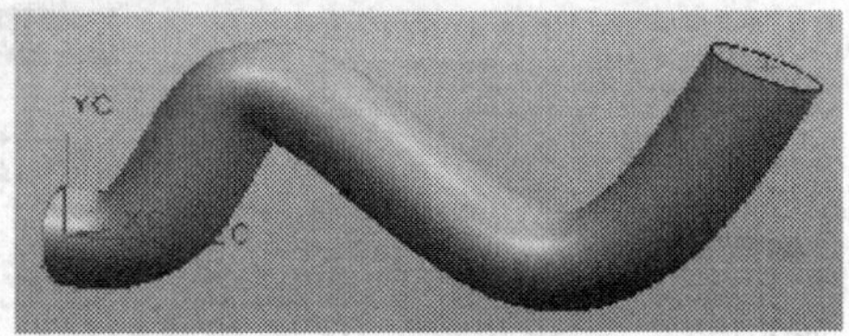

图 3-64　扫描实体

4．孔

选择 Insert－Form Feature－Hole…命令，打开如图 3-65 所示的 Hole 对话框。

系统提供创建 3 种孔的方式，分别为 Simple Hole（简单孔）、Counterbore（沉头孔）和 Countersink（锥形孔）。

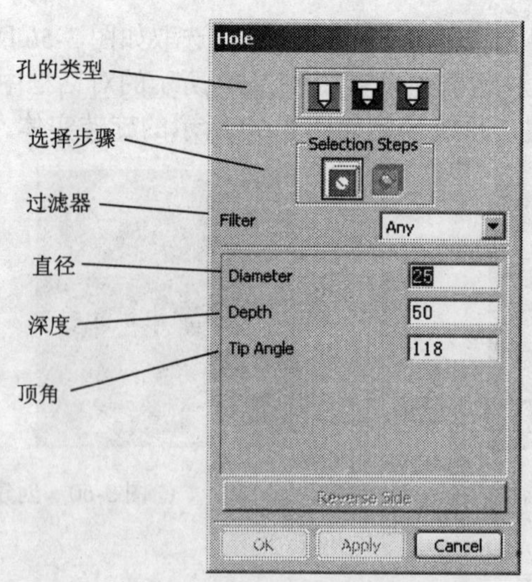

图 3-65　Hole 对话框

以图 3-66 所示的块体（长为 50，宽为 100，高为 30）中创建简单孔和锥形沉孔为例介绍创建孔的一般过程。

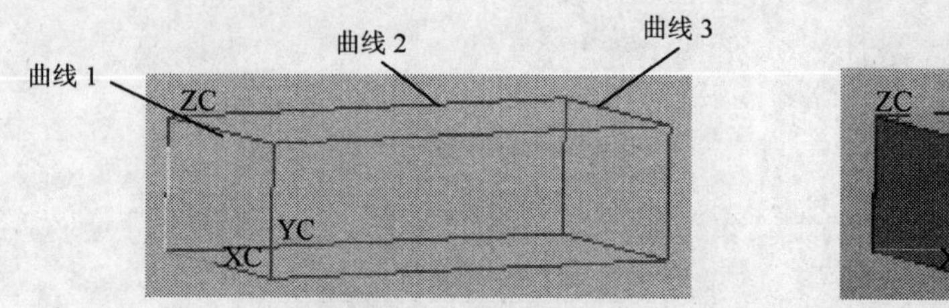

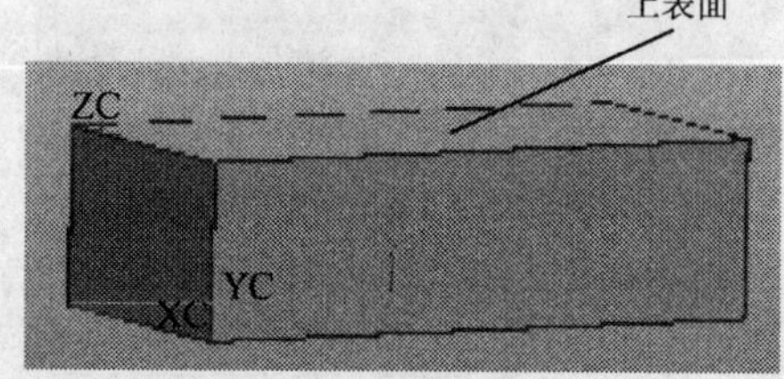

图 3-66　待创建的块体

步骤 1：在打开的图 3-65 所示对话框中 图标，设置如图 3-67 所示的简单孔的参数。

步骤 2：选择如图 3-66 所示的块体的上表面。

步骤 3：单击鼠标中键，在打开的如图 3-68 所示的 Positioning 对话框中单击 图标。选择如图 3-66 所示的曲线 1，在打开的如图 3-69 所示的简单孔定位对话框中设置相应参数，使简单孔的上表面圆心到曲线 1 的距离为 15。

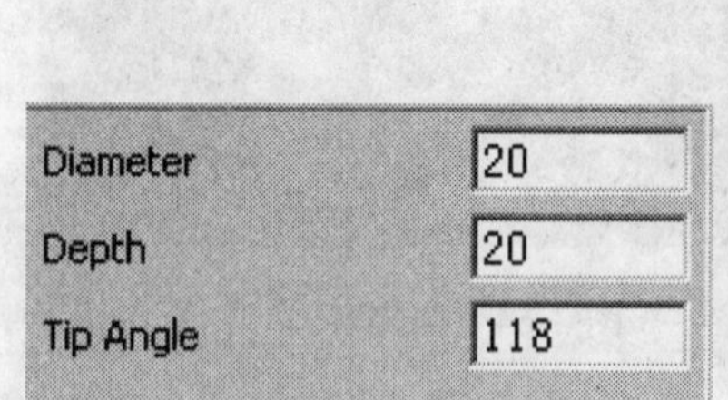

图 3-67　简单孔的参数设置

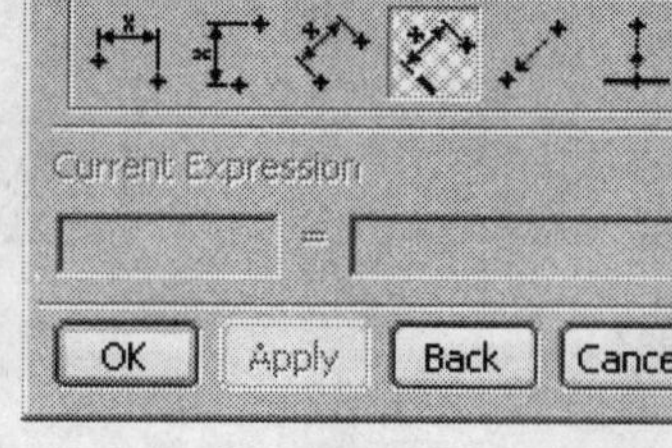

图 3-68　Positioning 对话框

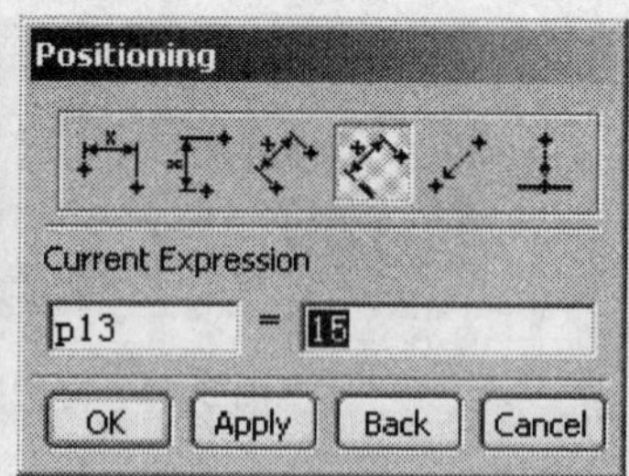

图 3-69　简单孔定位对话框

步骤 4：在图 3-69 所示的对话框中单击 Apply 按钮，选择图 3-66 所示的曲线 2，设置简单孔的上表面圆心到曲线 2 的距离为 25，系统创建出图 3-70 所示的简单孔。

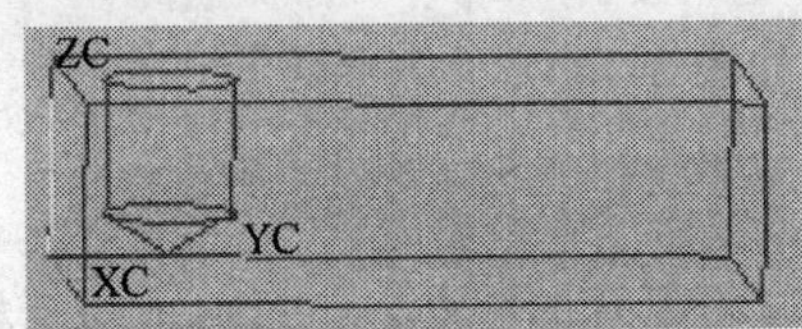

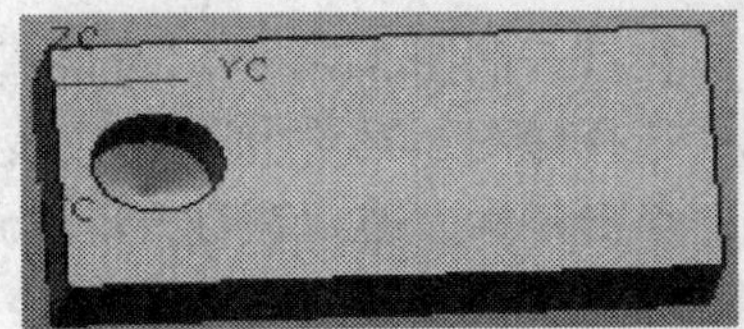

图 3-70　创建的简单孔

步骤 5：在打开的图 3-65 所示对话框单击 图标，设置如图 3-71 所示的参数，选择如图 3-66 所示的块体的上表面。

步骤 6：单击鼠标中键，选择图 3-66 所示的曲线 2，在 Positioning 对话框中设置如图 3-72 所示的参数。

C-Sink Diameter	30
C-Sink Angle	60
Hole Diameter	22
Hole Depth	22
Tip Angle	118

图 3-71　锥形沉孔的参数设置

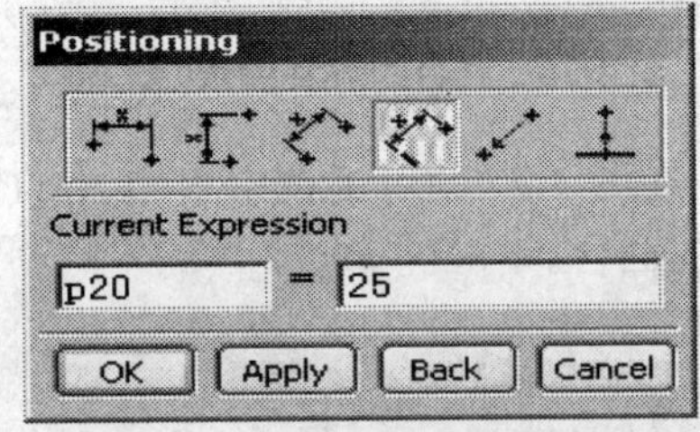

图 3-72　锥形沉孔定位对话框

步骤 7：单击鼠标中键，在图 3-72 所示的对话框中单击 Apply 按钮，选择图 3-66 所示的曲线 3，设置锥形孔的上表面圆心到曲线 3 的距离为 30，系统创建如图 3-73 所示的锥形沉孔。

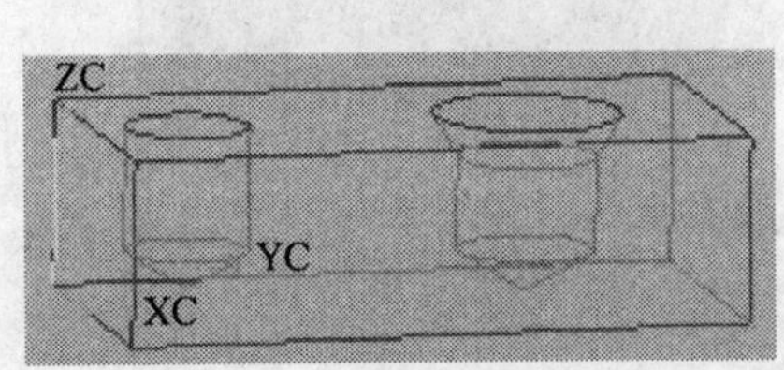

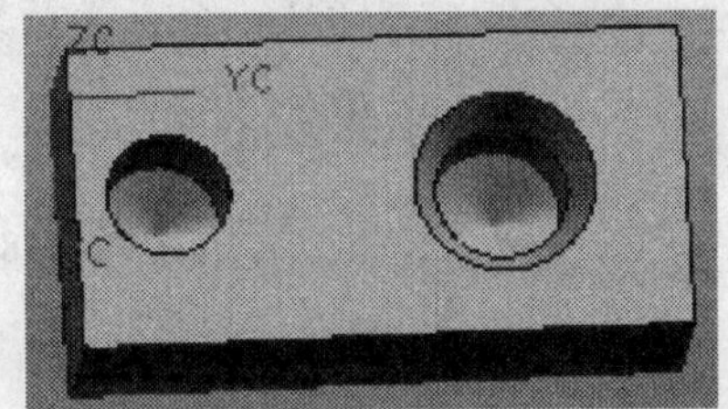

图 3-73　创建的锥形沉孔

5．凸台

选择 Insert－Form Feature－Boss…命令，打开如图 3-74 所示的 Boss 对话框。

以如图 3-75 所示的圆柱（直径为 50，高为 30）的上表面创建凸台为例，介绍创建凸台的一般方法。

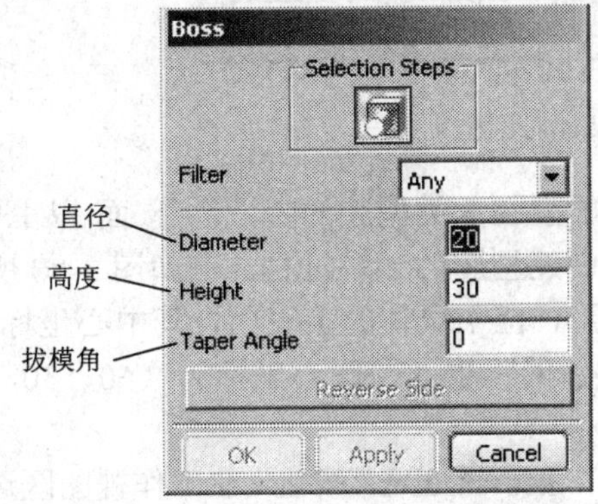

图 3-74　Boss 对话框

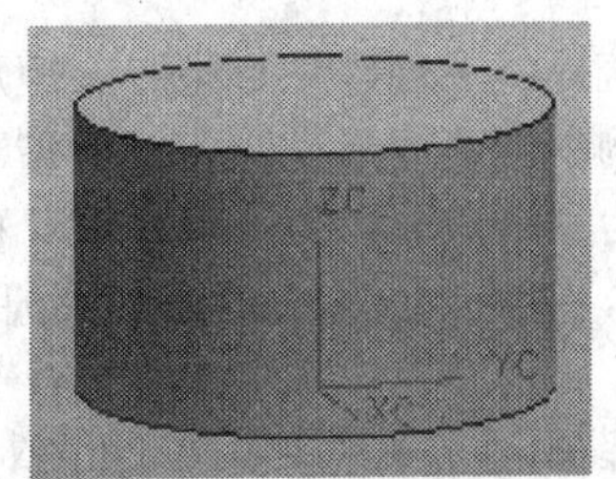

图 3-75　待创建凸台的圆柱

步骤 1：在打开的图 3-74 所示对话框中设置如图 3-76 所示的参数。

步骤 2：选择如图 3-75 的圆柱的上表面。

步骤 3：单击鼠标中键，在打开的 Positioning 对话框中单击 图标。

步骤 4：选择圆柱上表面的图形，打开图 3-77 框所示的 Set Arc Position 对话框。

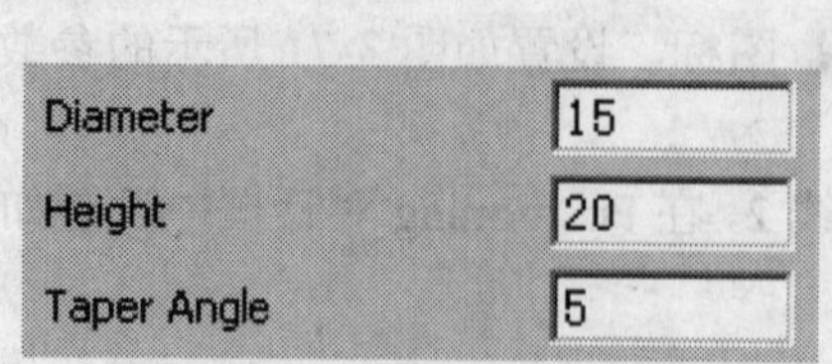

图 3-76　凸台的设置参数

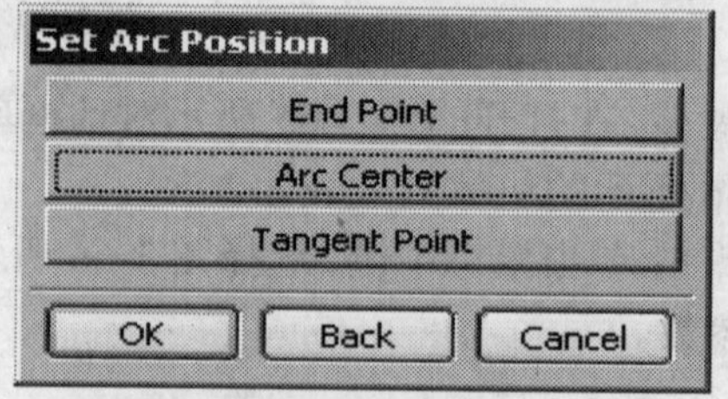

图 3-77　Set Arc Position 对话框

步骤 5：在图 3-77 的对话框中单击 Arc Center 按钮，创建如图 3-78 的下表面圆心与圆台的圆心重合的凸台。

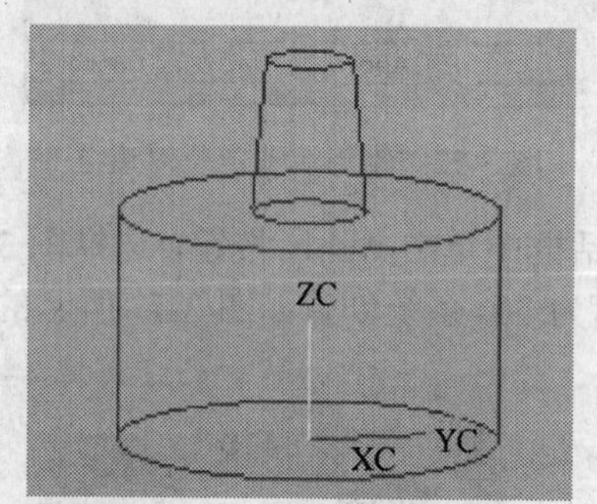

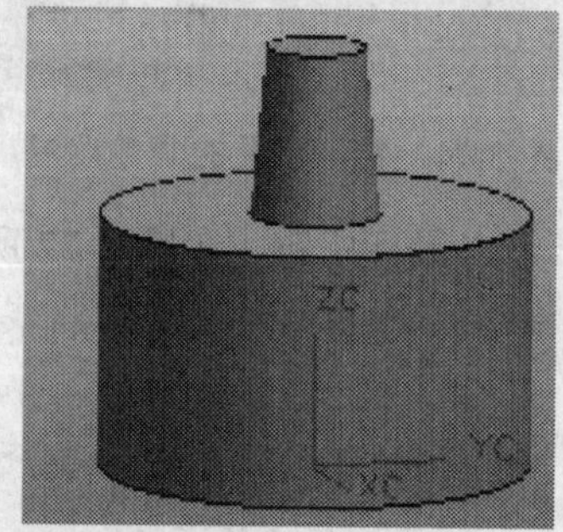

图 3-78　创建凸台的圆柱体

6．型腔

选择 Insert－Form Feature－Pocket…命令，打开如图 3-79 的 Pocket 对话框。

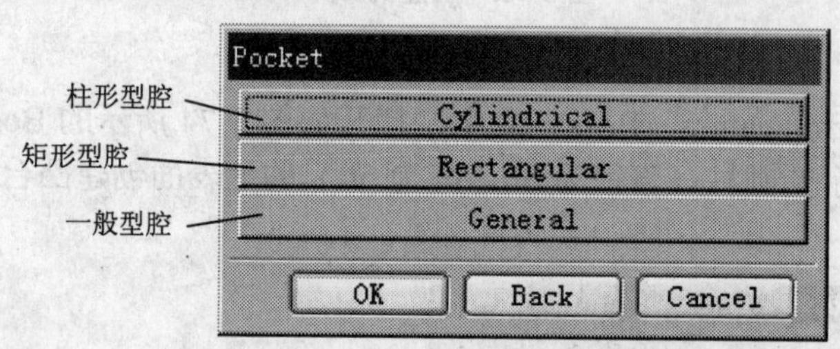

图 3-79　Pocket 对话框

系统提供了创建柱形型腔、矩形型腔和一般型腔 3 类型腔的方法。下面以图 3-80 所示的实例中创建矩形型腔和一般型腔为例介绍创建型腔的一般过程。在如图 3-80 所示的块体的长为 100，宽为 60，高为 40；曲线 3 为圆形，位于块体的上表面，其中心坐标为（60，30，40），直径为 40；曲线 4 为圆形，位于块体的下表面，圆心坐标为（60，30，0），直径为 20。

步骤 1：在打开的如图 3-79 的对话框中单击 Rectangular 按钮，在工作视图区选择如图 3-80 的图形的上表面。

步骤 2：在打开的 Horizontal Reference 对话框中单击 Solid Face 按钮，在如图 3-80 的图形中选择曲面 1，在工作视图显示创建矩形键槽的方向矢量。

步骤 3：在打开的矩形型腔参数设置对话框中设置如图 3-81 的参数。

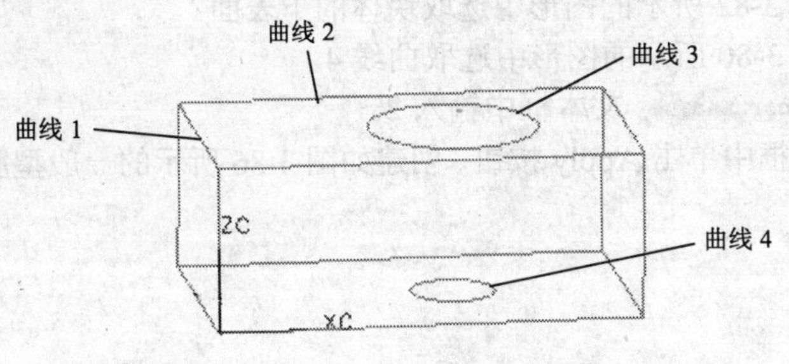

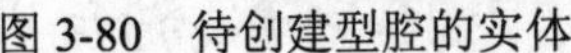

图 3-80　待创建型腔的实体

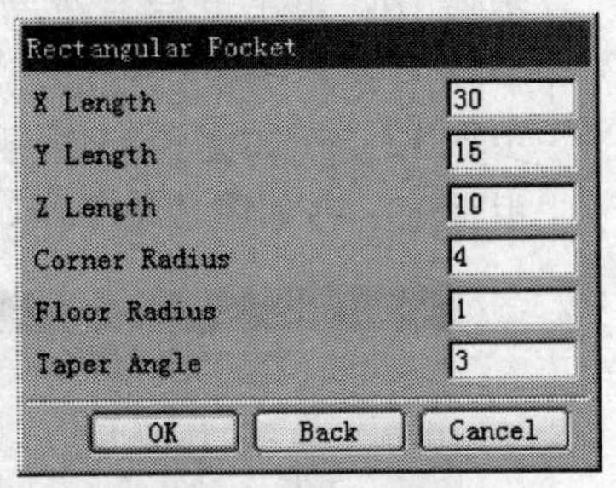

图 3-81　矩形型腔参数设置对话框

步骤 4：单击鼠标中键，在打开的 Positioning 对话框中单击 （Parellel at Distance）图标，根据提示栏中的 Select tool edge 提示，如图 3-80 的图形中选择曲线 1，在工具提示栏的 Select target edge/datum 提示，在如图 3-82 的图形中选择曲线 5，在打开的如图 3-83 的对话框中的文本框中输入 20。

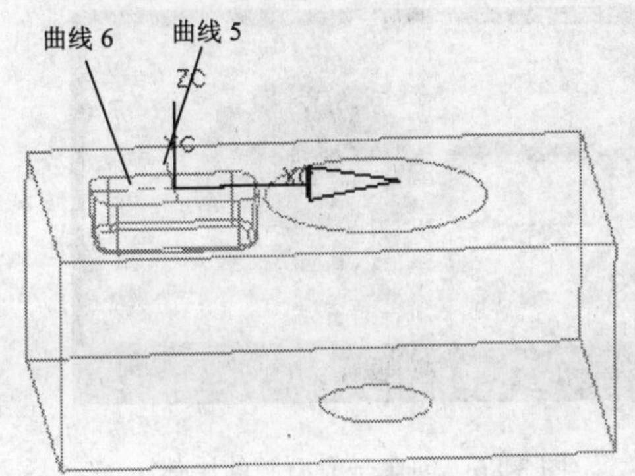

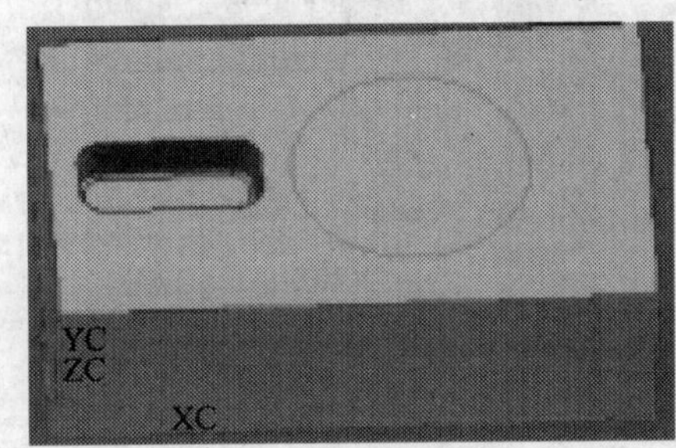

图 3-82　创建矩形型腔的块体

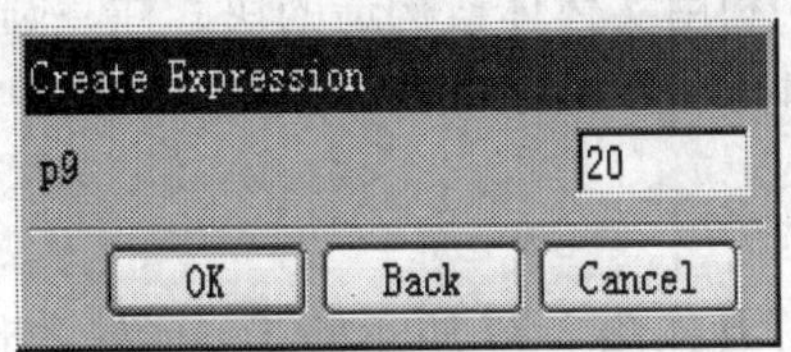

图 3-83　设置与曲线 1 的位置

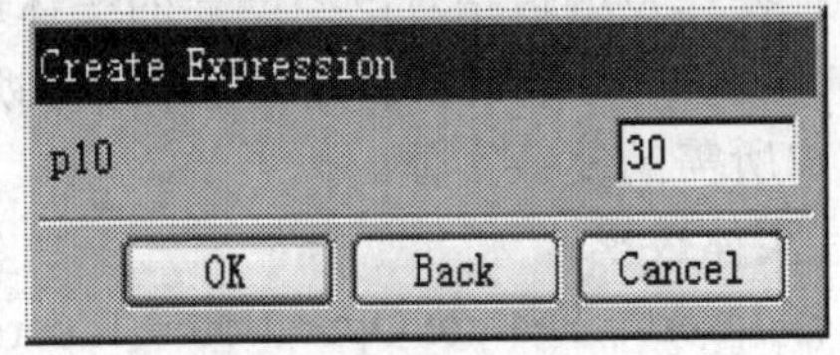

图 3-84　设置与曲线 2 的位置

步骤 5：单击鼠标中键，在打开的 Positioning 对话框中单击 （Parellel at Distance）图标，根据提示栏中的 Select target edge/datum 提示，在如图 3-80 的图形中选择曲线 2，再根据工具提示栏的 Select tool edge 提示，在如图 3-82 形中选择曲线 6，在打开的如图 3-84 的对话框中的文本框中输入 30。

步骤 6：单击鼠标中键，系统创建如图 3-82 的矩形型腔。

步骤 7：在打开的如图 3-79 的对话框中单击 General 按钮，打开如图 3-85 的对话框。

步骤 8：在打开的如图 3-85 所示的对话框中单击 图标，选取如图 3-82 所示的图形中的块体的上表面。

步骤 9：单击鼠标中键，在如图 3-80 所示的图形中选取曲线 3。

步骤 10：单击鼠标中键，在如图 3-82 所示的图形中选取块体的下表面。

步骤 11：单击鼠标中键，在如图 3-80 所示的图形中选取曲线 4。

步骤 12：在如图 3-85 所示的 Floor Radius 文本框中输入 2。

步骤 13：在如图 3-85 所示的对话框中单击 Apply 按钮，创建如图 3-86 所示的一般型腔。

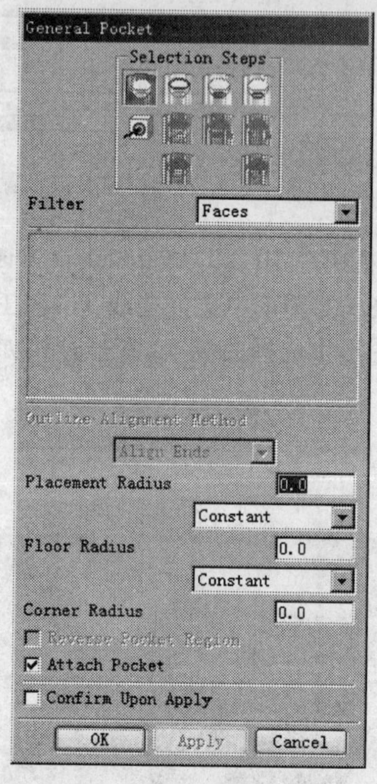

图 3-85　General Pocket 对话框

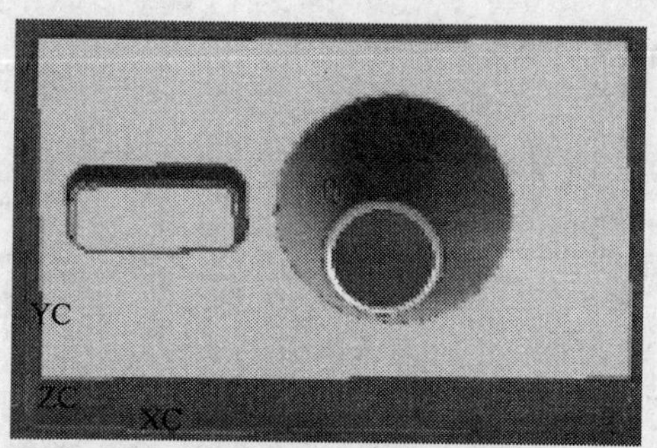

图 3-86　创建一般型腔的块体

四、特征操作及编辑

特征操作及编辑是对已经创建的实体进行修改，利用实体体素构造的块、柱、圆锥、球和拉伸、旋转等形成的实体进行拔模、倒角以及编辑特征、删除特征等操作，将简单实体建立成用户所需的复杂实体。

1. 实体拔模

选择 Insert－Feature Operation－Taper…命令，打开如图 3-87 所示的 Taper 对话框。

下面以图 3-88 所示的块体的表面拔模为例介绍实体拔模的一般步骤。图 3-88 所示图形中的块体的长、宽和高均为 100。

步骤 1：在打开的图 3-87 所示的对话框中的 Taper 区域中单击 图标和 Selection Step 区域中选取 图标。

步骤 2：在工作视图区选取如图 3-88 所示的块体的左表面。

步骤 3：在如图 3-87 所示的对话框中的 Selection Step 区域中单击 图标，在该对话框中的 Vector Method 的下拉列表栏中选取 ZC 图标，设置所选的块体的左侧面，以 ZC 轴向实现拔模。

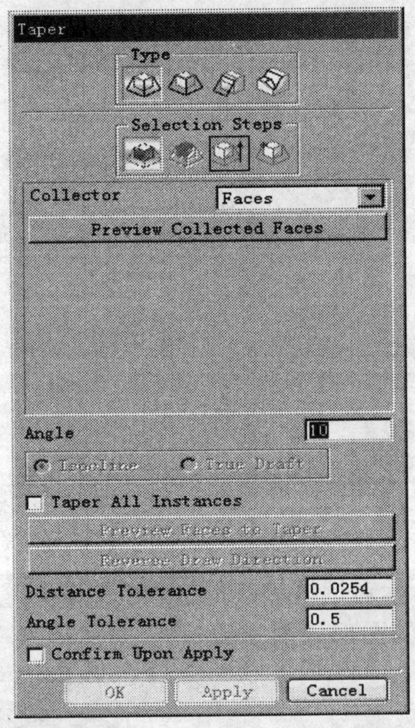

图 3-87 Taper 对话框

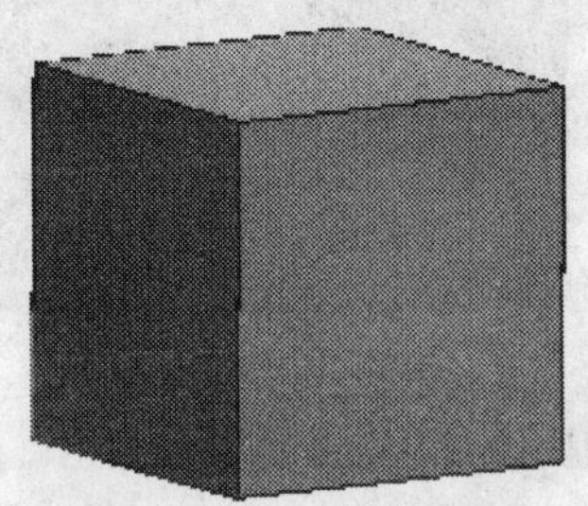

图 3-88 待拔模的块体

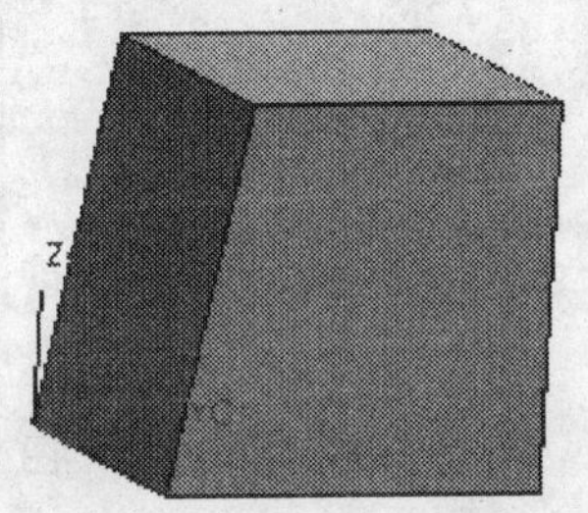

图 3-89 拔模后的块体

步骤 4：在如图 3-87 所示的对话框中的 Selection Step 区域中单击 图标，在工作视图区域选取如图 3-88 所示的块体与 ZC 轴重合的边缘的下端点作为拔模的起始点。

步骤 5：在如图 3-87 所示的对话框中的 Angle 文本栏输入 10，设置所选面的拔模角度为 10。

步骤 6：在如图 3-87 所示的对话框中单击 OK 按钮，创建如图 3-89 所示的拔模实体。

2．边倒圆

选择 Insert－Feature Operation－Edge Blend…命令，打开如图 3-90 所示的 Edge Blend 对话框。

以下以图 3-88 所示的块体的上表面的 4 条边和左侧面的位于前面的边缘的倒圆为例介绍倒圆的一般过程。

步骤 1：在打开的如图 3-90 所示的对话框中的 Default Radius 文本栏中输入 15，设置倒圆角的半径为 15。

步骤 2：在工作视图中选择如图 3-88 所示的块体的上表面的 4 条边和左侧面的位于前面的边缘。

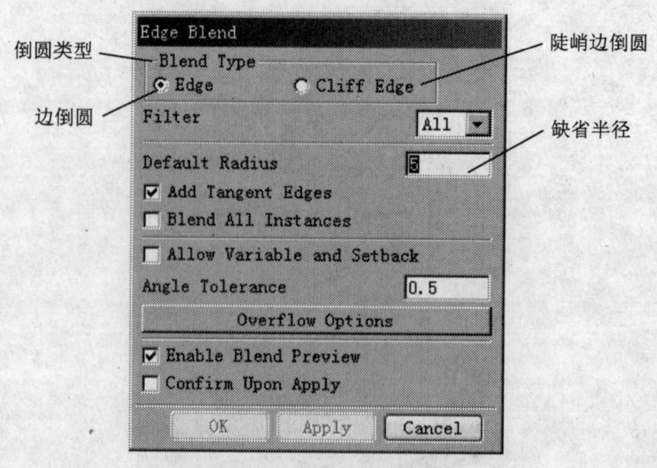

图 3-90　Edge Blend 对话框

步骤 3：使用如图 3-90 所示对话框的其他选项的默认设置，单击鼠标中键。

步骤 4：所选的边缘倒角的图形如图 3-91 所示。

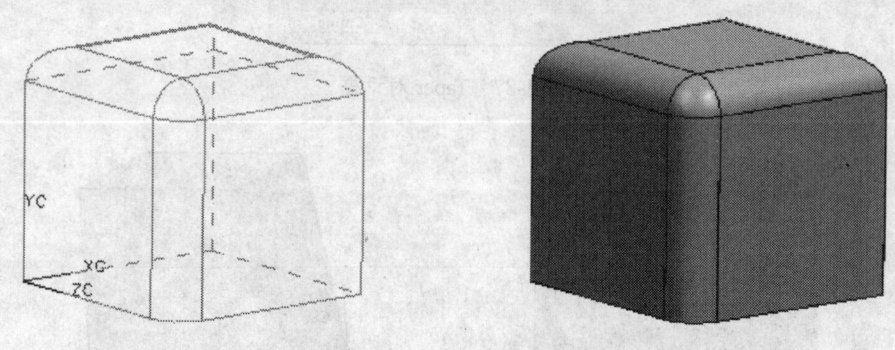

图 3-91　倒角后的块体

第四节　曲 面 造 型

一、通过点创建曲面

早在 20 世纪中期，由于航空工业和汽车工业的迅猛发展，复杂型面的设计和加工需求日益重要和迫切，有力地推动了曲面造型技术的发展。目前，非均匀有理 B 样条（NURBS）方法成为当今最流行的曲线曲面的数学描述形式。1991 年国际标准组织（ISO）正式颁布了工业产品几何定义的 STEP 标准，NURBS 是自由曲线和曲面的惟一数学表达形式。

在 UG 软件里，自由曲面特征生成曲面的方法按照原始的数据类型大致可分为三类。

（1）基于点的构造方法　以原始的数据为输入数据类型的造型方法。主要有三种方式：通过点、由极点和由云点。

（2）基于曲线的构造方法　以原始曲面为输入数据类型的造型方法。与点创建曲面方式相比，曲线创建曲面的方式易用性、可修改性更强，因此应用更广泛。主要有直纹、通过曲线、通过曲线网格、扫掠等创建曲面的方法。

（3）基于曲面的构造方法　以原始曲面为输入数据类型的构造方法，主要有延伸曲面、规律控制和延伸曲面、扩大曲面、偏置曲面、合并曲面和中间面等。

在创建自由形式特征之前需要了解一下几个基本概念。

（1）行和列　一般说来，曲面的参数坐标都使用了行和列的概念。曲面行、列的方向分别标示为 *U*、*V* 方向。曲面的横断面线称为 *U* 方向网格线，而曲面的纵方向、扫掠方向或引导线方向称为 *V* 方向的网格线，*V* 方向大致垂直于 *U* 方向，所有形体都可以用 *U-V* 网格线来描述。

（2）阶次（Degree）　阶次是指描述曲面参数方程的次方数，通常建议使用 3 阶来创建曲面，因为三次曲面足以表达一般的曲面造型，阶次过高会提高计算时间，使得模型运算和显示的效率大大降低。

（3）补片（Patch）　补片是构成片体的各个组成部分，使用较多的补片创建片体可以提供更多控制曲面的局部区域。但是在创建片体时，只要满足曲面功能的要求，最好将定义片体的补片数目减至最小，这样可以提高执行效率，并且可以产生更为光顺的曲面。图 3-92 是单一补片和多个补片所创建的片体的比较。

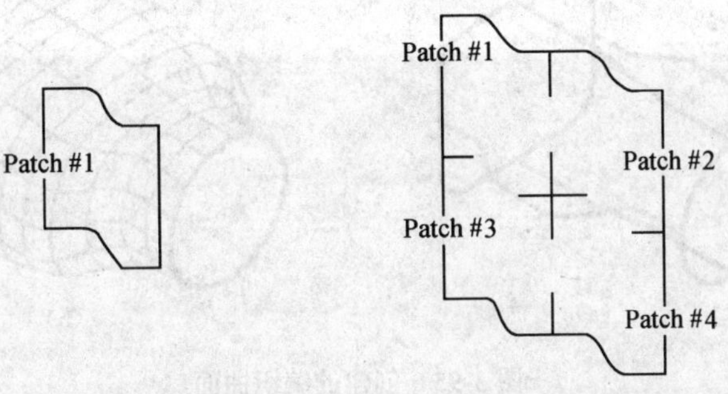

图 3-92　单一补片和多个补片

二、曲面的造型方法

这里仅介绍基于曲线的造型方法。

（1）直纹造型　直纹面是由一条直线两端点分别在两曲线上匀速运动而形成的轨迹曲面。图 3-93（a）是空间里一圆形和一长方形，根据这两个图形创建的一个直纹体，如图 3-93（b）所示。

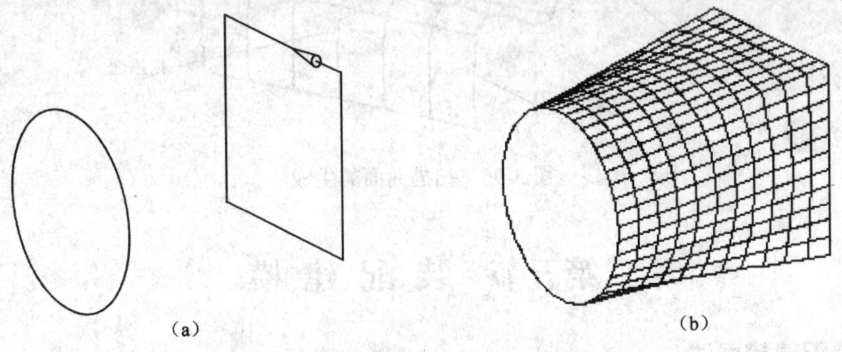

图 3-93　已知的两条截面线和完成的直纹体

（2）通过曲线造型　通过同一方向上的一组曲线轮廓线生成一个体，这些曲线轮廓称为截面线串。直纹是通过曲线的特殊情况，所以两者的操作是相似的。但是直纹只能选择两组截面线串，其中一组可以是一个点；而通过曲线可以选择多于两组的截面线串，但是任何一组截面线串都不能是一个点。如图 3-94 所示。

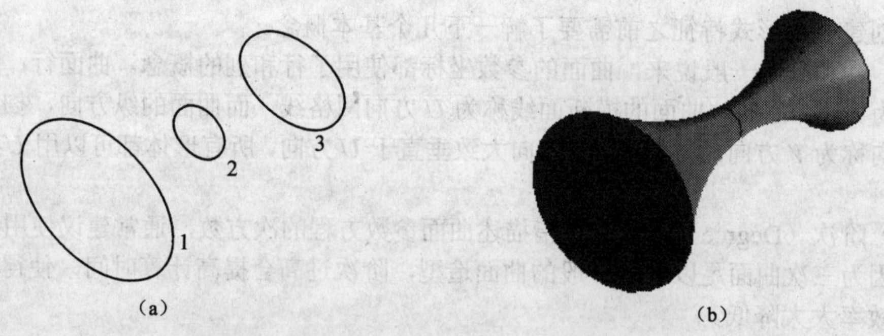

图 3-94　已知的两条截面线和完成的直纹面

（3）编织曲面造型　沿着两个不同方向的一组指定曲线串生成片体或实体。创建编织曲面如图 3-95 所示。

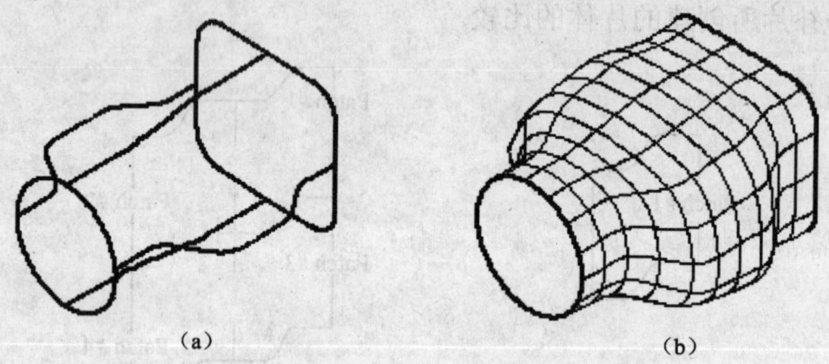

图 3-95　创建的编织曲面

（4）扫描曲面造型　扫掠体是由曲线轮廓沿空间特定的轨迹扫掠产生的对象，如图 3-96 所示。

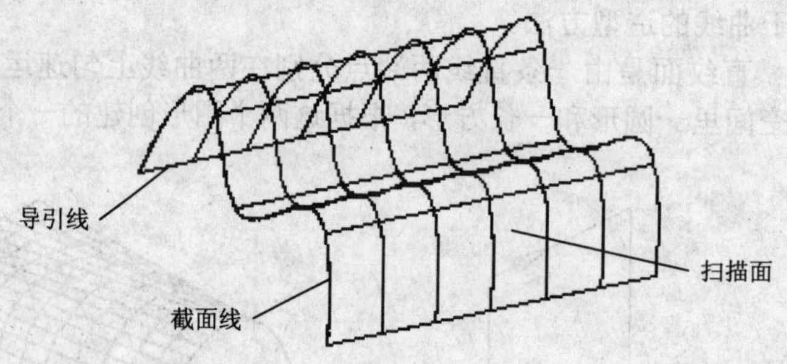

图 3-96　扫描曲面的生成

第五节　装配建模

一、装配建模概述

1. 装配的意义

装配是整个机械制造过程的后期工作，将各种零件经过正确的组织、定位以形成最终的产品。如何将零件装配成产品并达到所要求的设计装配精度，这是装配过程中所要解决的问题。

计算机辅助装配工艺设计，从本质上讲就是运用计算机模拟技术人员来完成装配工艺方案的制定、装配方式的确定和装配工艺文件的自动生成等多项工作。它能充分缩短确定装配工艺方案的时间，减少技术人员的繁琐劳动，提高装配工艺的规范化程度，降低人为因素对装配结果的影响。

2．装配模式

装配模式一般有两种，即多件组合装配和虚拟装配。所谓多件组合装配，是指将所有零部件数据都拷贝到装配文件中的装配模式。装配文件中的零部件与所调用的原零部件之间没有关联性，即对零部件的修改反映不到装配文件中去，这是一种非智能性装配。由于此种装配模式要调用所有的零部件的数据，需要占用较大的存储空间，影响装配工作速度。

虚拟装配是指利用零部件的链接关系而不是拷贝文件到装配文件中，因此，这种装配模式所要求的内存空间小，装配显示简化而不需编辑下层零部件。如果构成装配的各零部件被修改，装配文件会自动更新，可以在装配中定义零部件之间的局部关系。

3．装配的层次结构

对于比较复杂的产品，在装配时将整个产品分成若干个装配部件，然后把装配部件分成若干个组件。即首先把各个零件装配成组件，这一过程称为组装；再将装配组件装配成部件，这一过程称为部装；最后由装配部件装配成产品，这一过程称为总装。

4．装配约束关系

组件在装配中定位有两种情况，即绝对定位与约束关系定位。前者是指按用户给定的位置来装配组件，与其他组件的位置没有关系。后者是指根据设计意图，通过指定新增加组件与已有组件的位置约束关系定位。通过约束关系定位实际上就是限制组件在装配中的自由度。

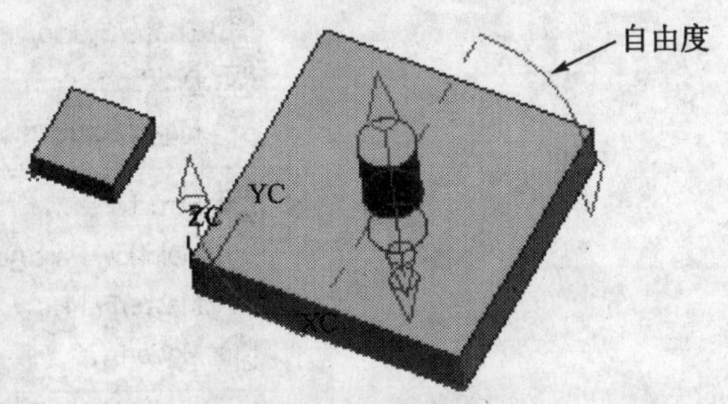

图 3-97　自由度约束符号

定义装配约束时，在图形区域可以看到自由度的约束符号，如图 3-97 所示，表示装配过程中剩余的自由度。如果组件的自由度全被限制，称为完全约束。完全约束的组件不能沿着任何方向移动或转动。如果组件还有自由度没被限制，称为欠约束，即可以沿着某个方向移动或转动。在装配中欠约束是允许的。

5．装配方法

创建的装配方法分为 3 种。

（1）自底向上装配　从底层逐步向上装配，将每个零件加入到装配体中，这些零件已经设计完成，例如标准件、已存储的零件等。

（2）自顶向下装配　这是一种从装配到零件的设计过程，即在顶层产生一个装配，建立装配结构，逐步装配结构，逐步向下添加或设计新的几何体，产生新的子装配或配件。

（3）混合装配　根据装配设计的需要，将自顶向下装配和自底向上装配混合运用的装配方法。在混合装配的过程中，可在两种方法之间任意转换，因此混合装配的方法具有更大的灵活性。

二、UG NX 装配的特点

UG NX 装配主要有如下特点。

（1）组件的几何特征是指向装配体的，而不是复制到装配体中的。

（2）用户可以利用自顶向下或自底向上的方法生成装配体。

（3）多个组件可以同时打开和编辑。

（4）组件的几何特征可以在装配体中进行创建和编辑。

（5）不论如何进行编辑，关联性一直存在于装配体中。

（6）装配体中的组件会自动根据此装配体的修改而修改。

（7）装配条件让用户能按照指定的约束关系放置组件。

（8）装配导航器为装配结构体提供了一个图形界面，让用户能用另一种方式选择和操纵组件。

（9）在装配部件中，可以参照其他零件进行参数化设计，并能在装配图中产生明细表，以及对装配间隙分析、干涉检查和生成爆炸图等多项工作。

（10）装配可以应用在其他方面，比如制图和制造上。

三、UG NX 装配功能

1．UG NX 装配菜单

在菜单栏中选择 Application（应用）—Assemblies（装配），如图 3-98 所示，可打开 Assemblies（装配）工具栏，如图 3-99 所示。

图 3-98　在应用菜单中选择装配

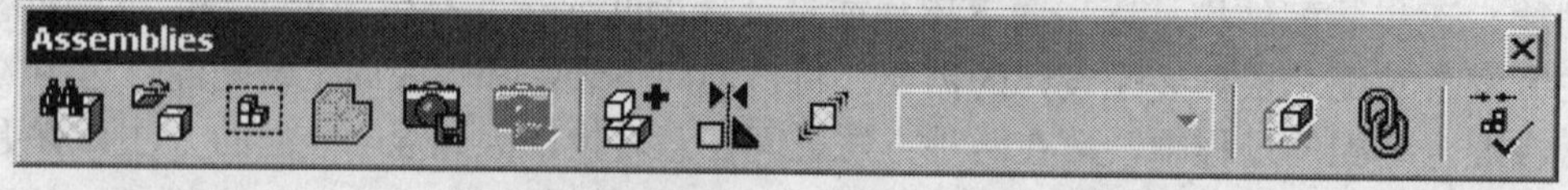

图 3-99　Assembles（装配）工具栏

在菜单栏中单击 Assemblies（装配）打开下拉菜单，如图 3-100 所示。

2．装配条件

装配条件（Mating Condition）可以在一个装配体中放置组件，这种装配伴随装配体中两个部件间的指定的约束关系。可以使用不同约束条件的组合来指定一个组件的位置。系统把一个组件当成固定的，然后计算其他组件按指定约束应处的位置。

两个组件间的关系是相关的，如果移动某一部件的位置，和它相配对的其他组件也会发生相应地移动。

选择 Components（组件）—Mate Components 或单击 Assemblies（装配）工具栏中的图标，即可打开装配条件（Mating Condition）对话框，如图 3-101 所示。对话框的上部分称为装配条件树，装配条件树提供了装配体配对条件的图形显示。

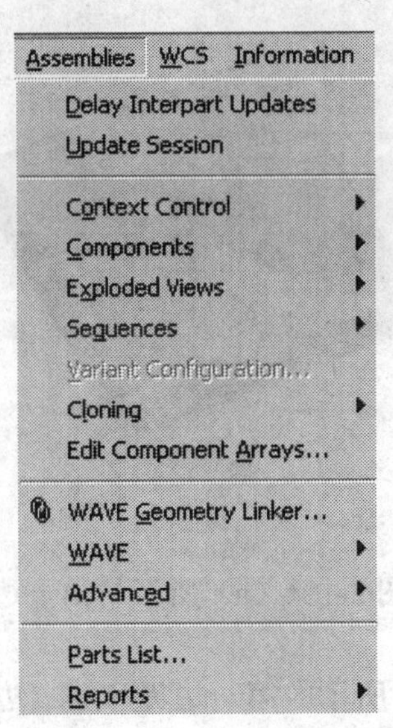

图 3-100　Assemblies（装配）菜单

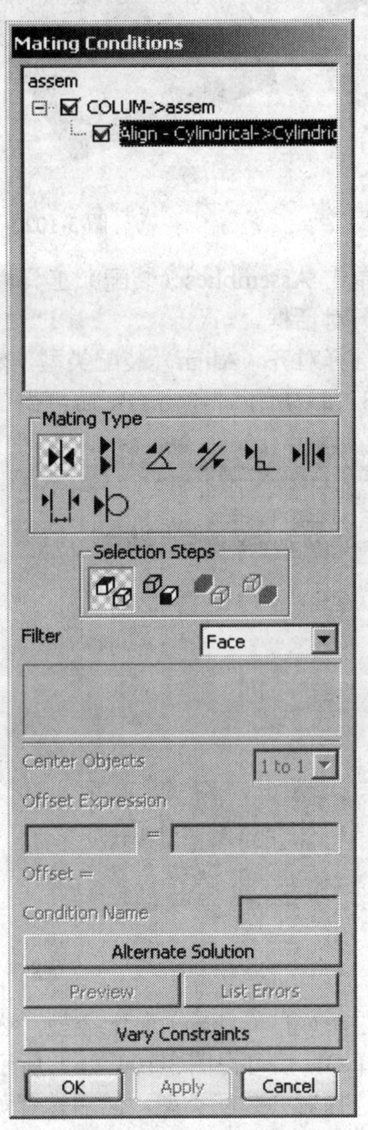

图 3-101　装配条件（Mating Condition）对话框

3．装配类型

装配类型（Mating Type）用于确定配对中的约束关系。UG 中一共有 8 种装配类型，分别是装配（Mate）、对齐（Align）、角度（Angle）、平行（Parallel）、垂直（Perpendicular）、中心（Center）。距离（Distance）和相切（Tangent）等。

下面通过一个小例子说明一下主要装配类型的用法。如图 3-102 所示，要将图（a）中的圆柱体和小方体装配到带孔的方体上，位置如图 3-102（b）所示。

图 3-102　装配前和装配后的图形

（1）单击 Assemblies（装配）工具栏上的图标 （装配条件），弹出装配条件（Mating Condition）对话框。

（2）选择对齐（Align）装配类型，然后分别选择方体的孔内圆柱面和圆柱体外圆柱面，如图 3-103（a）所示，单击 OK 后可得图 3-103（b）所示的结果。

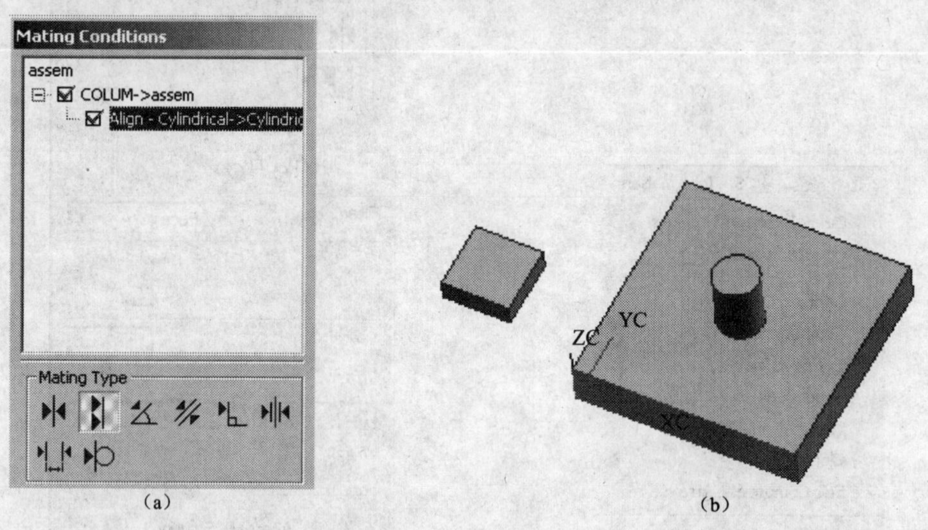

图 3-103　装配步骤一

（3）选择对齐（Align）装配类型，然后分别选择如图 3-104（a）所示的第一边界和第二边界，选择 OK 后可得图 3-104（b）所示的结果。

（4）选择对齐装配类型，然后选择如图 3-105（a）所示的第一边界和第二边界，选择 OK 后可得图 3-105（b）所示的结果。

4．引用集

对于大型装配体或复杂零件，由于组件的数目过多或零件本身结构太复杂，数据量很大，为了加快装配显示速度，应当尽量减少数据量和简化装配结构。建立和应用引用集就是一个有效方法。

（1）引用集的概念　一个零件在设计过程中可能包含了很大信息，诸如辅助线、辅助面、草图等，因此一个完整的零件的信息量是很大的。装配时并不要求零件全部的信息，而只是需

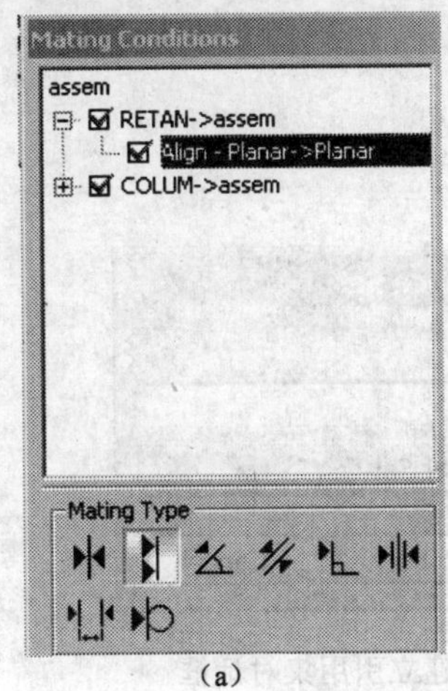

(a)

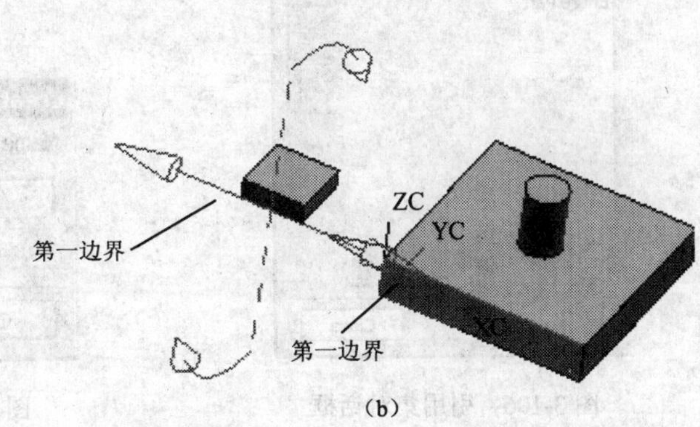

(b)

图 3-104　装配步骤二

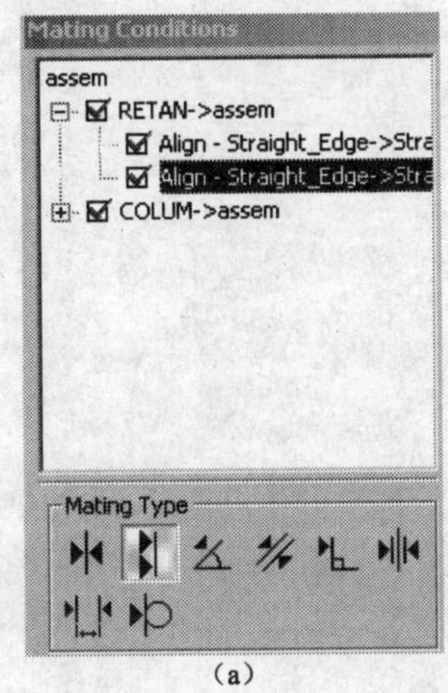

(a)

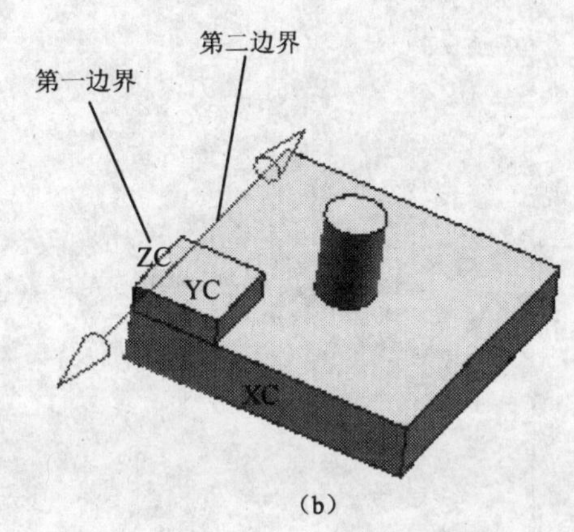

(b)

图 3-105　装配步骤三

要其中某些部分。引用集就是用来解决这一矛盾的。引用集从零件的全部信息中选定一部分几何对象（例如实体），并予以一个名称标识，作为这个零件的替代，因而它的信息量较小，使得系统在装配部件时速度加快，而且这些信息并不影响装配操作。

引用集可以在每个零件设计完成之后定义，也可以在装配过程中定义。引用集一旦建立，它就随文件存储。一个部件可以有多个引用集，例如实体引用集、草图引用集、空引用集（系统自定义）等。

（2）引用集建立　选择菜单栏 Format（格式）—Reference Sets（引用集）就可打开引用集对话框，如图 3-106 所示。其中空的和整个部件是缺省的引用集，可以自行创建引用集。

单击创建图标 □ 之后，打开建立引用集对话框，如图 3-107 所示。其中 Create Ref Set CSYS-NO 表示引用集将使用默认的绝对坐标系。单击此按钮，则会变为 Create Ref Set CSYS – Yes，此时系统会让用户自定义坐标系。

输入名称并确定后，会弹出 Class Selection（分类选择）对话框，单击 Type（类型）按钮，打开 Select by Type（根据类型选择）对话框，在此对话框中即可编辑加入引用集的对象。

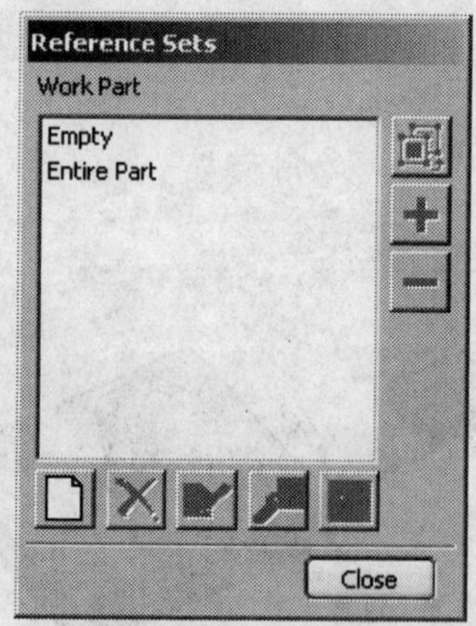

图 3-106　引用集对话框

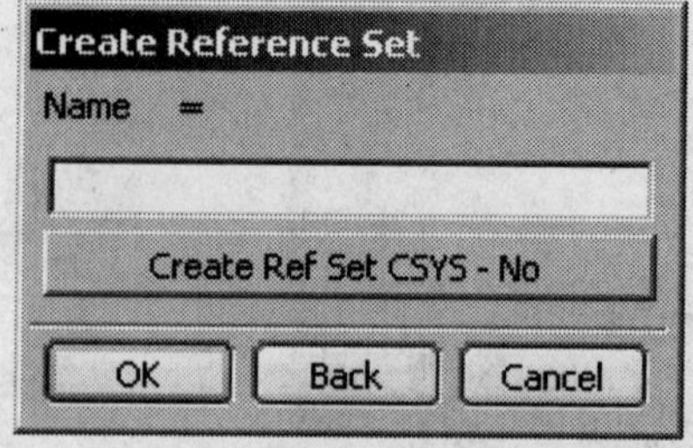

图 3-107　建立引用集对话框

第四章　加工应用基础

UG 软件的加工模块提供了强大的计算机辅助制造功能。对用 UG-Modeling 或者其他 CAD 软件建立的实体造型，可在 UG 加工应用中生成精确的刀具路径。在交互操作过程中，用户可在图形方式下编辑刀具路径，观察刀具的运动过程，并进行加工模拟。生成的刀具路径，可通过后置处理产生用于指定数控机床的程序。

本章主要内容包括：加工环境的设置，操作导航工具的使用，几何、刀具、加工方法、程序与操作的创建方法，刀具路径的生成、模拟与编辑，以及刀具位置源文件的输出等。

第一节　加工应用简介

在 UG 加工应用中，系统提供了多种加工类型用于各种复杂零件的粗精加工，用户可根据零件结构、加工表面形状和加工精度要求选择合适的加工类型。在每种加工类型中包含了多个加工模板，应用各加工模板可快速建立加工操作。在交互操作过程中，用户可在图形方式下交互编辑刀具路径，观察刀具的运动过程，生成刀具位置源文件。同时，应用其可视化功能，可在屏幕上显示刀具轨迹，模拟刀具的真实切削过程，并通过过切检查和残留材料检查，检查相关参数设置的正确性。

一、加工术语和定义

（1）操作（Operation） 包含所有用于产生刀具路径的信息，如几何、刀具、加工余量、进给量、切削深度和进刀退刀方式等，创建一个操作相当于产生一个工步。

（2）刀具路径（Tool Path） 是由操作生成的，包含加工所选几何的刀具位置、进给量、切削速度和后置处理命令等信息。在一个刀具位置源文件中可包含一个或多个刀具路径。

（3）后置处理（Post process） 是将 UG 生成的刀具路径，转化成指定数控系统可以识别的数据格式，其处理结果是用于数控机床加工的 NC 程序。

（4）加工坐标系（MCS） 是所有后续刀具路径输出点的基准位置，刀具路径中的所有数据相对于该坐标系。加工坐标系是所有加工模板的默认对象之一，在一个零件中，可以建立多个加工坐标系，但每次只显示一个加工坐标系。系统默认的加工坐标系与绝对坐标系相同。

（5）参考坐标系（RCS） 是确定所有非模型数据（如刀轴方向、安全平面等）的基准位置。系统默认的参考坐标系为绝对坐标系。

（6）横向进给量（Stepover） 是指两相邻刀具路径之间的距离。对于车削加工是指径向切削的切削深度，对于铣削加工是指铣削宽度。

（7）材料边（Material Side） 指定保留边界哪一侧的材料不被切除。

（8）边界（Boundary） 是限制刀具运动的直线或曲线，用于定义切削区域。边界可以封闭，也可以不封闭。

（9）零件几何（Part Geometry） 是指加工中要保留的材料部分，即加工后的零件或半成品。

（10）毛坯几何（Blank Geometry） 是指用于成形零件的原材料，即毛坯。

（11）检查几何（Check Geometry） 是指加工过程中，要避免与刀具或者刀柄相碰撞的对象。检查几何可以是零件的某个部位，也可以是夹具中的某个零件。

（12）工件（Workpiece） 是指包含零件信息和毛坯信息的过程零件。

二、UG 加工环境

1．初始化加工环境

打开要进行加工设置的实体模型后，在主菜单上选择 Application—Manufacturing 菜单项，即进入加工应用。当一个零件首次进入加工应用时，系统会弹出如图 4-1 所示的选择加工环境（Machining Environment）对话框，要求选择加工配置和指定模板零件。

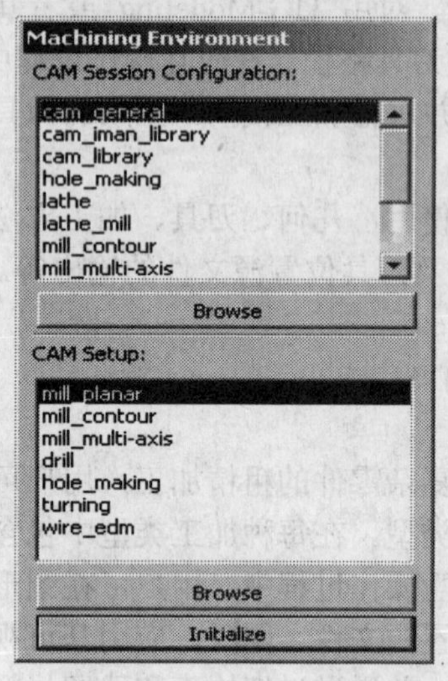

图 4-1 Machining Environment 对话框

（1）CAM 加工配置列表（CAM Session Configuration） 这个列表中列出的是随 UG 软件提供的一些加工环境，用于指定以何种方法来加工，为建立加工环境，必须指定一种加工配置。在默认情况下，上部列表框包含的加工配置文件有：通用加工配置（cam_general）、车削加工配置（lathe）、轮廓铣削配置（mill_contour）、多轴铣削配置（mill_multi-axis）、平面铣削配置（mill_planar）和模具加工配置（shops_diemold）等。用户可根据零件的结构特点、表面的加工类型和应采用的加工方法选择一种加工配置。选择的配置相应地确定了可用的加工类型、车间文件（Shop Documentation）、后置处理（Post Processing）和刀具位置源文件（CLS）的输出格式。

如果系统提供的加工配置文件不能满足要求，用户也可通过选择图 4-1 所示对话框上部的 Browse 选项浏览目录，选择已定义的加工配置文件来建立加工环境。

（2）CAM 设置列表（CAM setup） 如果在 CAM Session Configuration 列表中选定一种加工环境，CAM setup 列表显示的就是这个加工环境中的所有操作模板类型。每一种操作模板类型是若干操作模板的集合。一个操作模板是创建操作的样板，选择的模板将决定加工环境初始化后可以选用的操作类型，也决定在生成 Programs（程序）、Tools（刀具）、Method（方法）和 Geometry（几何）时可选择的父节点类型。

（3）初始化加工环境 选择模板零件后，在图 4-1 所示对话框中选择 Initialize 选项，系统则根据指定的加工配置，调用相应的模板和相关的数据库进行加工环境初始化工作。

（4）改变加工环境 在一个部件中，进入指定的加工环境后，如果对部件做了保存，以后无论何时，只要打开这个部件进入制造模块后，系统就处在这个环境中。但是，如果需要某种编程功能，而当前的加工环境中又没有，就需要改变加工环境。

改变加工环境的方法是：选取 Preferences（预设置）－Manufacturing（制造）－Configuration（配置），弹出 Manufacturing Preference（制造参数预设置）对话框，如图 4-2 所示。在 Configuration（配置）选项卡的 Configutation File 处，单击 Browse 按钮弹出文件对话框，在文件对话框中选取一个需要的配置文件便完成了加工环境的变更。

另外，在加工主菜单选择 Tools（工具）－Operation Navigator（操作导航）－Delete Setup（删除设置）菜单删除当前设置时，会出现加工环境对话框，重新进行 CAM 加工配置和 CAM 设置列表的选择。

2．加工界面简介

进入加工应用后，工作界面上增加了一个操作导航工具（Operation Navigator）和四个加工工具条，并在主菜单中的 Tool 下拉菜单增加了多个加工菜单项，如图 4-3 所示。

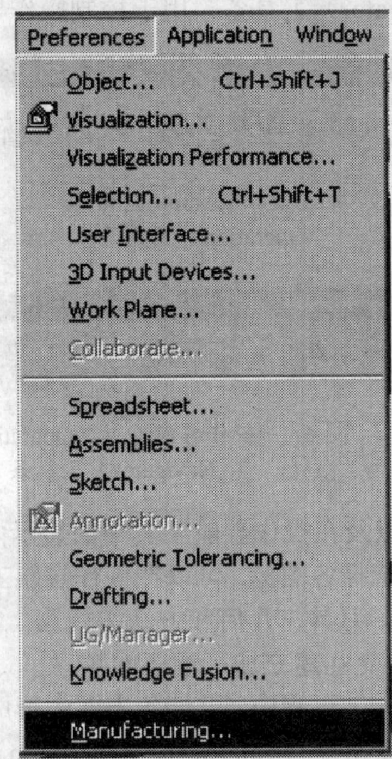

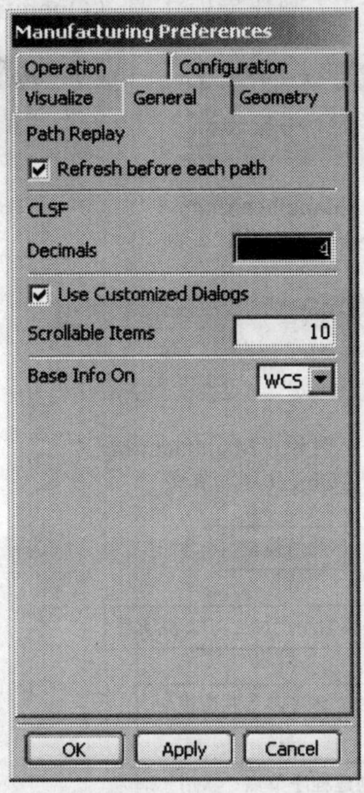

图 4-2　Manufacturing Preference 对话框

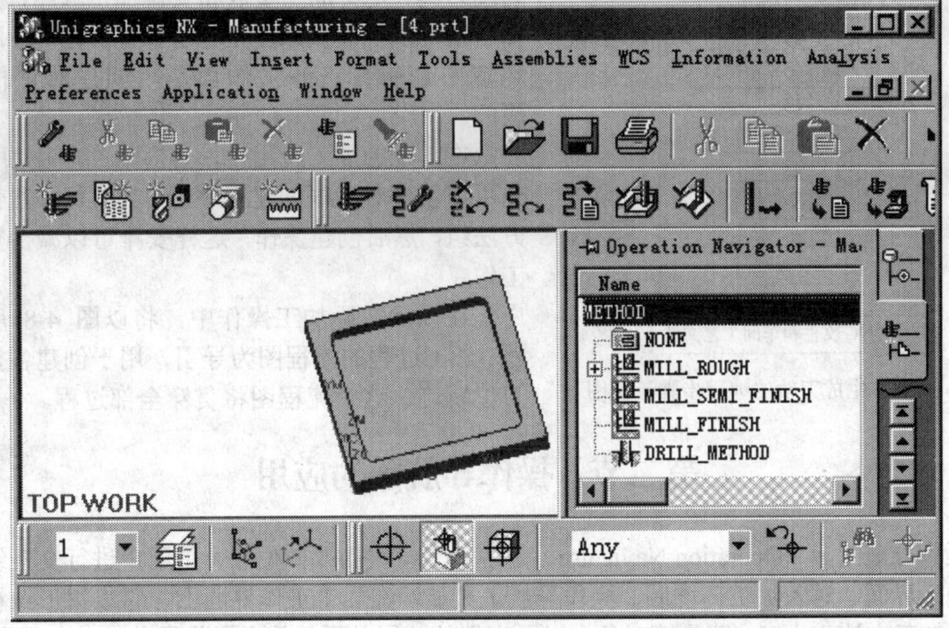

图 4-3　加工界面

四个加工工具条用于创建加工对象、设置和编辑操作参数。图 4-4 创建（Manufacturing Create）工具条，用于创建各类加工对象，包括：操作、程序、刀具、几何和加工方法。图 4-5 加工操作（Manufacturing Operation）工具条，用于刀具路径的生成、编辑、删除、回放、模拟和输出等。在刀具路径生成前，其中大多数图标不能使用。图 4-6 加工对象（Manufacturing Object）工具条，用于对程序、刀具、几何和方法等各加工对象进行编辑、删除、复制和转换。图 4-7 操作导航工具（Operation Navigator）工具条，用于控制操作导航工具是否

图 4-4　创建（Manufacturing Create）工具条

图 4-5　加工操作（Manufacturing Operation）工具条

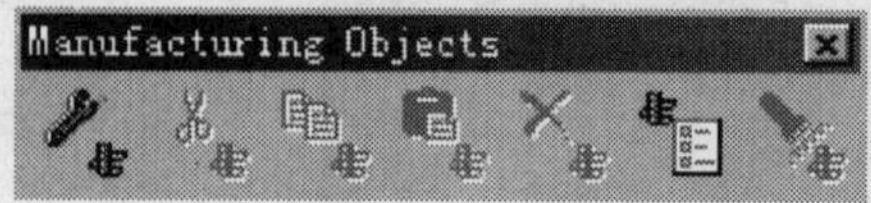

图 4-6　加工对象（Manufacturing Object）工具条

图 4-7　操作导航工具（Operation Navigator）工具条

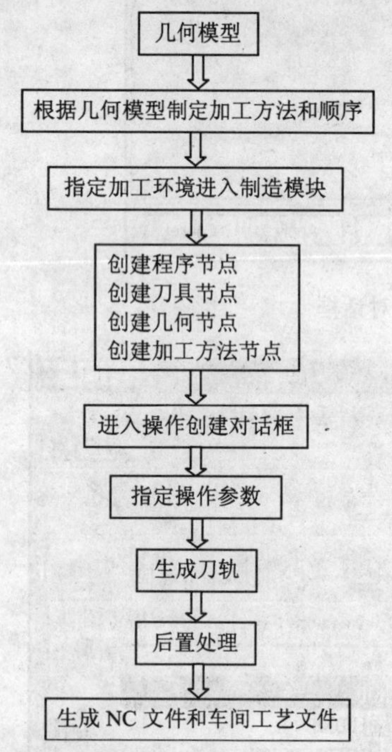

图 4-8　UG 生成刀轨的编程步骤流程图

显示，以及在操作导航工具中的显示内容。在该工具条中选择各图标，可以在操作导航工具中显示程序顺序、刀具、几何和方法等视图。

3．交互建立加工程序的顺序

在加工过程中，零件各表面的形成是通过若干个按一定次序排列的操作（Operation）来完成的。在定义每个操作时，需要选择加工几何对象、指定切削刀具、定义加工参数和安排加工顺序，然后选择合适的加工模板来产生相应操作。在 UG 的加工环境中，所有这些工作都是用创建对话框来完成的。

在 UG 的加工应用中，各对象的创建顺序是：先用组创建对话框创建程序组、刀具组、几何组和方法组，然后创建操作，这样安排可以减少重复性工作。

在以后实际加工操作中，将以图 4-8 所示的 UG 加工过程的流程图为导引，用于创建各操作的刀位轨迹。这个流程图将贯穿全部过程。

第二节　操作导航器的应用

操作导航工具（Operation Navigator）是各加工模块的入口位置，是用户进行交互编程操作的图形界面。进入加工环境后，操作导航工具显示在加工工作界面上，它以树形结构显示程序、加工方法、几何、刀具等对象，以及它们的从属关系，单击操作导航工具条中图标（Operation Navigator），可打开或关闭操作导航工具。单击导航器中各节点前的展开号（+）或折叠号（–），可展开或折叠各节点包含的对象。

只有当操作导航工具处于激活状态时，用户才能进行加工对象的创建、编辑和设置等工作，否则，各加工工具条中的图标都处于灰显状态，不能进行任何工作。

一、操作导航工具视图

操作导航工具可以显示四种视图，它们分别是：程序顺序视图（Program Order View）、加工方法视图（Machining Method View）、几何视图（Geometry View）和刀具视图（Machine Tool View）。操作导航工具是否显示视图以及显示哪种视图，可通过选择图 4-4 工具条中图标来控制。

1．程序顺序视图

该视图按刀具路径的执行顺序列出当前零件中的所有操作，显示每个操作所属的程序组和每个操作在机床上执行的顺序。各操作的排列顺序确定了后置处理的顺序和生成刀具位置源文件的顺序。图 4-9 为程序顺序视图。

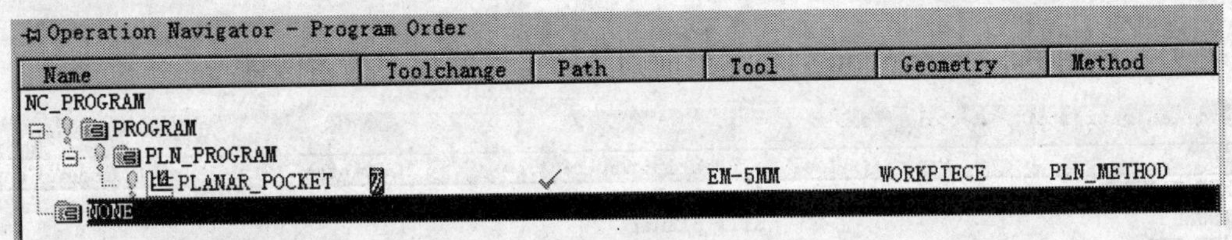

图 4-9　程序顺序视图

在程序顺序视图中，每个操作名称的后面显示了该操作的相关信息。Toolchange 列显示该操作相对于前一操作是否更换刀具，如果换刀则显示 Yes；Path 列显示该操作对应的刀具路径是否生成，如果已生成则显示 Generated；在 Tool、Geometry、Method 列中分别显示该操作所使用刀具、几何和加工方法的名称。

2．加工方法视图

该视图列出当前零件中存在的加工方法（如粗加工、半精加工和精加工），以及使用这些加工方法的操作名称。图 4-10 为加工方法视图，图中包含四种加工方法：粗铣（MILL_ROUGH）、半精铣（MILL_SEMI_FINISH）、精铣（MILL_FINISH）和钻孔（DRILL_METHOD）。图中的一个操作 PLANAR_POCKET 使用粗铣加工方法。

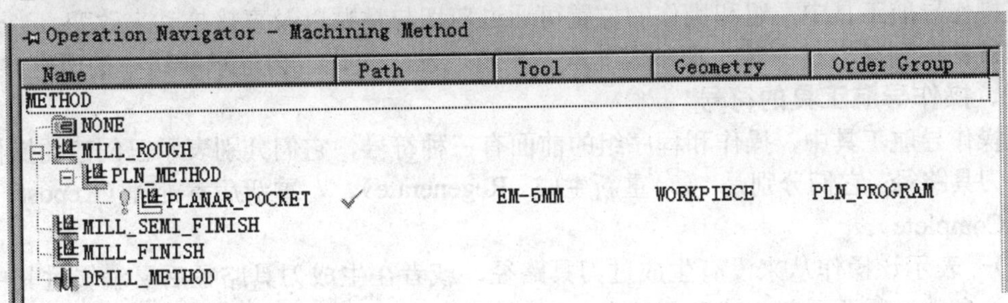

图 4-10　加工方法视图

在加工方法视图每个操作名称的后面，Order Group 列显示该操作所属的程序组，其余各列的显示内容同程序顺序视图。

3．几何视图

该视图列出当前零件中存在的几何组和坐标系，以及使用这些几何组和坐标系的操作名称。图 4-11 为几何视图，图中包含一个几何组：WORKPIECE。使用 WORKPIECE 的操作是平面铣。

4．刀具视图

该视图按切削刀具来组织各个操作，其中列出了当前零件中存在的各种刀具以及使用这些刀具的操作名称。图 4-12 为刀具视图，图中包含一把刀具：立铣刀。使用立铣刀的操作是平面铣。

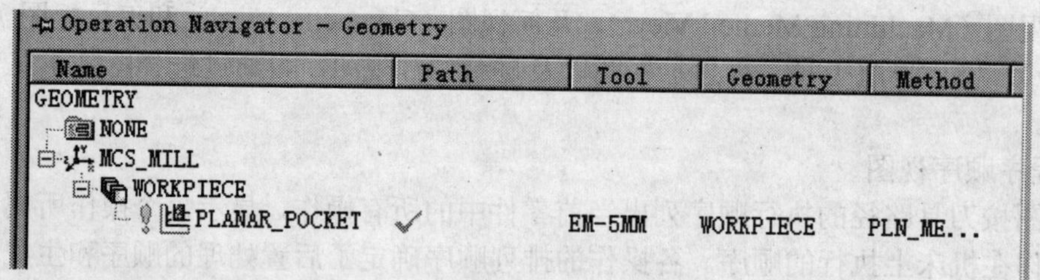

图 4-11　几何视图

在刀具视图中，Description 列显示当前刀具和操作的相关描述信息。

Operation Navigator - Machine Tool

Name	Path	Tool	Description	Geometry	Method	Order Group
GENERIC_MACHINE			Generic Machine			
NONE			mill_planar			
EM-5MM			Milling Tool-5 Parameters			
PLANAR_POCKET	✓	EM-5MM	PLANAR_MILL	WORKPIECE	PLN_ME...	PLN_PROGRAM

图 4-12　刀具视图

二、参数继承关系

从以上操作导航工具的显示内容可以看出，在加工应用中，用户不必在每个操作中分别指定参数，可以指定一组参数作为共享参数供各种操作使用。

根据操作和组在操作导航工具中相对位置的不同，一个组中的参数可以向另一组或操作中传递，同时也可以从包含它们的高一级组中继承参数，高一级的组称为父组。

例如，在图 4-10 中，粗铣、半精铣和精铣为父组，其公差、进给量等参数传递到各自包含的子操作中。

在操作导航工具中，组和操作的位置可通过剪切与粘贴以及直接拖动来改变。当一个组或操作被粘贴到某个组中时，则参数继承关系随之发生变化，会继承新组中的所有参数。

三、操作导航工具的符号

在操作导航工具中，操作和程序组的前面有三种符号，它们分别表示已创建的操作是否已生成刀具路径。它们分别是：重新生成（Regenerate）、重新后置处理（Repost）和完成（Complete）。

表示该操作从来没有生成过刀具路径，或者在生成刀具路径后又编辑过其中的一个或多个参数，需要重新生成刀具路径。

表示该操作的刀具路径已经生成，但还没进行后置处理输出，或者刀具路径已改变，而后置处理输出的刀具路径还是以前的，需要重新进行后置处理。

表示刀具路径已经生成，并已输出成刀具位置源文件。

在修改了参数、刀具或者对象后，返回到操作导航器时，相应的操作前会出现一个红色的，该操作必须进行重新计算才能保证修改有效。

四、操作导航工具的弹出菜单

在操作导航工具中的任一对象上，单击鼠标右键，均弹出如图 4-13 所示菜单，每个菜单项对所选操作和组执行一种功能。其中许多菜单项的功能与主菜单中的菜单项和工具条中的图标功能相同，但使用弹出菜单更方便。

使用弹出菜单对各对象进行操作时，应先选择对象。在选择对象时，可按下 Ctrl 键或 Shift 键，选择多个对象进行操作。

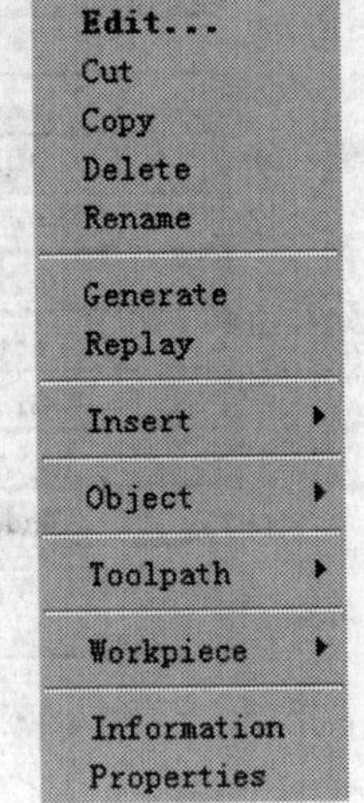

图 4-13　弹出菜单

1．对象管理菜单项

（1）Edit　该菜单项用于编辑所选对象的参数，与图 4-5 工具条中图标（Edit Object）的功能相同。所选对象可以是操作、加工方法、几何和刀具，这取决于操作导航工具所显示的视图。选择该项时，会出现所选对象（操作或组）的相应编辑对话框供用户进行参数修改。如果选择了多个对象，则根据对象在操作导航工具中的排列顺序，依次显示相应编辑对话框供用户进行编辑参数。

（2）Cut 和 Copy　这两个菜单项用于在操作导航工具中剪切或复制所选对象到剪贴板上，以便将所选对象粘贴到不同的位置。Cut 和 Copy 与图 4-5 工具条中图标（Remove Object）和（Copy Object）功能相同。如果选择了多个对象进行剪切复制，则各对象中所包含的操作和组同时被剪切和复制。

（3）Paste 与 Paste Inside　该菜单项将先前剪切或复制的对象粘贴到指定位置，并与当前选择的对象关联。在程序视图中，可以重新排列各个操作的顺序。Paste 与图 4-5 工具条中图标（Paste Object）的功能相同。

Paste 与 Paste Inside 的区别在于，用 Paste 粘贴的对象与所选对象同级，而用 Paste Inside 粘贴的对象在所选对象的下一级。只有在选择包含下级对象的父组时，在弹出菜单中才会出现 Paste Inside 菜单项。

（4）Delete　该菜单项永久删除选择的对象，所选对象中包含的组和操作也全部被删除。该菜单项与图 4-5 工具条中图标（Delete Object）的功能相同。

2．刀具路径生成与重显菜单项

（1）Generate　该菜单项为当前选择的操作产生刀具路径。此时，系统会显示一个或多个刀具路径产生对话框，供用户选择生成刀具路径的相关选项。具体方法见后续章节。

（2）Replay　该菜单项用图形方式重新显示已生成的刀具路径，具体方法见后续章节。

3．对象操作菜单项

（1）Object－Transform　弹出菜单中的 Object－Transform 菜单项用于移动、复制和阵列刀具路径，并保持与操作关联。当在一个零件上需要移动或复制一个刀具路径到另一个区域时，可使用该选项。

选择该选项时，系统弹出如图 4-14 所示对话框，选择一种转换方式后，最后弹出一个确认对话框，如图 4-15 所示。选择 Accept 选项，则接受转换后的刀具路径；选择 Reject 选项则放弃转换结果；选择 Replay Tool Path 选项，则在图形窗口中重新显示刀具路径。

（2）Object－Display　弹出菜单中的 Object－Display 菜单项，用于在图形窗口中显示当前所选操作或几何组包含的几何对象，也可在图形窗口中显示所选刀具。

（3）Object－Inheritance List　弹出菜单中的 Object－Inheritance List 菜单项，用于列出所选对象的参数继承关系。在操作导航工具中选择一个对象后，单击右键在弹出菜单上选择 Inheritance List 后，会弹出一个列表框，其中列出了所有已继承的参数和没有继承的参数。

在所有已继承参数的前面都有一个检查标记，并且显示所继承参数的名称、父名和参数值，这些参数均以灰色显示，表明这些继承关系不能修改。所有没有继承的参数的前面无检查标记，可以通过选择前面的检查框指定为继承关系。

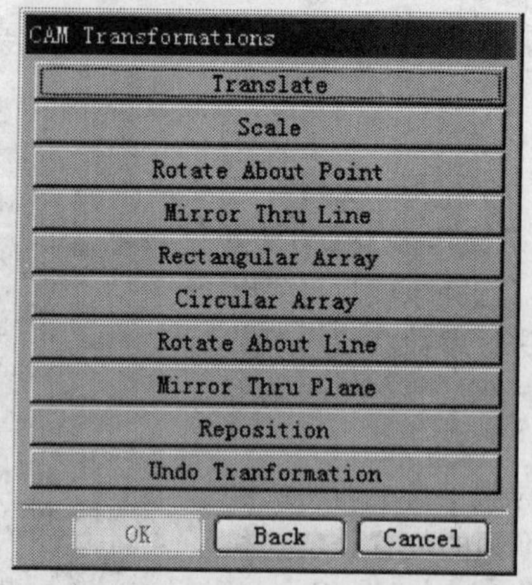

图 4-14 转换方式对话框

4-15 确定对话框

（4）Object－Update List 弹出菜单中的 Object－Update List 菜单项，用于列出自刀具路径生成（或后置处理）以来所有已修改过的参数。选择该菜单项，弹出一个信息窗口，其中列出了哪些刀具路径需要重新生成“Need to Generate”，哪些刀具路径需要后置处理“Need to Post”等信息。如果刀具路径在进行后置处理后没有参数变化，则显示刀具路径已完成“Complete”的信息。

（5）Object－Start Post、End Post 弹出菜单中的 Object－Start Post、End Post 两个菜单项，用于为所选操作指定刀具路径的起始后置处理命令和结束后置处理命令。有关后置处理命令的详细说明请参见后续章节。

（6）Object－Feedrates 弹出菜单中的 Object－Feedrates 菜单项，用于指定所选操作的进给量。选择该菜单项时，会弹出进给量设置对话框，可为所选的操作设置进给量。如果在操作导航工具中选择了多个操作，则各操作的进给量可设置成相同数值。进给量设置的具体方法请参见后续章节。

4．其余菜单项

（1）Workpiece—Show2D，Show 3D 这两个菜单项，分别为当前所选的操作指定工件材料切除部分的显示方式，它们主要用于车削加工。选择 2D 时，则材料的切除部分用二维显示；选择 3D 时，则材料的切除部分用三维显示。

（2）Properties 该菜单项用于显示当前所选操作或组的有关信息。

五、定制对话框

1．定制对话框的作用

UG 的工作界面可根据用户要求灵活定义。在加工应用中，各操作或组（程序组、几何组、方法组和刀具组）对话框中的显示内容（如参数、文本框、按钮和下拉列表框等）均可自由定制。用户可根据工作要求，将需要经常修改的参数排列到容易选择的位置，而将极少修改的参数从对话框中移去，特别是当对话框很长时更需定制。

对于含用户定制对话框的操作或组，在将它生成模板时，定制对话框也随模板保存。当用这个模板产生一个新的对象时（操作、程序、几何、方法和刀具），模板中的参数和定制对话框均被复制到新的对象中。

2．定制对话框的方法

定制对话框有两种方法：一种是在操作导航工具的弹出菜单中选择 Object－Customize 菜单项进行定制，这种定制方法，可以定制各种操作对话框和组对话框；另一种方法是在各操作对话框中，选择刀具路径选项图标（Tool Path Options），再在弹出的对话框中选择Customize Dialog选项。这种定制方法主要是对操作对话框进行定制。

当要定制某对象的对话框时，先将鼠标定位在对象上，再单击右键，然后从弹出菜单中选择Object—Customize，此时系统弹出如图4-16所示对话框。对话框上部列表框列出了所选对象其创建对话框的显示选项，下部列表框中列出了可向对话框添加的选项（这些选项原来不在对话框中显示）。图4-16为定制平面铣操作对话框的显示选项。

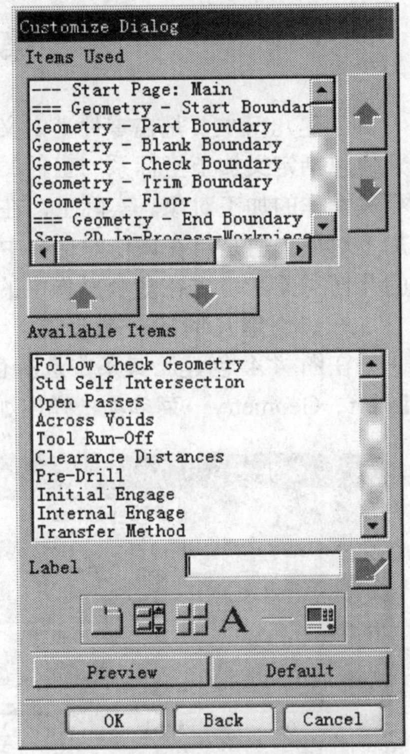

图4-16　定制对话框

如果要向对话框中添加显示项目，先在下部列表框中选择需要的项目，再在上部列表框中指定要插入的位置，然后单击两列表框之间的向上箭头（Add），即可将所选项目添加到对话框中，并排列在指定位置的下方。如果事先没有在上部列表框中指定插入位置，则添加的项目插在上部列表框的起始位置。

如果要从对话框中移去不需要设置的选项，可在对话框的上部列表框中选择要移去的项目，然后单击对话框中部的向下的箭头（Remove），即可将所选项目从对话框中移去。

如果要调整各显示项目在对话框中的排列顺序，可在对话框上部列表框中选择要调整位置的项目，然后，单击对话框右上侧的向上（Move up）和向下（Move down）箭头，可改变各项目的排列顺序。

定制对话框中的内容后，可选择Preview选项预览对话框的定制效果；如果要恢复到系统的默认设置，可选择Default选项。

图4-16对话框下部的几个图标，用于向对话框中添加活页夹、列表框、文本标识名称和分隔线等对象。各对象的添加方法是：先在Label文本框中输入名称，再在上部列表框中指定添加对象的位置，然后选择相应图标，即可向对话框中添加活页夹、列表框、文本标识名称和分隔线等。

六、设置加工模板

前面提到的加工模板，都是系统提供的默认加工模板。实际上，用户可根据本单位同类零件的加工特点，在建立典型零件的加工操作后，自己定制加工模板，以提高创建同类零件加工操作的工作效率。在一个加工零件文件中，可能包含多个操作，如果要将其中一个或多个操作指定为加工模板，可在操作导航工具的弹出菜单中选择Object－Template Setting菜单项来定制。

设置模板的方法是，先在操作导航工具中选择一个或多个要作为模板的操作，然后单击右键，在弹出菜单中选择Object－Template Setting菜单项，系统弹出如图4-17所示的对话框，打开Template选项，单击OK，则当前所选操作设置为模板，可以被其他零件引用。

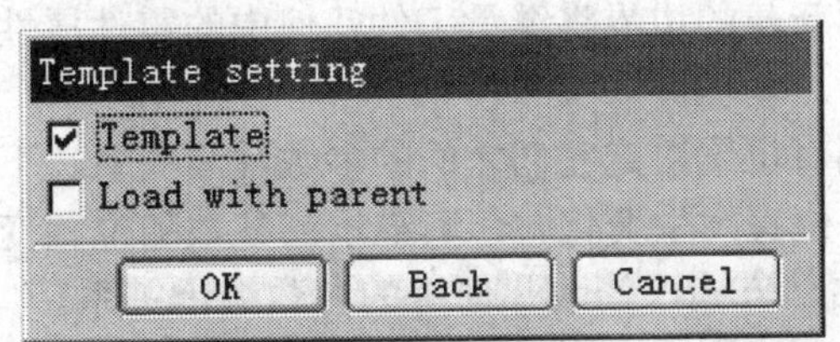

图4-17　设置模板对话框

Template和Load with Parent选项说明如下。

Template：打开该选项，则指定当前所选操作为模板。

Load with Parent：打开该选项，则当前所选操作定义的模板，在被其他零件引用时，会在创建程序、刀具、几何和方法对话框的子类区域中显示模板中的各图标。

设置模板后，保存当前零件，则它成为一个模板零件，可以在加工环境设置对话框中引用。因此，用户使用 Object－Template Setting 菜单项可以创建自己的模板零件。

第三节 创建几何

创建几何主要是在零件上定义要加工的几何对象和指定零件在机床上的加工方位。创建几何包括定义加工坐标系、工件、边界和切削区域等。创建几何建立的几何对象，可指定为相关操作的加工对象。实际上，在各加工类型的操作对话框中，也可用几何图标指定操作的加工对象。但是，在操作对话框中指定的加工对象，只能为本操作使用，而用创建几何创建的几何对象，可以在多个操作中的使用，而不需在各操作中分别指定。

一、创建几何的一般步骤

在图 4-4 创建工具条中选择创建几何图标（Create Geometry），或在主菜单中选择 Insert－Geometry…菜单项，弹出如图 4-18 所示对话框。由于不同模板零件包含的几何模板不同，当在类型（Type）下拉列表框中选择不同的模板零件时，对话框的子类区域（Subtype）会显示所选模板零件包含的几何模板图标。

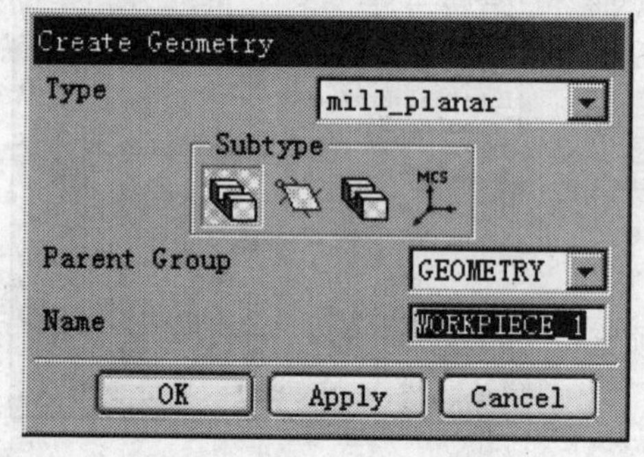

图 4-18　创建几何对话框

1．创建几何步骤

先根据加工类型，在 Type 下拉列表框中选择合适的模板零件；再根据要创建的加工对象的类型，在子类（Subtype）区域中选择几何模板；然后，在父组（Parent Group）下拉列表框中选择几何父组，并在 Name 文本框中指定新建几何组的名称，如果不指定新的名称，系统则使用默认名称；最后，单击 OK 或 Apply。

系统根据所选几何模板类型，弹出相应的对话框，供用户进行几何对象的具体定义。在各对话框中完成对象选择和参数设置后，单击 OK，返回到图 4-18 对话框。则在选择的父组下创建指定名称的几何组，并显示在操作导航工具的几何视图中。新建几何组的名称可在操作导航工具中修改。

2．几何组的参数继承关系

在创建几何时，选择的几何父组确定了新建几何组与存在几何组的参数继承关系。在图 4-18 对话框中，父组下拉列表框列出了当前加工类型适合继承其参数的几何组名称，选择某个几何组作为父组后，则新建的几何组将包含在所选父组内，同时继承父组中的所有参数。例如，如果用户先前创建一个工件几何组，并在其中指定了零件几何和毛坯几何，当在零件上创建几何边界时，选择工件几何组作为父组，则新建的边界将继承工件几何中的零件属性和毛坯属性。

在操作导航工具的几何视图中，各几何组的相对位置决定它们之间的参数继承关系，下一级几何组继承上一级几何组的参数。当几何组的位置发生变化时，其继承的参数随位置变化而改变。因此，可在操作导航工具中用剪切和粘贴方式，修改几何组的参数继承关系。

随加工类型的不同，在创建几何对话框中可以创建不同类型的几何组。在铣削操作中可创建的几何组有加工坐标系（MCS）、铣削几何（Mill Geometry）、工件（Workpiece）、铣削边界（Mill Boundary）和铣削区域（Mill Area）。下面介绍铣削操作中可以创建的几何组及其创建方法。

二、创建加工坐标系

1．加工坐标系和参考坐标系

在 UG 加工应用中，除使用工作坐标系 WCS 外，还使用两个加工独有的坐标系，即：加工坐标系 MCS（Machine Coordinate System）和参考坐标系 RCS（Reference Coordinate System）。

（1）加工坐标系　加工坐标系是所有后续刀具路径各坐标点的基准位置。在刀具路径中，所有坐标点的坐标值与加工坐标系关联，如果移动加工坐标系，则重新确立了后续刀具路径输出坐标点的基准位置。

加工坐标系的坐标轴用 *XM*、*YM*、*ZM* 表示。其中 *ZM* 轴特别重要，如果不另外指定刀轴向量方向，则 *ZM* 轴为默认的刀轴矢量方向。

系统在进行加工初始化时，加工坐标系 MCS 定位在绝对坐标系上。在生成的刀具位置源文件中，有的数据是参照加工坐标系，有的数据是参照工作坐标系。在操作对话框中指定的起刀点（Start Point）、安全平面（Clearance Plane）的 *Z* 值和刀轴矢量（*I*、*J*、*K*）以及其他矢量数据，都是参照工作坐标系；而确定刀具位置的各点坐标是参照加工坐标系。如在刀具位置源文件中，常有直线运动命令 GOTO *X*　*Y*　*Z*　*I*　*J*　*K*，其中 *X*、*Y*、*Z* 是刀尖相对于加工坐标系的坐标值，而 *I*、*J*、*K* 则是由工作坐标系指定的刀轴矢量方向。

（2）参考坐标系　当加工区域从零件的一部分转移到另一部分时，参考坐标系用于定位非模型几何参数（如起刀点、返回点、刀轴的矢量方向和安全平面等），这样可以减少参数的重新指定工作。参考坐标系的坐标轴用 *XR*、*YR*、*ZR* 表示。

系统在进行加工初始化时，参考坐标系 RCS 定位在绝对坐标系上。

2．创建加工坐标系的方法

建立加工坐标系时，先在图 4-18 对话框中选择坐标系图标，系统弹出如图 4-19 所示对话框。该对话框用于定义加工坐标系和参考坐标系。

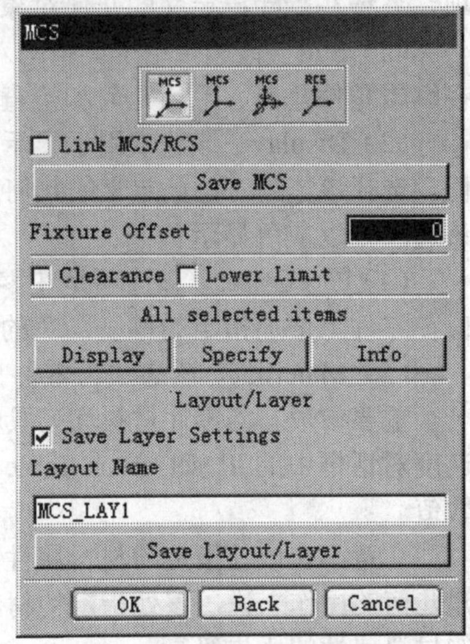

图 4-19　创建加工坐标系和参考坐标系对话框

（1）MCS　用于构造加工坐标系。选择图标，弹出坐标系构造器，选择一种构造坐标系的方法可建立新的加工坐标系。

（2）MCS Origin　用于移动加工坐标系的原点到一个新的位置。在移动原点时保持坐标轴的方向不变。选择该图标，弹出点构造器，选择点的构造方式，可指定新的坐标原点位置。

（3）MCS Rotate　用于绕加工坐标系的某坐标轴（*XM*、*YM*、*ZM*）旋转加工坐标系。选择该图标，再在弹出的对话框中指定旋转轴和旋转角度，可旋转加工坐标轴到要求的方向上。

（4）RCS　用于构造参考坐标系。选择该图标，弹出坐标系构造器，选择一种构造坐标系的方法，可建立新的参考坐标系。当在对话框中打开 Link MCS/RCS 选项时，则链接参考坐标系 RCS 到加工坐标系 MCS，使参考坐标系与加工坐标系的位置和方向相同，此时 RCS 图标为灰色显示。

注意：在创建任何加工操作前，应显示加工坐标系和工作坐标系，检查它们的位置和方向。

三、创建铣削几何

在平面铣和型腔铣中，铣削几何用于定义加工时的零件几何、毛坯几何和检查几何。

在图 4-18 创建几何对话框中，铣削几何图标（Mill Geometry）和工件图标（Workpiece）的功能相同，两者都通过在模型上选择体、面、曲线和切削区域来定义零件几何、毛坯几何和检查几何，还可以定义零件的偏置厚度、材料和存储当前视图布局与层。在此以铣削几何为例，说明其创建方法。

在图 4-18 中选择铣削几何图标，单击 Apply，系统弹出如图 4-20 所示创建工件（或铣削几何）对话框。对话框最上方三个图标（Part）、（Blank）、（Check）分别用于定义零件几何、毛坯几何和检查几何。

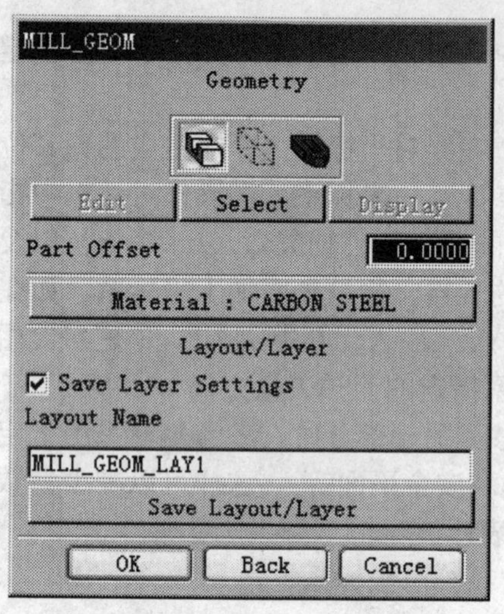

图 4-20　创建工件对话框

注意：在型腔铣、固定轴铣的操作对话框中，也有与图 4-20 类似图标出现，它们的使用方法是相同的。

1. 创建铣削几何的共同选项

（1）Select　该选项用于选取与对话框上部图标相对应的零件几何、毛坯几何或检查几何。当单击某图标时，如果不存在相应的几何对象，则 Select 选项自动处于可选状态，单击 Select，可从弹出的对话框中选择相应的几何对象；反之，如果存在相应的几何对象，则对话框中 Select 选项变为 Reselect。

当要重新定义几何对象时，可选择 Reselect 选项，系统在删除已定义的几何对象前，会弹出一个信息提示框，供用户确认。

（2）Edit　该选项用于编辑与对话框上部图标相对应的零件几何、毛坯几何或检查几何。在编辑零件几何、毛坯几何和检查几何时，会弹出与选择对象时相同的对话框。

（3）Display　该选项用于显示与对话框上部图标相对应的零件几何、毛坯几何或检查几何。选择该选项时，已定义的几何对象将以高亮度显示。如果还没有定义相应的几何对象，该选项则以灰色显示。

（4）Part Offset　该选项是在零件实体模型上增加或减去由偏置量指定的厚度。正的偏置值在零件上增加指定的厚度，负的偏置值在零件上减去指定的厚度。

（5）Materital　该选项为零件指定材料属性。材料属性是确定切削速度和进给量大小的一个重要参数。当零件材料和刀具材料确定以后，切削参数也就基本确定。在进给量和切削速度对话框中的 Reset from Table Button 选项，用这些参数推荐合适的切削速度和进给量数值。

注意：在该处指定的材料属性只影响引用当前所建几何的操作。另外，对于引用当前所建几何的操作来说，该处指定的材料属性，比用主菜单中的 Tools－Part Material 菜单项指定的材料属性的优先级高。

选择该选项，弹出如图 4-21 所示的材料列表框，在列表框中列出了材料数据库中的所有材料类型，材料数据库由配置文件指定。选择合适的材料后，单击 OK，则为当前创建的铣削几何指定了材料属性。

Search Result

Part Material

Libr...	C...	Name	Hard...	Description
MATO_00001	1116	CARBON STEEL	100-150	FREE MACHINING CARBON S
MATO_00002	1116	CARBON STEEL	150-200	FREE MACHINING CARBON S
MATO_00059	4140SE	ALLOY STEEL	200-250	FREE MACHINING ALLOY ST
MATO_00103	4140	ALLOY STEEL	54-56	ALLOY STEELS, WROUGHT -
MATO_00104	4150	ALLOY STEEL	175-225	ALLOY STEELS, WROUGHT -
MATO_00105	4150	ALLOY STEEL	225-275	ALLOY STEELS, WROUGHT -
MATO_00106	4150	ALLOY STEEL	275-325	ALLOY STEELS, WROUGHT -
MATO_00108	4150	ALLOY STEEL	375-425	ALLOY STEELS, WROUGHT -
MATO_00153	440C	STAINLESS STEEL	225-275 HB	STAINLESS STEELS, WROUG
MATO_00155	440A	STAINLESS STEEL	375-425 HB	STAINLESS STEELS, WROUG
MATO_00174	4340	HS STEEL	225-300	HIGH STRENGTH STEELS, W
MATO_00175	4340	HS STEEL	300-350	HIGH STRENGTH STEELS, W
MATO_00176	4340	HS STEEL	350-400	HIGH STRENGTH STEELS, W

图 4-21　材料列表框

（6）Save Layer Setting　打开该选项，则在选择 Save Layout / layer 选项时，保存层的设置。

（7）Layout Name　该文本框用于输入视图布局的名称，如果不更改，则沿用默认名称。

（8）Save Layout / Layer　该选项用于保存当前的视图布局和层。

2．零件几何

在平面铣和型腔铣中，零件几何（Part Geometry）表示零件加工后得到的形状，如图 4-22 所示。

选择或编辑零件几何时，先在图 4-20 对话框上部选择零件几何图标（Part），再选择 Select 或 Edit 选项，弹出如图 4-23 所示对话框。在对话框中部指定选择类型（Features、Geometry 或 Facets），并设置选择对象的过滤方法（Filter Method），然后在图形窗口中选择对象（一般选择整个零件）定义零件几何。

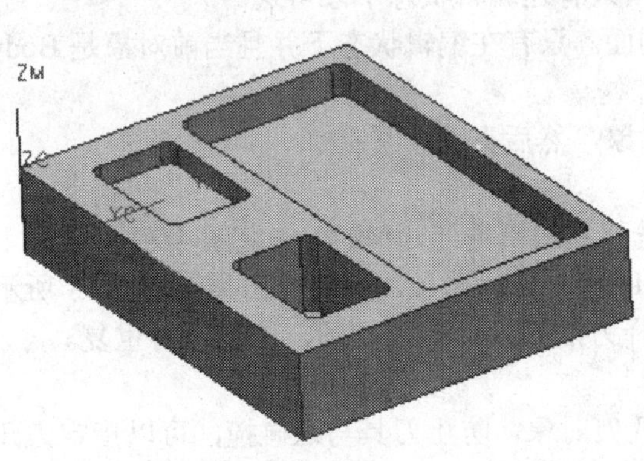

图 4-22　零件几何

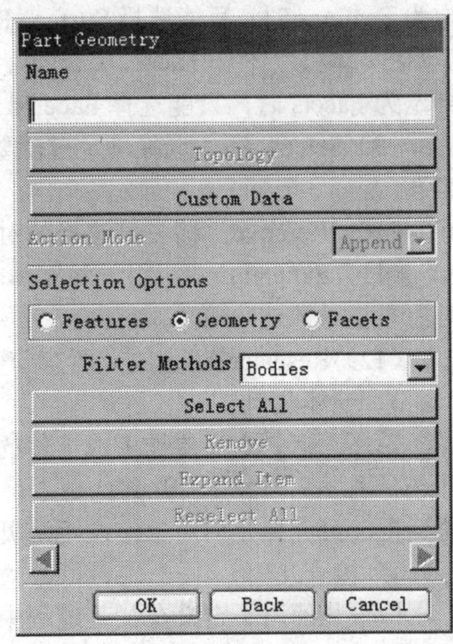

图 4-23　选择零件几何对话框

图 4-23 对话框中各选项说明如下。

（1）Name　在该文本框中输入对象名称，可选择已命名的几何对象。

（2）Topology　拓扑选项对选择的几何对象进行拓扑检查。在加工处理过程中，当使用由其他 CAD 软件创建的模型或 UG 自身创建的模型时，可能会出现模型数据丢失、重复和表面不相切而产生多个片体的现象，以致不能生成正确的刀具路径。选择 Topology 选项可对表面进行拓扑分析，纠正可能出现的模型错误。

该选项只有在选择了一个或多个表面（或曲线），并且作用模式 Action 为 Edit 时才能激活。选择该选项，弹出相应对话框，在指定距离公差（Distance）和角度公差（Angle）后，再选择 Rebuild Topology 选项，可重建拓扑关系，使间隙在距离公差内的表面连接在一起生成片体，使角度小于角度公差的邻接面用相切边过渡。

（3）Flip Material Side　材料边选项用于改变某对象的材料边方向。改变材料边方向时，先用鼠标或箭头按钮选择要改变材料边的对象，然后选择该选项即可。

注意：Flip Material Side 选项，只有在型腔铣操作对话框中选择零件几何、毛坯几何时才出现在图 4-21 中，也只有在 Topology 对话框中选择 Unify All 选项后才激活。

（4）Draft Angle　拔模角度是指型腔侧壁的倾斜角度。当用曲线定义零件几何时，可输入角度值。该选项只用于型腔铣。

（5）Custom Data　定制数据选项指定与所选几何对象相关联的参数。如果作用模式 Action Mode 设置为编辑（Edit），则定制的参数仅用于当前所选的几何对象；如果作用模式 Action Mode 设置为添加（Append），则定制的参数仅用于下一个选择的几何对象。

（6）Action Mode　作用模式选项设置工作状态是编辑当前选择的几何对象，还是向零件几何中添加新的几何对象。选择 Edit，则编辑存在的几何对象；选择 Append，则添加几何对象。

（7）Selection Option　该选项用于指定选择的实体类型，包括 Features、Geometry 和 Facets 三种类型。

（8）Filter Methods　过滤方法限制与实体类型对应的可选几何对象类型。当实体类型指定为 Features 时，只能选择 Surface Regions；当实体类型指定为 Geometry 时，可选择 Bodies（包括实体和片体）、Faces、Curves、More，其中 More 提供了更多的选择方法；当实体类型指定为 Facets 时，只能选择 Faceted Bodies（小片体）。

（9）Select All　选择满足过滤要求的所有对象。该选项只有在作用模式为 Append 时才可选。

（10）Remove　移去已选择的对象。该选项只有在编辑状态下才可选。

（11）Expand Item　用于将实体分成单独的面。只有在编辑状态下并且当前对象是 Body 对象类型时该选项可用。

（12）Reselect All　放弃所有前面选择的对象，然后重选。

3．毛坯几何

毛坯几何是定义要加工成零件的原材料。选择和编辑毛坯几何时，先在图 4-20 对话框上部选择毛坯几何 （Blank）图标，再选择 Select 或 Edit 选项，系统弹出类似图 4-18 所示对话框，可选择几何对象定义毛坯几何。其选择方法与零件几何相同，这里不再重复。

4．检查几何

检查几何用于定义在加工过程中要避开的几何对象，防止刀具与之碰撞，可以指定为几何的对象有零件侧壁、凸台和装夹零件的夹具等。

选择和编辑检查几何时，先在图 4-20 对话框上部选择检查几何 （Check）图标，再选择 Select 或 Edit 选项，弹出类似图 4-18 所示对话框，可选择几何对象定义检查几何。对话框中的各项目的使用方法与零件几何相同。

四、创建铣削边界

1．边界类型

边界用于定义刀具的切削区域。在平面铣和变轴铣中，需要用边界定义刀具的切削区域，在型腔铣中，也可用边界定义切削区域。刀具切削区域既可用单个边界定义，也可用合成边界来定义。虽然在各加工类型中边界的定义和使用方法有所差别，但是它们还是具有共同的特性。可定义的边界类型有零件边界、毛坯边界、检查边界、修剪边界与底面。

（1）零件边界（Part Boundary）　零件边界是表示零件几何形状的边界。在图 4-24 所示中，一条零件边界和底平面（Floor）定义了在平面铣时零件上要切除的材料部分，形成零件的几何形状。其中零件边界确定了刀具的切削范围，底平面定义了切削深度。

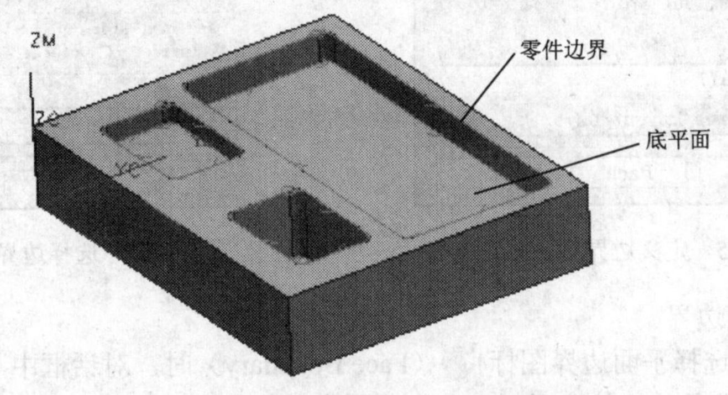

图 4-24　零件边界和底平面

（2）毛坯边界（Blank Boundary）　毛坯边界用于指定毛坯的形状和大小，它与零件边界一起定义要切除的材料部分。

（3）检查边界（Check Boundary）　检查边界用于定义刀具在切削过程中必须避开的区域。当零件用夹具装夹时，如果夹头位置与零件进界定义的区域重叠，应指定夹头为检查边界。

（4）修剪边界（Trim Boundary）　用于进一步约束刀具的切削区域。它与零件几何结合，去掉一部分切削区域。

（5）底平面（Floor）　在平面铣操作中，底平面定义最低的切削平面，其余的切削平面平行于底平面产生。在一个操作中，只能定义一个底平面，如果再定义一个底平面会自动取代原已存在的底平面。

2．定义铣削边界的方法

在图 4-18 对话框中选择铣削边界图标（Boundary），弹出如图 4-25 所示定义边界对话框，应用该对话框中的上部五个图标可分别定义零件边界、毛坯边界、检查几何边界、修剪边界与底平面。

注意：在平面铣、固定轴铣操作对话框中，也有与图 4-25 类似图标出现，它们的使用方法是相同的。

在定义零件边界、毛坯边界、检查几何边界、修剪边界时，先在图 4-25 对话框中选择相应图标，然后选择 Select 选项，系统均弹出如图 4-26 所示选择边界对话框。在选择边界对话框上部，有三个图标指定三种定义边界的方式：平面、曲线和点。选择一种定义边界的方式后，可在图形窗口中选择几何对象定义相应边界。

各边界定义方式分别说明如下。

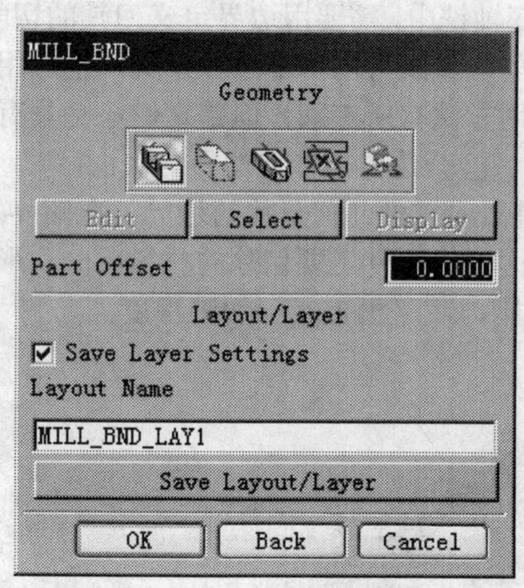

图 4-25　定义边界对话框

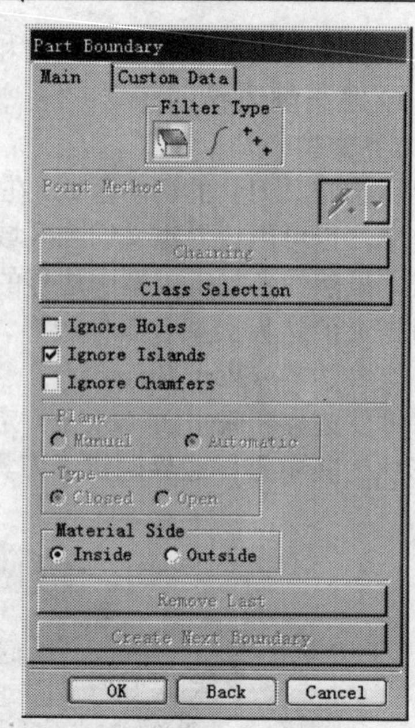

图 4-26　选择边界对话框

3．用平面定义边界

当在图 4-26 中选择平面边界图标 （Face Boundary）时，对话框中与用平面定义边界的相关选项激活。设置各相关选项后，可在模型上选择平面定义边界。

用平面定义边界的相关选项和公共选项说明如下。

（1）Ignore Holes　打开该选项，则在所选平面上产生边界时，忽略平面上包含的孔。即在孔的边缘处不产生边界。

（2）Ignore Islands　打开该选项，则在所选平面上产生边界时，忽略平面上包含的孤岛。即在孤岛的边缘处不产生边界。这里讲的孤岛包括平面上的凸台、凹坑和台阶。

（3）Ignore Chamfers　打开该选项，则在所选平面上产生边界时，忽略平面上包含的倒角，仍在倒角前的边缘上产生边界。

（4）Material side　该选项指定保留边界哪一侧的材料。选择 Inside，则加工时保留边界内侧的材料；选择 Outside，则加工时保留边界外侧的材料。

（5）Custom Boundary Data　该选项为所选边界指定偏置量。打开 Offset，可在其右边的文本框输入偏置值，所选边界将从原来位置偏置输入的距离。如果输入正值，则边界向外偏置；如果输入负值，则边界向内偏置。

（6）Remove Last　该选项移去最近选择的边界。

4．用曲线或边缘定义边界

在图 4-26 对话框中选择 图标，对话框中与用曲线定义边界的相关选项激活。设置相关选项后，可在模型上选择曲线或边缘定义边界。用曲线定义边界的相关选项说明如下。

（1）Chaining　该选项指定用链接选择方式来选择曲线或边缘。

（2）Plane　平面选项指定在哪一个平面上产生边界。有两种指定平面的方法。

Automatic：选择该选项，系统则根据选择的曲线或边缘，在所选曲线或边缘所在平面上产生边界。

Manual：选择该选项，则在用户指定的平面上产生边界。当选择 Manual 时，系统弹出平面对话框，可供用户指定边界所在的平面。

（3）Type　类型选项指定产生的边界是否封闭。如果选择 Closed，则产生的边界封闭；如果选择 Open，则产生的边界不封闭。

（4）Custom Member Data　该选项指定组成边界的曲线或边缘的偏置值。

（5）Create Next Boundary　该选项用于建立下一条边界。当选择曲线或边缘创建边界时，如果要结束选择、产生边界，应选择该选项。

5．用点定义边界

在图 4-26 对话框中选择图标，对话框中 Point Method 下拉菜单激活。先选择一种取点方法，再在模型上选择相关点。在选择第二点后，屏幕会显示点的连线。选择构成边界的各点后，单击 Create Next Boundary 选项，系统则按取点顺序用线连接各点构成边界。用选择点定义边界时，其他选项的使用与用面和曲线定义边界时相同。

注意：在操作对话框中定义边界时，对话框的显示形式和显示内容会略有不同。它可以选择永久边界作为零件边界、毛坯边界、检查几何边界和修剪边界。

6．定义底平面

在图 4-25 对话框中单击底平面图标（Floor），并选择 Select 选项，弹出如图 4-27 所示平面构造器。定义底平面时，先在过滤器中设置选择对象类型，再在模型上选择相应对象作为底平面，并可根据需要在 Offset 文本框中指定底平面的偏置距离；如果模型上没有合适的面可作为底平面，可选择平面子功能（Plane Subfunction）选项，在弹出的对话框中选择一种构造平面的方法，构造一平面作为底平面。

在指定底平面时，底平面应定义在刀具所能切削到的最低切削平面上。如果用户不指定底平面，系统则用加工坐标系的 *X-Y* 平面作为底平面。底平面定义后，其余切削平面平行于底平面。在一个操作中只能定义一个底平面，如果再次定义底平面会自动取代原已存在的底平面。底平面定义以后，不能编辑，如果要修改只能重新选择。

7．编辑边界

如果要编辑已定义的零件边界、毛坯边界、检查几何边界、修剪边界，可在图 4-25 对话框中选择相应图标，再选择 Edit 选项，则可对相应类型的边界进行编辑。

选择 Edit，系统会弹出如图 4-28 所示的编辑对话框，同时，窗口中的光标变为十字光标。可用光标选择要编辑的边界，也可单击对话框下部的上下箭头选择边界，所选边界将以高亮度显示。图 4-28 对话框中的主要选项说明如下。

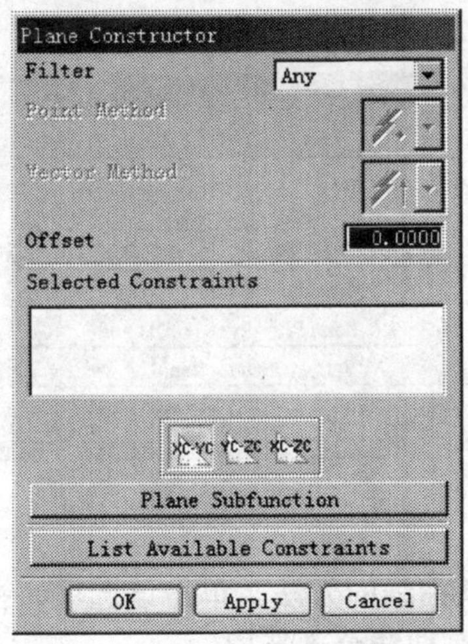

图 4-27　构造底平面对话框

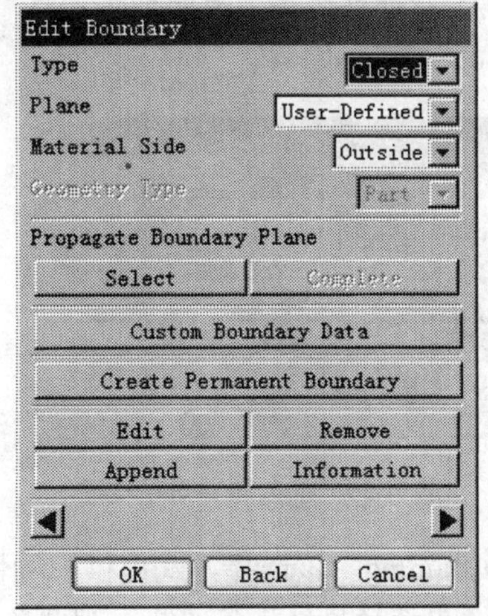

图 4-28　编辑边界对话框

（1）Remove　用于删除当前所选边界。

（2）Append　用于添加边界。

（3）Edit　用于编辑组成边界的各成员数据。选择该选项，弹出如图 4-29 所示编辑成员对话框，单击对话框下方的上下箭头按钮，可选择边界成员指定新的偏置值。

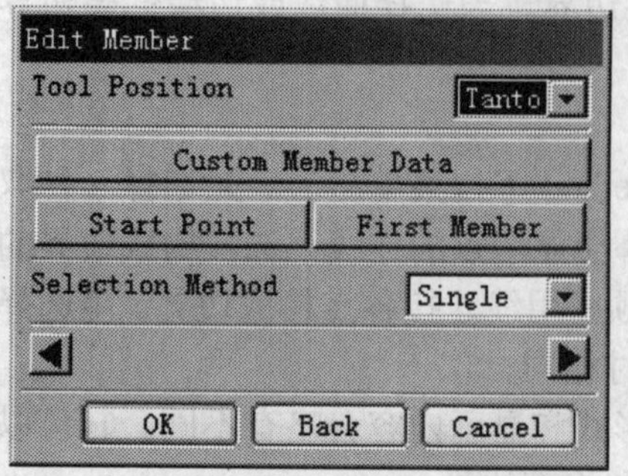

图 4-29　编辑成员对话框

在操作对话框中编辑边界时，编辑边界对话框中会增加产生永久边界选项（Create Permanent Boundary），选择该选项，可将所选边界转化为永久边界。

五、创建永久边界

前面介绍的边界都属于临时边界，在 UG 中可以创建永久边界指定加工区域。永久边界是用户在几何对象上单独创建的边界，或者是转化临时边界所得到的边界。对于在加工操作中需要重复使用的边界，尤其是在边界形状比较复杂时，应创建永久边界。永久边界一经创建，可以在不同的操作中反复使用。

永久边界创建后与原来的几何对象不再关联。因此，永久边界一经创建，不能再进行编辑。在建立加工操作时，如果选择一个永久边界作为加工边界，那么，该永久边界就相当于被复制一份作为临时边界，此时可对边界进行编辑。

1．创建永久边界的方法

创建永久边界的方法有两种：一是在主菜单中选择 Tools—Boundary 菜单项，用永久边界创建管理器创建；二是在操作对话框中，通过编辑边界将临时边界转化为永久边界（在编辑边界对话框选择 Create Permanent Boundary 选项）。在此主要介绍第一种创建永久边界的方法。

在主菜单中选择 Tools—Boundary 菜单项，弹出如图 4-30 所示永久边界对话框。应用该对话框中的选项，可以创建、删除、隐藏和显示边界。

2．创建永久边界

在图 4-30 对话框中选择 Create 选项，弹出如图 4-31 所示的创建边界对话框。可在图形窗口中直接选取曲线或边缘来创建永久边界；也可在 Name 文本框中输入要选取对象的名称，用指定名称的对象创建边界。在创建边界时，可在图 4-31 中设置相关选项控制永久边界的产生，图 4-31 对话框各选项说明如下。

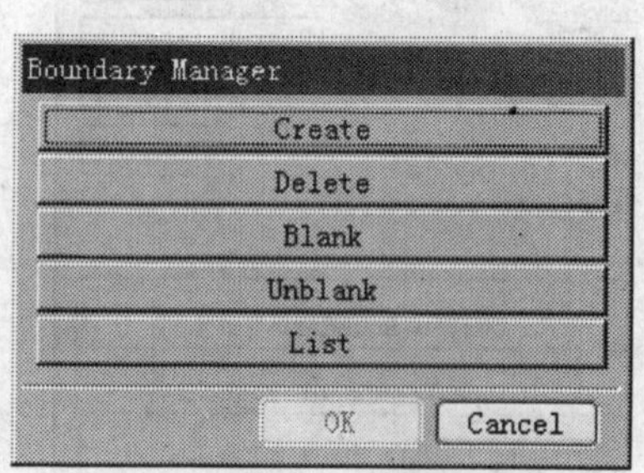

图 4-30　永久边界对话框

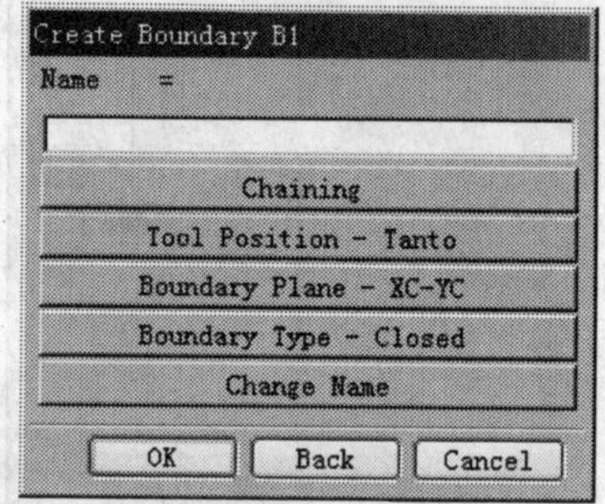

图 4-31　创建边界对话框

（1）Chaining　该选择方式提供一种快速选取多条曲线的方法。单击该选项，在选择一条曲线后，再选择另外一条曲线，则两条曲线之间所有曲线全部选取。

（2）Tool Position　该选项指定刀具和边界的相对位置关系，是与边界相切（Tanto）还是通过边界（On）。当选择 Tanto 时，则刀具的侧面与边界对齐，在创建的边界上显示半边箭头；当选择 On 时，则刀尖沿刀轴方向与边界对齐，在创建的边界上显示完整的箭头。

单击 Tool Position 选项，可在 Tanto 与 On 两个选项之间切换。

（3）Boundary Plane　边界平面选项指定边界所在的平面。单击 Boundary Plane 按钮，弹出平面子功能对话框，可选择一种构造平面的方法，定义一平面。产生边界时，所选对象沿指定平面的法线方向投射到该平面上产生永久边界。

该选项的默认设置为 *XC-YC* 平面。如果指定一个新的边界平面，则在 Boundary Plane 按钮上显示“USER DEFINED”标识符，并将该平面作为默认的边界平面。

（4）Boundary Type　该选项指定边界类型。有两种边界类型：封闭边界和开放边界。封闭边界定义一个区域，开放边界定义一条路径。一般情况下，封闭边界的第一段的起点和最后一段的终点在一个公共点上；而开放边界第一段的起点和最后一段的终点不在一个公共点上。

（5）Change Name　更改边界名称。如果用户不更名，则边界按产生的先后顺序，用 B1、B2…命名。

3．编辑永久边界

图 4-30 对话框中的 Delete 选项用于删除边界；Blank 选项用于隐藏已创建的边界。当选择删除（Delete）或隐藏（Blank）边界时，系统弹出类选择器对话框。可用鼠标直接选取边界或用类选择器选取边界，然后单击 OK，进行删除或隐藏操作。

图 4-30 对话框中的 Unblank 选项，用于再现先前隐藏边界。单击 Unblank，弹出选择边界对话框，可在文本框中输入边界名称并回车，使指定名称的边界重新显示；或选择 All Boundary，再现所有已隐藏的边界。

图 4-30 对话框中的 List 选项，用于在信息窗口中列出所有永久边界的名称。

第四节　创 建 刀 具

在加工过程中，刀具是从工件上切除材料的工具。在建立铣削、车削和点位加工操作时，必须创建刀具或从刀具库中选取刀具。创建和选取刀具时，应考虑加工类型、加工表面的形状和加工部位的尺寸大小等因素。在图 4-4 创建工具条中选择创建刀具图标（Create Tool），或在主菜单中选择 Insert－Tool…菜单项，系统弹出如图 4-32 所示创建刀具对话框，用于产生指定类型的刀具或从刀具库中选取刀具。由于不同模板零件包含的刀具模板不同，因此，随所选加工类型的不同，图 4-32 对话框中显示的刀具图标会有所差别。当在 Type 下拉列表框中选取不同模板零件时，对话框的子类 Subtype 区域会显示不同的刀具图标，但在每种加工类型的刀具图标中，均包含（Retrieve Tool）图标，用于从刀具库中选取刀具。

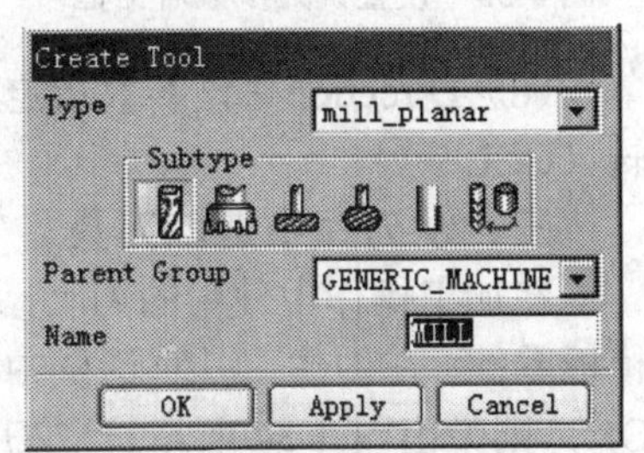

图 4-32　创建刀具对话框

一、创建刀具的步骤

先根据加工类型和加工表面的形状，在图 4-32 的 Type 下拉列表框中选择模板零件，再在 Subtype 子类区域中选择刀具模板，并在 Name 文本框中指定刀具名称，最后单击 OK 或 Apply。系统则根据选择的刀具模板弹出相应对话框，供用户进行刀具参数的具体定义。在后续对话框中输入刀具参数后，单击 OK，返回到图 4-32 对话框，创建所选类型的新刀具，并显示在操作导航工具的刀具视图中。

刀具的名称规则：刀具名称由字母和数字组成，并以字母开头，名称长度不超过 20 个字符，名称中不能使用空格，可使用的特殊字符只有两个："-"和"."。

随所选加工类型的不同，在创建刀具对话框中可以创建不同类型的刀具，下面介绍以铣刀为例介绍常用刀具的创建方法。

二、创建铣刀

在铣削加工中，铣刀类型有很多，如立铣刀、面铣刀、T 形槽铣刀和腰鼓形铣刀等。这些铣刀的创建方法基本相同，现以立铣刀为例说明铣刀的创建步骤和各参数的意义。

在图 4-32 创建刀具对话框中选择图标，并单击 OK 或 Apply，弹出如图 4-33 所示设置铣刀参数的对话框，在对话框上部的下拉列表框中选择不同选项（5－Parameter，7－Parameter，10－Parameter），可分别设置 5 参数铣刀、7 参数铣刀和 10 参数铣刀。图 4-33 为 5 参数铣刀设置对话框，下面分别介绍图 4-33 对话框中的各参数。

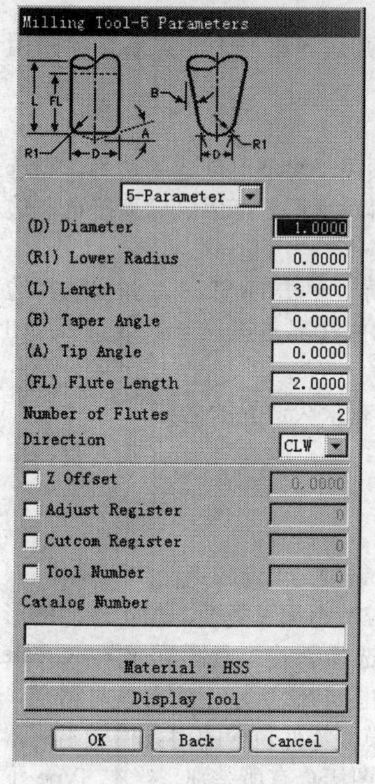

图 4-33　设置铣刀参数对话框

在图 4-33 铣刀参数设置对话框中，上部组合框中的各参数用于指定刀具的形状。合理地设置各参数，可以创建各种形状的立铣刀。

（1）Diameter　该文本框用于输入铣刀直径。

（2）Lower Radius　该文本框用于输入铣刀底边的圆角半径。对于 5 参数铣刀，该半径可以等于零，当其等于零时，为平底铣刀；在 7 参数和 10 参数铣刀中，该半径必须大于零。当该半径等于刀具直径的一半时，铣刀为球头铣刀。

（3）Length　该文本框用于输入铣刀长度。

（4）Taper Angle　锥角指定铣刀侧面与铣刀轴线之间的夹角。如果锥角为正值，则刀具上大下小；如果锥角为负，则刀具上小下大。其取值范围为：大于–90°，小于 90°。

（5）Tip Angle　顶角是指刀具底部的顶角。该角度从过刀具端点并与刀轴垂直的方向测量，它只能取正值，且小于 90°。

以上五个参数是定义刀具轮廓的基本参数。

（6）Flute Length　该文本框用于输入排屑槽的长度，排屑槽长度应小于刀具长度 *L*。

（7）Number of Flutes　该文本框用于输入立铣刀排屑槽的个数（2、4、6 等）。这个参数不用于后置处理，主要说明刀具特性，以便正确选择刀具。

（8）Direction　该参数指定刀具的旋转方向，可设置为顺时针旋转（CLW）和逆时针旋转（CCLW）。

三、从刀库中选取刀具

在加工操作中使用的刀具，除用以上方法创建外，还可从刀具库中直接选取。对于各种模板零件，在创建刀具对话框中均包含选取刀具图标（Retrieve Tool）。选择该图标并单击 OK，则弹出图 4-34 所示选取刀具对话框。

选取刀具时，先单击铣刀（Milling）、钻头（Drilling）和车刀（Turning）前的展开号+，展开刀具类型所包含的刀具；然后选择需要的刀具类型，单击 OK，系统弹出与刀具类型相对应的搜索条件对话框，对话框中显示的参数取决于所选的刀具类型。例如，当选择球头铣刀时，弹出如图 4-35 所示对话框；在对话框中指定查询条件，并选择 Count Matches 选项，则显示满足查询要求的刀具把数；最后，单击 OK，弹出满足查询要求刀具列表，从列表框中选取需要的刀具，单击 OK，则完成刀具选取工作。

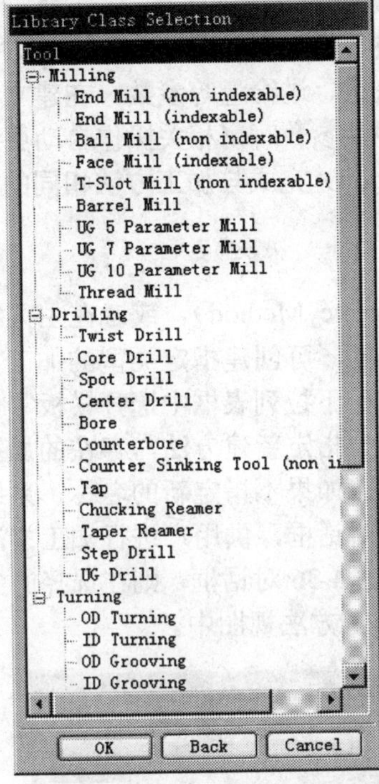

图 4-34　选取刀具对话框

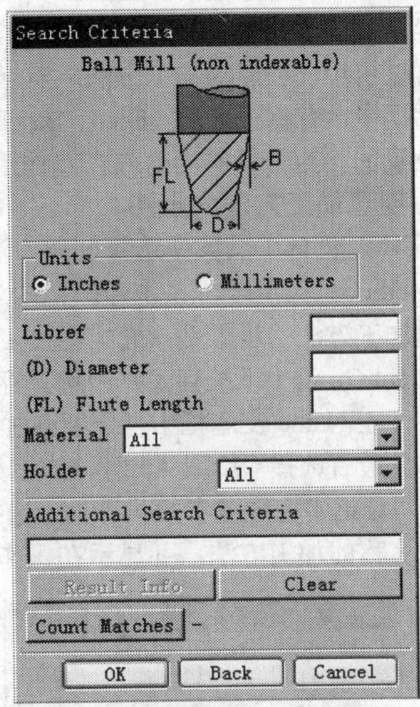

图 4-35　球头铣刀对话框

图 4-35 对话框中各选项说明如下。

（1）Units　该选项指定要查找的刀具数据库文件（tool_database.dat）是公制文件还是英制文件。如果查找公制数据库，则选择 Metric；如果查找英制数据库，则选择 English。

（2）Libref　该文本框用于指定要搜索刀具标识名称。在刀具库中，每把刀具都有一个惟一的标识名称，如果用户知道确切的刀具名称，可在该处直接输入。

（3）Diameter　该文本框用于输入要搜索刀具的直径。既可以输入直径数值，也可以输入关系运算符（＜、＜＝、＝＝、! ＝、＞、＞＝等）。如要查找直径大于 45mm 的刀具，可在文本框中输入“＞45”。

（4）Flute Length　该文本框用于输入要搜索刀具的排屑槽长度。

（5）Material　该下拉列表框用于选择要搜索的刀具材料。列出的内容有 All、HSS、HSS Coated、Carbide、Carbide Coated 等。All 包含了所有刀具材料，如果不按材料搜索刀具，则选择 All。

（6）Holder　该下拉列表框用于指定刀柄的类型。

（7）Additional Search Criteria　该文本框用于指定其他搜索条件。输入搜索条件后，系统在刀具库中搜索刀具时，不按对话框中指定的条件搜索。搜索条件应按 QRY 语言的语法规则输入。

（8）Result Info　该选项用于查看搜索结果。

（9）Clear　当在对话框中输入的内容或选择的选项不适合时，选择该选项可以清除所输入的内容。

（10）Count Matches　该选项用于显示满足搜索条件的刀具把数。

第五节　创建加工方法

零件在加工过程中，为保证加工精度，往往需要进行粗、精加工。创建加工方法是为粗加工、半精加工和精加工指定统一的加工公差、加工余量、进给量等参数。在建立各加工操作时，可以引用已创建的加工方法，当修改加工方法中某参数时，相关操作自动更新。在各操作对话框中，有相关选项（Feed、Stock、Display Option）完成与加工方法相同的功能，但各选项设置的参数，只对当前操作起作用。

一、创建加工方法的步骤

在图 4-4 创建工具条中选择创建方法图标（Create Method），或者在主菜单中选择 Insert—Method…菜单项，系统弹出如图 4-36 所示对话框，可创建指定类型的加工方法。

创建加工方法的步骤是：先根据加工类型，在 Type 下拉列表框中选择模板零件；再在父组（Parent Group）下拉列表框中选择存在的加工方法，指定新建方法与存在的加工方法的继承关系；在 Name 文本框中指定新建加工方法的名称，如果不指定新的名称，系统则使用默认名称；最后选择 OK 或 Apply，弹出如图 4-37 所示对话框，供用户进行加工方法的具体定义；在对话框中完成各参数设置后，选择 OK 返回到图 4-36 对话框，则在选择的父组下创建了指定名称的加工方法，并显示在操作导航工具的加工方法视图中。

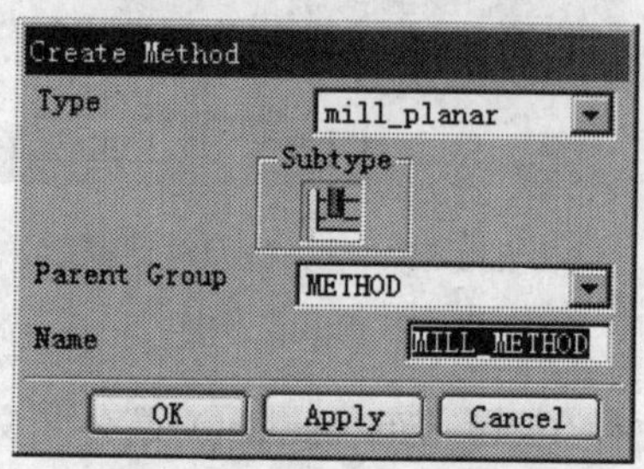

图 4-36　创建加工方法对话框

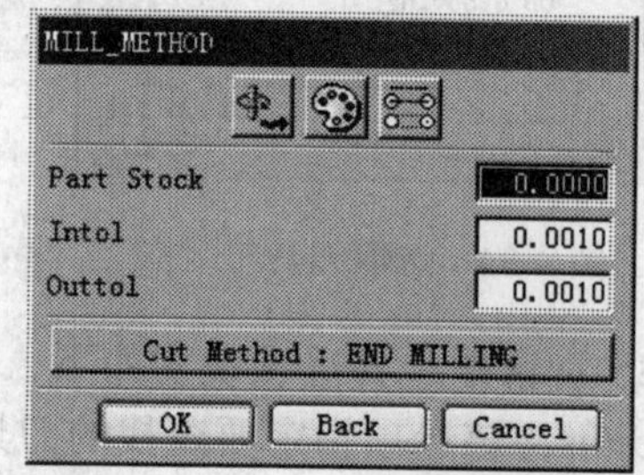

图 4-37　指定加工余量和公差对话框

二、指定加工余量和公差

图 4-37 中各文本框用于设置零件的加工余量和加工的内外公差，各文本框的意义如下。

（1）Part Stock　Part Stock 为当前所创建的加工方法指定零件余量。零件余量是零件加工后没有切除的材料量。这些材料在后续加工操作中被切除，余量的大小应根据加工精度要求的高低来确定，如果是最终加工工序，则零件余量为零。引用该加工方法的所有操作都具有相同的零件余量。

（2）Intol 和 Outtol　内外公差定义了刀具在加工过程中偏离零件表面的最大距离。指定的值越小，则加工的精度越高。内公差（Intol）限制刀具在加工过程中的越过零件表面的最大过切量；外公差（Outtol）限制刀具在切削过程中没有切至零件表面的最大间隙量。

（3）Cut Method　该选项指定切削方法。选择该选项，弹出如图 4-38 所示对话框，其中列出了各种加工方法，可指定一种加工方法。

三、设置进给量

为保证零件表面的加工质量和一定生产率，在一个刀具路径中一般存在有多种刀具运动类型，如快进、快退、进刀、退刀和正常切削等。不同的刀具运动类型，其进给速度不同。进给量有两种单位：公制单位和英制单位。使用公制单位时，进给速度可设置为：mmpm（毫米每分钟）和 mmpr（毫米每转），默认的进给速度为 10mmpm。

Search Result

Cutting Method

Library Reference	Mode	Name
OPD0_00007	MILL	END MILLING
OPD0_00008	MILL	SLOTTING
OPD0_00006	MILL	FACE MILLING
OPD0_00010	MILL	SIDE/SLOT MILL

图 4-38　切削方法列表框

图 4-37 中的进给量图标（Feed），用于设置刀具各种运动类型的移动速度。选择该图标，弹出如图 4-39 所示的进给速度设置对话框，其中列出了每种刀具运动类型当前设置的进给速度和所使用的速度单位。随所选加工类型的不同，对话框中显示的选项可能有所差别。

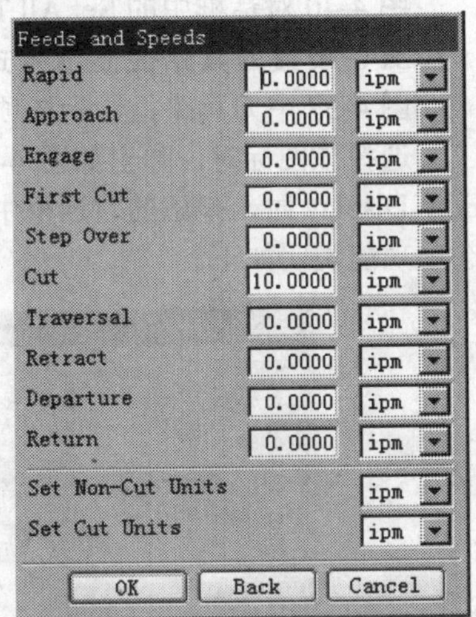

图 4-39　设置刀具移动速度对话框

注意：在操作对话框中选择 Feed Rates 选项，或者在定义边界时选择 Custom Boundary Data 选项，均会弹出类似图 4-39 的对话框，可指定各种刀具运动的移动速度。

下面介绍相应进给速度参数的设置。

（1）Rapid　该选项用于设置快进速度。即刀具从初始点（From Point）到下一个前进点（Goto Point）的移动速度。设置时先选择进给速度的单位（mmpm、mmpr 或 None），再在文本框中输入进给速度数值。当速度单位设置为 None 时，系统将不设置速度单位。

如果快进速度设置为零，则在刀具位置源文件中自动插入 Rapid 命令，后置处理时将产生 G00 快进代码。

（2）Approach　该选项用于设置接近速度，即刀具从起刀点（Start Point）到进刀点（Engage Point）的进给速度。当在平面铣和型腔铣中进行多层切削时，接近速度控制刀具从一个切削层到下一个切削层的移动速度。

（3）Engage　该选项用于设置进刀速度，即刀具切入零件时的进给速度。它是刀具从进刀点（Engage Point）到初始切削位置（Initial Cutting Position）的移动速度。如果该速度设置为零，则刀具按正常的进给速度（Cut）切入零件。

（4）First Cut　该选项设置第一刀切削的进给量。

（5）Stepover　该选项设置刀具进行下一次平行切削时的横向进给量，即通常所说的铣削宽度。

（6）Cut　该选项设置刀具在切削零件过程中的进给速度，即进给量。

（7）Traversal　该选项设置刀具从一个加工区域跨越到另一个加工区域作水平非切削运动时刀具移动速度。刀具作跨越移动时，首先提升到安全平面，然后作横向移动。主要是防止刀具在移动过程中与工件相碰。

（8）Retract　该选项用于设置退刀速度，即刀具切出零件时的进给速度，是刀具从最终切削位置到退刀点间（Retract Point）的刀具移动速度。

如果退刀速度为零，对于作直线运动的刀具，则按快进速度（Rapid Feed）返回；对于作环形运动的刀具，则按进给速度（Cut）返回。

（9）Departure　该选项设置离开速度，即刀具从加工部位退出时的移动速度。

（10）Return　该选项设置返回速度，即回到返回点（Return Point）的移动速度。如果返回速度为零，则按快进速度（Rapid）返回。

（11）Set Non-Cut Units　该选项设置所有非切削运动的进给量单位，可设置为 mmpm、mmpr 或 None。

（12）Set Cut Units　该选项设置所有切削运动的进给量单位，可设置为 mmpm、mmpr 或 None。

四、设置刀具路径显示颜色

图 4-37 中颜色图标（Color），用于设置刀具路径的显示颜色，以便在观察刀具路径时区分不同类型的刀具运动。选择该图标，弹出如图 4-40 所示对话框。选择每个运动类型右边的颜色图标，会弹出颜色对话框，可为相应的运动类型指定一种不同的刀具路径颜色。

图 4-40 对话框中的 Set All To 选项，指定一种颜色到所有刀具路径。

五、设置刀具路径显示方式

图 4-37 中刀具路径显示选项图标（Display Option），用于设置刀具路径的显示方式。

选择该图标时，弹出如图 4-41 所示 Display Options 对话框（在操作对话框中，当选择 Edit Display 时，弹出的对话框中的显示选项随加工类型不同可能会有所差别）。对话框中各选项功能说明如下。

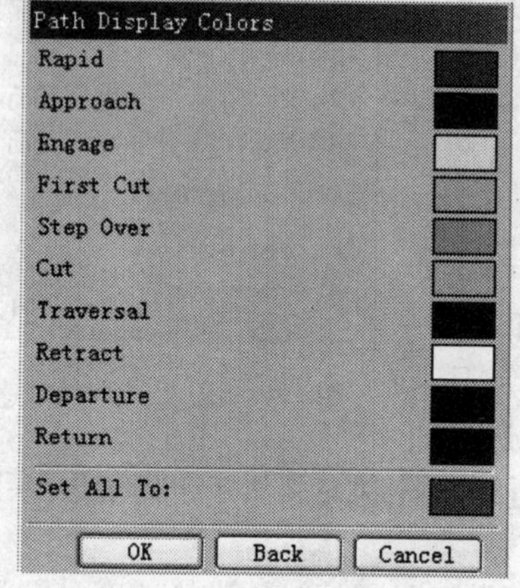

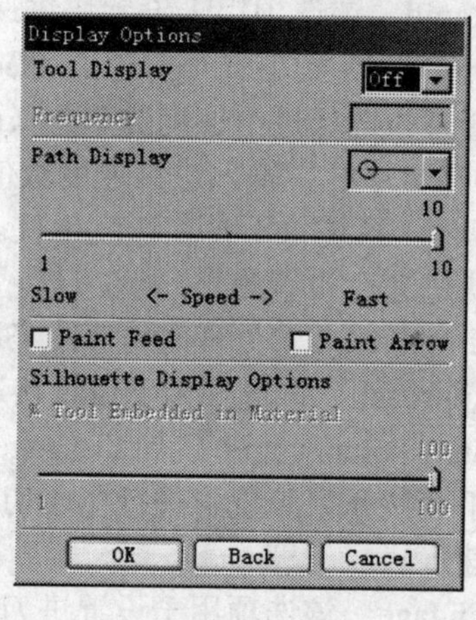

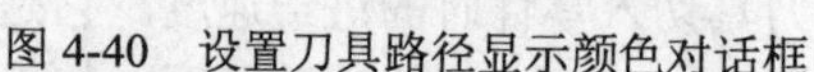
图 4-40　设置刀具路径显示颜色对话框　　图 4-41　设置刀具路径显示方式对话框

（1）Tool Display　在演示刀具路径时，该下拉列表框用于选择刀具的显示方式。用鼠标单击下拉列表框，弹出四个选项，它们分别是 Off、2-D、3-D 和 Axis。

Off：指定在演示刀具路径时不显示刀具。

2-D：指定在演示刀具路径时刀具以二维方式显示。

3-D：指定在演示刀具路径时刀具以三维线框方式显示。

Axis：指定在演示刀具路径时刀具以矢量箭头表示刀具轴线。

（2）Frequency　当刀具显示方式（Tool Display）指定为 2D 或 3D 时，该选项激活，允许用户指定刀具的显示频率。频率是指在刀具路径中到下一次显示刀具所隔的刀位点个数，如果设置 1，则在每个刀位点显示刀具；如果设置 3，则每隔三个刀位点显示一次刀具。

（3）Path Display　在产生和显示刀具路径时，该下拉列表框用于选择刀具路径的显示方式。刀具路径可用三种方式显示：实线（Solid Centerline）、虚线（Dashed Centerline）和轮廓线（Silhouette Lines）。当选择实线显示方式时，系统在刀具路径的中心处绘制实线；当选择虚线显示方式时，系统在刀具路径的中心处绘制虚线；当选择轮廓线（Silhouette Lines）显示方式时，系统根据刀具直径用实线绘制刀具的走刀轮廓，当要观察刀具的横向进给量

（Stepover），查看刀具的铣削宽度和铣削的重叠部分时，应选择该选项。

（4）Speed　在产生和显示刀具路径时，该选项改变刀具运动时的显示速度。其取值范围为1~10，1的速度最慢，10的速度最快。调整滑块位置可改变显示速度。

（5）Paint Feed　在产生和显示刀具路径时，打开该选项会在屏幕上显示进给量的大小，进给量以F为引导字符，后面跟进给量的数值。

（6）Paint Arrow　在产生和显示刀具路径时，打开该选项会在刀具路径上显示箭头，指示刀具运动的方向。

（7）Silhouette Display Options　该选项用于改变刀具路径轮廓的投影方向或刀具的收缩率。只有当Path Display选项设置为Silhouette Lines时，该选项才激活，否则为灰显。它包含%Tool Embeded in Material和Path Normal两个选项。

%Tool Embeded in Material：该选项指定刀具路径的轮廓显示宽度为刀具直径的百分比。例如，如果%Tool Embeded in Material选项设置为%50，当用一把直径为20mm的铣刀生成刀具路径时，则刀具路径轮廓的显示宽度为10mm。

Path Normal：指定刀具路径轮廓的投影方向是垂直于刀轴方向还是垂直于用户指定的矢量方向。如果选择Tool Axis，则投影刀具路径轮廓到垂直于刀轴且过刀具底部中心的平面上；如果选择I、J、K，则投影刀具路径轮廓到垂直于用户指定的矢量方向且过刀具底部中心的平面上。

第六节　创建程序组

程序组用于组织各加工操作和排列各加工操作在程序中的次序。例如，一个复杂零件如果需不同机床上完成各表面的加工，则应将可在同一机床上加工的操作组合成程序组，以便刀具路径的后置处理。合理地将各操作组合成一个程序组，可在一次后置处理中按选择程序组的顺序输出多个操作。在操作导航工具的程序顺序视图中，显示每个操作所属的程序组以及各操作在机床上的执行顺序。

在图4-4创建工具条中选择创建程序图标，或在主菜单中选择Insert－Program…菜单项，系统弹出如图4-42所示的创建程序对话框。在Parent Group下拉列表框中选择新建程序组所属的父组，再在Name文本框中指定新建程序组的名称，然后单击OK或Apply，则在所选父组下创建指定名称的程序组，并显示在操作导航工具的程序顺序视图中。

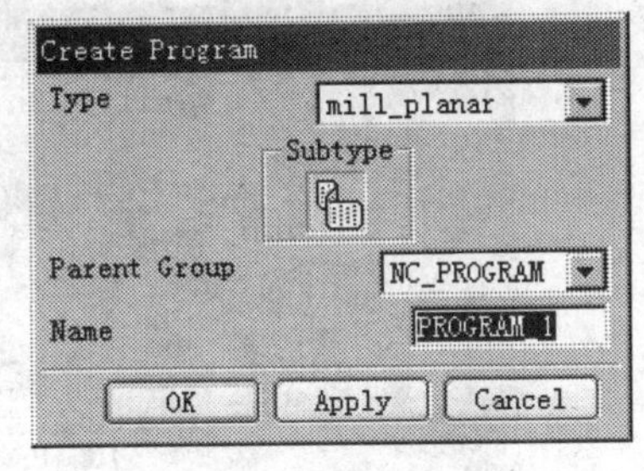

图4-42　创建程序对话框

在Parent Group下拉列表框中所选择的父组，决定了新建程序组与已存在的程序组的从属关系，程序的组织主要是通过选择合适的父组来实现。如果在Name文本框中不指定新程序组的名称，系统则用默认名称作为程序组的名称。

如果零件包含的操作不多，且都能在同一机床完成，用户也可不创建程序组，而直接使用模板提供的默认程序组。

第七节　创 建 操 作

用户在根据零件加工要求建立程序、几何、刀具和加工方法后，可在指定程序组下用合适的刀具对已建立的几何对象用合适的加工方法建立加工操作。当然，用户在没有建立程序、几何对象、刀具和加工方法的情况下，也可以通过引用模板提供的默认对象创建加工操作，但进入操作对话框后需要选择几何对象、刀具和加工方法。

一、创建操作的步骤

在图 4-4 创建工具条中选择创建操作图标，或在主菜单中选择 Insert－Operation…菜单项，系统弹出如图 4-43 所示创建操作对话框。由于不同的模板零件包含的操作模板不同，因此，当在 Type 下拉列表框中选择不同加工类型的模板零件时，图 4-43 对话框的子类 Subtype 区域，会显示所选模板零件包含的操作模板。

各类加工操作的创建步骤如下。

（1）先根据加工类型，在 Type 下拉列表框中选模板零件。

（2）在子类区域（Subtype）中选择与表面加工要求相适应的操作模板。

（3）分别在程序 Program 下拉列表框中选择程序父组，指定新建操作所属的程序组；在 Use Geometry 下拉列表框中选择已创建的几何组；在 Use Tool 下拉列表框中选择已创建的刀具；在 Use Method 下拉列表框中选择合适的加工方法；在 Name 文本框中指定新建操作的名称。

说明：在 Program、Use Geometry、Use Tool、Use Method 下拉列表框中选择的各对象，既可以是用户创建的对象，也可以是模板零件提供的默认对象，如果选择默认对象 None，则需要在操作对话框中重新选择；在 Name 文本框中，如果不指定新的操作名称，系统则使用默认名称代替。

（4）单击 OK 或 Apply，系统根据操作类型弹出相应的操作对话框，供用户进行操作的具体定义。如在平面铣操作中，会弹出如图 4-44 所示对话框。

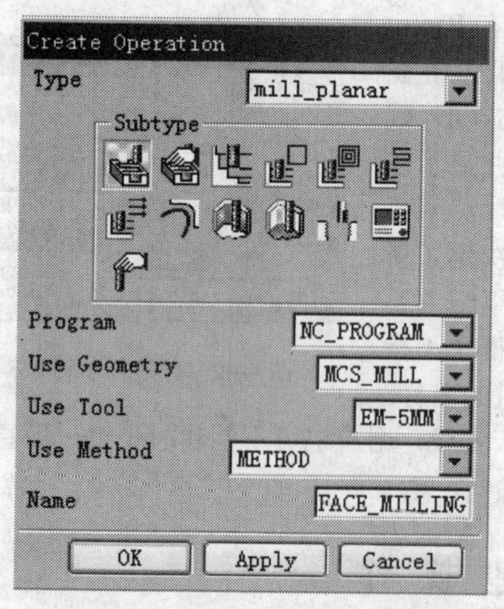

图 4-43　创建操作对话框

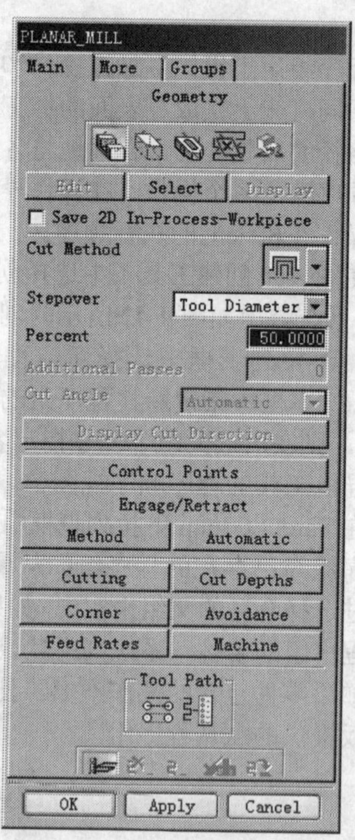

图 4-44　设置平面铣操作对话框

（5）在操作对话框中完成参数设置后，在操作对话框的下部，选择生成刀具路径图标，即可生成刀具路径。

（6）单击 OK，返回到图 4-44 对话框，则在选择的程序父组下创建了指定名称的操作。

在操作导航工具的程序顺序视图中显示新建操作的名称。

上述步骤是产生各类加工操作的共同步骤，尽管各加工类型的操作对话框有差别，但是对话框上部选项和下部图标是相同的。对话框上部显示当前操作所引用的刀具、加工方法和几何对象的名称，下部是生成、重显与模拟刀具路径的相关图标，如图 4-44 所示。

二、在操作对话框中重新选择或编辑对象

在各加工类型的操作对话框中，用户可以利用对话框上部的选项，重新选择或编辑当前操作所引用的对象。其中的 Method 选项用于重新选择或编辑加工方法；Geometry 选项用于重新选择或编辑几何组；Tool 选项用于重新选择或编辑所使用的刀具。当需要改变某引用对象时，可用 Edit 选项进行编辑，用 Reselect 选项重新选择，用 Display 选项显示。选择这些选项后，会弹出相应的对话框，供用户进行相关设置。

第八节　刀具路径管理

刀具路径管理包括生成刀具路径、编辑刀具路径、重显刀具路径、模拟显示刀具路径、输出刀具路径以及编辑刀具位置源文件等工作。在 UG 的加工应用中，可在多个位置进行刀具路径管理工作。

（1）在各加工类型操作对话框中，单击对话框底部的刀具路径管理图标。

（2）在加工主菜单上，选择 Tool－Operation Navigator－Tool path 各子菜单项。

（3）在 Manufacturing Operation 工具条上，单击工具条中的各图标。

（4）在操作导航工具的弹出菜单上，选择 Tool path 各子菜单项。

这些图标和菜单项的功能基本相同。

一、操作对话框中的刀具路径图标

在铣削、车削、点位加工和线切割操作对话框的底部，均有 7 个刀具路径管理图标，如图 4-45 所示。在各操作对话框中，这些图标的作用相同，现分别介绍如下。

1．编辑显示图标

编辑显示图标（Edit Display），用于设置刀具路径的显示方式，该图标的使用方法与在创建加工方法时的设置刀具路径显示图标的功能相同。

2．刀具路径选项

刀具路径选项图标（Options），用于设置生成和显示刀具路径时的其他参数。选择该图标弹出图 4-46 所示对话框。对话框中各选项说明如下。

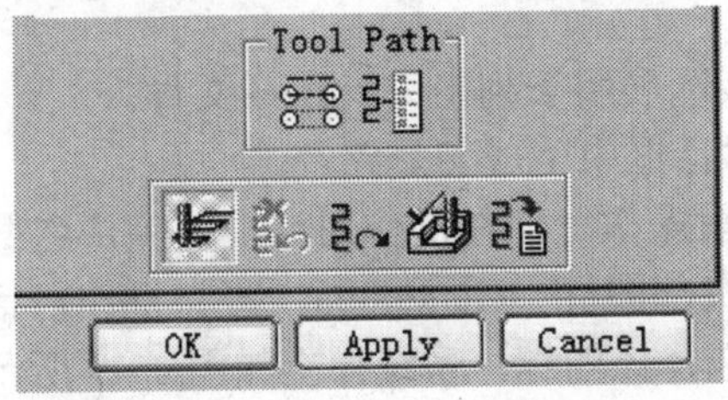

图 4-45　操作对话框中的刀具路径图标

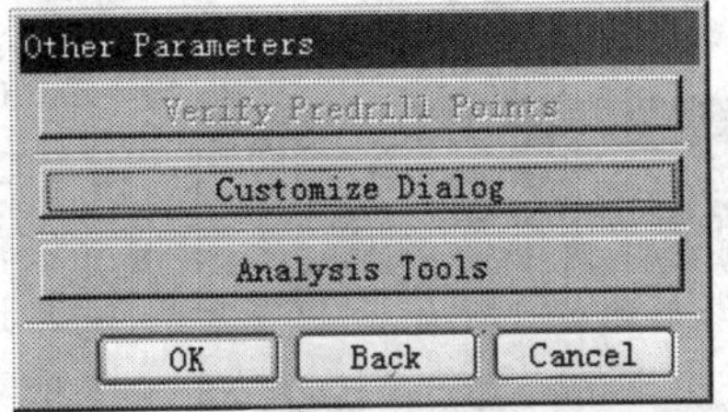

图 4-46　设置刀具路径的其他参数

（1）Verify Predrill Points　在平面铣和型腔铣中，如果用户在进刀 / 退刀对话框中指定了预钻点，打开该选项，则可列出和重新显示已指定的预钻点。

选择该选项，则弹出对话框，其中含两个选项 List Points 和 Redisplay Points，分别用于显示每个预钻点在加工坐标系中的坐标值（MCS）和在图形窗口中显示所有已指定的预钻点。

（2）Customize Dialog　该选项用于定制操作对话框。

（3）Analysis Tools　在平面铣或型腔铣的刀具路径中，使用该选项可对任何不规则的切削区域进行可视化分析，分析时，可按区域或切削层对零件形状和毛坯形状进行跟踪。

选择该选项，弹出如图 4-47 所示对话框，对话框中 Number of Levels 选项显示总切削层数，Current Level 选项显示当前层。单击左右箭头，可改变当前层，且在图形窗口中显示相应层上的刀具路径。

二、生成刀具路径

1．用工具条图标和菜单项生成刀具路径

生成刀具路径时，先在操作导航工具中选择一个或多个需要生成刀具路径的操作，或者选择包含操作的程序组。再在工具条上选择生成刀具路径图标 （Generate Toolpath），或在 Tool 下拉菜单中选择 Tool－Operation Navigator－Toolpath－Generate 菜单项，或在操作导航工具的弹出菜单中选择 Generate 菜单项，则在产生第一个操作的刀具路径后，系统弹出如图 4-48 所示生成刀具路径对话框。设置各项后，单击 OK，可依次生成其他操作的刀具路径。在生成刀具路径的过程中，如果同时按下 Ctrl、Shift 和 L 键，可终止刀具路径生成。对话框中各选项说明如下。

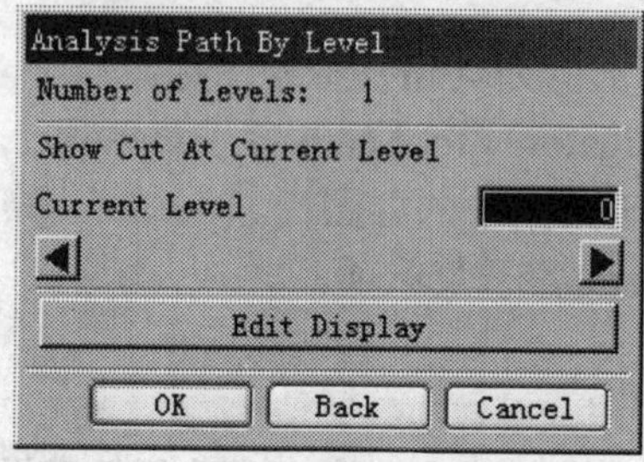

图 4-47　Analysis Tools 对话框

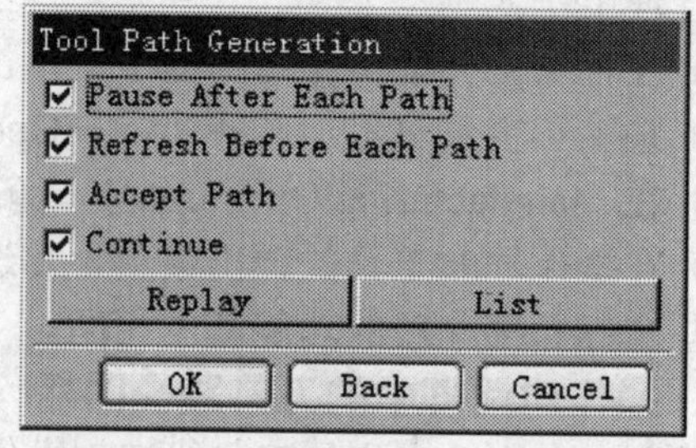

图 4-48　生成刀具路径对话框

（1）Pause After Each Path　打开该选项，则产生每条刀具路径后暂停。

（2）Refresh Before Each Path　打开该选项，则产生每条刀具路径前刷新窗口。

（3）Accept Path　打开该选项，则接受产生的刀具路径。

（4）Continue　打开该选项，则连续生成各操作的刀具路径。如不选该项，则结束刀具路径生成操作。

（5）Replay　该选项用于重显刀具路径，单击该选项，则在窗口中重新显示生成的刀具路径。

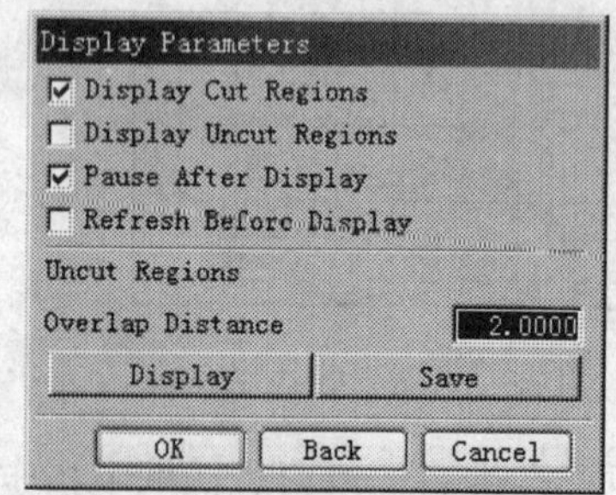

图 4-49　生成刀具路径对话框

（6）List　该选项用于列出刀具路径文件。

2．在操作对话框中生成刀具路径

当创建各铣削操作时，在操作对话框中完成参数设置后，选择对话框底部图标（Generate），可在操作对话框中生成刀具路径。选择该图标，系统弹出如图 4-49 所示刀具路径显示参数设置对话框，设置各显示参数后，单击 OK，则生成刀具路径。如果在生成刀具路径前，同时按下 Ctrl、Shift 和 L 键，可终止刀具路径生成。

图 4-49 所示对话框中各选项说明如下。

（1）Display Cut Regions　打开该选项，则在每个切削层上显示刀具路径前，先显示切削区域的轮廓。

（2）Display Uncut Region　打开该选项，则在每个切削层上显示刀具路径前，先显示非切削区域的轮廓。该选项用于平面铣（Planar Milling）。如果同时打开 Display Cut Regions 和 Display Uncut Regions，则在每个削层上显示刀具路径前，同时显示切削区域和非切削区域的轮廓。

（3）Pause After Display　打开该选项，则在每个切削层上显示刀具路径后暂停。关闭该选项，则在各切削层上连续生成刀具路径。

（4）Refresh Before Display　打开该选项，则在每个切削层上显示刀具路径前，先刷新图形窗口。

（5）Overlap Distance　该文本框用于输入非切削区域相对于边界的偏置距离。

（6）Display　该选项显示当前切削层上的非切削区域。

三、删除刀具路径

如果要删除刀具路径，先在操作导航工具中选择一个或多个需要删除刀具路径的操作，在工具条上选择删除刀具路径图标（Delete），或在主菜单中选择 Tool－Operation Navigator－Toolpath－Delete 菜单项，或在操作导航工具的弹出菜单中选择 Tool path－Delete 菜单项，可删除所选操作的刀具路径。

在删除刀具路径时，系统弹出如图 4-50 所示信息对话框，供用户确认，选择 OK，则删除刀具路径，选择 Cancel，则不执行删除操作。

在操作对话框中，选择底部图标（Reject），可放弃已产生的刀具路径，以便重新生成。

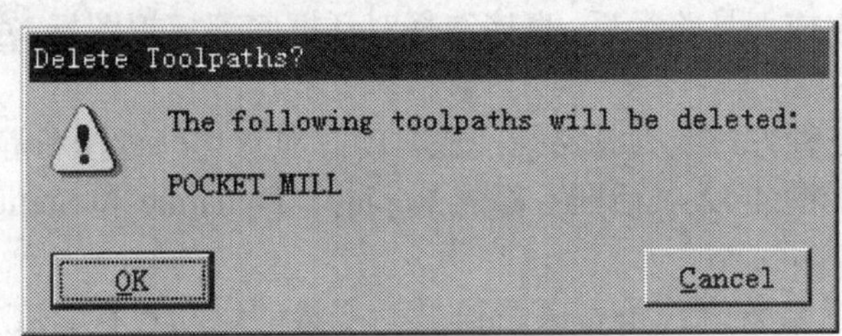

图 4-50　删除刀具路径确认对话框

四、重显刀具路径

重显（Replay）刀具路径是在图形窗口中重新显示已生成的刀具路径。在重显刀具路径时先在操作导航工具中选择一个或多个操作，再在工具条上选择重显刀具路径图标，或在菜单中选择 Tool－Operation Navigator－Toolpath－Replay 菜单项，则在图形窗口中显示所选操作已生成的刀具路径。

当在操作对话框中生成刀具路径后，可直接选择底部图标（Replay）重显刀具路径。

五、列出刀具路径信息

对于已生成刀具路径的操作，可查看各操作所包含的刀具路径信息。查看刀具路径信息时，应先在导航工具中选择一个或多个已生成刀具路径的操作，再在工具条上选择列出刀具路径信息图标，或在主菜单选择 Tool－Operation Navigator－Toolpath－List 菜单项，或在操作导航工具的弹出菜单中选择 Toolpath－List 菜单项，系统弹出如图 4-51 所示信息窗口，其中列出了所选操作包含的刀具路径信息。

六、刀具路径的模拟

对于已生成刀具路径的操作，可在图形窗口中以线框形式或实体形式模拟刀具路径。让用户在图形方式下更直观地观察刀上的运动过程，以验证各操作参数定义的合理性。

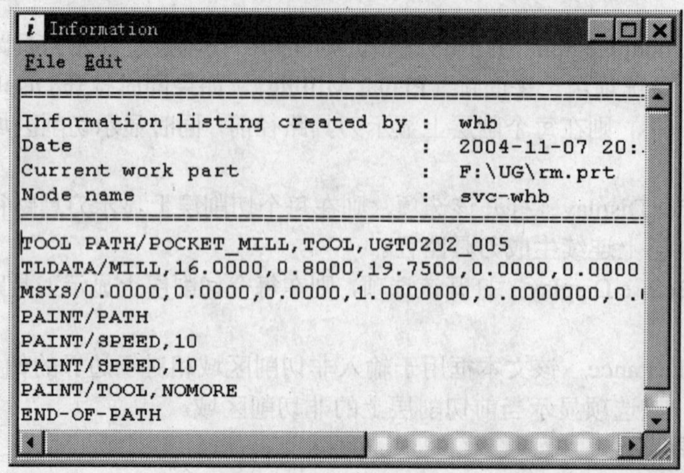

图 4-51　刀具路径信息对话框

模拟刀具路径时，应先在操作导航工具中选择一个或多个已生成刀具路径的操作，或者选择程序组；再在工具条上选择验证刀具路径图标（Verify），或在主菜单中选择 Tool－Operation Navigator－Toolpath－Verify 菜单项，或在操作导航工具的弹出菜单中选择 Toolpath－Verify 菜单项；弹出如图 4-52 所示的刀具路径可视化对话框，选择刀具路径显示模式后再选择对话框底部的播放图标，可模拟刀具的切削运动。

在操作对话框中生成刀具路径后，直接选择对话框底部模拟图标，也会弹出如图 4-52 所示的对话框。

刀具路径模拟有三种方式：刀具路径回放、动态显示切削过程和静态显示加工后的零件形状，它们分别对应于图 4-52 对话框上部的 Replay、Dynamic 和 Static 三个标签。

1．刀具路径回放

刀具路径回放是沿一条或几条刀具路径显示刀具的运动过程。在刀具路径模拟中的回放，用户可以完全控制刀具路径的显示。

当在图 4-52 中选择 Replay 标签时，对话框上部路径列表框中列出了当前操作所包含的刀具路径。在列表框中选择某条命令，则在图形窗口中对应的刀具位置显示刀具。如果在图形窗口中用鼠标选取任何一个刀位点，则刀具自动在所选位置显示，同时在刀具路径列表框中显示相应的 GOTO 命令。

2．动态显示刀具切削过程

动态显示刀具切削过程，是显示刀具沿刀具路径切除工件材料的过程。它是以三维实体仿真刀具的切削过程，非常直观。

当在图 4-52 对话框中选择 Dynamic 标签时，对话框切换为如图 4-53 所示形式。选择对话框下部播放图标，则在图形窗口中显示刀具切除材料的运动过程。

注意：在用动态方式显示刀具切削过程时，需要指定用于加工成零件的毛坯。如果在创建几何对象时没有指定毛坯，则在选择播放图标时，系统会弹出图 4-54 自动指定毛坯对话框，供用户快速定义毛坯。该对话框上部的两个选项 Offset from Part 和 Auto Block，用于指定毛坯的定义方式。

Offset from Part：该选项是在原零件模型上增加一个壁厚作为毛坯。对于采用铸件或锻件毛坯的零件，用该方式比较合适。选择该选项时，可在对话框的 Offset 文本框中输入毛坯壁厚。

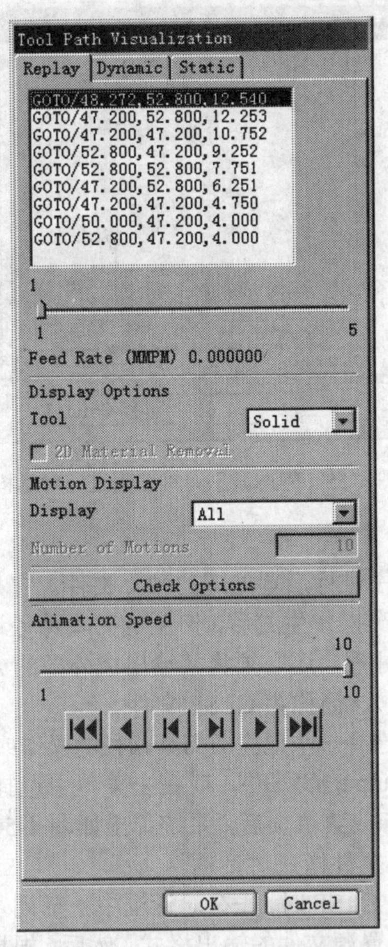

图 4-52　刀具路径模拟对话框

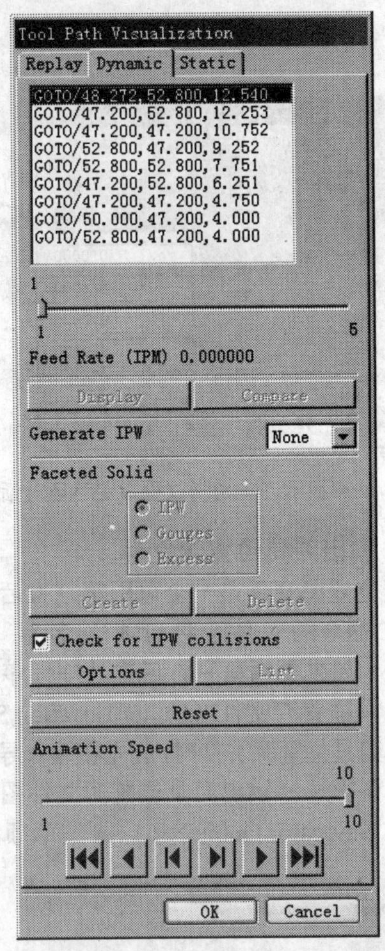

图 4-53　动态显示刀具切削过程对话框

Auto Block：该选项自动创建一个块体作为零件毛坯。选择该选项时，可用鼠标在窗口零件上的方向箭头控制毛坯的尺寸，也可在对话框的文本框中输入毛坯在 *X*、*Y*、*Z* 轴正负方向上的偏置尺寸。

3．静态显示

静态显示是显示刀具沿一条或几条刀具路径从毛坯或半成品上切削材料后获得的工件形状，主要反映执行刀具路径的结果。静态显示时，需要指定用于成形零件的毛坯。如果在创建几何对象时没有指定毛坯，会弹出图 4-54 所示自动指定毛坯对话框，供用户快速定义毛坯。

当在图 4-52 对话框中选择 Static 标签时，对话框切换为如图 4-55 所示。

七、刀具路径过切检查

对于已生成刀具路径的操作，在加工环境中对刀具路径进行过切检查，以验证刀具路径的正确性。

进行过切检查时，应先在操作导航工具中选择一个或多个已生成刀具路径的操作，或者选择包含操作的程序；再在工具条上选择过切检查图标，或主菜单中选择 Tool－Operation Navigator－Toolpath－Gouge Check 菜单项，或在操作导航工具的弹出菜单中选择 Toolpath－Gouge Check 菜单项；选择图标或菜单项后，系统进行过切检查，如果找到存在过切的刀具路径段，则弹出过切警告对话框。

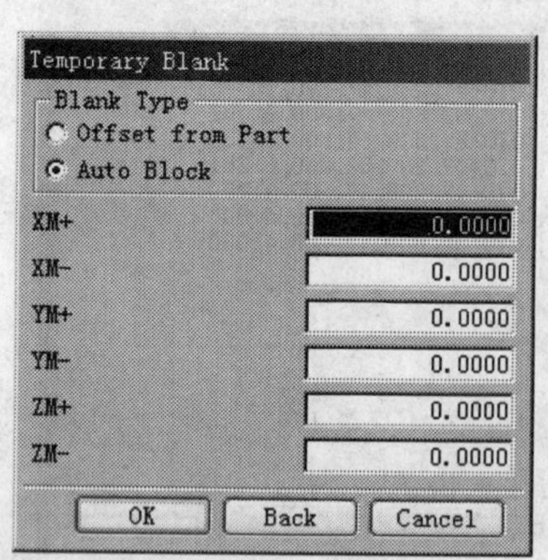

图 4-54　动态显示刀具切削过程指定毛坯对话框

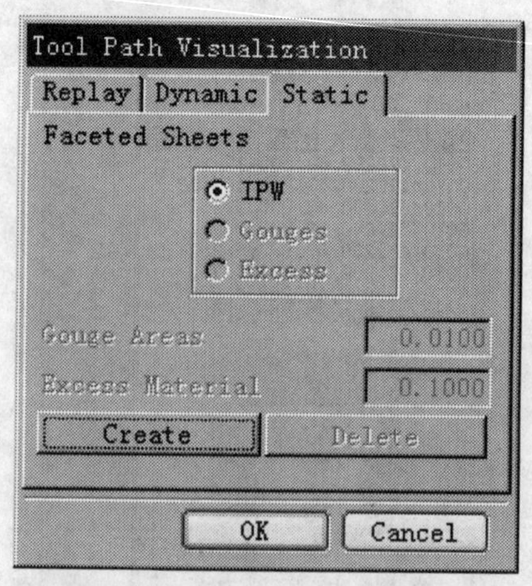

图 4-55　静态显示刀具切削过程对话框

八、输出刀具位置源文件

刀具位置源文件是一个可用第三方后置处理程序进行后置处理的独立文件。它是一个含标准 APT 命令的文本文件，其扩展名为 .cls。当一个操作生成后，产生的刀具路径还是内部刀具路径，如果要用第三方后置处理程序进行后置处理，还必须将其输出成外部的 ASCII 文件，即刀具位置源文件（Cutter Location Source File），简称为 CLSF 文件。

输出刀具位置源文件时，应先在操作导航工具中选择一个已生成刀具路径的操作或程序组，再在工具条上选择输出刀具位置源文件图标（Output CLSF），或在主菜单中选择 Tool－Operation Navigator Output－CLSF 菜单项，选择图标或菜单项后，系统弹出如图 4-56 所示刀具位置源文件格式对话框。

CLSF formats
Available CLSF formats
CLSF_STANDARD
CLSF_COMPRESSED
CLSF_ADVANCED
CLSF_BCL
CLSF_ISO
CLSF_IDEAS_MILL
CLSF_IDEAS_MILL_TURN
Specify an Output File
Browse　F:\UG\rm
Output Units　Metric/PART
List Output
OK　Apply　Cancel

图 4-56　刀具位置源文件格式对话框

输出 CLSF 时，先在对话框中上部列表框中选择刀具位置源文件的输出格式，然后，根据需要在 Specify an Output File 文本框中指定 CLSF 文件的名称和路径，或者选择 Browse 选项，通过浏览指定输出文件的名称和路径，再在 Output Units 下拉列表框中指定 CLSF 文件的输出单位，最后单击 OK，则在指定目录下用指定名称生成 CLSF 文件。如果希望在生成后查看结果，则在单击 OK 前打开 List Output 选项。

注意：由于一个零件可能包含多个用于不同机床的刀具路径（如车床和铣床），在输出 CLSF 文件时，不能将用于不同机床的刀具路径输出到同一 CLSF 文件中。在选择程序组进行刀具位置源文件输出时，应确保程序组中包含的各操作可在同一机床上完成。如果一个程序组包含多个用于不同机床的刀具路径，则在输出刀具路径前，应先用操作导航工具重新组织程序结构，使用于不同机床的刀具路径处于不同的程序组中。

九、刀具位置源文件管理器

对于已生成的刀具位置源文件（CLSF），可在刀具位置源文件管理器中对其进行编辑、排序、删除和重显等操作，也可对其进行编辑、优化和后置处理。进入 CLSF 管理器的方法是：在 UG 主菜单中选择 Tool－CLSF 菜单项。

选择 Tool—CLSF 菜单项后，系统首先弹出选择刀具位置源文件对话框，在对话框中选取刀具位置源文件，并单击 OK，会弹出如图 4-57 所示 CLSF 管理器对话框，该对话框上部列表框列出了当前 CLSF 文件包含的所有刀具路径，对话框中的各选项用于对刀具路径和 CLSF 文件进行相关操作。

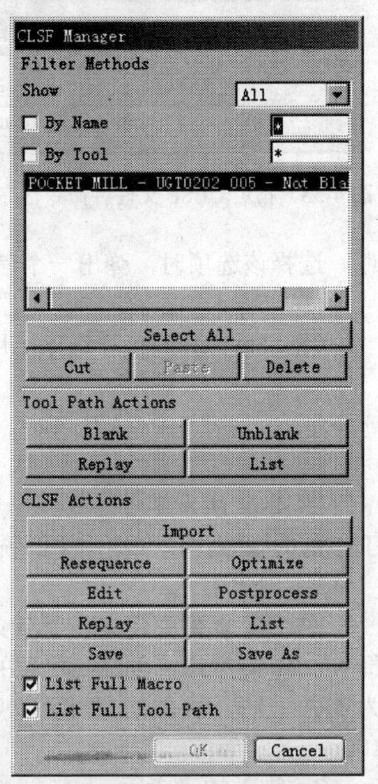

图 4-57　CLSF 管理器对话框

1．刀具路径的过滤方法

过滤方法限制在刀具路径列表框中列出的刀具路径。当进入 CLSF 管理器时，列表框中列出了当前 CLSF 文件包含的所有刀具路径，其内容包含刀具路径的名称、刀具及刀具路径是否隐藏等。过滤刀具路径的选项有：

（1）Show　显示下拉列表框，用于选择何种刀具路径类型在列表框中列出，它包含四个选项。

All：列出所有刀具路径。

Blanked：列出已隐藏的刀具路径。

Unblanked：列出没有隐藏的刀具路径。

Orphan：列出没有与操作关联的刀具路径。包括所有插入到 CLSF 文件中、但没有刀具路径开始和结束语句的命令。

（2）By Name　列出含指定刀具路径名称的刀具路径。指定刀具路径名称时可以使用通匹符“*”。

（3）By Tool　列出含指定刀具名称的刀具路径。指定刀具名称时可以使用通匹符“*”。

（4）Select All　选择当前列出的所有刀具路径。

（5）Cut　剪切选项，从列表框中暂时移去所选择的刀具路径，移去的刀具路径可用 Paste 选项重新插入。

（6）Paste　粘贴选项，将先前剪切的刀具路径重新插入到刀具路径列表框中。

（7）Delete　删除选项，从 CLSF 文件中永久删除当前所选的刀具路径。

2．刀具路径操作

刀具路径操作主要是在 CLSF 文件中显示、隐藏、重显和列出刀具路径。

（1）Blank　隐藏选项，暂时从显示中删除刀具路径。选择该选项时，在所选刀具路径的起始语句前插入 PAINT / OFF 命令，在 END—OF—PATH 语句后插入 PAINT / ON 命令。

（2）Unblank　再现选项，显示先前隐藏的刀具路径。选择该选项时，则在所选刀具路径中去掉起始语句前的 PAINT / OFF 命令和 END—OF—PATH 语句后的 PAINT / ON 命令。

（3）Replay　重显选项，用于在图形窗口中重新显示当前所选刀具路径。

（4）List　列表选项，用于列出当前所选刀具路径的内容。

3．CLSF 的作用选项

CLSF 作用选项主要是对整个刀具位置源文件进行操作，而不是对单个刀具路径进行操作。操作的内容包括重新指定序号、优化和编辑等。

（1）Import　该选项用于引入 CLSF 文件。

（2）Resequence　重排选项，用于重新指定 CLSF 文件各命令行的序号。选择该选项时，弹出如图 4-58 所示对话框。其中 START 文本框用于指定起始序号，INCREMENT 文本框用于指定序号的增量。例如，指定起始号为 1，增量为 5，则按 1、6、11 的顺序排列各命令行。

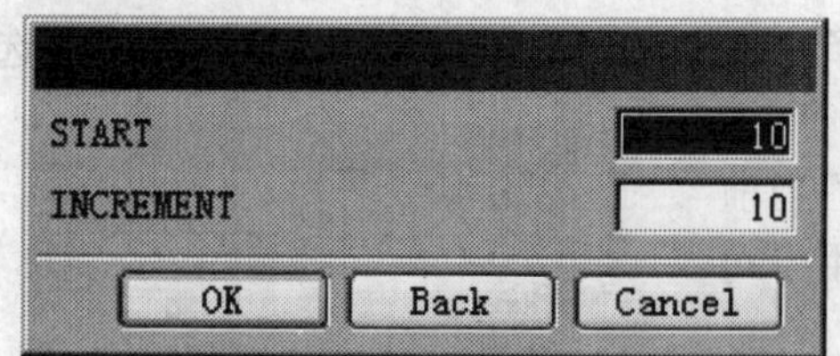

图 4-58 指定 CLSF 文件各命令行序号对话框

注意：如果序号超过 99999999，程序将锁定后续序号。

（3）Postprocess 后置处理选项，用于对 CLSF 文件进行后置处理，为特定机床准备 NC 程序。

（4）Replay 重显选项，用于在图形窗口中重新显示 CLSF 文件中的所有刀具路径。

（5）List 列表选项，用于列出整个 CLSF 文件。选择该选项时，弹出一个信息窗口，其中列出了 CLSF 文件中包含的所有刀具路径。

（6）Save 保存选项，用原文件名保存 CLSF 文件。

（7）Save As 另存选项，用一个新的文件名保存 CLSF 文件。

第九节 初步体验创建加工操作的过程

图 4-59 所示零件，其外形尺寸为 100mm×l00mm×20mm，中部为一个型腔，要求粗加工中部的型腔，现介绍用平面铣方法快速创建该加工操作的步骤。

1．创建毛坯

在 UG 软件中建立一个新文件，选择 Modeling 应用，创建一单独的块体作为零件毛坯，块体的尺寸为 100mm×100mm×20mm。

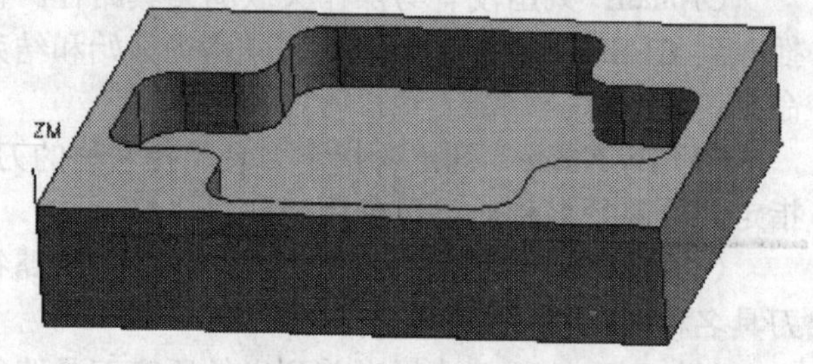

图 4-59 零件立体图

2．进入加工应用

（1）选择 Application－Manufacturing 菜单项，进入加工应用。

（2）在环境设置对话框中设置加工环境。根据该零件的结构形状特点，加工型腔时可采用平面铣加工类型。在对话框的上部列表框中选择 cam_general 配置，在对话框的下部列表框中选择模板零件 mill_planar，并选择 Initialize 选项初始化加工环境。

3．编辑工件

（1）切换操作导航工具到几何视图，并将鼠标定位在 Workpiece 节点上，单击右键，在弹出菜单中选择 Edit 选项，弹出创建工件对话框。

（2）在对话框中，单击零件几何图标，再选择 Select 选项，在图形窗口中选择整个零件几何，单击 OK，返回到创建工件对话框。

（3）在对话框中，单击毛坯几何图标，并选择 Select 选项，在图形窗口中选择前面创建的块体作为零件的毛坯。结束零件几何和毛坯几何选择后，单击 OK 多次，直至取消创建工件对话框。

4．定义零件边界

（1）在创建工具条中选择创建几何图标，弹出创建几何对话框，选择边界图标，在父组 Parent Group 下拉列表框中选择 Workpiece，在 Name 文本框中，指定新建几何名称为 My-geometry，选择 Apply，弹出定义边界对话框。

（2）在对话框中单击零件边界图标，再选择 Select 选项，弹出选择边界对话框。选择曲线图标，在对话框中设置选项 Material Side 为 Outside，Type 为 Closed，因为在加工型腔时，边界内的材料要切除，保留的材料是边界外面的部分。再在图形窗口中选择型腔的上部边缘，如图 4-60 所示。

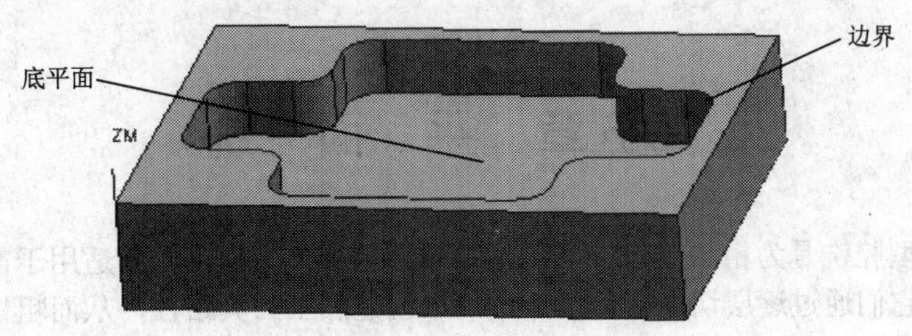

图 4-60　零件边界

（3）选择边界后，返回到定义边界对话框，进行底平面的定义。先单击底平面图标，再选择 Select 选项，弹出平面构造器，在图形窗口中直接选择型腔的底平面，单击 OK，返回到创建几何对话框。

5．选取刀具

（1）在图 4-4 创建工具条上选择创建刀具图标，弹出创建刀具所示的对话框，单击选取刀具图标，单击 OK 或 Apply，弹出选取刀具所示对话框。

（2）选择 Milling—End—Mill（indexable），单击 OK 两次，在弹出的刀具列表框中选择编号为 UGT0202_005 的铣刀，单击 OK，结束刀具选择。

6．创建加工方法

（1）在图 4-4 创建工具条中选择创建加工方法图标，弹出创建方法对话框，Parent Group 下拉列表框中选择 MILL-ROUGH（新建加工方法将继承 MILL-ROUGH 的属性），在 Name 文本框中指定新建加工方法的名称 My-Method，然后单击 OK 或 Apply，弹出设置加工参数对话框。

（2）各选项可按默认设置，单击 OK，结束创建加工方法工作。

7．创建程序组

在图 4-4 创建工具条中选择创建程序图标，弹出创建程序对话框，在 Parent Group 下拉列表框中选择 Program，在 Name 文本框中指定新建程序组的名称 My-Program，然后单击 OK 或 Apply，则在选择的父组下创建了名称为 My-Program 新程序组。

8．创建平面铣操作

在图 4-4 创建工具条中选择创建操作图标，弹出创建操作对话框，在子类区域中选择图标（PLANAR-MILL）。在程序 Program 下拉列表框中选 My-Program，指定新建操作所属的程序组，在 Use Geometry 下拉列表框中选择 My-Geometry，在 Use Tool 下拉列表框中选择 UGT0202-005 刀具，在 Use Method 下拉列表框中选择 My-Method 加工方法，在 Name 文本框中指定新建操作的名称在 POCKET-MILL，然后单击 OK 或 Apply，弹出平面铣对话框。

9．生成刀具路径

在操作对话框的底部，选择刀具路径产生图标，并在弹出的对话框中单击 OK，则显示如图 4-61 所示刀具路径。最后，在对话框中选择 OK，则生成刀具路径。

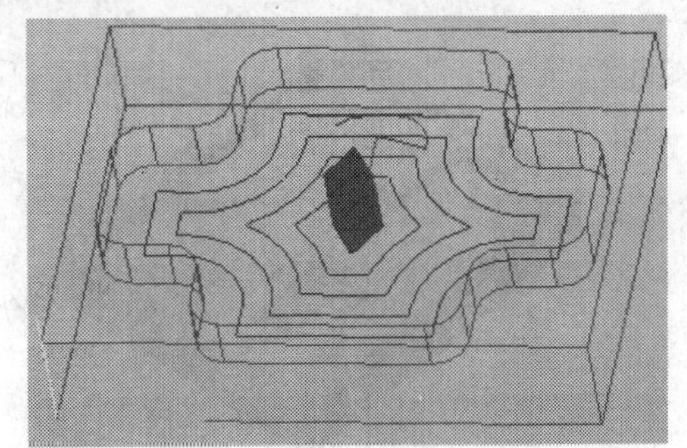

图 4-61　刀具路径示意

第五章　平　面　铣

平面铣和型腔铣是为精加工作准备的两种常用粗加工方法，尤其适用于需大量切除毛坯余量的场合。它们通过逐层切削零件的方式，来创建加工刀具路径，从而粗切出路径的型腔或型芯。

在此主要介绍平面铣的使用方法，包括几何体、控制几何、进刀与退刀运动的定义，切削方法的选用，以及加工参数的设置等内容。

第一节　基 础 知 识

一、平面铣简介

平面铣用于平面轮廓、平面区域或平面孤岛的粗精加工，它平行于零件底面进行多层切削。底面和每个切削层都与刀具轴线垂直，各加工部位的侧壁与底面垂直，但不能加工底面与侧壁不垂直的部位，如图 5-1 所示。

平面铣的特点是：刀轴固定，底面是平面，各侧壁垂直底面。

下面介绍平面铣加工中遇到的一些基本概念。

1．切削边界

在平面铣操作中，可以用边界来定义零件几何、毛坯几何、检验几何或修剪几何。指定的边界沿着刀轴方向扫描到底面，从而得到需要的零件几何或毛坯几何。

边界可由选择的曲线、边、永久边界或表面来定义。为了用边界确定毛坯几何和零件几何，边界应位于材料的顶部。

2．切削层

切削层（Cut Levels）是指切削材料的平面，用于确定刀具切削材料的深度。在平面铣操作中，切削层由指定几何体与切削深度参数确定。

3．孤岛

孤岛（Island）并不是传统意义上的孤岛，而是指具有封闭零件边界且有保留材料的区域。平面铣的加工对象一般由平面和与平面垂直的垂直面构成，于是可以认为是由一些基本的柱体组合而成，这些柱体就称为岛屿。图 5-2 所示的零件每一个箭头指示的水平面各自是一个

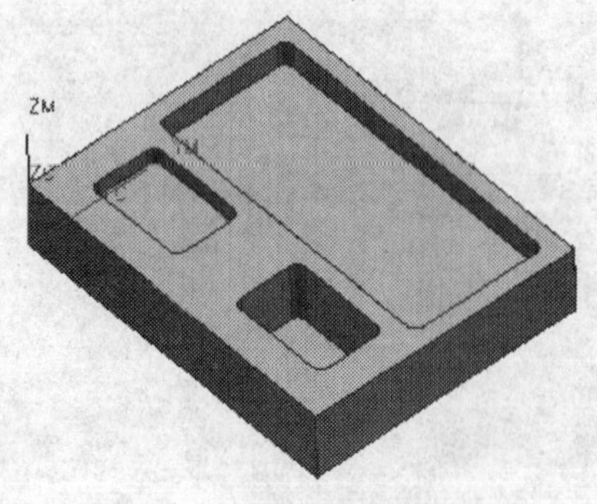

图 5-1　平面铣加工的零件

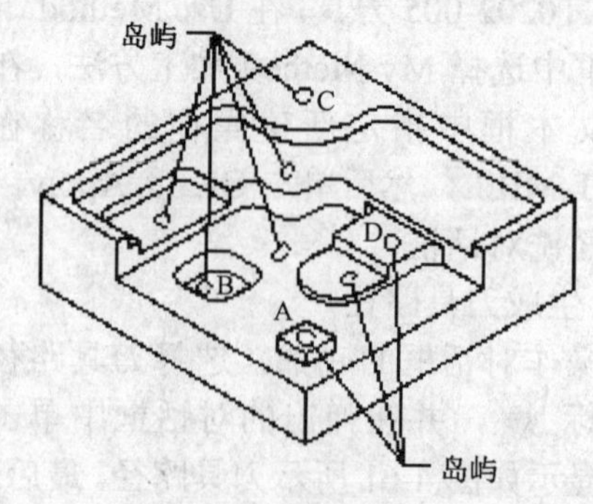

图 5-2　岛屿

岛屿的顶面。

4．加工区域

加工区域（Machinable Region）是指在每一个切削层上，刀具无过切地切削零件几何的区域，如图 5-3 所示。

二、创建平面铣操作

打开要进行加工设置的零件后，在主菜单条上选择 Application－Manufacturing 菜单项进入加工应用。当一个零件首次进入加工应用时，系统会弹出选择加工环境对话框，选择一种适当的加工配置，并指定模板零件为 mill_planar，再初始化加工环境，该环境就可以使用平面铣操作。

1．创建操作对话框

初始化加工环境后，根据需要创建几何体、刀具、加工方法与程序组。然后在创建工具条中选择创建操作图标，或在主菜单中选择 Insert－Operation…菜单项，弹出创建操作对话框。再在 Type 下拉列表框中选模板零件 mill_planar，则创建操作对话框如图 5-4 所示，可以创建平面铣操作。

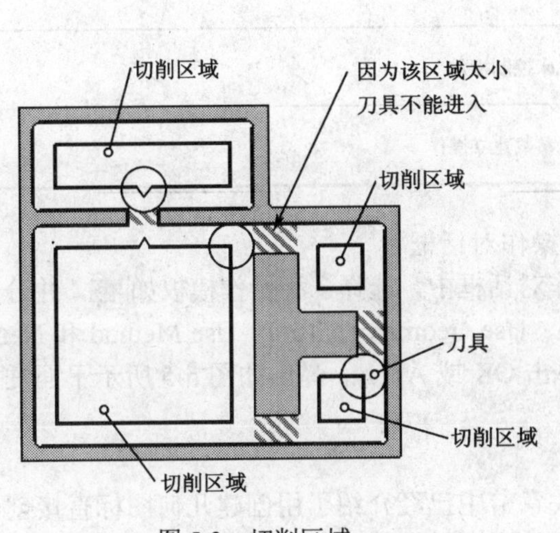

图 5-3　切削区域

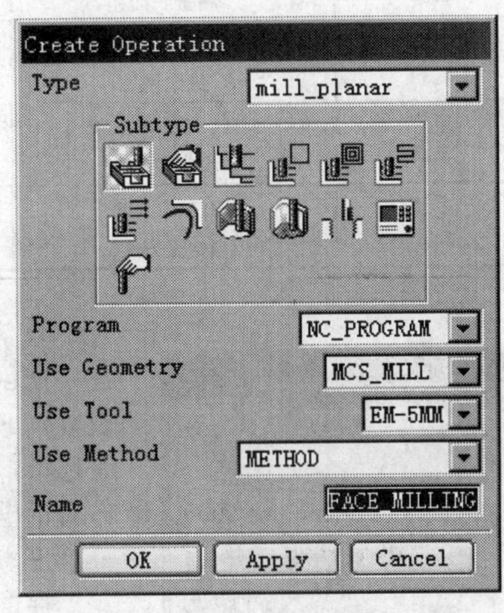

图 5-4　创建平面铣操作对话框

2．操作模板说明

在子类区域 Subtype 中的操作模板图标，定制了平面铣操作参数设置对话框。选择不同的模板，其后弹出的对话框就有可能不同，完成的操作功能也有差别。在此对前面第三个操作模板创建的操作对话框进行详细介绍，其他模板完成的功能基本与此相同，平面铣的子类型共有 13 种，各种子类型的说明见表 5-1。

表 5-1　平面铣操作模板说明

图　标	中英文含义	说　明
	FACE_MILLING 表面铣	用于加工表面几何
	FACE_MILLING_MANUAL 表面手动铣	切削方式默认为 Manual（手动）的表面铣
	PLANAR_MILL 平面铣	用平面边界定义切削区域，直到底平面

续表

图　标	中英文含义	说　明
	PLANAR_PROFILE 平面轮廓铣	切削方式默认为 Profile（轮廓）切削的平面铣
	ROUGH_FOLLOW 跟随零件粗铣	切削方式默认为 Follow Part（跟随零件）切削的平面铣
	ROUGH_ZIGZAG 往复式粗铣	切削方式默认为 Zig-Zag（往复）切削的平面铣
	ROUGH_ZIG 往复式粗铣	切削方式默认为 Zig（单向）切削的平面铣
	CLEARNUP_CORNERS 清理拐角	与平面铣基本相同
	FINISH_WALLS 精铣侧壁	切削方式默认为 Profile（轮廓）切削，切削深度方式默认设置为 Floor Only（只有底面）
	FINISH_FLOOR 精铣底面	切削方式默认为 Follow Part（跟随零件）切削，切削深度方式默认设置为 Floor Only（只有底面）
	THEARD_MILLING 螺纹铣	加工螺纹
	MILL_CONTROL 机床控制	建立机床控制操作
	MILL_USER 自定义方式	自定义参数建立操作

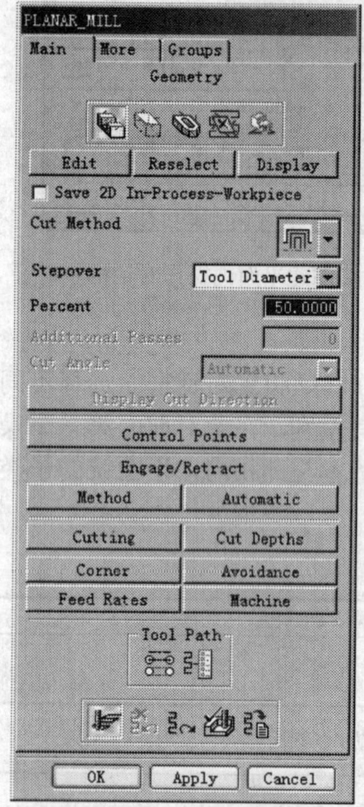

图 5-5　平面铣操作对话框

3．平面铣操作对话框

在创建操作对话框中，选择一种操作模板如，并分别设置好 Program、Use Geometry、Tool、Use Method 和 Name 等选项，最后单击 OK 或 Apply，弹出如图 5-5 所示平面铣操作对话框。

三、几何体

在前面有关章节中已经介绍了用创建几何图标直接创建几何体的方法，但用这种方法创建的几何体，主要是定义多个操作中需要共同引用的加工对象，作为创建各操作时的几何父组，如加工坐标系、含零件几何和毛坯几何的工件、需要进行粗精加工的边界等。如果用户在创建操作对话框中没有选择已创建的几何体，或者加工几何只用于当前一个操作，并不需单独创建，此时，用户可在操作对话框中选择加工对象。在平面铣操作对话框的中部，都有选择几何图标，用于选择或编辑零件几何边界、毛坯几何边界、检查几何边界、修剪几何边界和底平面等。

注意：如果是在操作对话框外单独创建的几何体，不能用操作对话框中的图标进行编辑或重新选择，如果确要编辑或重新选择，应在操作对话框的顶部单击 Geometry 选项，然后用其下方的 Edit 或 Reselect 选项进行编辑或重新选择。在下一节中介绍在平面铣操作对话框中创建几何体的方法。

第二节 平面铣加工的操作参数

一、平面铣加工的几何体

平面铣操作对话框中包含(Part)、(Blank)、(Check)、(Trim)与(Floor) 5个图标，可分别指定零件几何边界、毛坯几何边界、检查几何边界、修剪几何边界和底平面。通过指定这些几何图标，可以定义和修改平面铣操作对话框的加工区域。

选择、、或图标。然后单击Select选项，弹出如图5-6所示边界几何对话框。如果已定义对应的几何体，此时单击Edit选项，就弹出相应的编辑边界对话框。

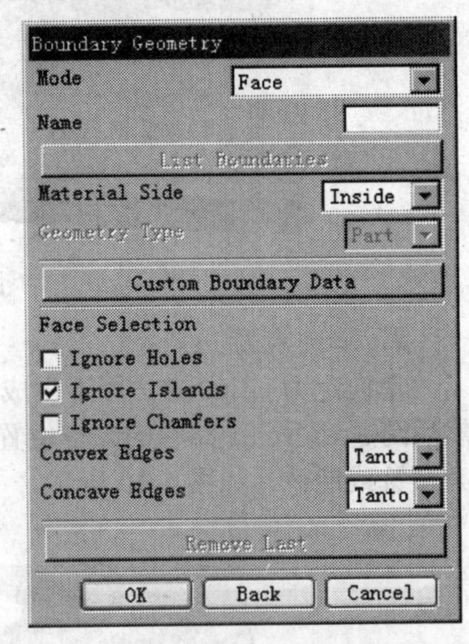

图5-6 边界几何对话框

底平面图标，通过平面构造器构造一个平面，作为最低的切削平面，即底平面。其余的切削平面平行于底平面产生。在一个操作中，只能定义一个底平面，如果再定义底平面会自动取代原有的底平面。

只有正确定义底平面，才能使平面铣操作顺利完成。正确定义底平面的必要条件是，刀具在不与零件几何相碰的情况下可以切削到定义的底平面。例如，图5-7为正确定义的底平面，图5-8定义的底平面是错误的，因为刀具不过切零件就无法到达底平面，此时将提示错误信息。

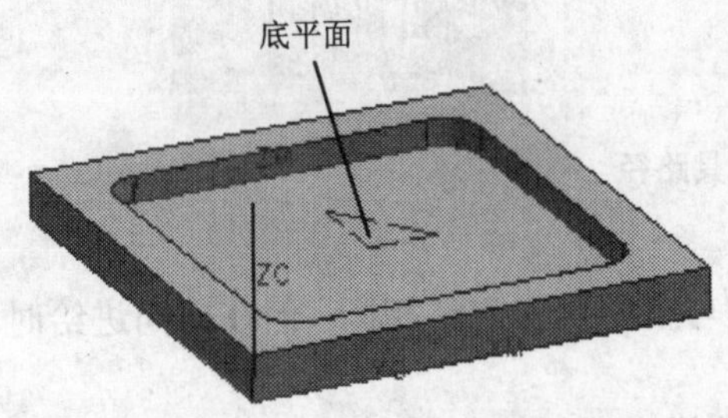

图5-7 正确定义的底平面

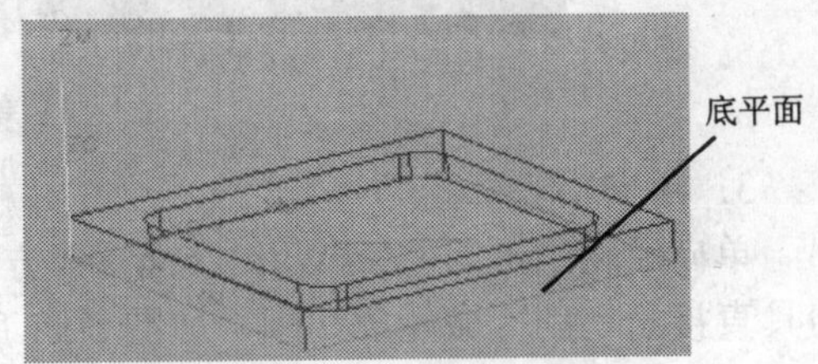

图5-8 错误定义的底平面

二、切削方法

平面铣操作中的切削方法（Cut Method），用于确定加工切削区域的刀具路径模式与走刀方式。平面铣操作对话框中（见图5-5）的切削方法选项，包括：(Zig-Zag)、(Zig)、(Zig With Concour)、(Follow Periphery)、(Profile)、(Follow Part)与(Standard Drive）7种方法，其中，Zig-Zag、Zig、Zig With Contour、Follow Periphery与Follow Part切削方法可以切削整个切削区域，而且只能切削封闭区域。Profile与Standard Drive等切削方法则只能切削区域轮廓，它既可以切削封闭区域，也可以切削开放区域。

1. 往复式走刀

往复式走刀（Zig-Zag）方法用于横向走刀后，产生与原来走刀方向相反的走刀。系统在横向进给时，刀具在往（Zig）与复（Zag）两路径之间不提刀，形成连续的平行往复式刀具路径，因此可形成最大的切削运动，其结果产生一系列交错的顺铣与逆铣循环。所以往复式走刀方法是最经济省时的切削方法，特别适合于粗铣。

如果没有指定切削区域开始点（Cut Region Start Point），系统则尽可能选取靠近外围边界的起点，作为第一道 Zig 向切削路径开始点。一般情况下，系统总是尽量生成线性往复式刀具路径，如图 5-9 所示为往复式走刀刀具路径。

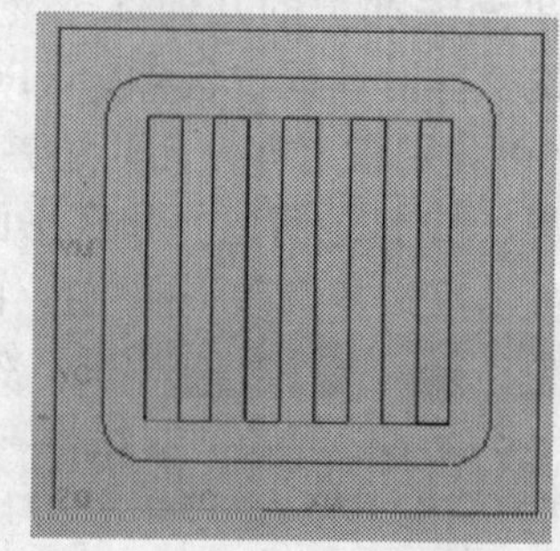

图 5-9 往复式走刀刀具路径

2．单向走刀

单向走刀（Zig）方法用于生成一系列线形平行的单向切削路径。它在横向进给前先退刀，然后跨越到下一个路径的起点位置，再以相同的方向切削，即在相邻两道刀具路径之间，全为顺铣或逆铣，如图 5-10 所示。

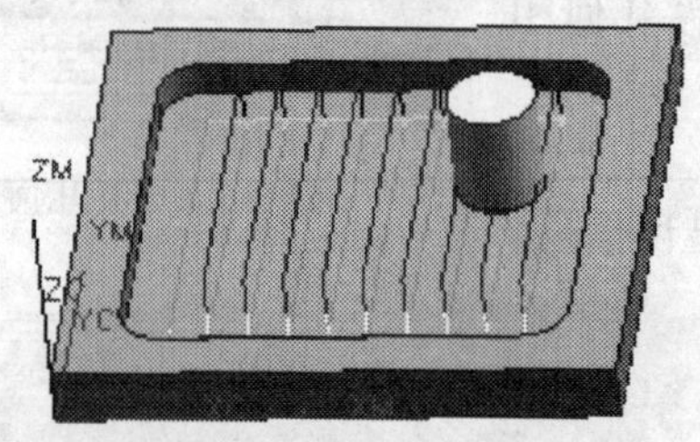
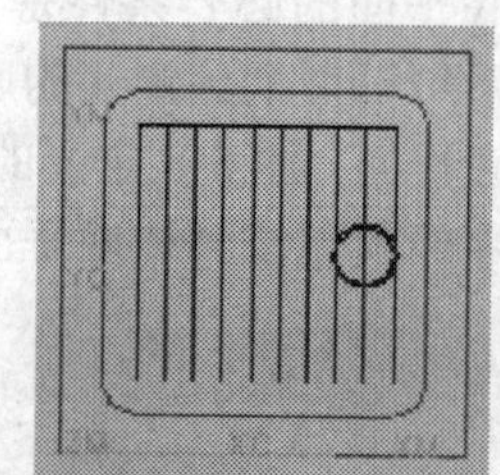

图 5-10 单向走刀刀具路径

3．单向沿轮廓走刀

单向沿轮廓走刀（Zig With Contour）方法基本上与单向走刀方法相同，但在横向进给时，刀具直接沿切削区域轮廓切削，如图 5-11 所示。

注意：该方法中的横向进给也是切削运动，因此横向进给量也用指定的切削进给量。

4．沿外轮廓走刀

沿外轮廓走刀（Follow Periphery）方法，是沿切削区域轮廓产生一系列同心线，来创建切削刀具路径。该方法创建的刀具路径与切削区域的形状有关，刀具路径是通过偏置切削区域的轮廓得到的。如果偏置的路径与切削区域内部形状交叠，则合并成一条路径，并继续偏置下一条路径，所有路径在加工区域都是封闭的，如图 5-12 所示。

与往复式走刀方法一样，该切削方法使刀具在横向进刀时，一直保持进刀状态，以使切削运动最大化。此时，除指定切削方向为顺铣或逆铣外，还必须指定刀具路径产生方向，即指定进给方向为向外（Outward）或向内（Inward）。当使用 Inward 方向时，顺铣或逆铣由最靠近路径中心的刀具侧确定；当使用 Outward 方向时，顺铣或逆铣由最靠近切削区域边缘的刀具侧确定。

5．沿零件走刀

沿零件走刀（Follow Part）方法，根据所有指定的零件几何产生一系列同心线，来创建刀具路径。该方法与沿外轮廓走刀方法不同，后者只能从零件几何或毛坯几何定义的外轮廓环偏置得到刀具路径；而沿零件走刀方法可以从所有零件几何定义的外轮廓环、孤岛或型腔进行同数目的偏置得到刀具路径，如图 5-13 所示。

图 5-11 单向沿轮廓走刀刀具路径

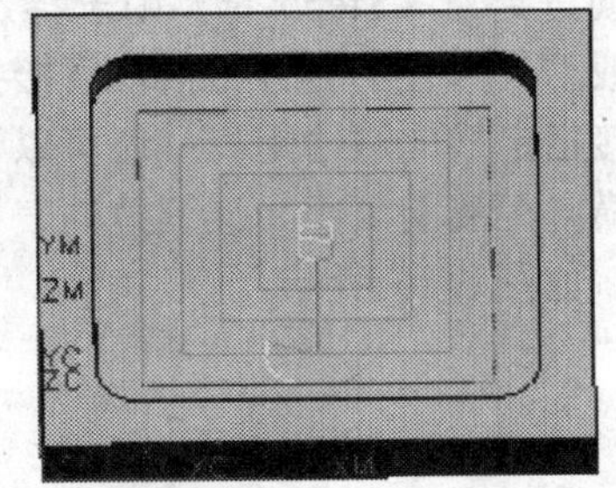

图 5-12 沿外轮廓走刀刀具路径

该方法可以保证刀具沿所有零件几何进行切削，而不必另外创建操作来清理孤岛，因此对有孤岛的型腔域，最好使用跟随零件走刀方法，尽量不要用跟随外轮廓走刀方法。如果没有定义零件几何，该方法就用毛坯几何进行偏置得到刀具路径。

6．轮廓走刀

轮廓走刀（Profile）方法，沿切削区域的轮廓创建一条或指定数目的切削路径，其刀具路径也与切削区域的形状有关。它与 Follow Periphery 的区别在于：Follow Periphery 方法将切削整个切削区域，而 Profile 方法将只沿轮廓切削，如图 5-14 所示。

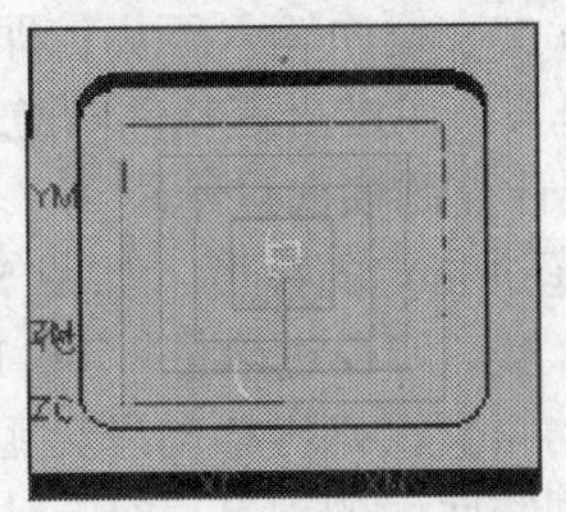

图 5-13 沿零件走刀刀具路径

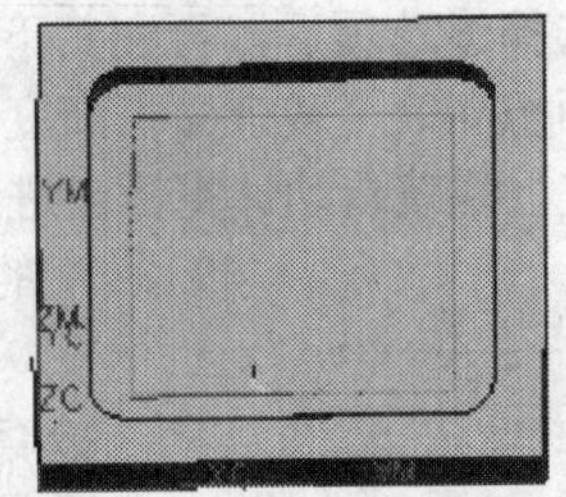

图 5-14 轮廓走刀刀具路径

用该方法可设置添加多个同心线切削路径，使刀具向轮廓横向进给，从而沿侧壁切除材料。Profile 方法能够修改刀具路径，以便产生不相交的刀具路径，这样可避免刀具在狭窄区域产生过切。

注意：当横向进给量大于刀具直径的 50%，且小于刀具直径的 100%时，此切削方法会在两条路径之间产生未切削区域。同时，用作轮廓走刀方法的边界不能自相交，否则边界的材料边将模糊不清。

7．标准驱动走刀

标准驱动走刀（Standard Drive）方法类似于 Profile 方法，产生沿切削区域轮廓的刀具路径。但与 Profile 方法不同，该方法产生的路径完全按所指定的边界产生，而不对其进行任何修改，因此刀具路径可能相交，也可能产生过切的刀具路径。

三、常用参数

在平面铣操作中，经常用到的一些参数，虽然可在对应的选项中指定，但为了设置方便，它们又出现在操作对话框上（见图 5-5）。因此常用参数既可以在对应选项中设置，也可以直接在操作对话框中设置。常用参数包括：Stepover（横向进给量）、Additional Passes（附加路径）、Part Stock（加工余量）、Cut Feed（切削进给量）和 Cut Depth（切削深度）5 个参数。下面将逐一介绍。

1．横向进给量

横向进给量（Stepover）用于指定两道切削路径之间的横向距离。可通过输入一个固定距离值或刀具直径的百分比值，直接指定横向距离；也可以指定残余面积高度，再经系统计算来间接指定横向进给距离；还可以设置一个允许的范围来定义可变的横向距离，再由系统来确定横向距离的大小。该下拉列表框包括 Constant、Scallop、Tool Diameter 与 Variable 4 个选项，如图 5-15 所示。

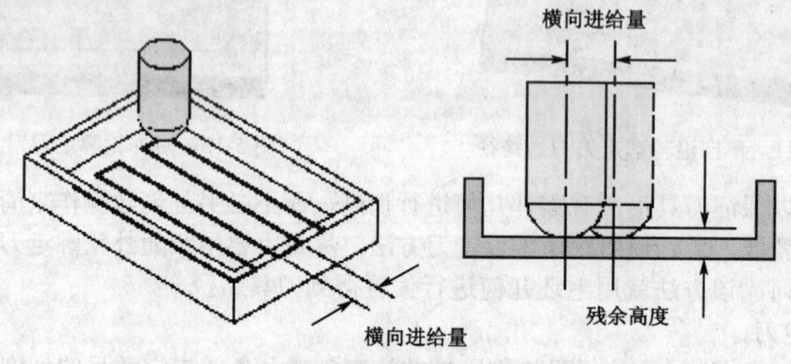

图 5-15　横向进给量

（1）固定进给量　固定进给量（Constant）选项，指定相邻两道刀具路径的横向进给距离为常量。如果指定的距离不能把切削区域均匀分开，系统则自动缩小指定的距离值，并保持固定不变。选择该选项后，再在其下方的 Distance 文本框中输入距离值即可。

（2）残余面积高度　残余面积高度（Scallop）选项，通过指定相邻两道刀具路径刀痕间的残余面积高度，系统自动计算横向进给距离。系统计算的横向进给距离，使两道路径间剩下的材料高度不超过指定的高度，如图 5-15 所示。

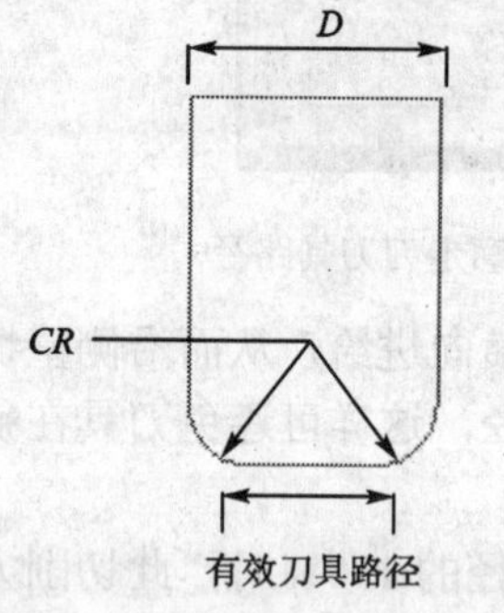

图 5-16　有效刀具路径计算示意

（3）刀径进给量　刀径进给量（Tool Diameter）选项，按有效刀具直径的百分比确定横向进给距离。有效刀具直径是指实际接触型腔底面的刀具直径，对于球头铣刀，刀具直径就是有效刀具直径。有效刀具直径按（$D-2CR$）公式计算，如图 5-16 所示。如果计算出的距离不能把切削区域均匀分开，系统就自动缩小计算出的距离值，并保持固定不变。选择该选项后，再在其下的 Percent 文本框中输入百分比值即可。

（4）可变进给量　可变进给量（Variable）选项，通过指定相邻两道刀具路径的最大与最小横向距离值，系统自动确定实际使用的横向进给距离。选择该选项，随后弹出的参数输入对话框，会随所选切削方法的不同而有所差异，其横向进给距离的确定方法也将不同。

① 对 Zig-Zag、Zig 或 Zig with Contour 切削方法　选择该选项后，弹出如图 5-17 所示可变横向进给量对话框。在对应文本框中，输入最大与最小横向进给距离即可。

② 对 Follow Periphery、Follow Part、Profile 或 Standard Drive 切削方法　选择该选项后，弹出如图 5-18 所示可变横向进给量对话框。在该对话框中，可以指定多个距离值，以及各距离值对应的路径数。该对话框包含 6 个横向进给距离与路径数设置部分，它们设置的值，从上至下依次对应于从边界朝向型腔中心。

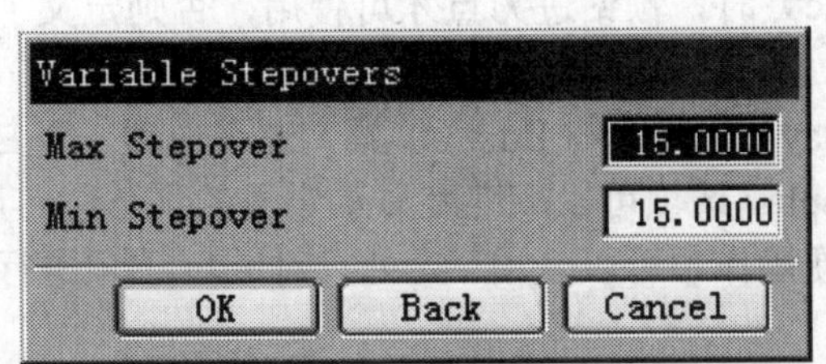

图 5-17　可变横向进给量对话框（一）

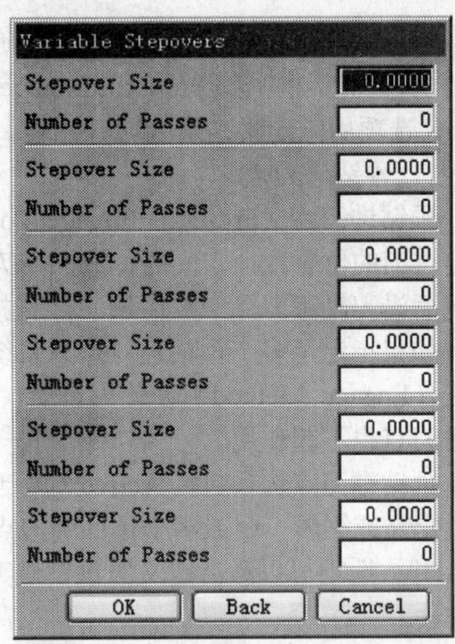

图 5-18　可变横向进给量对话框（二）

2．附加路径

附加路径（Additional Passes）文本框，指定附加刀具路径的道数，产生多道同心线切削刀具路径，使刀具逐渐向边界横向进给，从而沿侧壁切除材料。只有选择 Profile 与 Standard Drive 切削方法，并设置横向进给不为 Variable 选项时，该文本框才激活。

当指定很小的横向进给距离时，可在该文本框中输入数值 1，从而添加一道刀具路径，以补偿刀具的偏差；或者当指定较大的横向进给距离时，在该文本框中输入大于 1 的数值，从而添加多道刀具路径，以产生与 Follow Periphery 切削方法相似的刀具路径。

3．加工余量

加工余量（Part Stock）文本框，只在平面铣操作对话框中出现，用于指定平面粗铣操作后，保留在零件壁上的预留材料量。这些预留的材料，一般在后续的精铣操作中切除。如果设置刀具位置属性为 On 来加工边界，就会忽略加工余量而直接在边界上加工。如果指定的加工余量为负值，刀具的拐角半径（*R*1、*R*2）必须大于或等于加工余量的绝对值，而且顶角（*A*）必须等于 0。

4．切削进给量与切削深度

切削进给量（Cut Feed）文本框，用于指定刀具在作切削运动时的进给量。该文本框只在平面铣对话框中出现。

切削深度（Cut Depth）选项，用于定义多深度平面铣操作中确定切削层的方法。该下拉列表框包括 User Defined（自定义）、Floor Only（只切削底面）、Floor & Island Tops（切削底面与孤岛顶面）Levels at Island Tops（切削孤岛顶面）与 Fixed Depth（固定深度）5 个选项。当选择 User Defined 或 Fixed Depth 选项时，其下部的 Maximum 文本框激活，用于指定最大切削深度，以便计算多深度平面铣操作中的切削层。

四、控制点

控制点（Control Points）选项用于指定预钻进刀点，以便刀具沿刀轴下降到该点，然后进行切削，或者指定切削区域的开始点，以便确定进刀与横向进给的近似位置。两种情况都可以指定深度，以便利用指定的点来确定切削层。单击该选项，弹出如图 5-19 所示控制几何对话框，该对话框上部 Pre-Drill Engage Points 选项用来定义预钻进刀点，下部 Cut Region Start Points 选项用来定义切削区域开始点。

1．预钻进刀点

预钻进刀点（Pre-Drill Engage Points）选项，用于在毛坯上的前一钻孔或空腔区域处，指定进刀的位置点。定义的位置点沿刀轴方向投影到安全平面上，就形成刀具的位置点，刀具然后沿刀轴下降到空腔区域，并直接移动到各切削层开始点处进行切削。

如果指定了多个预钻进刀点，系统就使用最靠近开始点的预钻进刀点。同时，只有进刀方法（Engage Method）设置为自动（Automatic）时，预钻进刀点才可使用，否则定义了预钻进刀点也不起作用。

预钻进刀点选项包括 Active（激活）、Display（显示）与 Edit（编辑）三个选项，用 Edit 选项定义或编辑一个或多个预钻进刀点，用 Display 选项可以高亮度显示定义的预钻进刀点，用 Active 选项可以激活定义的预钻进刀点，以便操作中可以使用。此处只对 Edit 选项进行详细说明。

编辑（Edit）选项，用于定义或编辑一个或多个预钻进刀点。但并不能用它移动存在的点，或改变存在点的属性，对存在点只能删除。单击该选项，弹出如图 5-20 所示预钻进刀点对话框，各选项具体含义说明如下。

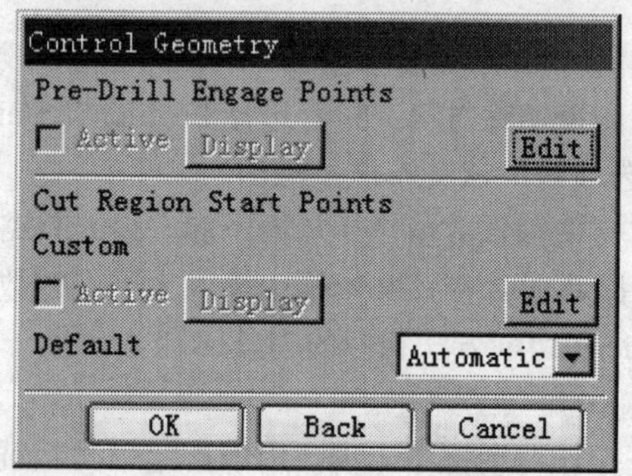

图 5-19　控制几何对话框

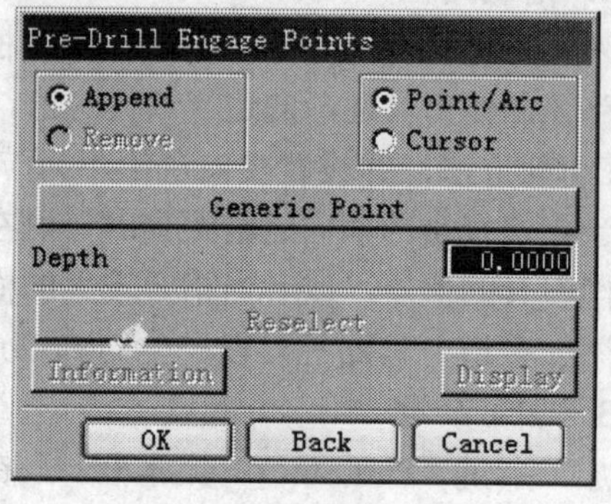

图 5-20　预钻进刀点对话框

（1）Append　用于定义第一个预钻进刀点，或添加一个新的预钻进刀点。

（2）Remove　用于移去已指定的预钻进刀点。打开该选项，用鼠标在图形窗口拾取需要移去的预钻进刀点即可。该选项只有在存在预钻进刀点时才激活。

（3）Point/Arc　用于指定存在的点或圆弧中心点作为预钻进刀点。打开该选项，用鼠标在图形窗口拾取需要的点或圆弧中心点，作为预钻进刀点即可。

（4）Cursor　用鼠标在 *XC-YC* 平面上指定一点作为预钻进刀点。打开该选项，可用鼠标在 *XC-YC* 平面确定需要的位置，作为预钻进刀点即可。

（5）Generic Point　一般点（Generic Point）选项，是用点构造器构造一个点作为预钻进刀点。

（6）Depth　用于输入一个深度值，以确定利用预钻进刀点的切削层范围，即只有在指定深度范围切削层，才能利用预钻进刀点。也就是说，在指定深度以下的切削层不能使用预钻进刀点，因此为使所有切削层都能利用预钻进刀点，在该文本框中就必须输入一个足够大的深度，或者使深度值为 0。深度是沿刀轴方向，从零件边界与毛坯边界的最高平面进行测量的。

注意：在指定预钻进刀点前必须先设置好深度值，否则其后设置的深度值不能应用到前一个点上。同样，也不能编辑存在预钻进刀点的深度值。要想这样做，只有先删除该预钻进刀点，然后再在相同位置定义一个新的预钻进刀点。

（7）Reselect　用于移去已定义的所有预钻进刀点，以便重新定义。单击该选项，弹出如图 5-21 所示警告信息框，提示已定义的所有预钻进刀点将移去，单击 OK 即可。

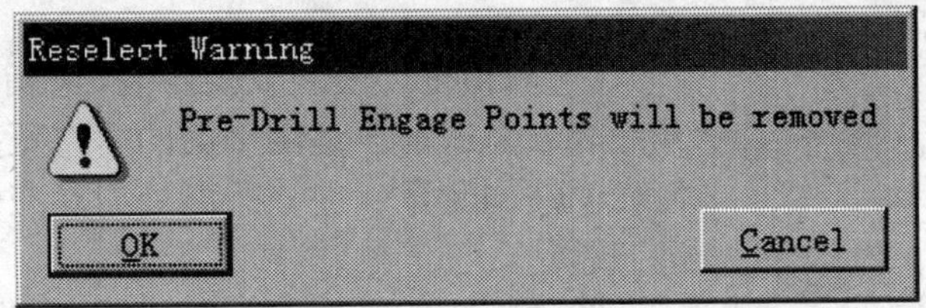

图 5-21　警告信息框

（8）Information　用于在信息窗口显示定义的预钻进刀点数目，以及相应的坐标值与深度值等信息。

（9）Display　用于临时高亮度显示已定义的预钻进刀点及其代表先后次序的编号。

2．切削区域开始点

切削区域开始点（Cut Region Start Points）选项，通过指定自定义或默认的切削区域开始点，来定义刀具进刀位置与横向进给方向。对 Zig 与 Zig with Contour 切削方法，由于横向进给的方向为 Climb、Conventional、Forward 或 Reverse，因此，切削区域开始点并不影响横向进给方向。

自定义开始点时，不必定义精确的进刀位置，而只要指出进刀的大概位置即可。基于自定义开始点的位置、指定的切削方法、切削区域的形状，系统能确定每一个切削区域开始点的精确位置。若自定义了多个开始点，则每一个切削区域就使用最靠近该区域的点，作为其自定义开始点。

五、进刀与退刀运动

在平面铣操作对话框中，进刀与退刀（Engage/Retract）选项，用于指定刀具切入与切出零件的运动形式。选择合适的进刀与退刀运动，有助于刀具顺利切入与切出零件，避免损坏和碰伤零件。该选项可以控制初始进刀、内部进刀与退刀、跨越与最终退刀等运动。但如果在切削参数（Cutting）选项中打开精铣路径（Finish Pass）选项，则精铣路径总是用自动进刀与退刀方式，而不采用该选项中指定的进刀与退刀方式。

一个进刀运动实际上包含多个刀具运动，例如，刀具可以从初始点运动到开始点，然后运动到零件上的进刀点，再进刀到切削层，最后进刀到零件的侧壁。可以用自动与非自动方法来定义进刀与退刀运动，自动方法基于切削条件、零件几何以及所设置的不同参数来创建刀具运动，非自动方法可以定义精确的刀具路径。

进刀与退刀选项包括 Method 与 Automatic 2 个选项，下面分别进行介绍。

1．进刀与退刀方法

进刀与退刀方法（Method）选项，用于指定安全距离、进刀方法、跨越方法、退刀方法以及自动进刀与退刀等参数。单击该选项，弹出如图 5-22 所示进刀与退刀方法对话框。该对话框上部选项用于设置安全距离，中部选项用于指定进刀方法与跨越运动方法，下部选项用于定义退刀方法与自动进刀、退刀方法。各选项的具体含义说明如下。

（1）安全距离　安全距离是指刀具转移到一个新的切削区域或进刀到新的深度时离开零件几何表面的距离。包括 Horizontal（水平安全距离）、Vertical（垂直安全距离）与 Minimum

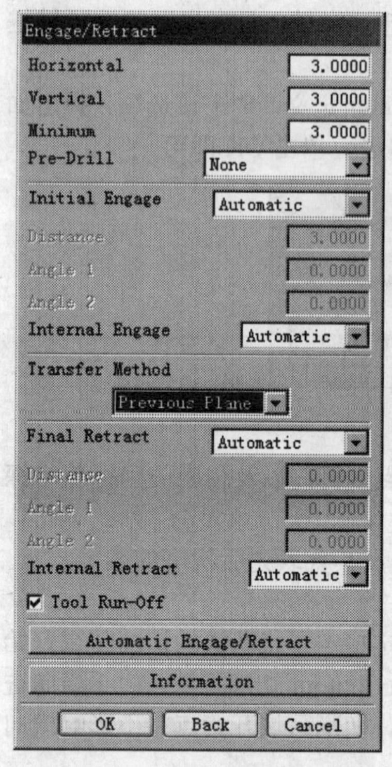

图 5-22 进刀与退刀方法对话框

（最小安全距离）3 个。

① Horizontal 水平安全距离，是指刀具在移刀过程中离开零件几何侧壁的最大水平距离，它是绕零件几何侧壁的一个安全带。在确定进刀运动的开始点时，刀具半径值加到该安全距离中。输入的水平安全距离必须大于或等于 0。

② Vertical 垂直安全距离，是指刀具在移刀过程中离开毛坯表面或前一切削平面的垂直距离，该距离沿零件几何表面法向测量。在该距离处刀具应停止接近运动，开始进刀运动。

③ Minimum 最小安全距离，是指当没有设置安全平面时，在一个操作的初始进刀或最终退刀运动中，该选项指定刀具与底平面间的最小距离。最小安全距离只能用于初始进刀运动或最终退刀运动，在其他运动中不能使用。

（2）预钻点 Pre-Drill 选项用于创建预钻进刀点，这个进刀点与其他进刀点不同，它指定预钻孔的位置，并被保存在一个临时文件中，以便后续创建的点位加工操作可在该进刀点处进行预钻孔。进行预钻孔的目的，是为了在切削操作中，使刀具可以沿定义的刀轴进刀到指定点位置而不切除材料。对于不能直接切入材料的铣刀必须进行预钻孔。如图 5-23 所示。

（3）进刀方法 进刀方法选项用于定义刀具向零件几何进给时的运动方法。包括 Initial Engages（初始进刀方法）与 Internal Engages（内部进刀方法）2 个选项，在此对内部进刀方法进行说明。

内部进刀方法（Internal Engage）用于指定系统在操作内部如何处理进刀运动的方法。包括 Automatic（自动）、Tool Axis（刀轴）、None（不指定）与 As Initial（与初始进刀运动相同）4 个选项。

① Automatic 系统根据 Engage/Retract 选项下 Automatic 选项中设置的参数，计算内部进刀运动。

② Tool Axis 通过指定刀轴矢量与距离来定义一个内部进刀运动。其中，刀轴矢量确定了进刀方向，距离确定了进刀运动的距离。选择该选项，对话框中的 Distance 文本框激活，可在该文本框中输入进刀运动的距离。如图 5-24 所示。

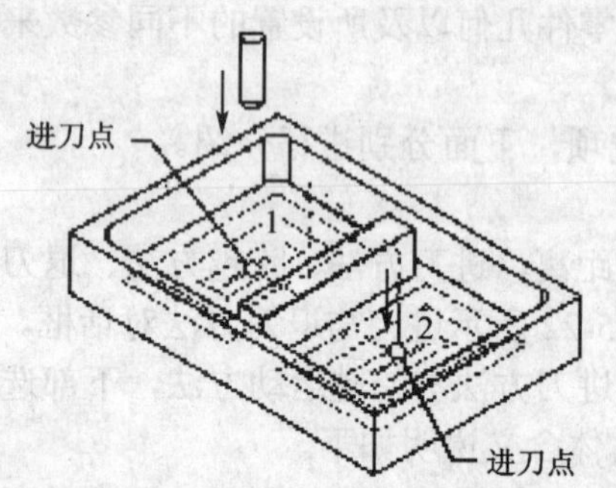

图 5-23 只有一个切削层的操作中的预钻点

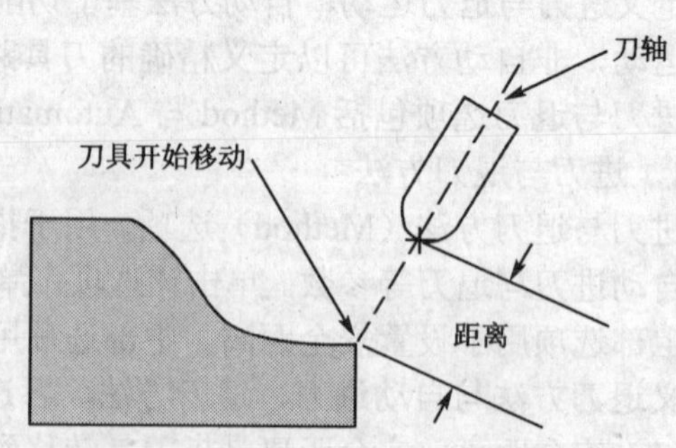

图 5-24 通过刀轴矢量与距离进刀

③ None 指定刀具移动到切削开始点的过程中，不创建内部进刀运动。如果 Transfer Method（跨越方法）选项不设置为 Direct 时，系统将沿刀轴创建基本的内部进刀运动。

④ As Initial 该选项指定内部进刀方法与初始进刀方法相同。选择该选项，若初始进刀方法是一种手动定义方法（如 Vector、Point 等），则在内部进刀运动中将进行过切检查，以确保内部进刀运动不过切零件几何。

（4）跨越方法 跨越方法（Transfer Method）选项，用于指定在跨越运动中刀具将要退到的水平面。首先，刀具从当前位置点移动到指定的平面，然后，在指定平面内进行跨越运动，到达进刀运动起点的上面位置，最后，刀具从指定平面移动到进刀运动的起点。为加快跨越运动，可以在进给量选项中指定较大跨越进给量（Traversal Feed Rate）。跨越方法下拉列表框包括 Clearance Plane（安全平面）、Previous Plane（前一切削平面）、Blank Plane（毛坯平面）与 Direct（直接跨越）4 个选项。

① Clearance Plane 该选项指定跨越运动平面为定义的安全平面。安全平面在避让（Avoidance）选项中定义，而且必须垂直于刀轴。如果没有定义安全平面，就使用默认安全平面。对平面铣操作，默认安全平面是从零件、毛坯与检查几何中最高顶面，向上偏置两倍垂直安全距离。对型腔铣操作默认安全平面是从顶部切削平面、检查几何顶面与自定义顶面中的最高面，向上偏置两倍垂直安全距离。所谓顶部切削平面是指从零件与毛坯几何中的最高顶面向上偏置一个毛坯距离。如图 5-25 所示。

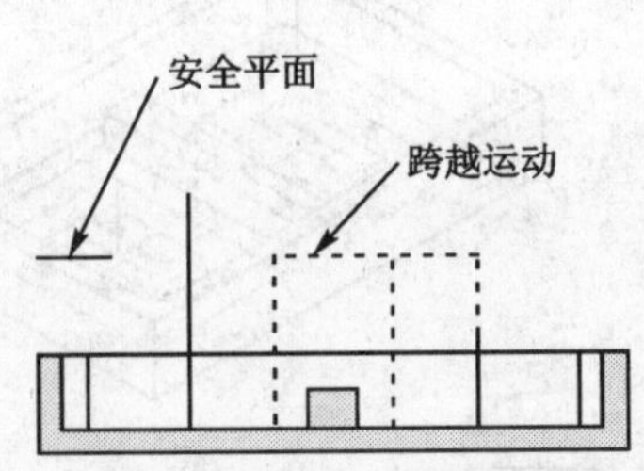

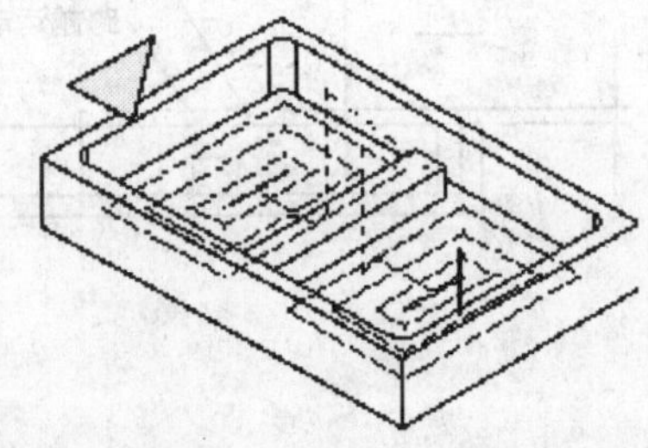

图 5-25 跨越方法中安全平面

② Previous Plane 该选项指定刀具移到一个新的切削区域时，跨越平面为前一切削平面向上偏置一个安全距离。但是，如果连接当前刀具位置点与下一进刀点的跨越运动，在跨越平面上与零件或检查几何的形状发生干涉，则跨越运动的平面就自动设为安全平面或默认安全平面，此时该选项就相当于 Clearance Plane 选项。

当刀具从一个切削层移动到下一个较低切削层时，如图 5-26 所示的切削层 1、2，刀具先抬刀到当前切削层之上一个垂直安全距离处，然后在该处平面作跨越运动，直到刀具到达新切削层进刀点的上部位置，再进刀到新的切削层。当刀具在同一切削层上的两个连接区域移动时，如图 5-26 所示的区域 2、3，刀具先抬刀到前一切削层之上一个垂直安全距离，然后在该处平面作跨越运动，直到刀具到达新区域进刀点的上部位置，再进刀到当前切削层。

③ Blank Plane 该选项指定跨越平面为毛坯顶面并向上偏置一个垂直安全距离。但是，如果连接当前刀具位置点与下一进刀点的跨越运动，在跨越平面上与零件或检查几何的形状发生干涉，则跨越运动的平面就自动设为安全平面或默认安全平面，此时该选项也相当于 Clearance Plane 选项。在平面铣操作中，毛坯顶面是指定的零件与毛坯边界的最高平面；在型腔铣操作中，毛坯顶面是指定的最高切削平面。该选项可避免刀具一直退刀到安全平面，如图 5-27 所示。

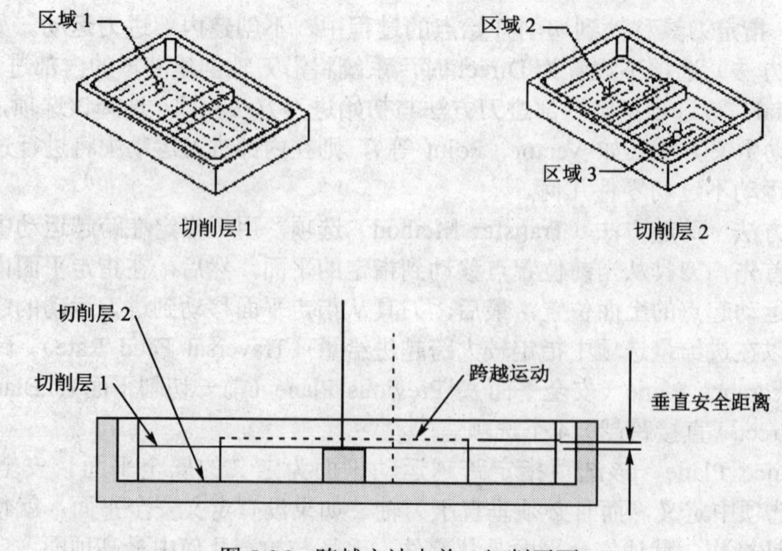

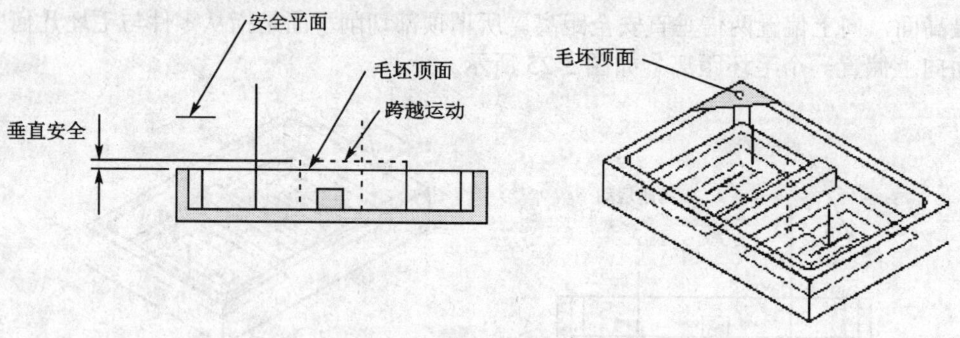

图 5-26　跨越方法中前一切削平面

图 5-27　跨越方法中毛坯顶面

④ Direct　该选项使刀具从当前位置点沿直线直接跨越到进刀运动的起点，如果没有指定进刀运动，则直接跨越到第一个切削点，如图 5-28 所示。

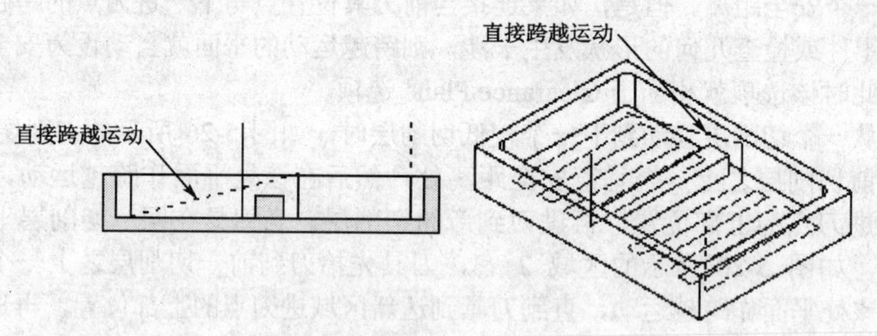

图 5-28　跨越方法中直接跨越

（5）退刀方法　退刀方法（Retract Method）选项，用于定义刀具从零件几何退刀时的运动方法。退刀方法与进刀方法的功能基本相同，Final Retract（最终退刀方法）与 Initial Engage 对应，Internal Retract（内部退刀方法）与 Internal Engage 对应。其中 Internal Retract 选项中用 As Final（与最终退刀方法相同）代替了 As Initial（与初始进刀方法相同）选项。

（6）自动进刀/退刀方法　自动进刀/退刀方法（Automatic Engage/Retract）选项，用于为一个操作中的初始进刀/退刀方法、最终退刀方法、内部进刀方法与内部退刀方法设置自动进刀与退刀参数。该选项与平面铣或型腔铣操作对话框中的 Automatic 含义相同。

（7）显示信息　显示信息（Information）选项，用于在信息窗口中显示进刀、退刀和跨越运动方法以及相关参数。

2．自动进刀与退刀方法

自动进刀与退刀方法（Automatic）选项，用于为一个操作中的初始进刀方法、最终退刀方法、内部进刀方法与内部退刀方法设置自动进刀退刀参数，系统根据切削条件、零件几何以及设置的参数，自动计算刀具路径的进刀或退刀部分。当用 Follow Periphery、Follow Part、Profile 或 Standard　Drive 切削方法沿零件边界切削时，或用 Zig、Zig-Zag 或 Zig with Contour 切削方法指定精铣路径（Finish　Pass）时，用自动方法总是创建一个进刀点。如果指定一种非自动进刀方法，则可能创建一个横向进给运动来代替进刀运动。

当进刀或重新进刀时，系统先试图寻找一个空腔区域，以便使刀具下降到达切削层。若找不到空腔区域，则寻找由自定义预钻点定义的预钻孔，若在切削区域中也找不到预钻孔，就斜切入材料中。一旦刀具已经到达切削层就开始切削零件。

当进刀类型选择 Automatic 时，系统根据条件选择下面两种进刀方法中的一种：从原始零件几何外的一个位置斜坡进刀到材料；或通过一个空腔区域进刀到切削深度。如图 5-29 所示。

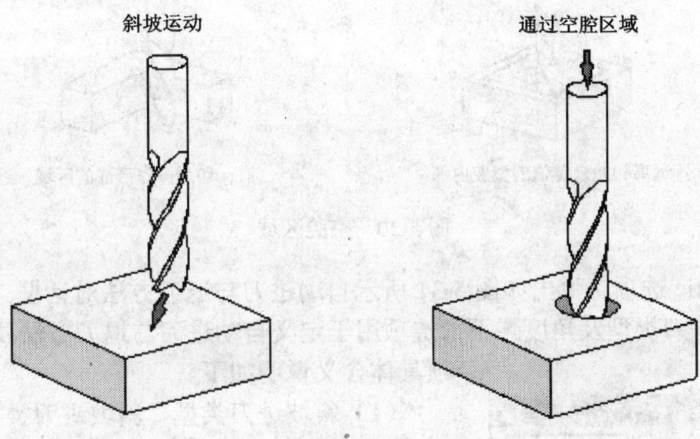

图 5-29　自动进刀运动

系统把下面区域都认为是空腔区域，参考图 5-30。

（1）由自定义预钻点确定的预钻孔；

（2）对刀具位置属性为 On 的边界段，其材料边相反方向的任何位置；

（3）开放边界起点或终点沿刀具路径延伸，其延伸线上任何位置；

（4）远离初始余量值的型腔内部；

（5）用前一切削操作形成的区域。

进刀运动从指定的安全平面开始，也可以从毛坯平面或者前一切削平面之上的一个垂直安全距离处开始。刀具以接近进给量（Approach Feed Rate）下降进入空腔区域，并到达切削平面之上垂直安全距离处，然后以进刀进给量（Engage Feed Rate）进刀到切削平面，再准备进刀到材料侧。

下面是自动进刀与退刀的一些特殊情况。

（1）如果进刀点出现在刀具位置属性为 On 的边界段上，则进刀运动允许穿过边界；

（2）对精铣路径（Finish Pass），系统总是采用自动进刀与退刀方法，而忽略指定的进刀与退刀；

（3）开放的单一轮廓路径，线性进刀是沿路径起点的延伸线开始，圆弧进刀则从侧壁处开始离开侧壁，圆弧退刀也是从边界材料侧离开；

（4）对开放边界，如果内部进刀方法设置为 Automatic，则在激活范围之外的路径采用初始进刀方法，在激活范围之内的路径采用自动进刀方法；

（5）对开放边界，如果内部退刀方法设置为 Automatic，则在激活范围之外的路径采用自动退刀方法，在激活范围之内的路径采用最终退刀方法。

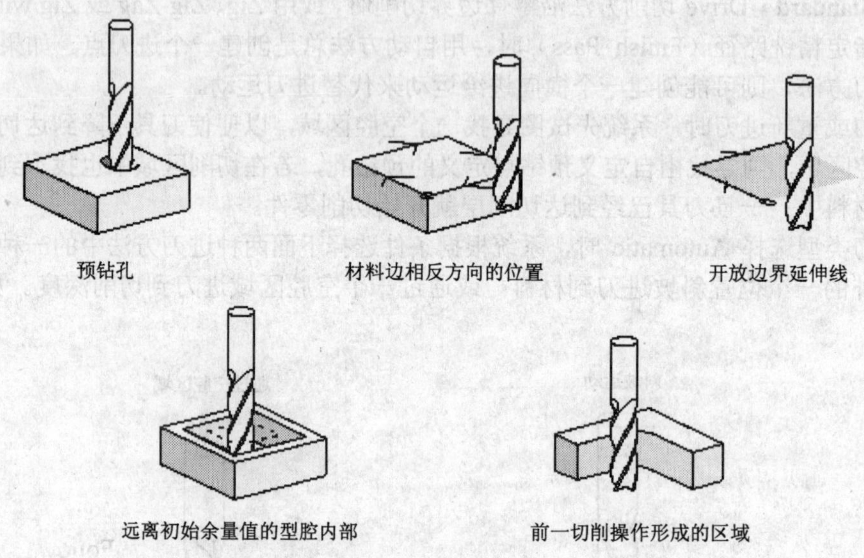

图 5-30 空腔区域

单击 Automatic 选项，弹出如图 5-31 所示自动进刀与退刀方法对话框。该对话框上部选项用于指定斜坡进刀类型及角度，下部选项用于定义自动进刀与退刀方法及相关参数。各选项具体含义说明如下。

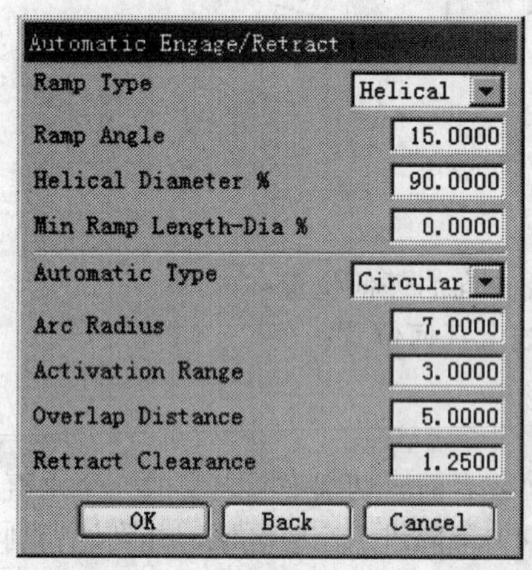

图 5-31 自动进刀与退刀方法对话框

（1）斜坡进刀类型 斜坡进刀类型（Ramp Type）选项，指定刀具斜坡进入材料的进刀类型。只有在型腔区域中不能找到进刀的空腔区域时，才会使用斜坡进刀。所选斜坡类型的进刀过程由切削方法、型腔区域横向进给方向（Inward 或 Outward）以及斜坡角度确定。该选项包括 On Lines（线性进刀）、On Shape（沿形状进刀）与 Helical（螺旋进刀）3 个选项。

① On Lines 该类型使刀具沿直线斜切入工件。当选择的切削方法为 Follow Periphery、Follow Part、Profile 时，根据横向进给方向（Inward 或 Outward），刀具沿最内或最外线性切削路径斜坡进刀，在圆弧切削路径处，则保持不变的切削深度，直到下一线性路径出现，如图 5-32 所示。

当切削方法为 Zig、Zig-Zag 或 Zig with Contour 时，刀具沿离开零件几何侧壁的线性路径斜坡进刀，以免刀具沿零件几何运动，一旦沿该路径斜坡进刀到切削平面，就横向进给至

第一条切削路径，并开始切削第一刀，如图 5-33 所示。

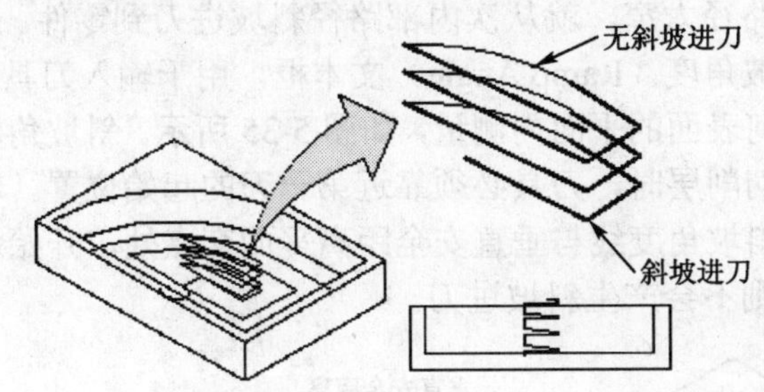

图 5-32　切削方法是 Follow Periphery 沿直线斜坡进刀

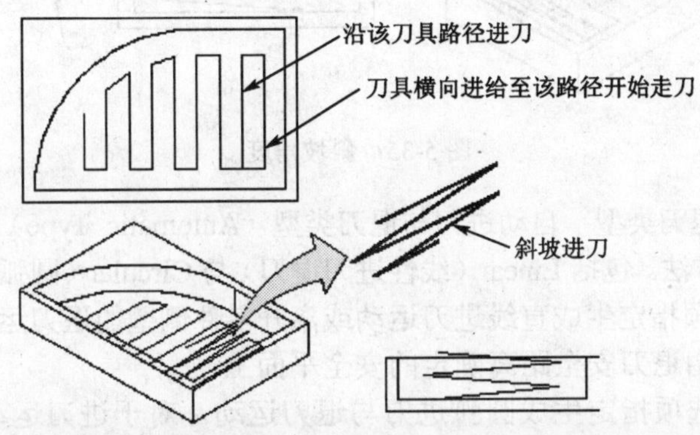

图 5-33　切削方法是 Zig-Zag 沿直线斜坡进刀

② On Shape　该类型根据刀具路径的形状斜坡进刀。当切削方法为 Follow Periphery、Follow Part 或 Profile 时，根据横向进给方向（Inward 或 Outward），刀具沿最内或最外切削路径斜坡进刀。当指定 Zig、Zig-Zag 或 Zig with Contour 切削方法时，该选项与 On Lines 选项进刀方法相同。

③ Helical　该类型指定刀具沿螺旋线进刀，如图 5-34 所示。在螺旋进刀时会保证刀具有 10％的重叠，防止刀具处于螺旋线的中心。进刀时，首先试图创建一个相切于开始切削运动的螺旋线，如果该螺旋引起过切零件，就创建一个包含开始切削点的螺旋线，如果还是失败，就沿内部路径斜坡进刀，此时就同 On Shape 选项。

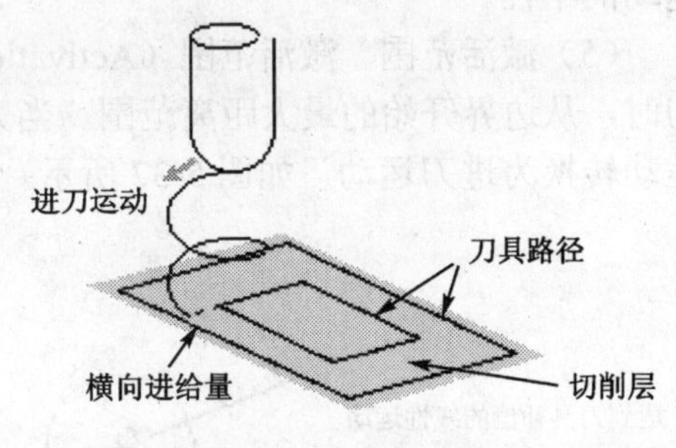

图 5-34　螺旋进刀

对 Follow Part、Follow Periphery 与 Profile 切削方法，可以使用螺旋进刀。螺旋进刀的一般规则是，如果系统基于输入的数据，不能找到材料外侧的空腔区域进刀到零件，刀具就斜坡进刀到切削平面。对 Profile 切削方法，多数情况下可以找到一个材料外侧的空间，这时刀具将不斜坡进刀到切削平面，而采用螺旋进刀。当切削一个型腔区域时，若设置的路径数与水平安全距离使其不存在进刀的空腔区域，则刀具会斜坡进刀到切削平面。

如果不能执行螺旋进刀，或者指定的切削方法为 Zig、Zig-Zag 或 Zig with Contour 时，就沿离开零件侧壁的刀具路径斜坡进刀到零件，以免刀具沿侧壁运动，一旦沿该路径斜坡进刀到切削平面，就横向进给至第一条切削路径，并开始切削第一刀。当选择 Follow Periphery

切削方法时，若横向进给方向为 Outward，此时又不能执行螺旋进刀，则沿最内部路径斜坡进刀至零件，如最内部路径太窄，就从次内部路径斜坡进刀到零件。

（2）斜坡角度　斜坡角度（Ramp Angle）文本框，用于输入刀具斜坡切入材料的角度，该角度在垂直于零件几何表面的平面内测量，如图 5-35 所示。斜坡角度确定了刀具的起始位置，因为当刀具下降到切削层时，刀具必须靠近第一刀的起始位置。输入的斜坡角度必须大于 0°小于 90°，刀具在斜坡角度线与垂直安全距离平面交点处，开始斜坡进刀。如果切削区域小于刀具圆弧半径，则不会产生斜坡进刀。

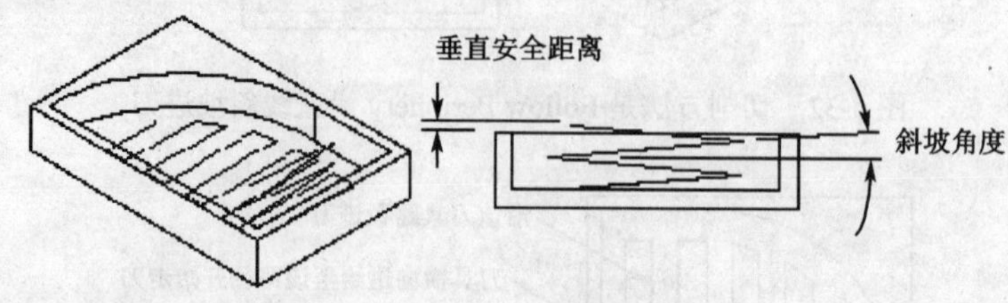

图 5-35　斜坡角度

（3）自动进刀与退刀类型　自动进刀与退刀类型（Automatic Type）选项，自动指定在切削层上的进刀与退刀方法。包括 Linear（线性进刀退刀）与 Circular（圆弧进刀退刀）2 个选项。

① Linear　该选项指定生成直线进刀运动或离开零件侧壁的退刀运动。该退刀运动使刀具从切削平面退刀到由退刀安全距离确定的安全平面上。

② Circular　该选项指定生成圆弧进刀与退刀运动。对于进刀运动，使用进刀进给量（Engage Feed Rate）；对于进给量为 0 的退刀运动，因为刀端与切削层接触，故使用切削进给量（Cut Feed Rate）。选择该选项，下面 Arc Radius 文本框激活，可在该文本框中输入圆弧半径。

一般情况下，自动退刀既可以是直线退刀，也可以是圆弧退刀。圆弧退刀运动是圆弧进刀运动的反运动，这样可减少刀具停留在零件上的可能性。线性退刀运动不仅仅是刀具离开零件侧壁的运动，同时也是抬刀到由退刀安全距离确定的安全平面上。在有些机床控制器中，不能对圆弧进刀运动进行刀具补偿，系统能通过刀具补偿功能，在圆弧进刀运动前插入一线性运动，从而克服这种限制，如图 5-36 所示。

（4）圆弧半径　圆弧半径（Arc Radius）文本框，可输入切削层的自动圆弧进刀与退刀运动的半径。

（5）激活范围　激活范围（Activation Range）文本框，用于指定自动线性或圆弧进刀退刀时，从边界开始的最大距离范围。当刀具路径在指定的激活范围内时，系统就把横向进给运动转换为进刀运动，如图 5-37 所示。

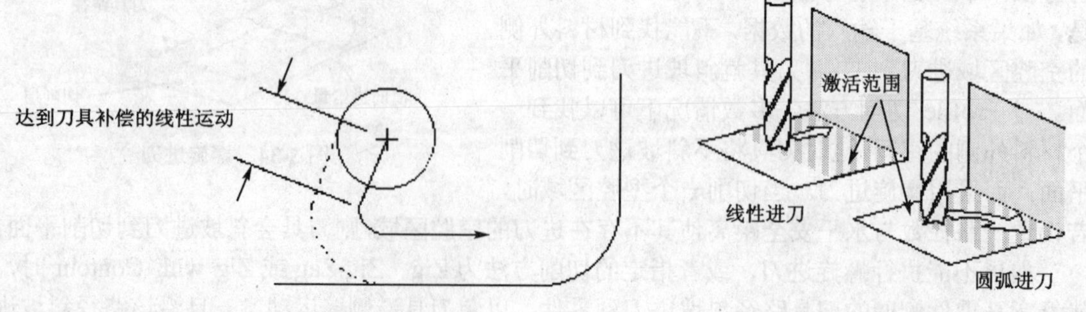

图 5-36　圆弧进刀运动　　图 5-37　激活范围

对开放边界，若内部进刀方法设置为 Automatic，则在激活范围之外的路径采用初始进刀方法，在激活范围之内的路径采用自动进刀方法；若内部退刀方法设置为 Automatic，则在激活范围之外的路径采用自动退刀方法，在激活范围之内的路径采用最终退刀方法。

（6）重叠距离　重叠距离（Over lap Distance）文本框，用于输入自动进刀退刀运动与刀具路径的重叠总距离，以达到充分切削的目的。该总距离一般均匀分布于切削路径开始点的两边，如图 5-38 所示，只要使用自动进刀与退刀，就会用到重叠距离。

（7）退刀安全距离　退刀安全距离（Retract Clearance）文本框，用于输入在自动线性退刀时刀具从切削平面抬高的距离。当执行线性退刀运动时，刀具与切削平面成 45° 角，从零件侧壁或底面离开，直到移动至退刀安全距离确定的安全平面处，如图 5-39 所示。如果已指定线性退刀方法，但没有指定退刀安全距离，则不会执行退刀运动。

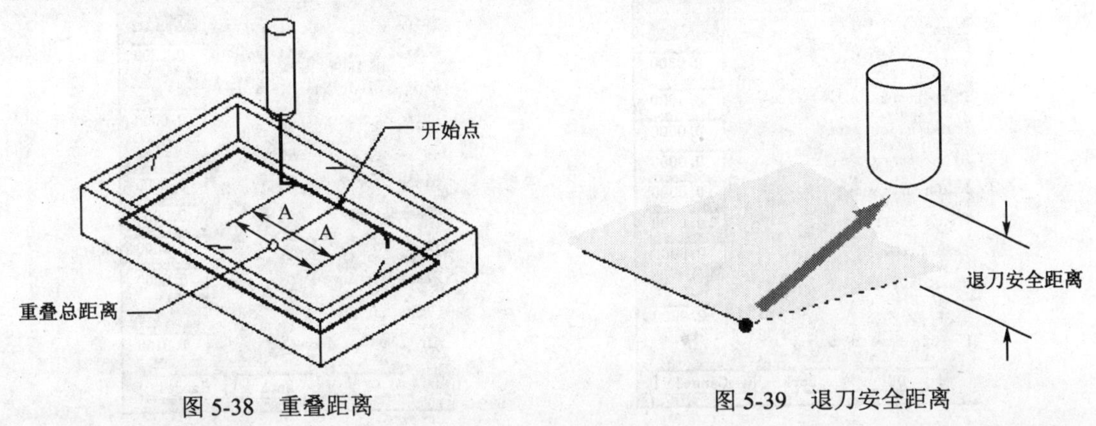

图 5-38　重叠距离　　　图 5-39　退刀安全距离

六、加工参数

加工参数包括切削过程中的刀具切削运动与非切削运动参数以及零件材料参数。含 Cutting（切削参数）、Cut Depth（切削深度）、Corner（拐角控制）、Avoidance（避让几何）、Feed Rate（进给量）与 Machine（机床控制）6 个选项,下面对各参数进行说明。

1．切削参数

切削参数（Cutting）是指刀具作切削运动的参数。在平面铣操作和型腔铣操作中，包含的切削参数不同，而且，随选择的切削方法的不同，其切削参数也有差别，弹出的对话框也不一样。例如，在平面铣和型腔铣操作中，切削方法设置为 Zig-Zag 类型时，单击该选项，分别弹出如图 5-40 与图 5-41 所示切削参数对话框。下面对平面铣操作中的切削参数进行说明。

（1）切削顺序　切削顺序（Cut Order）选项指定多个切削区域在切削层上的切削顺序。包括 Level First（层优先）与 Depth First（深度优先）2 个选项。

① Level First　该切削顺序是逐层加工各切削区域。即加工同一切削层上的各区域后，再加工下一个切削层上的区域。该切削顺序特别适合于加工薄壁型腔。

② Depth First　该切削顺序是先加工一个区域到底部，再去加工另一个区域，直到所有区域加工完毕。如图 5-41 所示，说明了层优先与深度优先两种切削顺序的差异。

（2）切削方向　用于指定刀具在切削时的方向。包括 Climb Cut（顺铣）、Conventional Cut（逆铣）、Forward Boundary（顺边界方向）与 Reverse Boundary（逆边界方向）4 个选项。

① Climb Cut 与 Conventional Cut　顺铣与逆铣是通过主轴旋转方向和切削运动方向来判定的。如图 5-42 所示主轴旋转方向是顺时针方向，当切削运动方向与主轴旋转方向一致时为顺铣，反之，为逆铣。

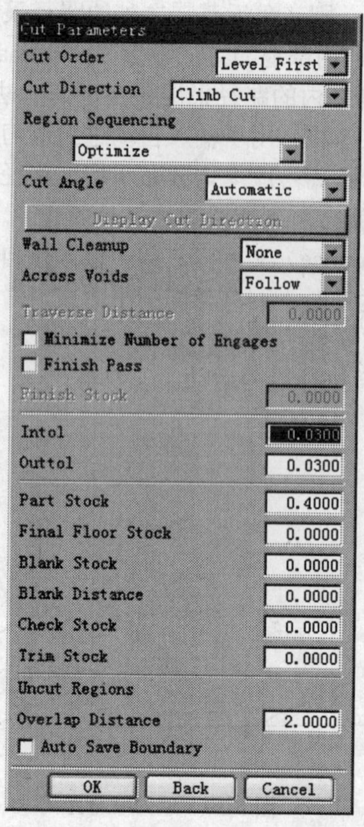

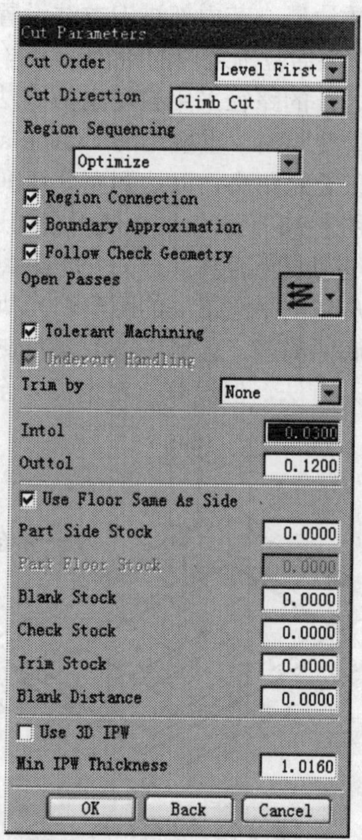

图 5-40　切削参数对话框

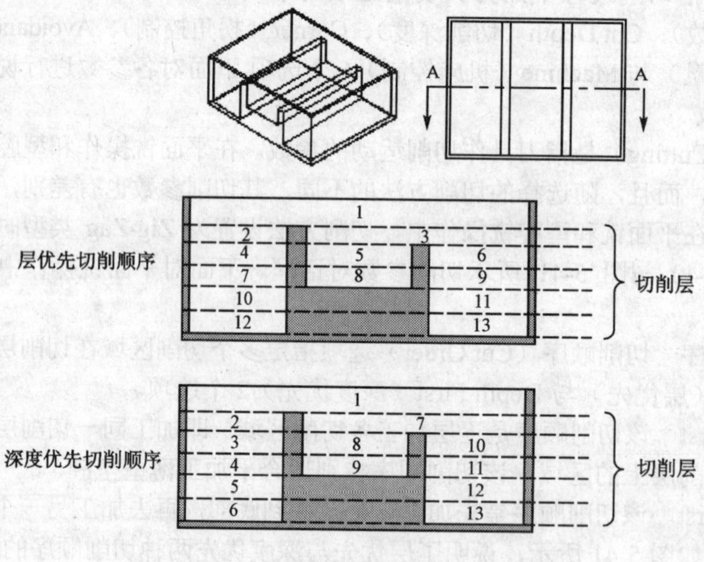

图 5-41　切削顺序

② Forward Boundary 与 Reverse Boundary　Forward Boundary 选项使刀具按选择边界成员顺序的方向（即边界方向）进行切削；Reverse Boundary 选项使刀具按选择边界成员顺序的反方向进行切削。这两个选项仅适合于平面铣操作。

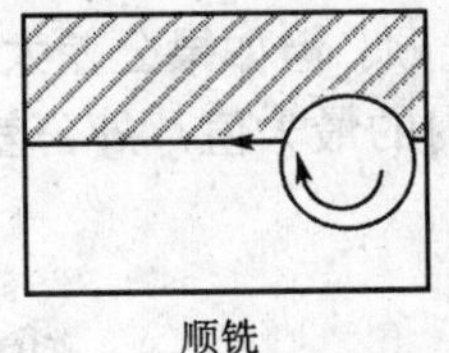

顺铣

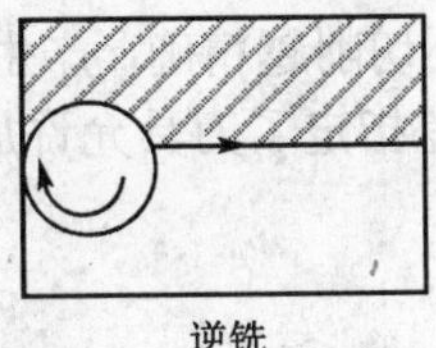

逆铣

图 5-42　切削方向

（3）区域切削顺序　区域切削顺序（Region Sequencing）选项提供了多种方法，用于自动或手动指定切削区域的加工顺序。包括 Standard（标准方式）、Optimize（优化方式）、Follow Start Points（跟随开始点）与 Follow Predrill Points（跟随预钻点）。

① Standard　系统自动确定各切削区域的加工顺序。对平面铣操作，如果是用选择曲线的方式来定义边界，则按边界的创建顺序确定各切削区域的加工顺序；如果是用选择表面的方式来定义边界，则按表面选择的顺序确定各切削区域的加工顺序。如果选择的切削区域被系统自动分割或合并，则会丢失顺序信息，此时不能用该选项确定切削区域的加工顺序。若用层优先选项加工多个切削层时，则在各层上也用上述同样规则进行加工。如图 5-43 所示。

② Optimize　系统按最短加工时间确定切削区域加工的顺序。其原则是：使刀具在各切削区域来回交错运动最少，并使各切削区域之间的跨越运动总距离最短。若用层优先选项加工多个切削层时，则在第一层上用优化功能确定的加工顺序加工，而在第二层上用相反的顺序加工，以减少在各切削区域间跨越的时间。交替加工各层，直至所有切削层加工完毕。如图 5-44 所示。

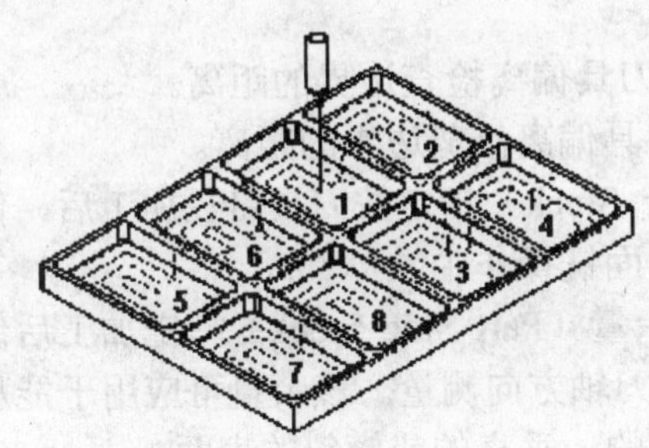

图 5-43　标准切削顺序

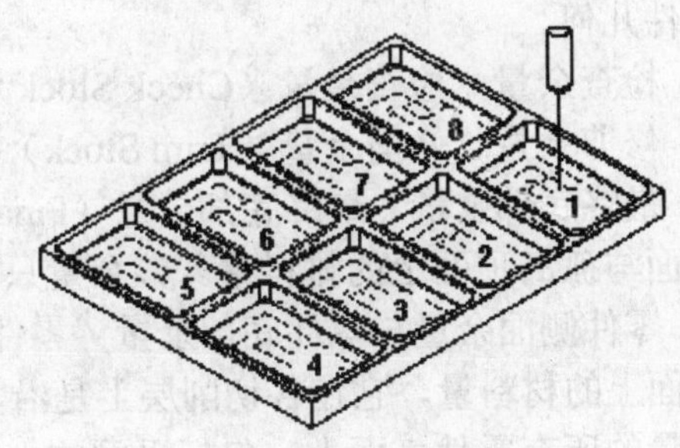

图 5-44　优化切削顺序

③ Follow Stant Points 与 Follow Predrill Points　这两个选项按指定的切削区域开始点或预钻进刀点确定各切削区域的加工顺序，但这些点必须激活。

如果在每个切削区域上都指定了一个点，则加工顺序严格按指定点的顺序，如图 5-45 所示。反之，如果没有在每个切削区域各定义一个点，系统则在连接各点的线段附近查找可加工区域，再把封闭区域的形心或开放区域的起点，投影到连接各点的线段上，然后按指定点与投影点的顺序来加工各切削区域，如图 5-46 所示。

若用层优先选项加工多个切削层时，则在各层上也用上述同样的规则进行加工。如果选择了 Follow Start Points 或 Follow Predrill Points 类型，但没有定义切削区域开始点或预钻进刀点，或只定义了一个点，系统就自动采用 Standard 类型来代替。

注意：此处使用的预钻进刀点，是在控制点的 Pre-Drill Engage Points 选项中定义的，而在进刀与退刀方法的 Pre-Drill 选项中创建的预钻点，不能用于区域切削顺序选项中。

（4）公差与余量

① 内公差与外公差　内公差（Intol）与外公差（Outtol）定义刀具偏离实际零件的允许

范围。它们的值越小，切削越精确，产生的轮廓越光顺。但如果公差太小，会增加切削步骤，延长加工时间。内公差指定了刀具允许加工到零件内的最大值，外公差指定了刀具允许离开零件的最大值。

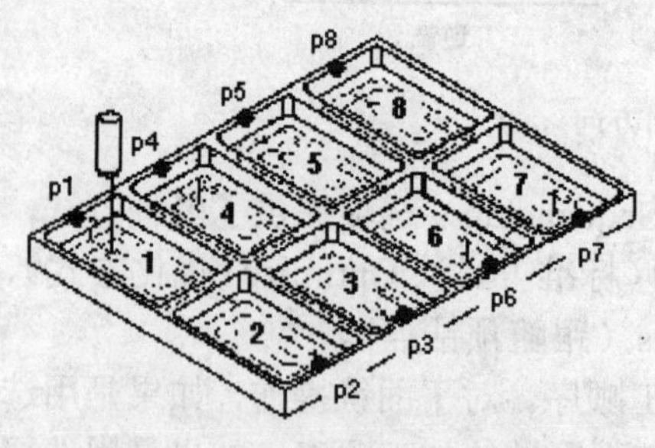

图 5-45　每个切削区域指定开始点

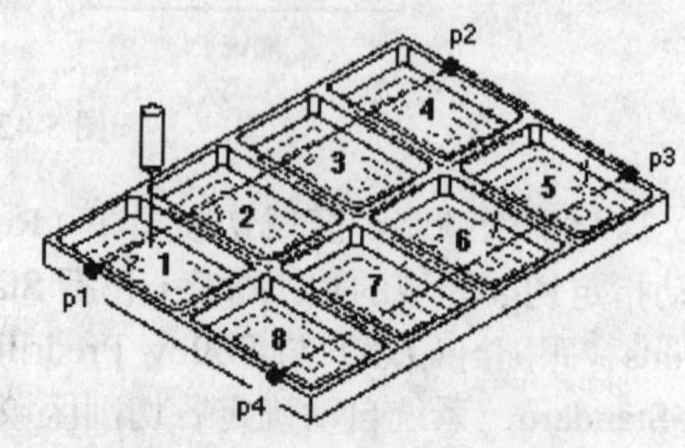

图 5-46　指定四个开始点

注意：不能指定零件内公差与外公差均为 0。

② 加工余量　加工余量（Part Stock）指定平面粗铣操作后保留在零件壁上的预留材料量。该余量只用于平面铣操作中。

③ 毛坯余量　毛坯余量（Blank Stock）设置刀具定位在毛坯几何上的距离。只有在毛坯边界或毛坯几何的刀具位置属性设置为 Tanto（相切）时，该选项才起作用。

④ 毛坯距离　毛坯距离（Blank Distance）是根据零件边界或零件几何形成毛坯几何时的偏置距离。对平面铣，毛坯距离只应用于封闭的零件边界；对型腔铣，毛坯距离可应用于所有零件几何。

⑤ 检查余量　检查余量（Check Stock）设置刀具偏离检查边界的距离。

⑥ 修剪余量　修剪余量（Trim Stock）设置刀具偏离修剪边界的距离。

⑦ 最终底部余量　最终底部余量（Final Floor Stock）指定按刀具路径加工后，保留在型腔底面与孤岛顶面上的材料量。该余量只用于平面铣操作中。

⑧ 零件侧面余量与零件底部余量　零件侧面余量（Part Side Stock）指定加工后保留在零件侧面上的材料量，它在各切削层上是沿垂直于刀轴方向测量。该余量可应用于能从水平方向测量的所有零件表面上，包括平面的、非平面的、垂直的或倾斜的表面。

零件底部余量（Part Floor Stock）指定加工后保留在零件底面上的材料量，它是沿刀轴方向测量的。该余量仅应用于定义切削层的零件表面，该表面必须是平面，并法向于刀轴矢量。

该两个余量只能用于型腔铣操作中，用来代替加工余量，如图 5-47 所示。对零件底部余量，因其表面法向与刀轴矢量平行，故可以避免它应用于非切削表面，如图 5-48 所示。由于在倾斜表面或轮廓表面上，实际的侧面余量可能不可预料，因此零件侧面余量最初被优先应用于垂直侧面上。

（5）切削角度　切削角度（Cut Angle）指定是用户定义还是自动设置切削角度。切削角度是刀具路径与工作坐标系（WCS）中 *XC* 轴间夹角，在 *XC-YC* 平面上的度量，该角度确定了刀具切削的方向。在如图 5-49 所示矩形型腔区域，是切削角度为 45°的刀具路径生成过程。该选项包括 User Defined（自定义）、Automatic（自动）与 Longest Line（最长线段）3 个选项。

① User Defined　由用户定义切削角度，并将其投影到底平面上。在指定切削角度前，最好移动 WCS，以便 *XC-YC* 平面与零件的切削平面一致。选择该选项，弹出如图 5-50 所示切削角度对话框，可在文本框中输入需要的切削角度。

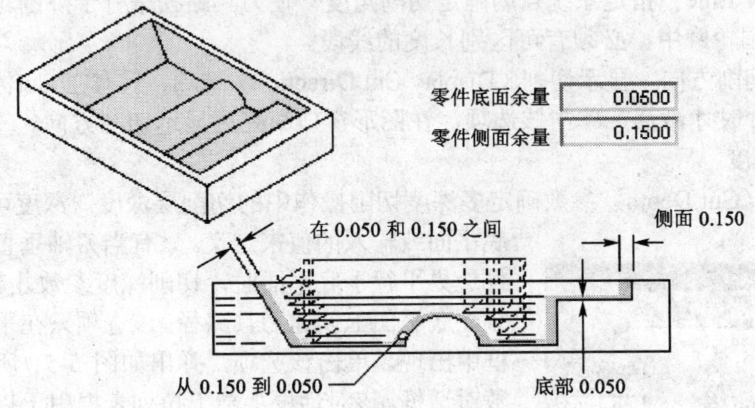

图 5-47　零件侧面和底部余量

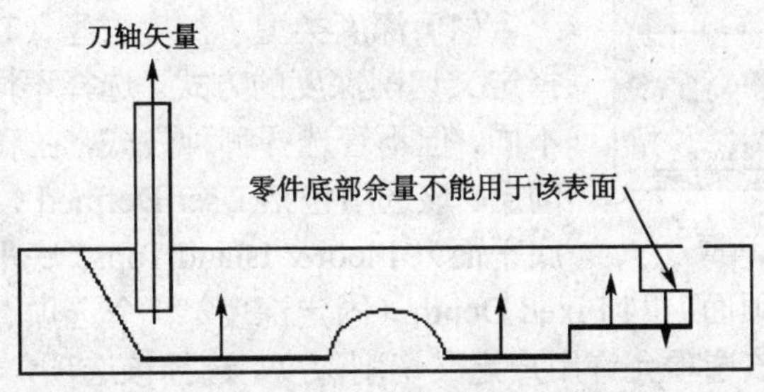

图 5-48　零件表面法向矢量

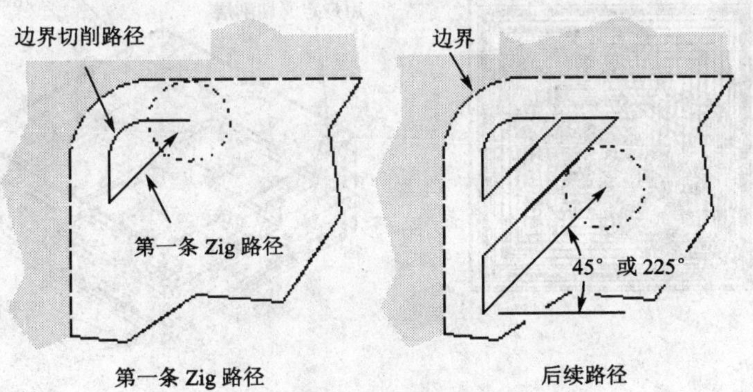

图 5-49　切削角度示意图

图 5-50　切削角度对话框

② Automatic　通过评价每一个切削区域的形状，系统自动为切削区域确定一个有效的切削角度，以使内部的进刀运动最少。

③ Longest Line　指定系统自动确定切削角度，使刀具路径平行于外围轮廓中的最长线段。此时在外围轮廓中，必须有可区别长度的线段。

（6）显示切削方向　显示切削（Display Cut Direction）选项，只有在 Cut Angle 选项设置为 User Defined 时才激活，单击该选项，在图形窗口高亮度显示切削方向。

2．切削深度

切削深度（Cut Depth）参数确定多深度切削操作中的切削层深度，深度可由孤岛顶面、底平面或输入的值来定义。只有当刀轴垂直于底平面或零件边界平行于底平面时，切削深度参数才起作用，否则，只在底平面上创建刀具路径。该选项只在平面铣操作对话框中出现。单击该选项，弹出如图 5-51 所示切削深度参数对话框。该对话框上部下拉列表框用于指定切削深度参数的类型，下部选项用于输入对应参数的值，各选项的具体含义说明如下。

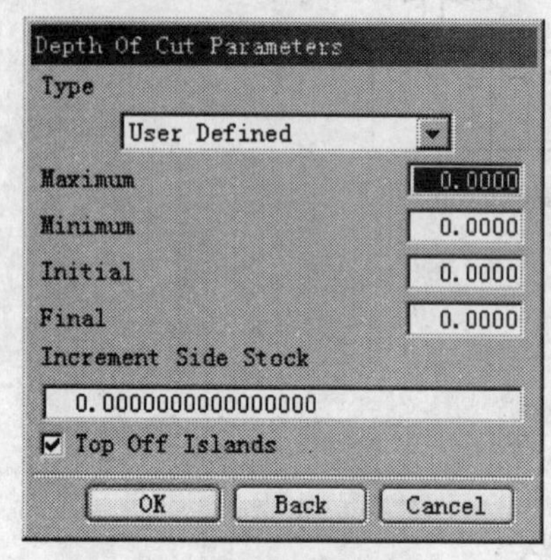

图 5-51　切削深度对话框

（1）深度类型　深度类型（Type）下拉列表框用于选择定义切削深度的方式。选择不同的方式，需输入的参数不同，但不管选择哪种方式，在底面上总可以产生一个切削层。该选项包括 User Defined（自定义）、Floor Only（仅底平面）、Floor& Island Tops（底平面与孤岛顶部）、Levels At Island Tops（在孤岛顶面）与 Fixed Depth（固定深度）5 个选项。

① User Defined　该选项允许用户定义切削深度。选择该选项，对话框中所有选项激活，可在各文本框中输入对应数值。如图 5-52 所示。

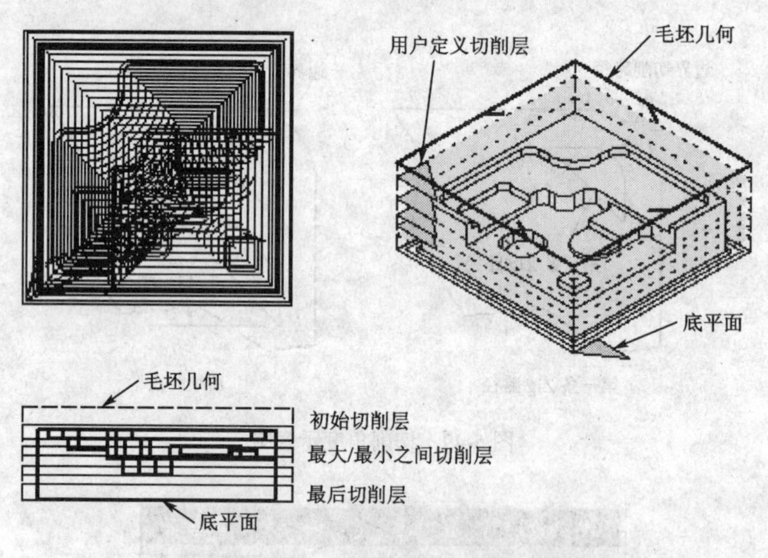

图 5-52　User Defined 深度类型

② Floor Only　该选项在底平面上创建一个惟一的切削层。选择该选项，对话框中所有选项都不激活。如图 5-53 所示。

③ Floor & Island Tops　该选项在底平面与孤岛顶面上创建一个切削层，此时，孤岛顶面的切削层不会超出定义孤岛的边界，如图 5-54 所示。选择该选项，对话框中所有选项都不激活。

④ Level At Island Tops　该选项在孤岛顶面创建一个平面的切削层。不像 Floor & Island Tops 选项，该选项创建的刀具路径完全切除切削层平面上的所有毛坯材料。选择该选项，对话框中的 Initial、Final 与 Increment Side Stock 3 个选项激活。如图 5-55 所示。

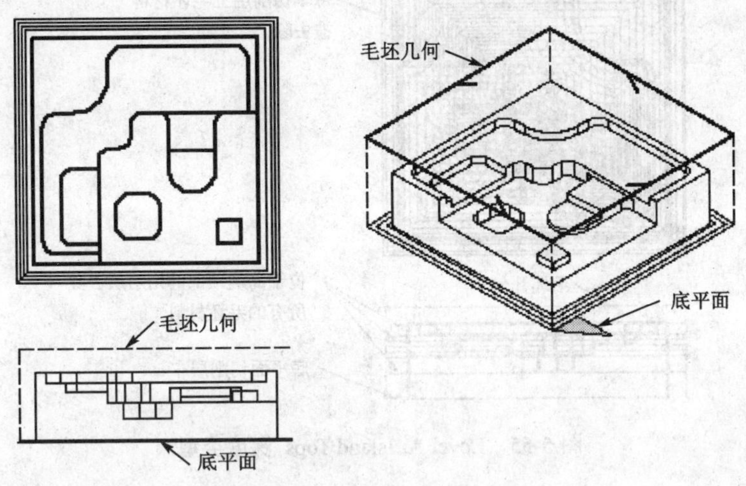

图 5-53　Floor Only 深度类型

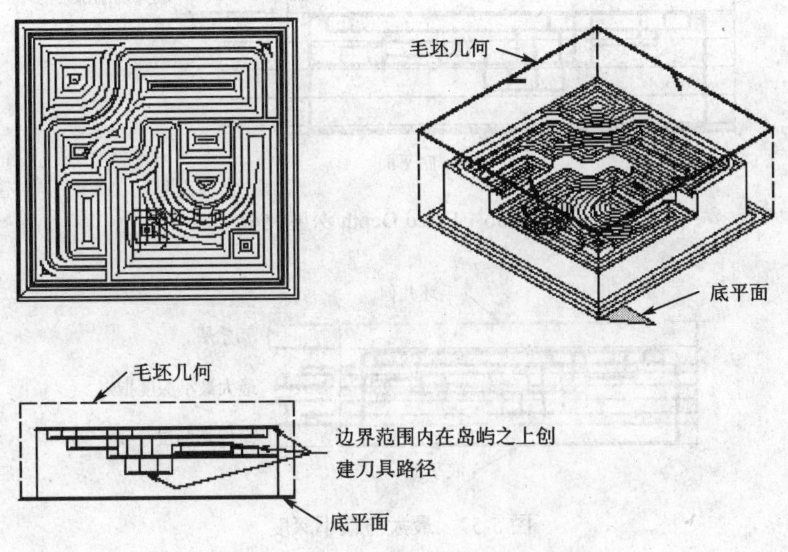

图 5-54　Floor & Island Tops 深度类型

⑤ Fixed Depth　该选项指定一个固定深度值来产生多个切削层。选择该选项，对话框中的 Maximum、Increment Side Stock 与 Top Off Islands 3 个选项激活。其中 Maximum 文本框用于定义切削层的深度。如图 5-56 所示。

（2）最大与最小深度　对介于初始切削层与最终切削层之间的每一个切削层，由最大深度（Maximum）与最小深度（Minimum）指定切削层的深度范围。对于 Fixed Depth 方式，最大深度用来指定各切削层的切削深度。

最大和最小深度确定了切削深度的范围，系统尽量用接近最大深度的数值来创建切削层，若孤岛顶面在指定的范围内，就在其顶面创建一切削层，否则就不创建切削层，此时可打开 Top Islands 选项，来加工孤岛顶面，如图 5-57 所示。注意，当最大深度值为 0 时，系统就忽略其他参数的设置，在底平面上创建惟一的切削层。

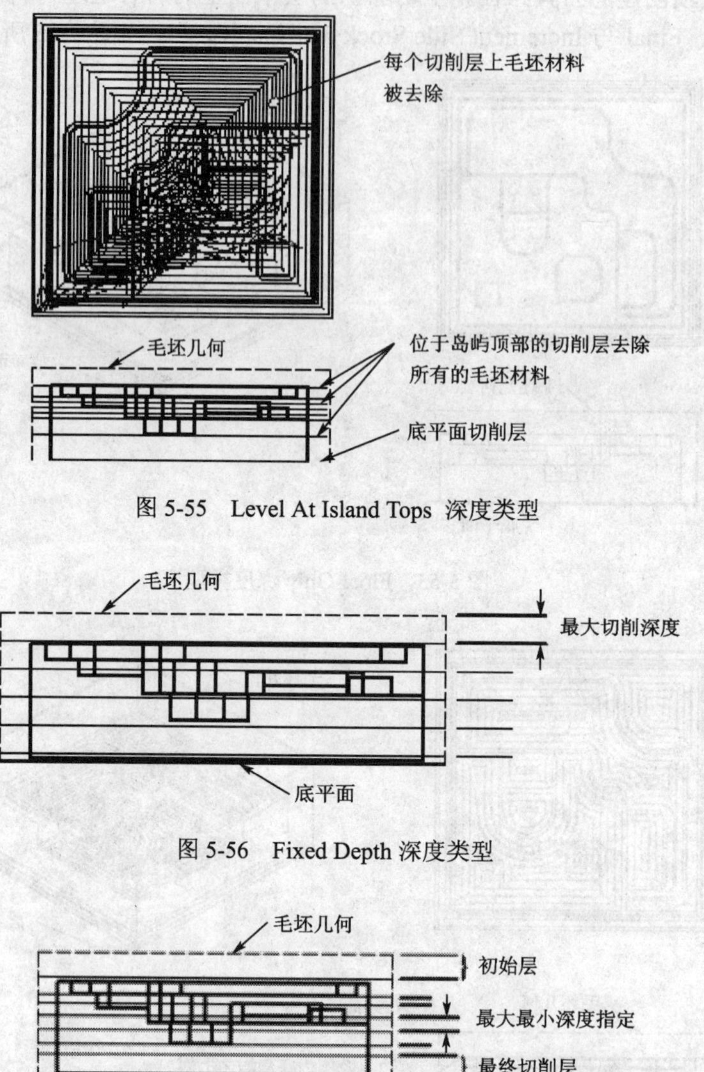

图 5-55　Level At Island Tops 深度类型

图 5-56　Fixed Depth 深度类型

图 5-57　最大与最小深度

（3）初始层深度　初始层深度（Initial）为多深度平面铣操作定义第一个切削层的深度。该深度从毛坯几何顶平面开始测量，如果没有定义毛坯几何，就从最高的零件边界平面处测量，而且与 Maximum 或 Minimum 的值无关，参见图 5-57。

（4）终止层深度　终止层深度（Final）为多深度平面铣操作定义最后一个切削层的深度。该深度从底平面开始测量，而且与 Maximum 或 Minimum 的值无关，参见图 5-57。如果终止层深度大于 0，系统至少创建两个切削层：一个层在底平面之上的终止层深度处，一个在底平面处。

（5）增加侧面余量　增加侧面余量（Increment Side Stock）为多深度平面铣操作的每一个后续切削层增加一个侧面余量值。增加侧面余量值，可以保持刀具与侧面间的安全距离，减轻刀具深层切削的应力。

（6）孤岛顶部切削　打开孤岛顶部切削（Top Off Islands）选项，系统会在每一个孤岛顶部创建一条独立的路径。当 Minimum 值大于孤岛顶面到前一切削层的距离时，下一切削层将会位于孤岛顶面的下方，此时，在孤岛顶面不会产生切削层。加工孤岛顶面时，系统将寻找一个安全点，以便刀具从孤岛外部进刀到孤岛的顶面，且不过切零件，此时系统会忽略进刀方式的设置。如果孤岛顶面存在切削层，该选项不会影响刀具路径的产生。

第三节　平面铣实例

图 5-58 所示零件，其外形尺寸为 100×100×30，型腔 1 的尺寸为 80×40×20，型腔 2 的尺寸为 70×30×20，凸台 3 的尺寸为 40×15×20，各型腔内部拐角处半径为 5，凸台外部拐角处半径为 5。要求粗加工各型腔、凸台，现介绍用平面铣方法创建该加工操作的步骤。

步骤 1：创建零件和毛坯。

在 UG 的 Modeling 模块下，创建出零件。然后再创建一单独的块体作为零件毛坯，块体的尺寸为 100×100×31。

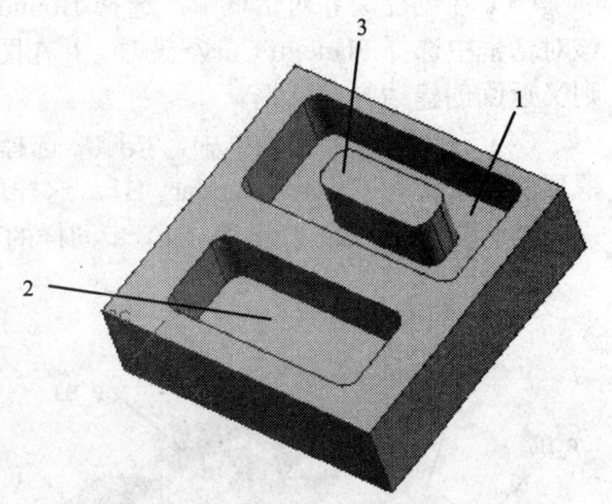

图 5-58　零件三维图

步骤 2：进入加工应用。

选择 Application—Manufacture 菜单项，在加工环境对话框中设置加工环境。在对话框的上部列表中选择 cam_general 配置，在对话框的下部列表中选择模板零件 mill_planar，单击 Initialize 按钮，进入加工环境。

步骤 3：创建几何体。

（1）将操作导航工具切换到几何体视图，并将鼠标定位在 Workpiece 节点上，单击右键，在提出菜单中选择 Edit 选项，弹出创建工件的对话框。

（2）在创建工件对话框中，先单击零件几何图标，再选择 Select 选项，在图形窗口中选择零件几何模型作为零件几何，则返回到创建工件对话框。

（3）在创建工件对话框中，选择 Material 选项，弹出材料列表框，在其中选择 Stainless Steel 材料，单击 OK，又返回到创建工件对话框。

（4）在创建工件对话框中，单击毛坯几何图标，并选择 Select 选项，在图形窗口中选择先前创建的块体作为毛坯几何。

（5）结束零件几何和毛坯几何选择后，单击 OK 多次，直接返回到操作导航工具。

步骤 4：创建刀具。

（1）在创建工具条上选择创建刀具图标，弹出的创建刀具对话框。

（2）在创建刀具对话框中，单击立铣刀图标，然后在 Name 文本框中输入 EM－5mm，再单击 OK 或 Apply，弹出设置立铣刀参数对话框。

（3）在设置铣刀参数对话框中，从下拉列表框中选择 5－parameter 选项，并输入 *D*=5.00、*R*1=0.00、*L*=30.00、*FL*＝20.00，单击 OK 结束刀具创建工作。

步骤 5：创建方法。

（1）在创建工具条上选择创建加工方法图标，弹出创建加工方法对话框。在该对话框中，从 Parent Group 下拉列表框中选择 Mill_Rough，在 Name 文本框中输入 PLN_Method，然后单击 OK 或 Apply，弹出加工方法对话框。

（2）在加工方法对话框中，指定余量、公差和刀具路径显示的相关选项，单击 OK，完成加工方法的创建。

步骤 6：创建程序。

在创建工具条上选择创建程序图标，弹出创建程序对话框。在该对话框中，从 Parent Group 下拉列表框中选择 Program，在 Name 文本框中输入 PLN_ Program，然后单击 OK 或 Apply，则在选择的父组下创建了名称为 PLN_ Program 程序组。

步骤 7：创建永久边界。

（1）选择 Tools－Boundary…菜单项，弹出边界管理对话框。在该对话框中，选择 Create 选项，弹出创建边界对话框，此时对话框顶部提示为 Create Boundary B1。

（2）在创建边界对话框中，选择 Change Name 选项，在弹出的对话框中输入 P_B1，并单击 OK，返回到创建边界对话框，此时对话框顶部提示变为 Create Boundary P_B1。

（3）在创建边界对话框中，选择 Boundary－Plane－XC-YC 选项，弹出平面对话框，在该对话框中选择 Plane of Curve 选项，并在图形窗口选择如图 5-58 所示的型腔 1 顶面一圆弧，则又返回创建边界对话框。

（4）在创建边界对话框中，按顺序选择型腔 1 顶面的所有边缘后，单击 OK，此时对话框顶部提示变为 Create Boundary B1，这样就创建了永久边界 P_B1，如图 5-59 所示。

（5）按照第（2）步至第（4）步同样的方法，分别创建永久边界 P_B2 至 P_B6，最后单击 OK，直至退出边界管理对话框。

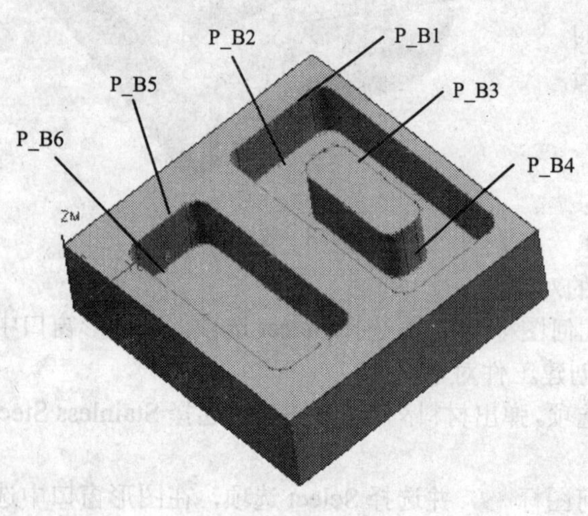

图 5-59　永久边界

步骤 8：创建平面铣操作。

（1）在创建工具条上选择创建操作图标，弹出创建操作对话框。

（2）在创建操作对话框中，选择子类区域中图标，在程序 Program 下拉列表框中选择 PLN_Program 程序组，在 Use Geometry 下拉列表框中选择 Workpiece 几何体。在 Use Tool 下拉列表框中选择 EM—5mm 刀具，在 Use Method 下拉列表框中选择 PLN_Method 加工方法。在 Name 文本框中指定新建操作的名称为 Planar_ Pocket，然后单击 OK 或 Apply，弹出平面铣操作对话框。

步骤 9：定义零件边界几何。

（1）在平面铣操作对话框中，先单击零件边界图标，再选择 Select 选项，弹出边界几何对话框。

（2）在边界几何对话框中，从 Mode 下拉列表框中选择 Boundary 选项，在 Material Side 下拉列表框中选择 Outside 选项，在 Name 文本框中输入 P_B1，接着输入 P_B5 回车。

（3）在边界几何对话框中，在 Material Side 下拉列表框中选择 Inside 选项，在 Name 文本框中输入 P_B2，接着输入 P_B3 回车、P_B4 回车、P_B6 回车。

（4）在边界几何对话框中，单击 OK，返回到平面铣操作对话框。

步骤 10：定义底面。

在平面铣操作对话框中，先单击底面图标，再选择 Select 选项，弹出平面构造器，在图形窗口中直接选择零件的底面。单击 OK，返回到平面铣操作对话框。

步骤 11：指定切削方法与横向进给量。

在平面铣操作对话框中，从切削方法（Cut Method）下拉列表框中选择▣选项，从横向进给（Stepover）下拉列表框中选择 Tool Diameter 选项，并在 Percent 文本框中输入 50。

步骤 12：确定切削顺序。

在平面铣操作对话框中，选择 Cutting 选项，弹出切削参数对话框，在 Cut Order 下拉列表框中选择 Depth First 选项，并单击 OK，返回到平面铣对话框。

步骤 13：确定切削深度。

在平面铣操作对话框中，选择 Cut Depth 选项，弹出切削深度参数对话框，在 Type 下拉列表框中选择 Levels at Island Tops 选项，并单击 OK，返回到平面铣对话框。

步骤 14：设置进给量。

在平面铣操作对话框中，选择 Feed Rates 选项，弹出进给速度设置对话框，选择 Reset from Table 选项，并单击 OK，返回到平面铣对话框。

步骤 15：定义安全平面。

（1）在平面铣操作对话框中，选择 Avoidance 选项，弹出避让几何对话框。

（2）在几何对话框中，选择 Clearance Plane_None 选项，弹出安全平面对话框。在该对话框中，选择 Specify 选项，弹出平面构造器对话框。

（3）在平面构造器对话框中，选择 Plane Subfunction 选项，弹出平面对话框。

（4）在平面对话框中，选择 Principal Plane 选项，再在其后弹出的对话框中选择 ZC Constant 选项，然后在 ZC 文本框中输入 31.5。

（5）连续单击 OK，直接返回到平面铣操作对话框。

步骤 16：指定跨越方法。

在平面铣操作对话框中，选择 Method 选项，弹出进刀与退刀方法对话框，在 Transfer Method 下拉列表框中选择 Clearance Plane 选项，然后在 Horizontal 文本框中输入 0.5，在 Vertical 文本框中输入 0.5，在 Minimum 文本框中输入 0.1，最后单击 OK，返回到平面铣操作对话框。

步骤 17：生成刀具路径。

在平面铣操作对话框底部，选择刀具路径产生图标▣，并在弹出的对话框中单击 OK，则显示如图 5-60 所示的刀具路径。最后，在平面铣操作对话框中单击 OK，则生成了粗加工刀具路径。

最后对已生成的刀具路径，在图形窗口中以实体形式模拟，以验证各操作参数定义的合理性，该零件模拟加工后的结果如图 5-61 所示。

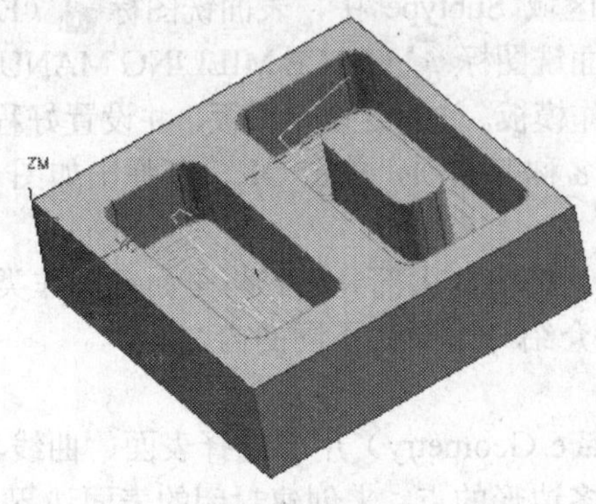

图 5-60 刀具路径

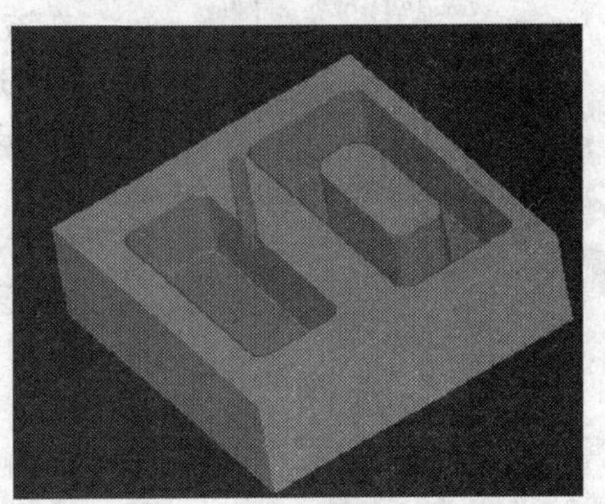

图 5-61 切削仿真结果

第四节　表面铣操作

一、表面铣概述

表面铣是一种专门用于加工表面几何的模板，是平面铣的一种特例。可直接选择表面来指定要加工的表面几何，也可通过选择存在曲线、边缘或指定一系列有序点来定义表面几何。在表面铣中，可以指定要切除的材料量，也可以指定零件与检查几何周围的材料量，以避免过切。

虽然在平面铣操作中可以执行表面铣功能，但用表面铣操作可大大简化操作的创建过程。在平面铣操作中，如果要完成表面铣的功能，可通过选择要加工表面来创建边界，并抬高边界到要求的高度，同时需要选择一个平面作底面。但如果要加工的平面区域的高度不同时，可能需要创建好几个操作。创建表面铣操作时，需要指定几何体、刀具以及生成刀具路径的参数。为了生成刀具路径，必须选择表面几何，对选择的每一个表面，系统都根据其形状自动识别加工区域，保证切削过程顺利进行。

1．表面铣操作的优点

（1）建立表面铣操作非常简单，只需要选择要加工的表面，并指定每一个表面的加工余量即可。

（2）当多加工区域靠在一起，并都需要加工到同一高度，它们能组合在一起加工，这样可减少进刀与退刀运动，从而节省加工时间；同时，由于刀具不必在区域间进行远距离跨越，因此可产生高效的刀具路径。

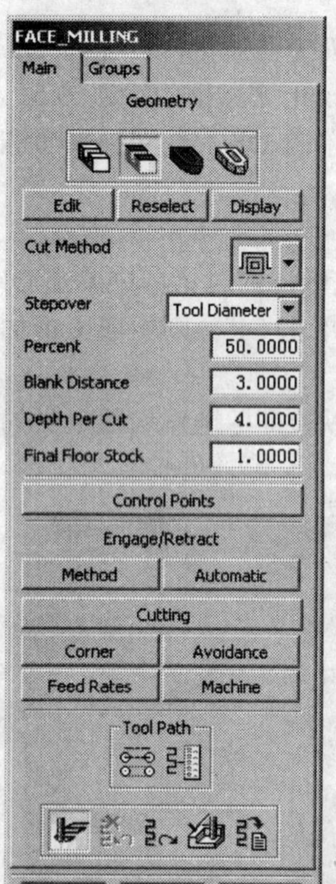

图 5-62　表面铣操作对话框

（3）在表面铣操作中，定义余量很方便，指定的加工余量确定了从选择表面顶部切除的材料量。

（4）在表面铣操作中，加工实体上的平面区域很方便，如凸台。

（5）对每个加工表面可采用不同的切削方法。

（6）当切削运动跨越空隙时，可不必抬刀保持切削运动连续。

2．创建表面铣操作

表面铣操作的创建方法与平面铣类似。在创建工具条中选择创建操作图标，弹出创建操作对话框，然后在 Type 下拉列表框中选择模板零件 mill_planar，则创建操作对话框。

在该对话框子类区域 Subtype 中，表面铣图标（FACE MILLING）与手动表面铣图标（FACE MILLING MANUAL）都可用作表面铣的操作模板。选择这两个模板，并设置好程序、几何、刀具、方法与名称等选项，单击 OK，可弹出如图 5-62 所示的对话框。

在表面铣操作对话框中，大部分内容与平面铣操作类似，在此不再赘述，主要介绍与平面铣不同的内容。

二、表面几何

表面几何（Face Geometry）用于选择表面、曲线与边缘，或可以连续构成多边形的点，来创建封闭的表面边界，封闭边界的内部材料区域是加工的区域。

当选择表面创建表面边界时，包含该表面的实体与表面边界关联，并自动当作零件几何，确定在各切削层的切削区域。如果选择曲线、边缘或点创建表面边界，则没有这种关联性。表面边界中的所有成员，都自动赋予刀具位置属性为Tano，在生成刀具路径时，至少定义一个表面边界。

在表面几何中可以定义多个边界，而且所有边界可在不同平面上定义。所选的第一个表面边界平面法向，自动设为刀轴方向。由于表面铣是在垂直于刀轴的平面内切除材料，因此，所有表面边界平面的法向必须与刀轴平行，否则，在创建刀具路径时将忽略该表面边界。对于距离很近、切削高度相同的表面边界区域，在创建表面铣操作时，系统会自动将它们组合在一起进行切削，以提高表面铣的效率。

三、表面铣余量

1．毛坯距离

毛坯距离（Blank Distance）文本框，用于输入切除材料的总厚度值。毛坯距离值是沿刀轴方向，从选择表面几何的平面处向上测量的。这种定义切除材料量的方式，与通常的从顶往底测量模式不同。

2．底部精铣余量

底部精铣余量（Final Floor Stock）用于输入保留在选择表面上的材料量，以便在后续精铣操作中切除。

毛坯距离与最终底部余量合并在一起，可确定切除材料的实际总厚度。如果采用自动切削方式，当对不同高度的平面进行切削时，有时可能会出现空走刀的情况。但如果使用混合铣方法中的省略模式，可避免这种情况。

四、混合切削方法

混合切削方法，允许每个加工区域选用不同的切削方法。根据加工区域几何形状的不同，可以使用手动切削方法或自动切削方法，以确保各切削区域采用合适切削方法。如果需要对每个选择的表面使用不同的切削方法，或者需要使用手动切削方法，则应该选择混合切削方法的模式。

五、表面铣实例

图 5-63 所示一个零件，其外形尺寸 100×100×40，并创建一个块体作为毛坯，其外形尺寸为100×100×45。要求加工除底面外的各水平表面。现介绍用表面铣方法，创建该加工操作的步骤。

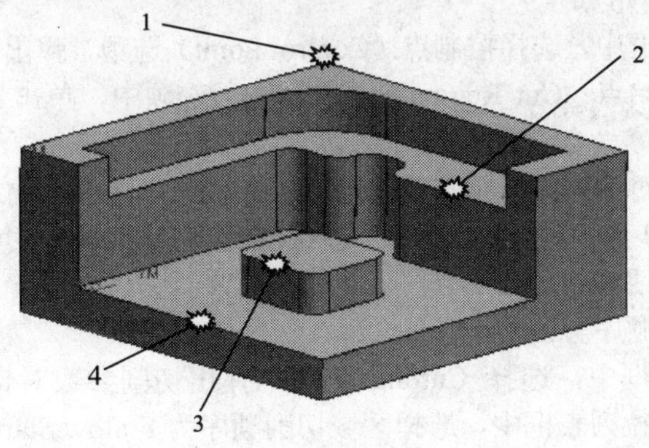

图 5-63　零件三维图

1．创建零件几何模型

创建的零件几何模型如图 5-63 所示。

2．进入加工应用

进入 Manufacturing 模块，弹出环境设置对话框。在该对话框的上部列表框中选择 cam_general 配置，在该对话框的下部列表框中选择模板零件 mill_planar，单击 Initialize 按钮，进入加工应用环境。

3．创建几何体

将操作导航工具切换到几何体视图，并将鼠标定位在 Workpiece 节点上双击左键，弹出创建工件对话框。然后用与平面铣中相同的方法，选择好零件几何体和毛坯几何体，其中材料选择 Stainless Steel。最后单击 OK 多次，直至返回到操作对话框。

4．创建刀具

创建立铣刀 T_R6，其材料为 HSS，尺寸为 D=12、$R1$=0、L=75、FL=50。

5．创建表面铣操作

在创建工具条上选择创建操作图标，弹出创建操作对话框，在 Type 下拉列表框中选择模板零件 mill_planar。

在创建操作对话框中，选择子类区域中图标，在程序 Program 下拉列表框中选择 PROGRAM 程序组，在 Use Geometry 下拉列表框中选择 WORKPIECE 几何体，在 Use Tool 下拉列表框中选择 T_B6 刀具，在 Use Method 下拉列表框中选择 Mill_Rough 加工方法，在 Name 文本框中指定新建操作的名称为 Face_Milling，然后单击 OK，弹出表面铣操作对话框。

6．定义切削表面

在表面铣操作对话框中，先单击表面几何图标，再选择 Select 选项，弹出表面几何对话框。在该对话框中，单击 Filter Method 图标区中的图标，再在图形窗口中，选择零件几何中除底面外的所有水平表面，最后单击 OK，返回到表面铣操作对话框。

7．指定切削方法与横向进给量

在表面铣操作对话框中，从 Cut Method 下拉列表框中选择，从横向进给量（Stepover）下拉列表框中选择 Tool Diameter 选项，并在 Percent 文本框中输入 50。

8．设置余量与每刀切削深度

在表面铣操作对话框中，在毛坯距离（Blank Distance）文本框中输入毛坯距离 5，并在每刀切削深度（Depth per Cut）文本框中输入每刀切削深度 4，然后在底部精铣余量（Final Floor Stock）文本框中输入 1。

9．定义切削区域开始点

在表面铣操作对话框中，选择控制点（Control Point）选项，弹出控制几何对话框，在该对话框下部切削区域开始点（Cut Region Start Points）选项中，单击 Edit 按钮，弹出切削区域开始点对话框。

在切削区域开始点对话框中，单击 Generic Point 选项，弹出点构造器对话框，按顺序选择图 5-63 中 1、2、3、4 点，并单击 Back，返回到切削区域开始点对话框。单击 OK 两次，直到返回表面铣操作对话框。

10．确定区域切削顺序与公差

在表面铣操作对话框中，选择 Cutting 选项，弹出切削参数对话框，在区域切削顺序（Region Sequencing）下拉列表框中，选择区域切削顺序为 Follow Start Point 选项，设置内外公差皆为 0.05。并单击 OK，返回到表面铣操作对话框。

11．指定避让几何

在表面铣操作对话框中，选择避让几何（Avoidance）选项，弹出避让几何对话框。

在避让几何对话框中，选择从点（From Point）选项，弹出刀具开始点对话框。在该对话框中选择 Specify 选项，弹出点构造器对话框，分别在 *XC*、*YC*、*ZC* 文本框中输入 0、100、80。单击 OK，直到返回到避让几何对话框。

在避让几何对话框中，选择回零点（Gohome Point）选项，弹出安全平面对话框，在该对话框中选择 Specify 选项，弹出平面构造器对话框，选择零件几何顶面，再在偏置（Offset）文本框中输入 3，最后单击 OK，直到返回到表面铣操作对话框。

12．设置进给量

在表面铣操作对话框中，选择 Feed Rates 选项，弹出进给速度设置对话框，单击 Reset from Table 选项，然后单击 OK，返回到表面铣操作对话框。

13．生成粗加工刀具路径

在表面铣操作对话框的底部，选择刀具产生图标，并在弹出的对话框中单击 OK，则显示图 5-64 所示的刀具路径。最后单击 OK，则生成了粗加工刀具路径。

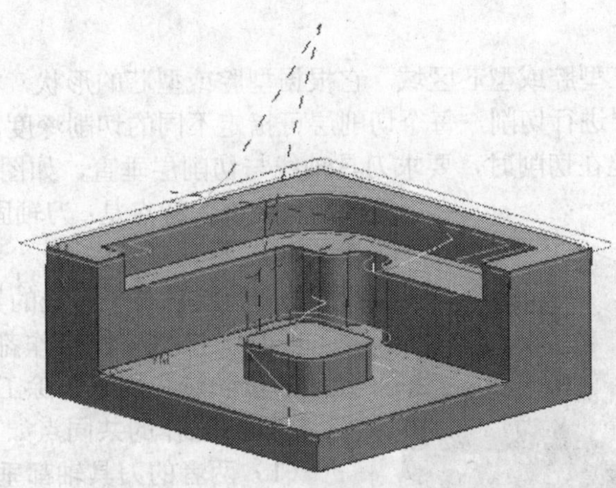

图 5-64　刀具路径图

最后对已生成的刀具路径，在图形窗口中以实体形式模拟，以验证各操作参数定义的合理性，该零件模拟加工后的结果如图 5-65 所示。

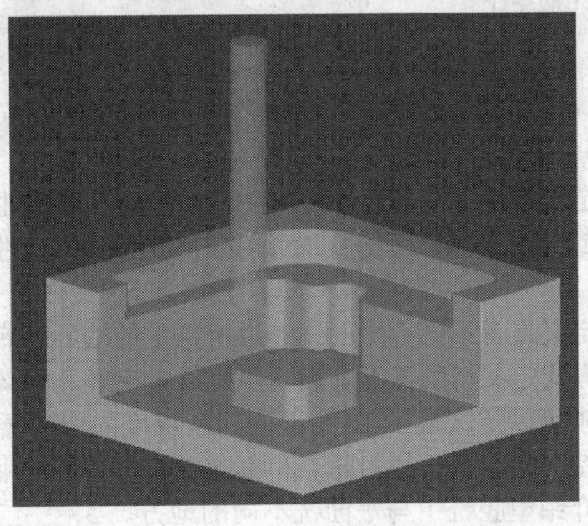

图 5-65　切削仿真结果

第六章 型 腔 铣

型腔铣（Cavity Milling）是为精加工做准备的常用粗加工方法，尤其适用于需大量切除毛坯余量的场合。它们通过逐层切削零件的方式，来创建加工刀具路径，从而粗切出路径的型腔或型芯。

第一节 基 础 知 识

一、型腔铣简介

1．型腔铣

型腔铣用于粗加工型腔或型芯区域。它根据型腔或型芯的形状，将要切除的部位在深度方向上分成多个切削层进行切削，每个切削层可指定不同的切削深度，并可用于加工侧壁与底面不垂直的部位，但在切削时，要求刀具轴线与切削层垂直，如图 6-1 所示。

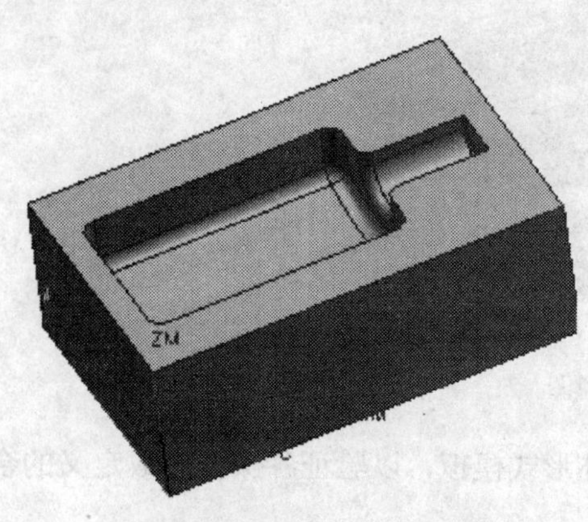

图 6-1　型腔铣加工的零件

型腔铣的特点是：刀轴固定，底面可以是曲面，侧壁可以不垂直于底面。

2．型腔铣与平面铣的异同

平面铣和型腔铣操作都是在水平切削层上创建的刀位轨迹，用来去除工件上的材料余量。

这两种操作的共同点如下。

（1）两者的刀具轴都垂直于切削层平面。

（2）刀具的所用切削方法相同，都包含区域部分和轮廓部分的铣削[型腔铣中没有标准驱动铣（Standard Drive）]。

（3）切削区域的开始点控制和进刀/退刀选项相同。可以定义每层的切削区域开始点，并提供了多种方式的进刀/退刀功能。

（4）其他参数选项（如切削参数选项、拐角控制选项、避让几何体选项等）基本相同。

这两种操作的不同点如下。

（1）平面铣用边界定义零件材料。边界是一种几何实体，可用曲线/边界、面（平面的边界）、点来定义临时边界或永久边界。而型腔铣可用任何几何体以及曲面区域和小面模型来定义零件材料。

（2）切削层深度的定义二者不同。平面铣通过所指定的边界和底面的高度差来定义总的切削深度，并且有 5 种方式定义切削深度。而型腔铣通过毛坯几何体和零件几何体来定义切削深度，通过切削层选项可以定义最多 10 个不同切削深度的切削区间。

正因为平面铣和型腔铣操作有一些相同点和不同点，故它们的用途有相似之处，也有不同之处，在本章里主要介绍型腔铣中与平面铣不同的地方。

3．平面铣和型腔铣的选用

平面铣用于直壁的、并且岛屿的顶面和槽腔的底面为平面的加工。而型腔铣适用于非直壁的、岛屿的顶面和槽腔的底面为平面和曲面的加工。在多数情况下，特别是粗加工，型腔铣可以替代平面铣。型腔铣是模具粗加工的常用方法，对于模具型芯和型腔以及其他带有复杂曲面的零件的粗加工，多选用岛屿的顶平面和槽腔的底平面之间为切削层，在每一个切削层上，它根据切削层平面与毛坯和零件几何体底面的交线来确定切削范围。

二、创建型腔铣操作

1．创建操作对话框

初始化加工环境后，采用与创建平面铣操作相同的方法，可弹出创建操作对话框。在Type下拉列表框中选模板零件 mill_contour，则创建操作对话框如图 6-2 所示。

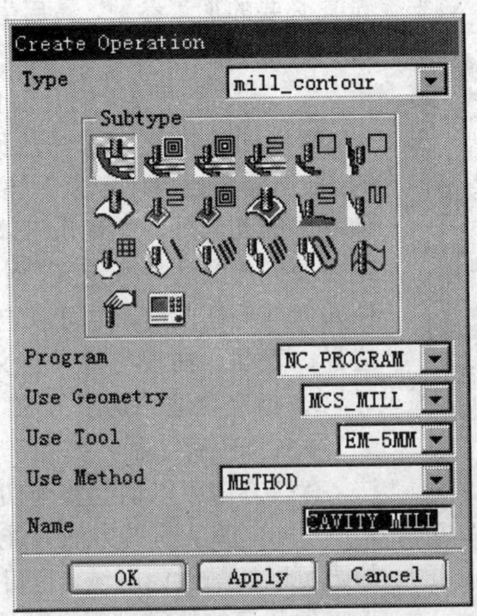

图 6-2　创建型腔铣操作对话框

2．操作模板说明

在子类区域 Subtype 中的第一排操作模板图标，定制了型腔铣操作参数设置对话框。在此对第一排操作模板创建的操作对话框进行详细说明，其他模板完成的功能基本与此相同。在创建操作时，默认的 mill_contour 模板集中可使用的型腔铣子类型选项见表 6-1。

表 6-1　型腔铣操作模板说明

图　标	中英文含义	说　明
	CAVITY_MILL 型腔铣	
	ZLEVEL_FOLLOW_CAVITY 跟随型腔等高轮廓铣	与型腔铣基本相同
	ZLEVEL_FOLLOW_CORE 跟随型芯等高轮廓铣	与型腔铣基本相同，但自动识别型芯域
	ZLEVEL_ZIGZAG 往复式等高轮廓铣	与型腔铣基本相同，切削方式默认为 Zig-Zag（往复）
	ZLEVEL_PROFILE 等高轮廓铣	
	ZLEVEL_PROFILE_STEEP 陡峭等高轮廓铣	与等高型腔铣基本相同

3．型腔铣操作对话框

在创建操作对话框中，选择一种操作模板如，并分别设置好 Program、Use Geometry、Tool、Use Method 和 Name 等选项，最后单击 OK 或 Apply，弹出如图 6-3 所示型腔铣操作对话框。

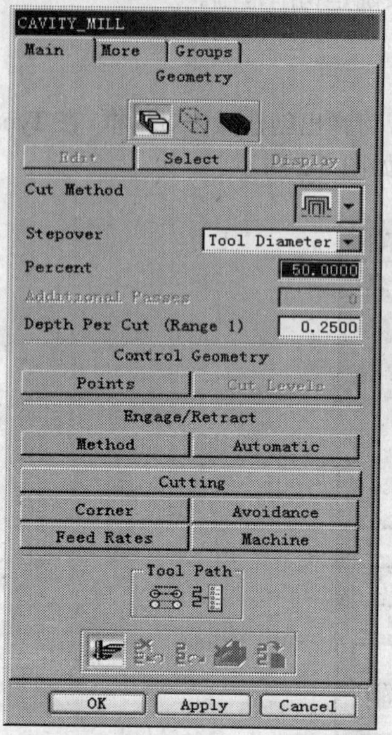

图 6-3　型腔铣操作对话框

三、创建平面铣与型腔铣操作的方法比较

平面铣与型腔铣操作对话框中的选项与参数基本相同，因此创建平面铣与型腔铣操作的方法也基本相同，首先定义需要加工的几何体，然后指定合适的切削方法，再设置必要的加工参数，最后生成刀具路径，并对刀具路径进行模拟切削。

1．定义需要加工的几何体

对平面铣操作，零件几何与底平面几何是必须定义的，根据需要还可以定义毛坯几何、检查几何与修剪几何，除底平面几何外，所有几何体都通过曲线、边、永久边界或表面创建的边界来定义。对型腔铣操作一般需要定义零件几何与毛坯几何，也可以定义检查几何，这些几何体用边界、表面、曲线与体来定义。

2．指定合适的切削方法

平面铣中有 7 种、型腔铣中有 6 种可供选择的切削方法，有些方法可以切削整个切削区域，而有些方法则只能切削区域轮廓，有些方法只能切削封闭区域，但有些方法却既可以切削封闭区域，也可以切削开放区域，应根据加工零件几何的特征进行合理选择。

3．设置必要的加工参数

加工参数包括切削参数、切削深度、进给量、避让几何、拐角、机床控制、控制几何以及进刀与退刀运动等参数，对这些参数应根据具体情况进行设置，有些参数可采用默认值，有些参数却必须仔细考虑。

4．生成刀具路径并进行模拟切削

进行模拟切削，是为了验证刀具路径是否符合要求，若不符合要求，则可修改以上任一项设置，直到满意为止。

第二节　型腔铣加工的操作参数

一、型腔铣中的加工几何

为创建型腔铣操作，必须定义型腔铣操作的相关参数。型腔铣操作对话框中的创建几何零件图标包括：（Part）、（Blank）、（Check）等，可分别定义零件几何、毛坯几何和检查几何。通过选择这些几何体，可定义和修改型腔铣操作加工区域。

二、型腔铣加工的操作参数

在型腔铣操作中，有不少选项与平面铣完全一致的，如进退刀方法与自动进退刀选项，控制几何体中的点选项以及角、避让、进给率和机床选项。而另外一些参数是基本相同的，如切削方法。在型腔铣中没有标准驱动方式，其余的切削方法都与平面铣一样，切削参数大部分都相同，只是最后加了几个参数选项。

型腔铣与平面铣最大的不同在于多深度切削时的切削层控制，在平面铣中是以底面作为切削的最低平面，用切削深度选项来指定切削层；而在型腔铣中要用切削层选项进行设置。

1．切削层

在型腔铣操作对话框中的切削层（Cut Levels）选项，为多层切削指定平行的切削平面。切削层由切削深度范围与每层深度定义，一个范围包含两个垂直于刀轴的平面，通过该两个平面来定义切削的材料量。切削层选项只有在型腔铣操作对话框中才出现。

一个操作中可以定义多个范围，每个范围可由切削深度均匀地等分。根据零件几何与毛坯几何定义的切削量，系统基于其最高点与最低点自动确定第一个范围。但系统自动确定的范围，仅是一个近似结果，有时并不能完全满足切削要求，用户可根据需要选择几何对象进行手动调整，在某个要求的位置上定义范围。

注意：若几何体沿 Z 轴方向发生了转换，则必须重新定义切削层。

在图形窗口中，切削层用较大的平面符号高亮度的显示范围，而用较小的平面符号来显示范围内的切削深度。范围总是从顶到底，按数字顺序一个跟着一个，一个范围不可能在另一个范围之中。在同一时间，只有一个范围是当前激活范围，当前激活范围高亮度显示，并在状态行中显示其数字序号，而且只能对当前激活范围进行修改或删除。若删除一个范围，则下一个范围的顶部将延伸，以填充范围删除后的间隙。若修改一个范围，则在其底平面往上或往下移动时，其下一个范围就向上扩展或向下缩短，以适应空间的变化。当然也可以添加范围，添加的范围总是在指定平面上，并延伸到上一个范围的底部，若上面没有范围，则延伸到切削量的顶部。

单击该选项，弹出图 6-4 所示切削层对话框，该对话框上部图标用来添加与修改范围，中部选项用来定义范围深度、每刀切削深度以及控制点等，下部图标用来删除范围。

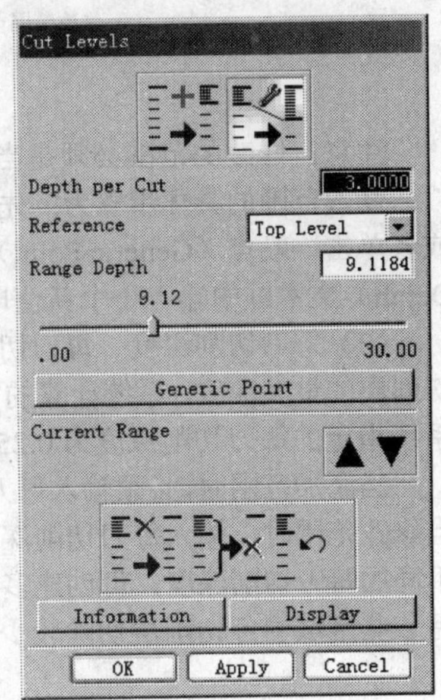

图 6-4　切削层对话框

（1）添加范围　选择添加范围图标（Add Ranges），可通过定义底平面来创建一个新范围。为添加一个范围，必须选择一个点、一个面，或在范围深度（Range Depth）文本框中输入一个值，来定义新范围的底平面。创建的范围就在指定平面之上，并延伸到上一个范围的底部，若不存在上一个范围，则延伸到切削量的顶部。如果选择了一个面，系统就用该面的最高点来确定底平面的位置，若该面以后被删除，则相应的范围就被调整或一起删除。图 6-5 说明了选择面来定义底平面时，创建范围的两种情况。

添加范围的具体步骤为：先单击 Add Ranges 图标，然后直接在图形窗口选择一个面或单击一般点（Generic Point）选项用点构造器构造一个点，或者直接在范围深度（Range Depth）文本框中输入一个值即可。

（2）修改范围　修改范围应选择修改图标（Modify Ranges）。修改时可输入一个新的深度值或移动范围深度滑块位置，或选择一个面或点，使存在范围的底平面沿刀轴方向移动，以增加或减少范围的切削深度。在移动底平面到切削量的任意一点时，有可能删除整个范围。在修改范围的过程中，随着其底平面的上下移动，其下面的范围就向上扩展或向下缩短，以适应空间的变化。图 6-6 所示为修改范围的有关情况。

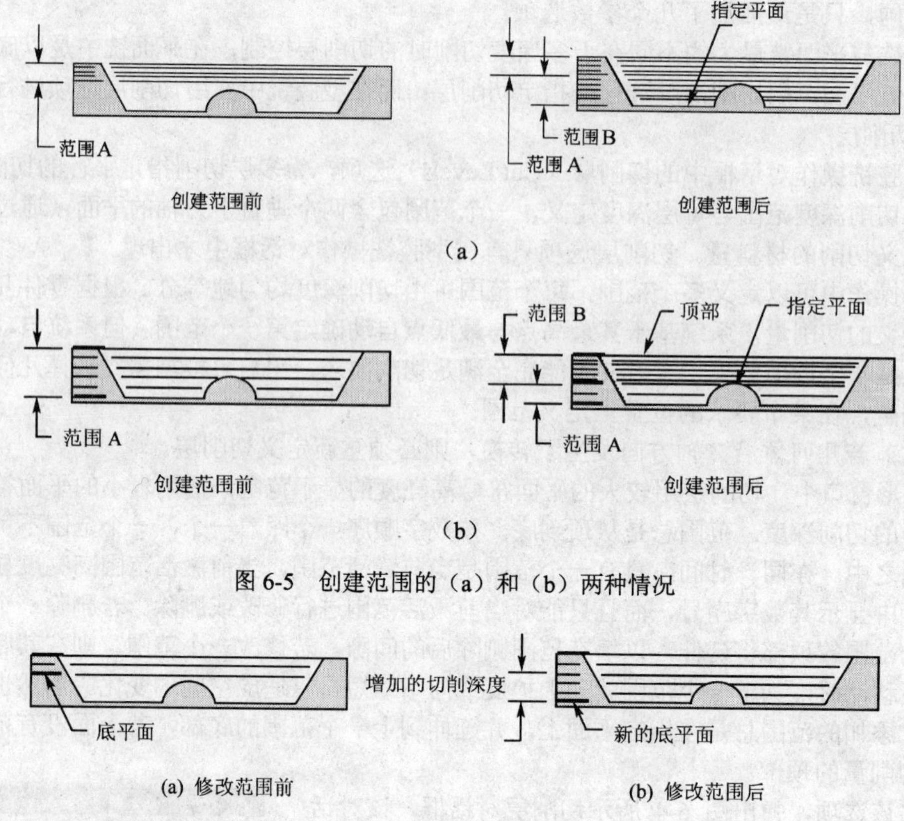

图 6-5　创建范围的（a）和（b）两种情况

图 6-6　修改范围的情况

注意：修改的范围必须是当前激活范围。

修改范围的具体步骤为：先单击 Modify Ranges 图标，然后直接在图形窗口选择一个面或者单击一般点（Generic Point）选项用点构造器构造一个点，或者直接在范围深度（Range Depth）文本框中输入一个新值即可。

（3）每刀切削深度　每刀切削深度（Depth Per Cut）文本框，用于在一个范围内指定各切削层的最大深度。系统计算的实际切削层深度小于或等于指定的最大深度，如图 6-7 所示，系统指定的每刀切削深度为 0.25，当切削深度不同时，实际每刀切削深度将不同。

当添加范围时，必须输入每刀切削深度值并回车或单击 Apply 按钮才能创建切削层深度；当修改范围时，输入每刀切削深度值后，会立即生成新的切削层深度。通过为不同范围指定不同的每刀切削深度，可创建多个切削层，使在一些区域中各切削层切除较多的材料，而在另一些区域中各切削层切除较少的材料。

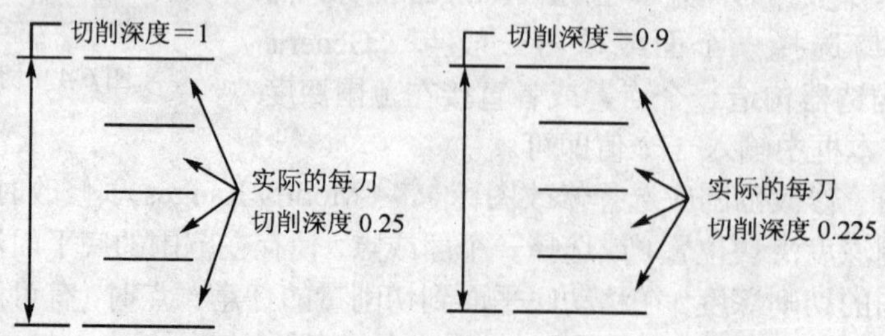

图 6-7　每刀切削深度示意

（4）参考平面　参考平面（Reference）选项，用于确定范围深度值的测量位置。包括 Top Level（顶平面）、Range Top（范围顶部）、Range Bottom（范围底部）与 WCS Origin（WCS 原点）4 个选项，这些选项仅影响范围深度值的测量位置，并不影响用点或面定义的范围。

Top Level：指定范围深度值从第一个切削范围的顶部测量。

Range Top：指定范围深度值从当前范围的顶部测量。

Range Bottom：指定范围深度值从当前范围的底部测量。

WCS Origin：指定范围深度值从工作坐标的原点测量。

（5）范围深度　范围深度（Range Depth）文本框，用于输入距离值定义一个新范围的底部，或编辑一个存在范围的底部。其距离值是从指定的参考平面进行测量的，通过输入一个正的或负的距离值，可使定义的范围在指定参考平面的上部或下部。也可以用范围深度滑块来改变范围深度，当移动滑块时，范围深度文本框中的深度值跟着变化。

（6）一般点　一般点（Generic Point）选项，通过点构造器构造一个点来添加或修改范围。当添加范围时，指定的点就确定了新范围的底部；当修改范围时，当前激活范围的底部会移到指定点的位置。

（7）当前范围　当前范围（Current Range）选项，通过单击▲和▼按钮，选择一范围作为当前激活范围。当前激活范围在图形窗口中用当前范围颜色显示，并在 Range Depth 与 Depth Per Cut 文本框中，显示对应的范围深度值与每刀切削深度值。

注意：只能对当前激活范围进行修改或删除。

（8）删除当前范围　删除当前范围图标（Remove Current Range），用于删除图形窗口中高亮度显示的当前激活范围。当删除一个范围时，则其下一个范围的顶部会延伸，填充删除范围的间隙，延伸的范围将添加切削层，并可能作相应的调整。该图标可逐个地删除所有存在的范围。

（9）恢复到默认范围　恢复到默认范围图标（Reset To Default），用于删除所有已定义的范围，并自动创建一个默认范围，其范围深度是从切削量的底部到顶部距离，且 Depth Per Cut 值为 0。单击该选项，弹出如图 6-8 所示警告框，提示所有存在的范围都将删除，并恢复到默认范围，单击 OK。

注意：既可用 Remove Current Range 图标逐个删除所有存在范围，也可用该图标恢复到默认范围。

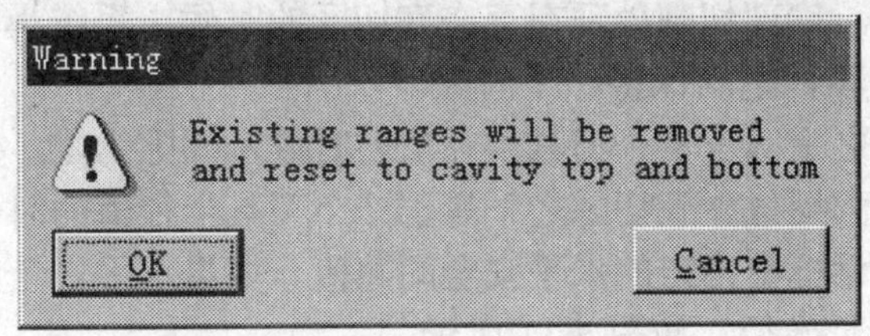

图 6-8　恢复到默认范围警告框

（10）恢复到原来状态　恢复到原来状态图标（Reset To Original），用于取消进入切削层对话框后所作的所有修改，恢复刚进入切削层对话框时的状态。单击该选项，弹出如图 6-9 所示警告框，提示所有存在的范围都将删除，并恢复到原来状态，单击 OK 即可。

（11）信息与显示　信息（Information）选项，用于在信息窗口中显示所有存在范围的信息。显示（Display）选项，用于在图形窗口中高亮度显示所有存在的范围。

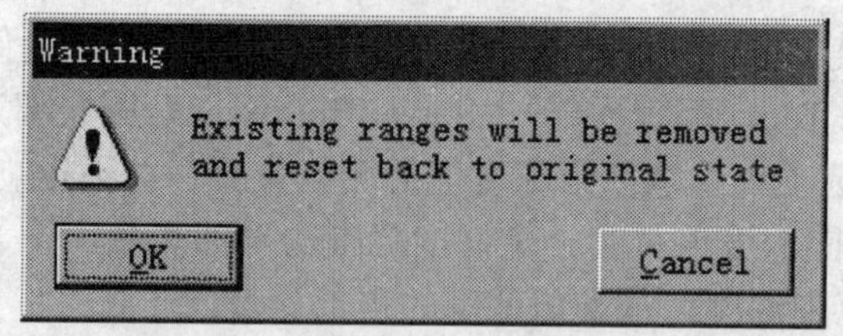

图 6-9　恢复到原来状态警告框

2．切削参数

（1）余量　余量包括零件底部余量（Part Floor Stock）和零件侧面余量（Part Side Stock）。零件底部余量是指垂直于刀具轴的水平面的余量；零件侧面余量是指平行于刀具轴的侧面的余量。

斜面的零件余量在零件底面余量和零件侧面余量之间。曲面的零件余量在零件底面余量和零件侧面余量之间变化。参见图 6-10。

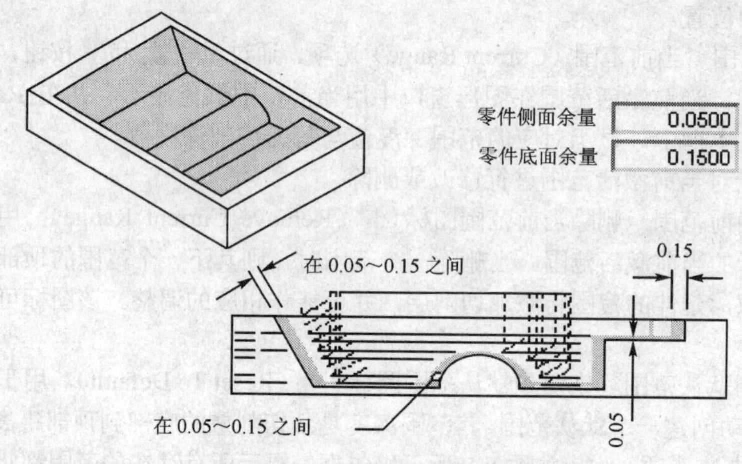

图 6-10　型腔铣的零件余量示意

（2）容错加工　容错加工是一种使系统能够寻找不过切的可加工区的零件材料的可靠运算方法，容错加工默认地总被起用。

（3）底部切削处理　底部切削处理在存在底切区的时候，系统为防止刀柄与零件表面之间发生摩擦，在刀柄与零件之间保持一个间隙。

当刀柄位于底切区之上等于一个刀具半径值的时候，间隙为零，然后随着切削深度的增加，间隙逐渐增大。当刀柄位于底切区之下等于一个刀具半径值的时候，间隙达到最大，等于在 Engage/Retract 对话框中指定的水平安全间隙值。如果水平安全间隙值大于刀具半径，则间隙的最大值等于刀具半径，如图 6-11 所示。

（4）由边缘修剪　由边缘修剪（Trim by）是指被加工零件是一个型芯状零件，在没有定义毛坯几何的情况下，通过下列两种选择来确定的切削范围决定毛坯几何，也可以正确生成刀轨。

① 外周边（Exterior Edge）　如果利用表面、片体、表面区域来定义零件几何，系统将利用零件几何的不与零件几何上的其他边接触的外周边决定切削范围，刀具可以定位到从这个范围朝外偏置一个刀具半径的位置，如图 6-12 所示。如果不存在这样的外周边就只能选择下述的轮廓线选项。

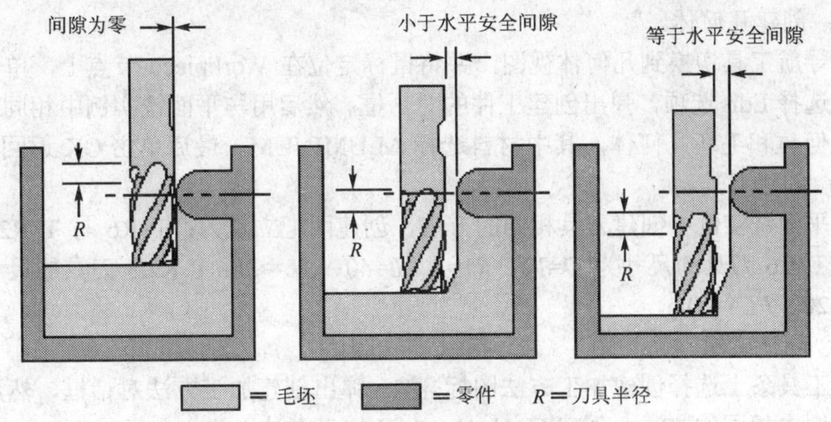

图 6-11　底部切削处理

② 轮廓线（Silhouette）　如果用片体、实体来定义零件几何，则系统利用零件几何的沿刀具轴方向在垂直于刀具轴平面的投影的外周轮廓线决定切削范围，刀具可以定位到从这个范围朝外偏置一个刀具半径的位置，如图 6-13 所示。

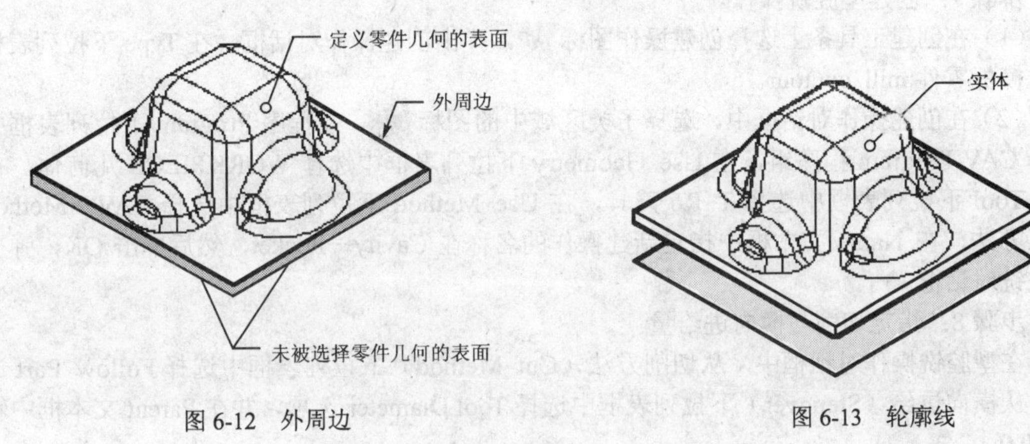

图 6-12　外周边　　　　图 6-13　轮廓线

第三节　型腔铣实例

图 6-14 所示零件，其外形尺寸为 80×50×30，带有一个弧形底面型腔，型腔拐角处的半径为 3。创建一个单独的块体作为零件毛坯，块体的尺寸分别为 80×50×31。

步骤 1：创建毛坯。

在 UG 软件中建立一个新文件，选择 Modeling 应用，建立如图 6-14 所示的零件，并创建一个独立的块体作为毛坯。

步骤 2：进入加工应用。

选择 Application—Manufacture 菜单项，在加工环境对话框中设置加工环境。在对话框的上部列表中选择 cam_general 配置，在对话框的下部列表中选择模板零件 mill_contour，单击 Initialize 按钮，进入加工环境。

图 6-14　零件

步骤 3：创建几何体。

将操作导航工具切换到几何体视图，并将鼠标定位在 Workpiece 节点上，单击右键，在弹出菜单中选择 Edit 选项，弹出创建工件的对话框。然后用与平面铣实例中相同的方法，选择好零件几何体和毛坯几何体，其中材料选择 ALUMINUM。最后单击 OK 返回。

步骤 4：创建刀具。

采用与平面铣实例中创建刀具相同的方法，创建两把立铣刀：T_R6 与 T_R2.5，其中材料为 HSS，T_R6 刀具的尺寸为 D=12、R1=2、L=40、FL＝20, T_R2.5 刀具的尺寸为 D=5、R1=0.5、L=20、FL＝10。

步骤 5：创建方法。

在创建工具条上选择创建加工方法图标，弹出创建加工方法对话框，然后用与平面铣对话框实例中相同的方法，创建 CAV－Method 加工方法。

步骤 6：创建程序。

在创建工具条上选择创建程序图标，弹出创建程序对话框，在 Parent Group 下拉列表框中选择 PROGRAM，在 Name 文本框中输入 CAV－Program，然后单击 OK 或 Apply，则在选择的父组下创建了名称 CAV－Program 新程序组。

步骤 7：创建型腔铣操作。

（1）在创建工具条上选择创建操作图标，弹出创建操作对话框，在 Type 下拉列表框中选模板零件 mill_contour。

（2）在创建操作对话框中，选择子类区域中的图标，在程序 Program 下拉列表框中选择 CAV-Program 程序组，在 Use Geometry 下拉列表框中选择 WORKPIECE 几何体，在 Use Tool 下拉列表框中选择 T_R6 刀具，在 Use Method 下拉列表框中选择 CAV－Method 加工方法，在 Name 文本框中指定新建操作的名称在 Cavity—Pocket，然后单击 OK，弹出型腔铣对话框。

步骤 8：指定切削与横向进给量。

在型腔铣操作对话框中，从切削方法（Cut Method）下拉列表框中选择 Follow Part 选项，从横向进给（Stepover）下拉列表框中选择 Tool Diameter 选项，并在 Parent 文本框中输入 50.0。

步骤 9：定义切削层。

（1）在型腔铣操作对话框中，选择 Cut Levels 选项，弹出对话框。

（2）在切削对话框中，选择 Generic Point 选项，用点构造器选择图 6-15 中边缘 1 的端点，作为当前范围底平面的位置点，在 Depth per Cut 文本框中输入 3.0 回车。

（3）在切削对话框中，选择添加范围图标，从 Reference 下拉列表框中选择 Range Bottom 选项，然后用点构造器选择图 6-15 中曲线 2 和直线 3 的交点，作为添加范围底平面的位置点。

（4）在切削层对话框中，选择修改范围图标，并连续单击 Current Range 选项中的▼按钮，使刚添加的范围为高亮度显示的当前的范围。在 Depth per Cut 文本框中输入 2.0 并回车，并拖动范围深度滑块，使标尺左边的数字显示为–20.0。单击 OK，返回到型腔铣操作的对话框。

步骤 10：设置进给量与加工余量。

（1）在型腔铣操作对话框中，选择 Feed Rates 选项，弹出进给速度对话框，选择 Reset from Table 选项。

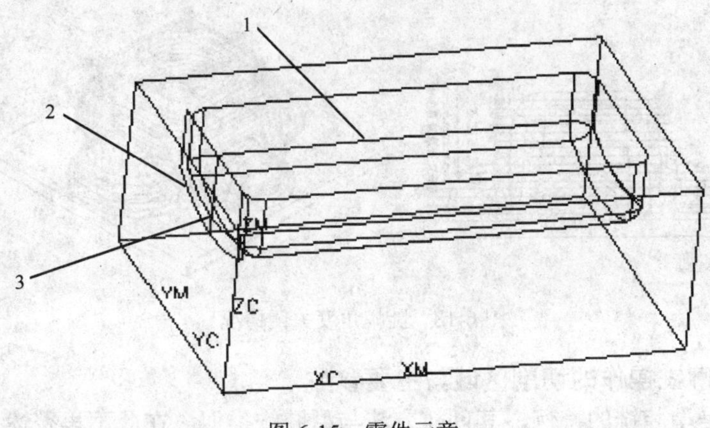

图 6-15　零件示意

（2）在进给速度设置对话框中，修改 Spidle Speed（r/min）值为 3800、Engage 值为 520、First Cut 值为 350、Cut 值为 580，并单击 OK，返回到型腔铣操作对话框。

（3）在型腔铣操作对话框中，选择 Cutting 选项，弹出切削参数对话框，在 Part Side Stock 文本框中输入 0.0，并单击 OK，返回到型腔铣操作对话框。

步骤 11：生成型腔刀具路径。

在型腔铣操作对话框的底部，选择刀具路径产生图标，并在弹出的对话框中单击 OK，显示出图 6-16 所示的刀具路径。

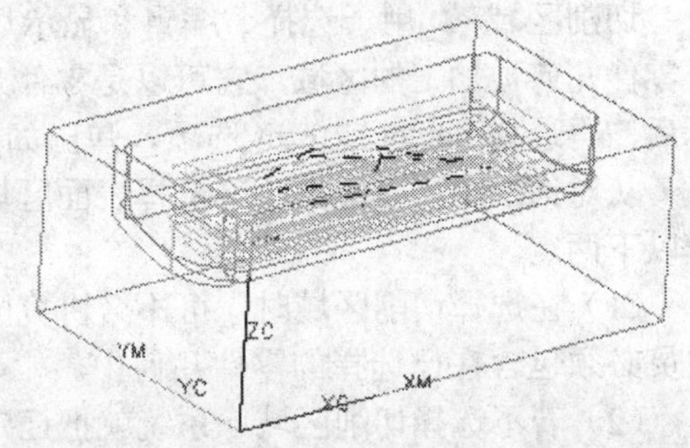

图 6-16　型腔刀具路径

第四节　等高轮廓铣

一、概述

等高轮廓铣通过切削多个切削层来加工零件实体轮廓与表面轮廓。等高轮廓铣的一个关键特征是，能够指定陡峭角度，把陡峭区域和非陡峭区域分开。当打开陡峭角度选项时，只有陡峭角度大于指定陡峭角度的区域（即陡峭区域）被加工，非陡峭区域就不加工；当关闭陡峭角度选项时，则整个零件轮廓被加工。图 6-17 所示为打开陡峭角度选项，且其陡峭角度设置为 70°情况，图 6-18 所示为关闭陡峭角度选项的情况。

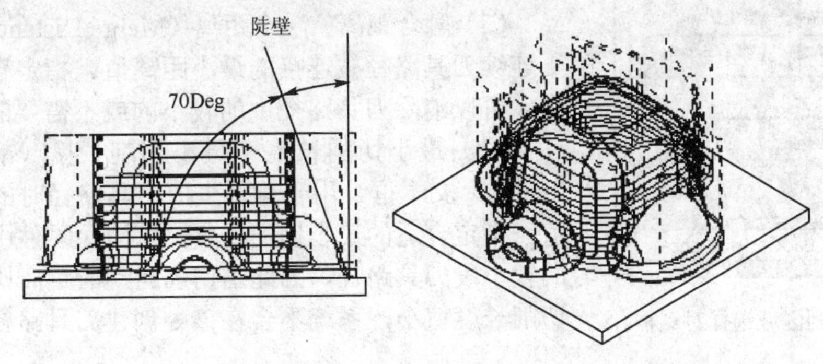

图 6-17　陡峭角度打开情况

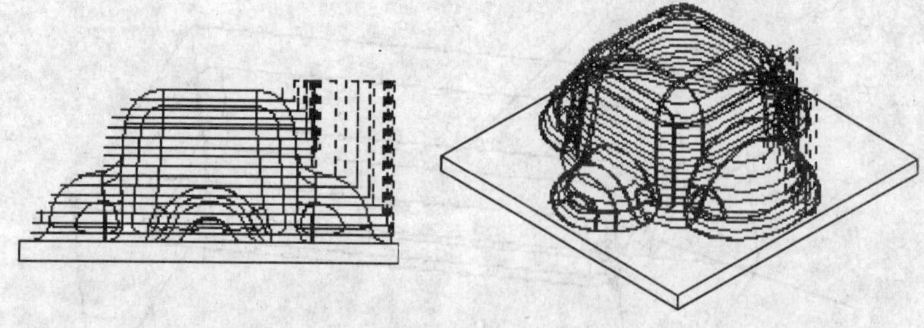

图 6-18　陡峭角度关闭情况

二、等高轮廓铣操作的切削区域与主要参数

等高轮廓铣是型腔铣的特例，其创建方法与型腔铣类似，在此不再赘述。在等高轮廓铣操作中，大部分内容与型腔铣相同，现重点介绍与型腔铣不同的内容。

1．切削区域

切削区域用于选择、编辑和显示切削区域。在等高轮廓铣操作中的切削区域，指定了零件几何被加工的区域，它可以是零件几何的一部分，也可以是整个零件几何。选择该图标后，再选择 Select 或 Edit 选项，弹出如图 6-19 所示的对话框。

从对话框中可以看出，可选择表面区域、片体或面来定义切削区域，在选择区域时应注意以下两点。

（1）在选择切削区域时，可不必讲究区域各部分选择的行列顺序，但切削区域中的每个成员必须包含在已选择的零件几何中。

（2）若不选择切削区域。系统就把已定义的整个零件几何（包括刀具不能切削的区域）作为切削区域。

2．等高轮廓铣的主要参数

（1）陡峭角度　陡峭角度（Steep Angle）是等高轮廓铣区别其他型腔铣的一个关键参数。零件上任一点的陡峭度，是由刀轴与零件表面法向间的夹角来定义的，陡峭区域是指零件上陡峭度大于或等于指定陡峭度的区域。

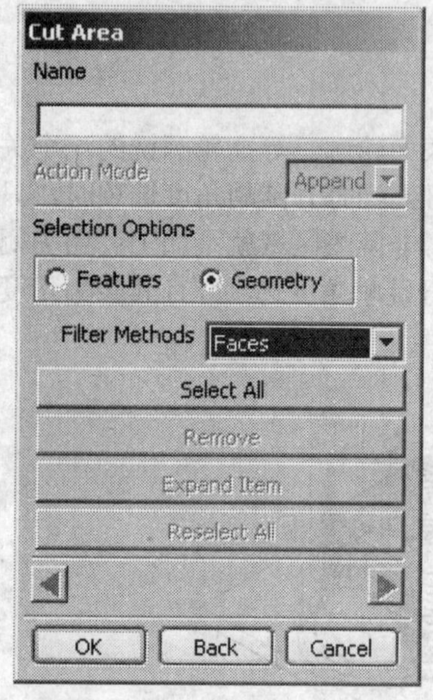

图 6-19　切削区域选择对话框

当打开陡峭度选项时，其后的文本框激活，在其后输入角度值，则由该陡峭度值把切削角度分成陡峭区域与非陡峭区域，而且只有陡峭区域被切削，非陡峭区域则不被切削。当关闭陡峭区度选项时，则定义的切削区域都被切削。

（2）融合距离　融合距离（Merge Distance）用于指定不连续刀具路径被连接的最小距离值。指定合适的融合距离，可以消除刀具路径中的较小的或不需要的间隙。

（3）最小切削长度　最小切削长度（Minimum Cut Length）文本框，用于输入生成刀具路径时的最小段长度值。指定合适的最小切削长度，可消除零件中孤岛区域内的较小段刀具路径，因此当切削运动的距离比指定的最小切削长度值小，系统不会在该处创建刀具路径。

第七章　固定轴曲面轮廓铣加工

本章讨论曲面加工的一些重要概念和相关选项，介绍固定轴铣的使用方法，包括驱动方法、投影矢量、刀轴的定义、切削参数和非切削参数的设置。在固定轴铣中，刀轴与指定的方向始终保持平行，即刀轴固定。固定轴铣是用于半精加工或精加工曲面轮廓的方法，其加工区域由选择的表面轮廓构成。它提供了多种驱动方法和走刀方式，因此它可以对不同的零件轮廓表面，选择最佳的切削路径和切削方式，从而满足各种复杂零件表面轮廓的加工要求。

第一节　基 础 知 识

一、基本概念

1．驱动方法

驱动方法用于定义创建刀具路径的驱动点。UG 在曲面加工中提供了多种类型驱动方法。其中，有些驱动方法允许沿曲线创建驱动点集，另外一些驱动方法则允许在一个区域中创建驱动点阵列。如果没有定义零件几何，则直接在驱动几何上创建刀具路径，否则，沿指定的投影矢量将驱动点投影到零件表面上创建刀具路径。

2．刀轴

刀轴矢量用来定义固定刀轴与可变刀轴的方向。固定刀轴与指定的矢量平行，而可变刀轴沿刀具路径移动时，可不断地改变方向，如图 7-1 所示。在固定轴曲面轮廓铣中，只能定义固定刀轴，刀轴定义为一个矢量，其方向从刀尖指向刀柄，如图 7-2 所示。刀轴可通过输入坐标轴，选择几何体，定义与零件面、驱动面相关联或垂直的矢量来定义。如果没有指定刀轴，+*ZX* 为默认的刀轴方向。

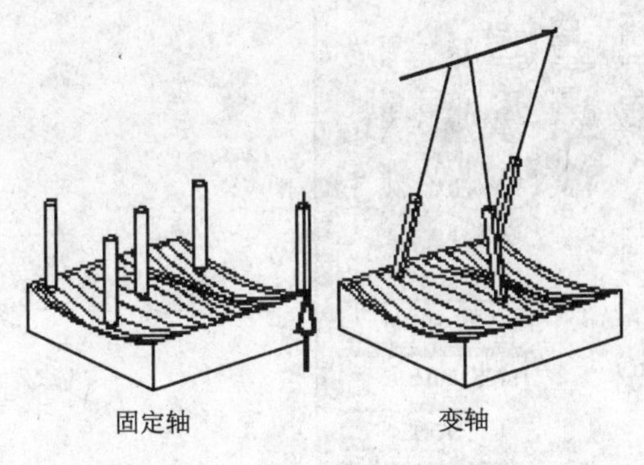

图 7-1　固定轴和变轴

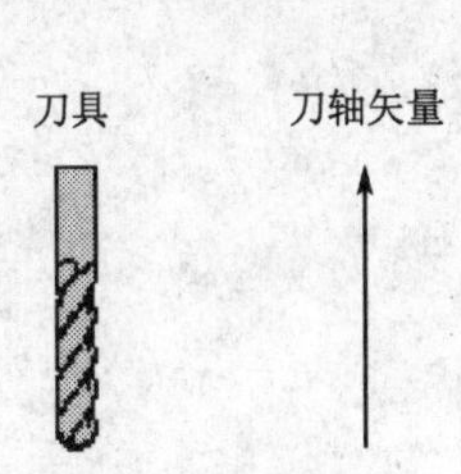

图 7-2　刀轴矢量

3．投影矢量

投影矢量确定驱动点如何投射到零件表面上，以及刀具与零件表面哪一侧接触。在一般情况下，驱动点沿投影矢量方向投影到零件表面上，有时当驱动点从驱动曲面向零件表面投影时，可能会沿投影矢量的相反方向投影。但不管如何投影，刀具则总是沿投影矢量与零件表面的一侧接触。

图 7-3 中，投影矢量方向远离圆柱体轴心线，此时驱动点如 p_1 沿投影矢量反方向，从驱动曲面投影到零件几何表面上得到 p_2，而刀具则从圆柱体内与圆柱体内表面接触，因此该投影矢量的方向是正确的。

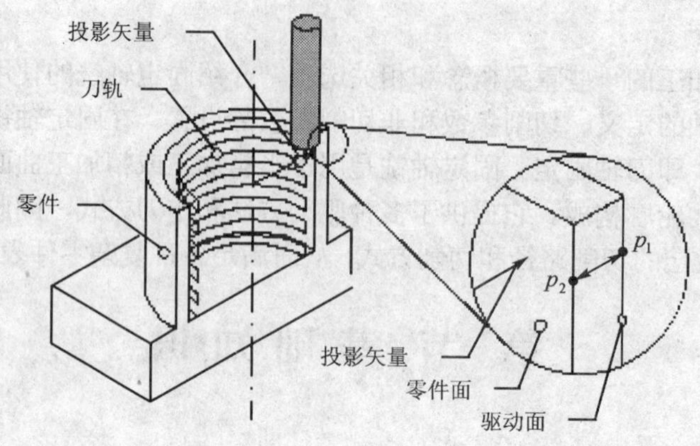

图 7-3　驱动点投影到零件表面

二、创建固定轴曲面轮廓铣操作

在加工模块中，单击创建工具条上创建操作图标，系统弹出如图 7-4 所示创建操作对话框，在对话框的 Type（类型）选项的下拉菜单中选择 mill_contour，再在 Subtype（子类区域）中选择 FIXED_CONTOUR（固定轴曲面铣）图标，单击 OK 进入固定轴曲面轮廓铣操作对话框。在创建操作时，模板零件为 mill_contour 的加工环境下可以使用的固定轴曲面轮廓铣操作的子类型选项见表 7-1。

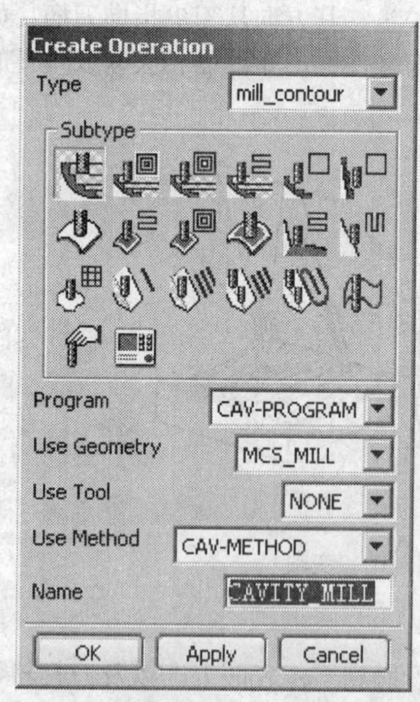

图 7-4　创建固定轴曲面轮廓铣操作对话框

表 7-1 固定轴曲面轮廓铣操作模板说明

图 标	中英文含义	说 明
	FIXED_CONTOUR 固定轴曲面轮廓铣	
	CONTOUR_ZIGZAG 往复式轮廓铣	刀轴为+ZX轴，默认为区域驱动方式
	CONTOUR_FOLLOW 跟随轮廓铣	刀轴为+ZX轴，默认为区域驱动方式、Follow Periphery 路径模式
	CONTOUR_AREA 区域轮廓铣	刀轴为+ZX轴，默认为区域驱动方式
	CONTOUR_AREA_NON_STEEP 非陡峭区域轮廓铣	刀轴为+ZX 轴，默认为区域驱动方式、Non_steep 陡峭约束、65° 陡峭角
	CONTOUR_AREA_DIR_STEEP 陡峭区域轮廓铣	刀轴为+ZX轴，默认为区域驱动方式、Directional steep 陡峭约束、35° 陡峭角
	CONTOUR_SURFACE_AREA 曲面区域轮廓铣	刀轴为+ZX轴，默认为曲面驱动方式
	FLOWCUT_SINGLE 单路径清根铣	驱动方法为 Flow Cut，选单路径
	FLOWCUT_MULTIPLE 多路径清根铣	驱动方法为 Flow Cut，选多路径
	FLOWCUT_REF_TOOL 参考刀具清根铣	驱动方法为 Flow Cut，选参考刀具
	FLOWCUT_SMOOTH 光顺清根铣	驱动方法为 Flow Cut ，可选单路径、多路径和参考刀具

三、固定轴曲面轮廓铣操作对话框

在创建操作对话框中，选择操作模板，并设置好程序、几何、刀具、加工方法和名称，单击 OK，弹出图 7-5 所示固定轴曲面轮廓铣操作对话框。

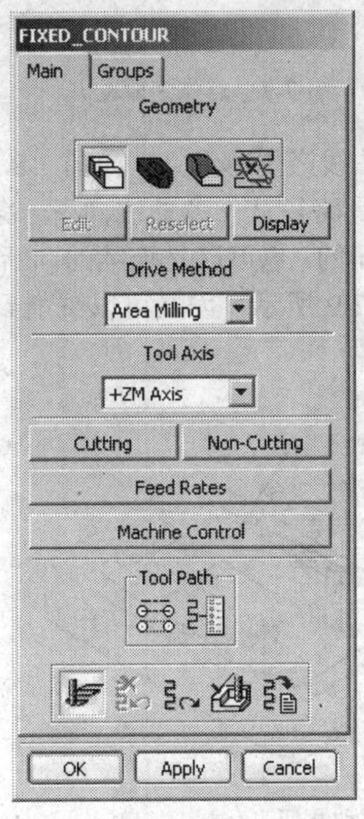

图 7-5 固定轴曲面轮廓铣操作对话框

第二节 常用驱动方法

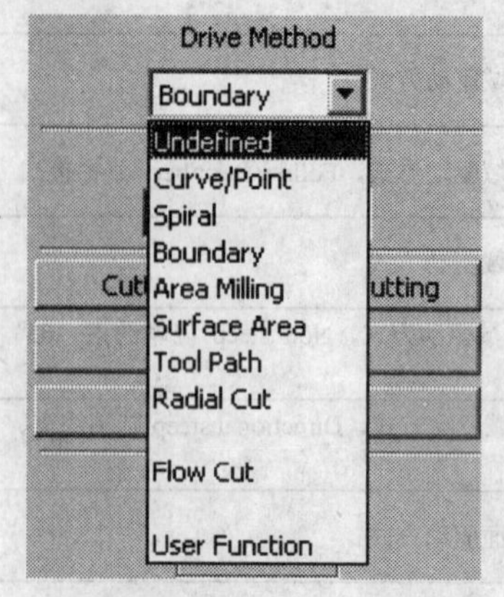

图 7-6 驱动方法

驱动方式定义了创建驱动点的方法。所选择的驱动方法决定能选择的驱动几何类型，以及可用的投影矢量、刀轴和切削方法。如果不选择零件几何体，刀位轨迹将直接由驱动点生成，否则，沿指定的投影矢量把驱动点投影到零件表面上来创建刀具路径。在具体操作上，应该根据加工表面的形状与复杂性，以及刀轴与投影矢量的要求，来确定适当的驱动方法，一旦选择了驱动方法，也就决定了可选择的驱动几何类型，以及可用的投影矢量、刀轴与切削方法。图 7-6 所示为常用的驱动方法。

一、曲线与点驱动方法

曲线与点的驱动方法，是用选择的点和曲线来定义驱动几何。当选择点时，就在所选点间用直线段创建驱动路径，刀具按选择点的顺序、沿着刀具路径从一个点向下一个点移动，如图 7-7 所示。

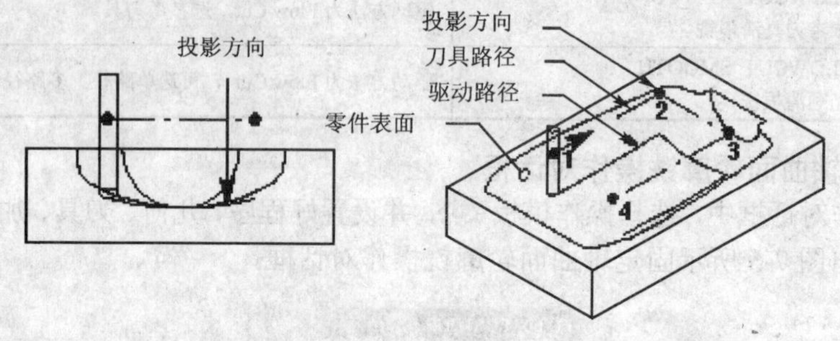

图 7-7 点作为驱动几何

当选择曲线时，则沿着所选曲线产生驱动点，如图 7-8 所示。当用曲线定义驱动几何时，刀具按选择曲线的顺序，沿着刀具路径从一条曲线向下一条曲线移动。

选择的曲线可以是打开和封闭的，也可以是连续的和断续的，还可以是平面的和空间的。

可以使用负的余量值，如图 7-9 所示，刀具可以铣削到零件表面的里面，从而创建一条沟槽。

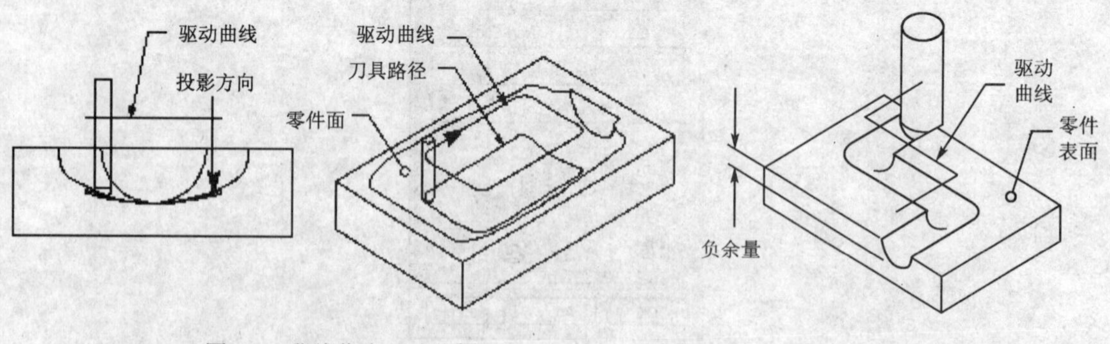

图 7-8 曲线作为驱动几何

图 7-9 负余量的使用

二、螺旋驱动方法

螺旋驱动方法，用于从选择的中心点向外螺旋展开来定义驱动点。首先，在包含中心点并垂直于投影矢量的平面内产生驱动点，然后，驱动点沿投影矢量投射到零件几何表面上，如图 7-10 所示。

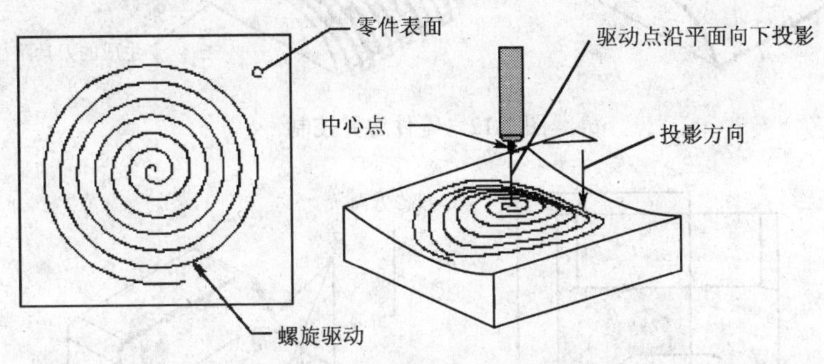

图 7-10　螺旋线驱动方法

与其他驱动方法相比，螺旋驱动方法创建的刀具路径，在从一道切削路径向下一道切削路径过渡时，没有横向进给，也就不存在切削方向上的突变，而是光顺地、持续地向外螺旋展开过渡，可以保持恒定的切削速度以及平滑的刀具移动，所以特别适合高速加工。

螺旋线驱动方法不受加工几何体的约束，它只受到最大螺旋半径值的限制，这种驱动方法最好用于圆形零件。

三、边界驱动方法

边界驱动方法，是用指定的边界和内环来定义切削区域。边界并不依赖零件几何表面的形状与尺寸，而内环必须位于零件几何表面外部边缘内。边界、内环和两者联合来定义切削区域，从定义的切削区域沿指定的投影矢量方向，把驱动点投影到零件几何表面上，由此生成刀具路径，如图 7-11 所示。

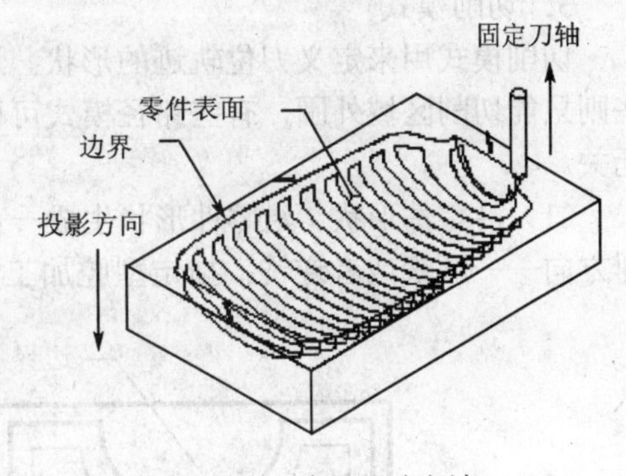

图 7-11　边界驱动方法

当加工零件几何表面时，如果不需要对刀轴与投影矢量进行控制，采用边界驱动方法就特别方便。

边界驱动方法与平面铣的工作过程非常相似，但边界驱动方法能跟随复杂表面的轮廓，因此一般用于曲面精加工。

1．边界的选择

边界的选择对话框与平面铣中的零件边界选择对话框是类似的。

2．零件边界控制

零件边界控制用于创建环路来定义切削区域，该环路沿零件几何表面外部边缘与表面区域生成。环路与边界一样，可以定义切削区域，但环路直接从零件几何边缘产生，而不必经过投影产生，如图 7-12 所示。

系统建立环路后，可以使用编辑功能来确定哪些环路被使用。当环和边界一起使用时，它们的公共部分定义了切削区域，如图 7-13 所示。

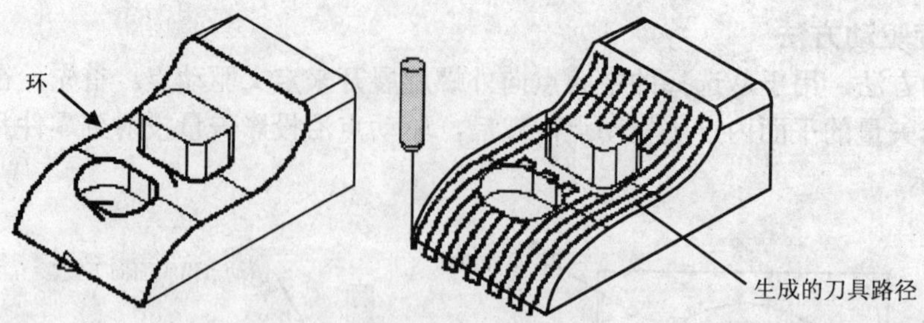

图 7-12　零件边界控制

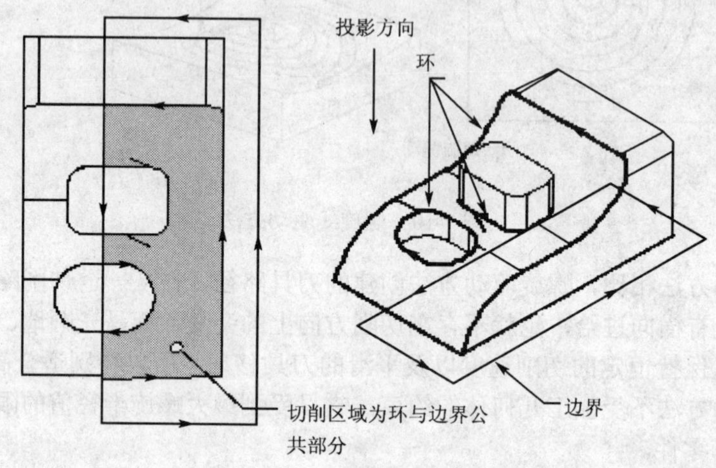

图 7-13　环与边界一起使用

3．切削模式

切削模式用来定义刀位轨迹的形状。这些模式中，有些路径模式可以切削整个区域，有些则只能切削区域外围，有些路径模式可以沿区域的外形切削，有些路径模式则与区域外形无关。

（1）沿零件形状　沿零件形状生成一系列沿零件几何形状偏置的加工轨迹。需要指定切削方向——顺铣或者逆铣；指定型腔加工方向——向内或者向外。如图 7-14 所示。

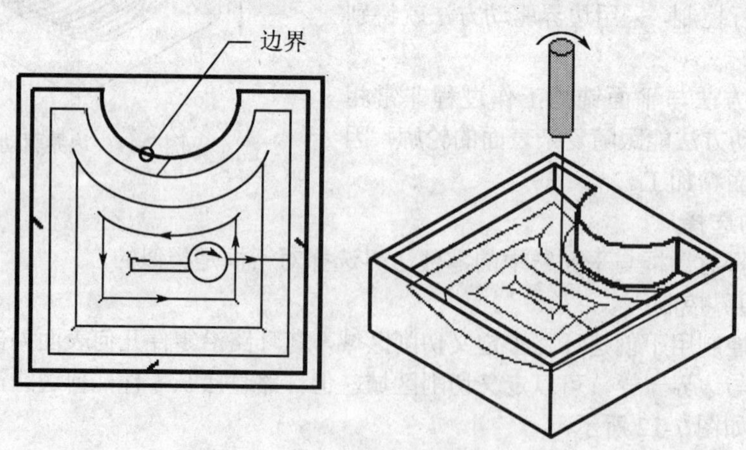

图 7-14　沿零件形状切削

（2）轮廓切削　轮廓切削沿切削区域的周边生成加工轨迹。如图 7-15 所示。

（3）平行线切削　平行线切削生成一系列平行轨迹定义的切削模式，如图 7-16 所示。

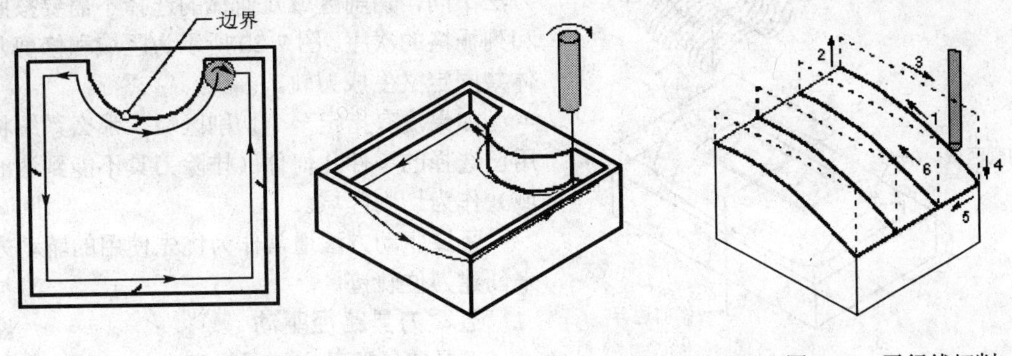

图 7-15　轮廓切削

图 7-16　平行线切削

（4）射线切削　射线切削是从指定中心点或系统计算的最优中心点，沿径向产生辐射状的刀具路径，且刀具路径与切削区域的形状无关。这种切削模式的步距长度是沿着离中心最远的边界点上的弧长进行测量的，如图 7-17 所示。

（5）同心圆切削　同心圆切削从用户指定的或系统计算出来的优化中心点生成逐渐增大或逐渐缩小的圆周切削模式，如图 7-18 所示。

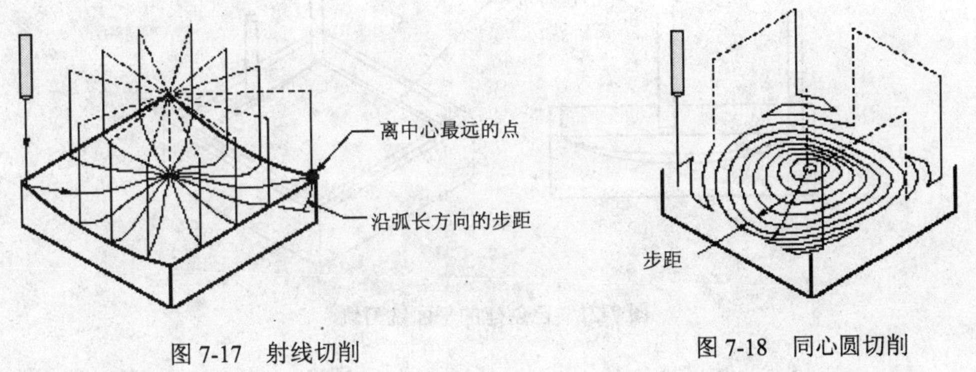

图 7-17　射线切削

图 7-18　同心圆切削

（6）标准轮廓铣削　标准轮廓铣削与轮廓铣削很相似，但它刀轨沿着指定的驱动边界，不能预防轨迹自交和预防过切，如图 7-19 所示。

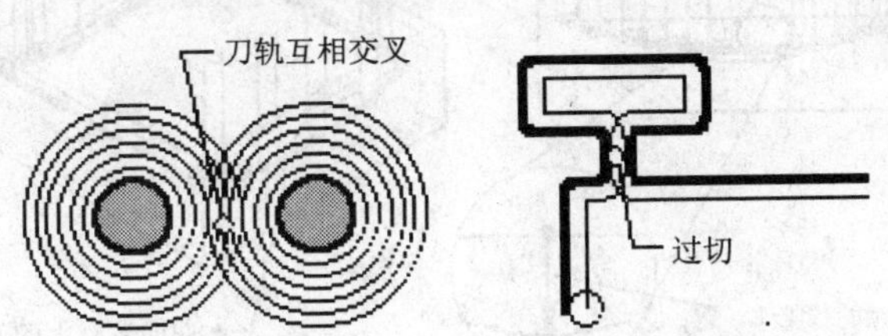

图 7-19　标准轮廓切削

四、区域驱动方法

区域驱动允许指定一个切削区域来生成刀轨。这个驱动方法与边界驱动方法相似，但是不需要驱动几何体，它使用了一个加强的和自动遏制碰撞的计算方法。在允许的情况下，应尽可能使用区域驱动方法代替边界驱动方法。

切削区域可以用表面区域、片体或面来指定。可以用修剪几何体进一步约束切削区域，修剪几何体的边界总是封闭的。与曲面区域驱动方法不同，切削区域几何体的选择不需要按照行和列栅格的次序。图 7-20 所示为区域和修剪几何体共同定义生成刀轨。

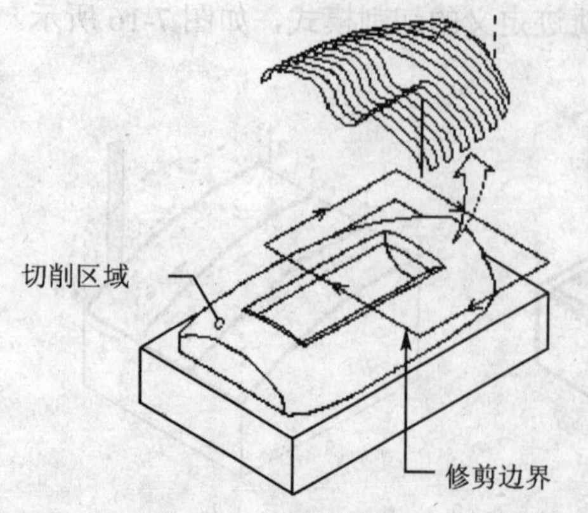

图 7-20　区域和修剪几何体共同定义生成刀轨

如果没有指定一个切削区域，那么系统将使用已选择的零件几何体（排除刀具不能到达的区域）作为切削区域。

区域驱动方法通常作为优先使用的驱动方法来创建刀位轨迹。

五、刀具路径驱动

刀具路径驱动方法是沿存在的 CLSF 文件中的一条刀具路径，在当前操作中定义驱动点，以便创建一个相似的曲面轮廓铣刀具路径。即先沿着存在的刀具路径创建驱动点，然后沿投影矢量把驱动点投影到当前定义的零件几何表面上，从而在零件几何表面轮廓上创建新的刀具。图 7-21 是已创建的平面铣刀轨，该刀具路径可以用刀具路径驱动方法，在零件几何表面上创建跟随表面轮廓的新刀具路径，如图 7-22 所示。

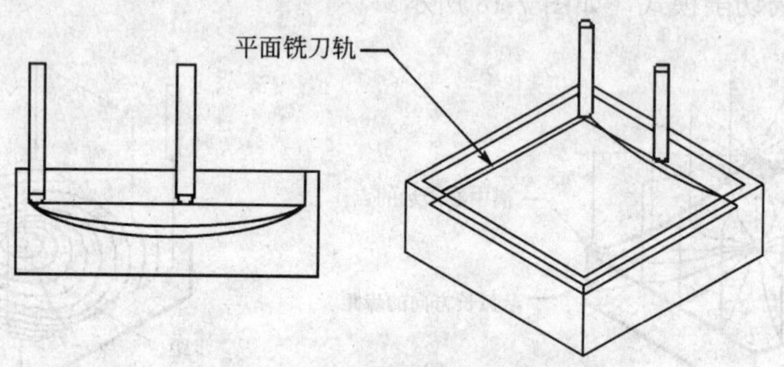

图 7-21　已创建的平面铣刀轨

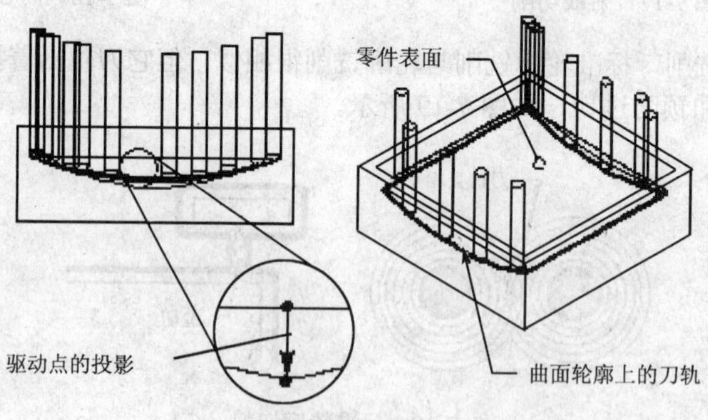

图 7-22　生成新的曲面轮廓铣刀轨

六、径向驱动

径向驱动方法是通过指定横向进给量、带宽与切削方法来创建沿指定边界并垂直于边界的刀具路径，它特别适合于清根操作，如图 7-23 所示。

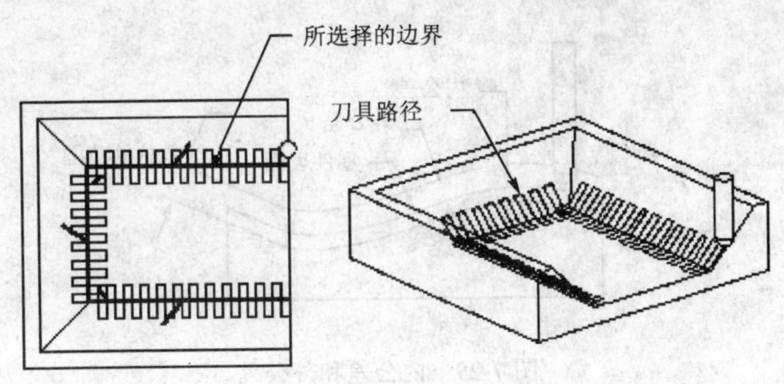

图 7-23　径向驱动

七、清根驱动

清根驱动方法是沿着零件表面上的凹角和凹谷生成驱动点，系统根据加工最佳法则，自动确定清根的方向和顺序。这个驱动方法能查找零件几何体在前步操作中刀具没有到达的区域。用该驱动方法创建刀具路径时，系统使刀具尽可能与零件几何体保持接触，减少刀具的非切削运动。

清根切削的方向和次序由加工的规则所决定，也可以通过手工组合来调整加工次序。刀轨尽可能以最小的非切削移动来切削零件，并以此来优化刀轨。如图 7-24 所示。

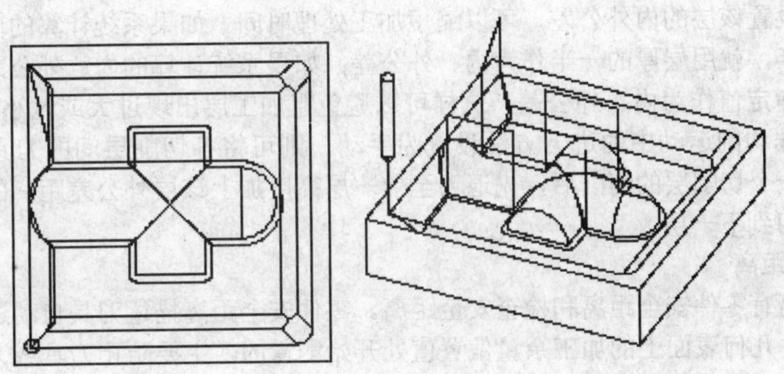

图 7-24　清根驱动

第三节　固定轴曲面轮廓铣加工参数和选项

固定轴曲面轮廓铣中的加工参数包括刀具的切削运动、非切削运动和切削零件材料参数，具体有切削参数、非切削参数、进给量参数与机床控制参数。在此介绍切削参数和非切削参数。

一、切削参数

切削参数是指刀具作切削运动的参数，它对每一种驱动方法都有影响。其中有些参数与平面铣和型腔铣中对应的参数相同，下面对一些新的参数作介绍。

1. 公差与余量

（1）内公差与外公差　内公差与外公差用于描述刀具偏移零件表面的范围。其值越小，则越精确，如果太小，需要更多加工步骤，影响加工效率。如图 7-25 所示。

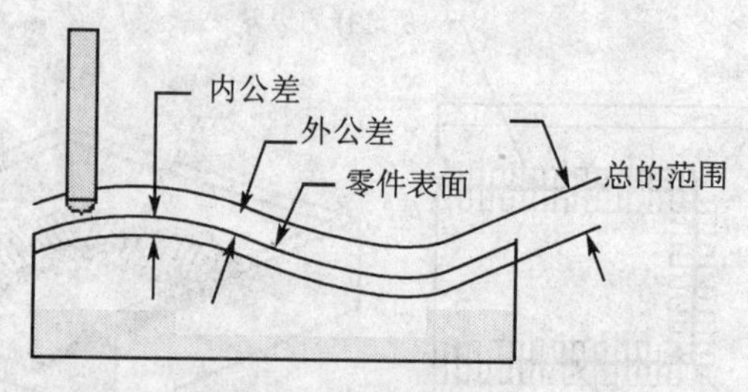

图 7-25　内公差和外公差

（2）加工余量　加工余量是指加工后允许保留在零件四周的材料量。

（3）加工余量偏置　加工余量偏置是指在加工余量上附加一个偏置值，必须大于或等于零。

2．多层切削

多层切削是指分层逐次切除零件材料。多层切削中每个切削层上的刀具路径都是沿着零件几何表面法向偏置产生的。

多层切削计算切削层时，直接在零件几何表面上计算，忽略零件几何表面上指定的余量。最后一层刀具路径的内、外公差使用用户所定义的，其余加工层的内外公差为该切削层所在位置到零件几何表面距离的 1/10，如图 7-26 所示。通过依据粗加工层位置到零件几何表面距离，按比例设置该层的内外公差，可以缩短加工处理时间。如果系统计算的内、外公差值大于层厚的一半，就用层厚的一半作为内、外公差；如果系统计算的内、外公差值小于用户指定值，就用指定值作为内、外公差，这样可以避免粗加工层出现过大或过小的公差值。

如果在非切削运动中的进刀方法设置为手动，则可将各切削层间的刀具移动量减到最小。在结束一个切削层的切削后，先退刀至前一层高度加上该层外公差距离的位置，然后刀具跨越并进刀到下一层。

3．安全距离

安全距离有零件安全距离和检查安全距离。零件安全距离描述刀具自动进刀与退刀的距离，是从零件几何表面上的加工余量偏置值处开始测量的，主要防止刀具或刀柄与零件几何干涉。检查安全距离描述刀具与检查几何的距离，主要防止刀具或刀柄与检查几何干涉。如图 7-27 所示。

4．切削步距

切削步距是指在零件几何上刀具定位点间沿切削方向的直线距离，如图 7-28 所示。切削步距的大小对加工的精确程度有影响，切削步距越小，所产生的刀具路径越接近零件几何表面，产生的切削轮廓就越精确，但输入切削步距的值不能与指定的零件内外公差冲突。

5．斜坡角度

向上斜坡角度与向下斜坡角度确定刀具向上与向下的限制角度，该角度从垂直于刀轴的平面进行测量。向上与向下斜坡角度的值必须在 0°~90°之间。图 7-29 说明向下斜坡角度设置时的刀具切削情况。

若指定适当的向下斜坡角度值，可以由零件几何轮廓与刀具形状来限制安全切除的材料量，即适当的向下斜坡角度值，可以避免刀具落入小的型腔中，如图 7-30 所示。

二、非切削运动

非切削运动是指刀具在切削运动以前、以后以及切削过程中的运动。非切削运动包含一系列适应于多个零件几何表面和检查几何表面的进刀、退刀、离开、跨越与接近运动，以及在切削路径之间的抬刀运动，如图 7-31 所示。

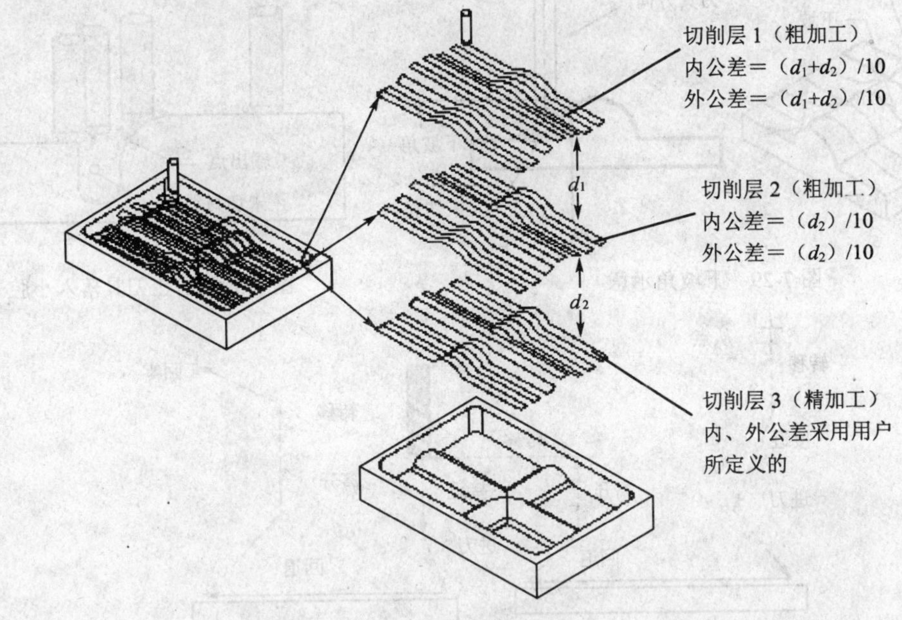

图 7-26　切削层计算

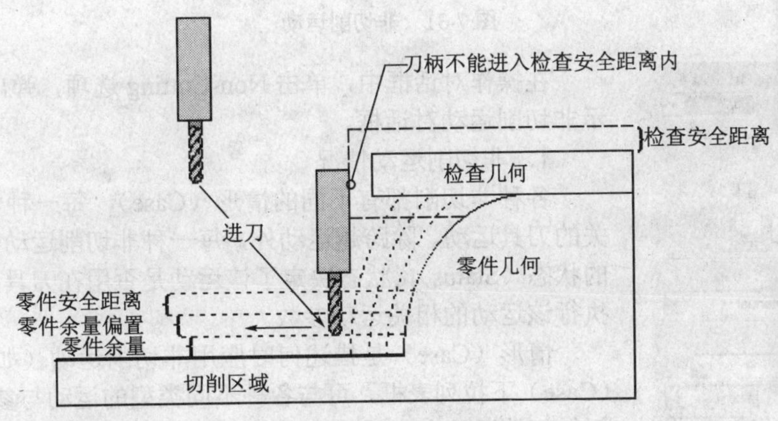

图 7-27　安全距离

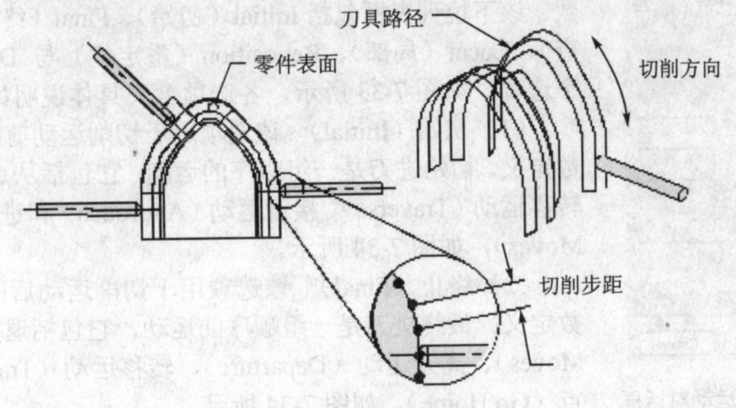

图 7-28　切削步距

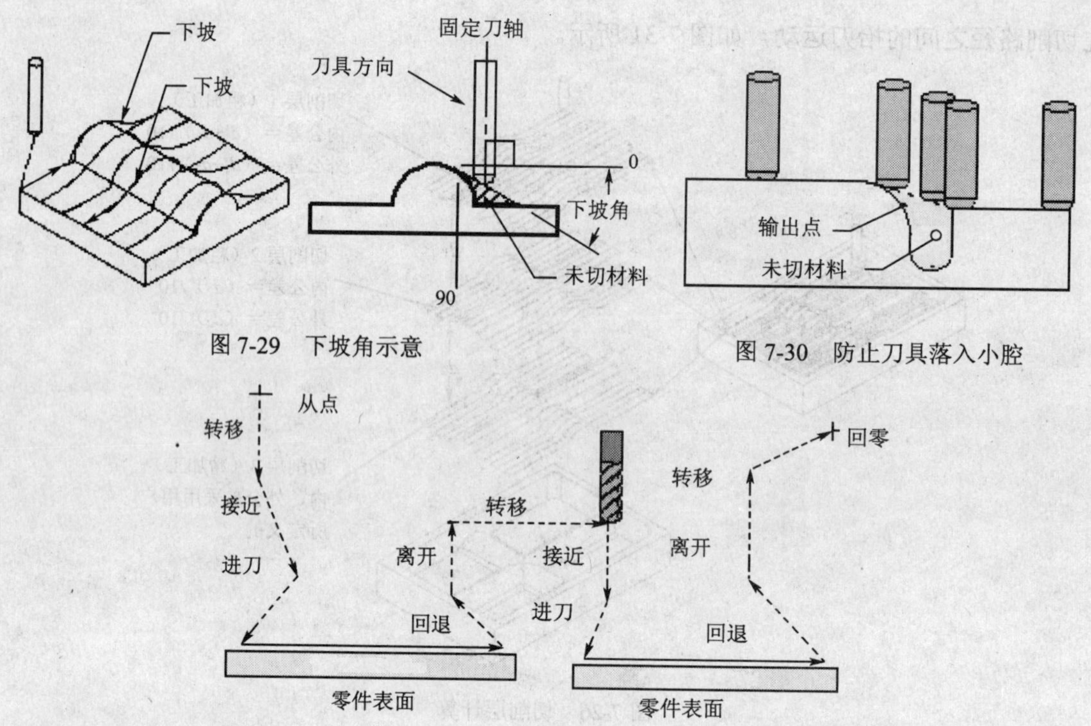

图 7-29　下坡角示意

图 7-30　防止刀具落入小腔

图 7-31　非切削运动

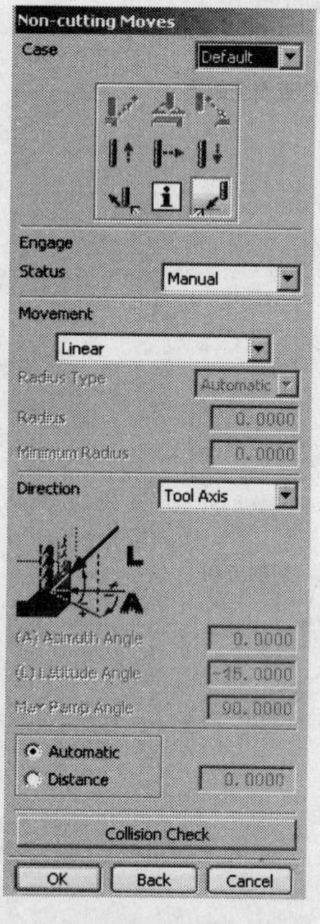

Non-cutting Moves
Case　Default
Engage
Status　Manual
Movement
Linear
Radius Type　Automatic
Radius　0.0000
Minimum Radius　0.0000
Direction　Tool Axis
L
A
(A) Azimuth Angle　0.0000
(L) Latitude Angle　-15.0000
Max Ramp Angle　90.0000
Automatic
Distance　0.0000
Collision Check
OK　Back　Cancel

图 7-32　非切削运动对话框

在操作对话框中，单击 Non-Cutting 选项，弹出如图 7-32 所示非切削运动对话框。

1．非切削运动情况

各种非切削都有不同的情形（Case），每一种情形可定义相关的刀具运动。除跨越运动外，每一种非切削运动都有一个相关的状态（Status），状态决定了该运动是否用在刀具路径中，以及执行该运动的相关运动参数。

情形（Case）是描述何时应用非切削运动（如进刀）。情形（Case）下拉列表框，可与各种不同类型的运动与参数进行关联。例如初始运动有一系列关联参数，重定位运动有另外一系列的关联参数，而重定位进刀运动与离开运动也可能有不同的关联参数。该下拉列表框包括 Initial（初始）、Final（终止）、Check（检查）、Local（局部）、Reposition（重定位）与 Default（默认）6 个选项，如图 7-33 所示，各选项含义具体说明如下。

（1）初始（Initial）　该选项用于切削运动前的非切削运动参数定义。初始进刀是一组顺序的运动，它包括从点（From Point）、转移运动（Traverse）、接近运动（Approach）和进刀运动（Engage Moves），如图 7-34 所示。

（2）终止（Final）　该选项用于切削运动后的非切削运动参数定义。最终进刀是一组顺序的运动，它包括退刀运动（Retract Moves）、离开运动（Departure）、转移运动（Traverse ）和回零点（Go Home），如图 7-34 所示。

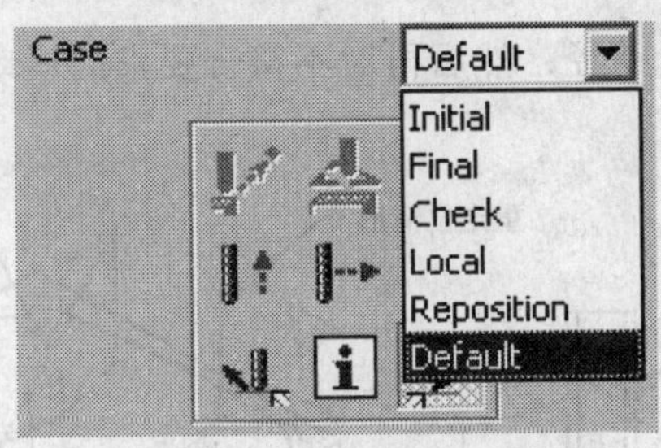

图 7-33　情形的有关选项

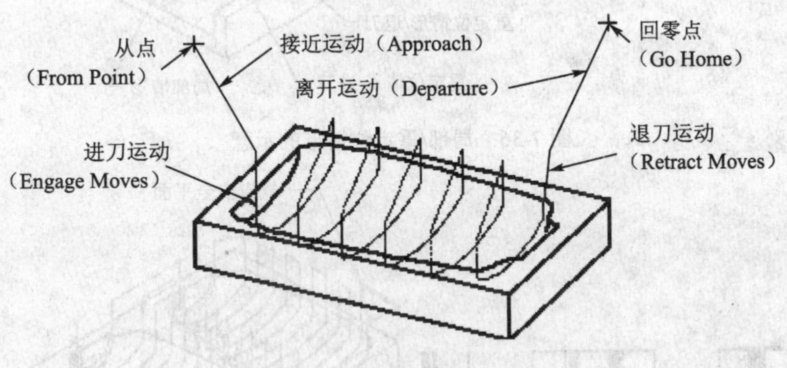

图 7-34　初始/最终情形的示意

（3）检查（Check）　该选项用于刀具碰撞检查几何时非切削运动参数的定义，以避免碰撞，如图 7-35 所示。

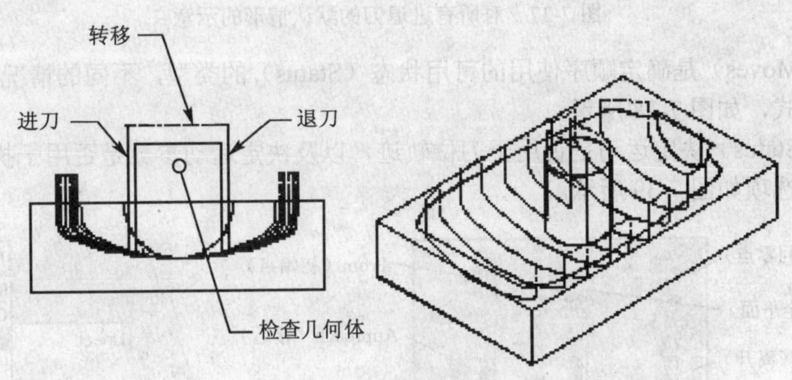

图 7-35　检查情形的示意

（4）局部/重定位（Local/Reposition）这两个选项为切削运动间的非切削运动指定操作参数。对一些切削方法，在刀具切削完一道路径转到下一道路径时，需要刀具离开切削表面，此时就会出现局部情况。例如，对单向走刀切削方法，在两道路径之间就需要退刀、跨越与进刀。重定位情况发生在刀具沿同一路径退出切削表面的场合。两个选项的区别在于相关的投影矢量下的切削区域和零件几何体。当切削区域没有能够完全包含零件几何体或者边界一致，这时为局部选项，而重定位选项发生在切削区域完全包含零件几何体时，如图 7-36 所示。

（5）默认（Default）　该选项指定一组适合于所有上述情况的相关参数，而不必对各个情况分别指定。由于默认情况适合于所有未指定的情况中，因此最好在设置初始的非切削运动时，先使用默认情况创建刀具路径，然后再对不符合要求的运动进行编辑，把默认情况修改为其他情况，如图 7-37 所示。

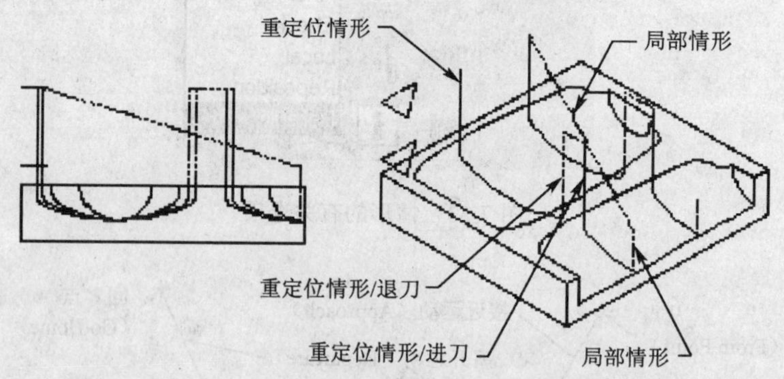

图 7-36　局部/重定位情形的示意

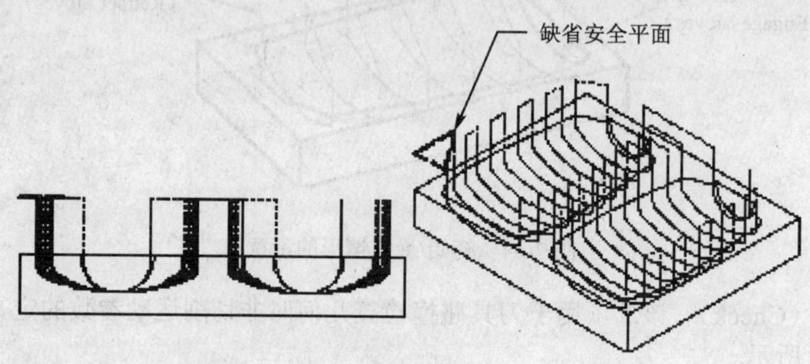

图 7-37　对所有进退刀的默认情形的示意

运动（Moves）是确定顺序使用的可用状态（Status）的类型，不同的情况包含若干运动几种运动形式，如图 7-38 所示。

状态（Status）决定运动是否用于刀位轨迹，以及决定运动参数是否用于执行这个运动。有关的状态选项如图 7-39 所示。

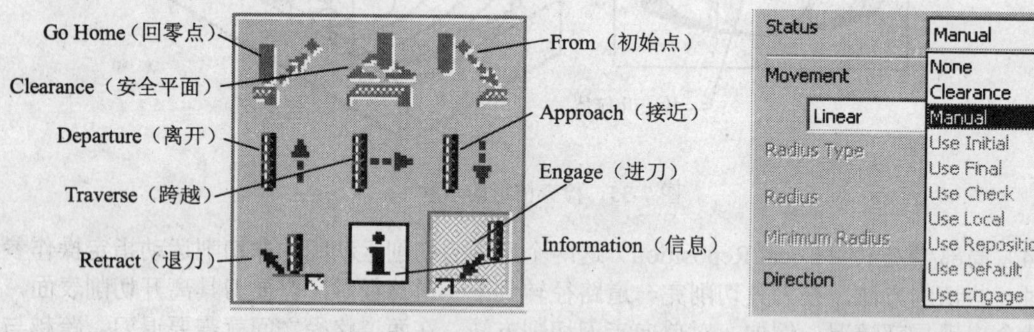

图 7-38　运动的几种形式　　　　图 7-39　状态选项

由于情况、运动和状态提供了许多的组合，因此，在定义之前需要知道有关非切削移动的两件事情。

（1）什么时候必须用到它（指 Case 选项）。

（2）移动的类型是什么，如进刀（Engage）、退刀（Retract）、接近（Approach）、离开（Departure）或跨越（Traverse）等。

2．初始点和回零点

初始点（From）与回零点（Go Home）为刀具路径指定最初与最终位置，必须在定义初始或终止跨越运动之前定义初始点与回零点。只有情况选项设置为初始（Initial）或最终（Final）时，才可分别激活初始（From）或回零（Go Home）图标。

（1）确定状态　状态（Status）选项决定初始点或回零点是否用于当前操作中，并可直接指定初始点或回零点，也可以使存在的回零点与初始点连接起来。该下拉列表框中包括5个选项，如图7-40所示。

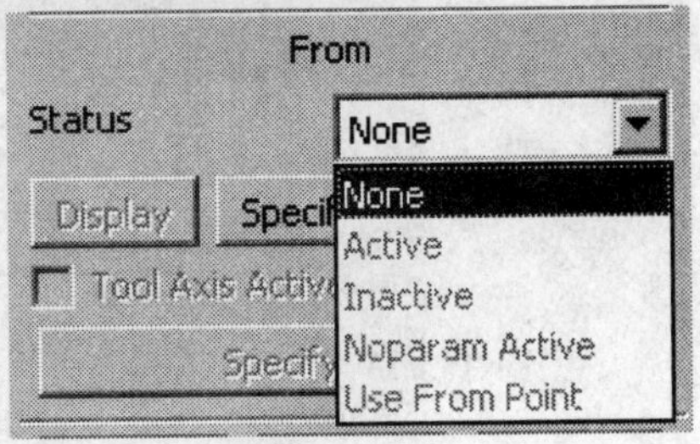

图7-40　初始点/回零点状态选项

None：在当前操作中不指定初始点或回零点。选择该选项，将删除已定义的初始点或回零点。

Active：在当前操作中指定初始点或回零点，而且将其应用于创建的刀具路径中。

Inactive：在当前操作中指定初始点或回零点，但不应用于创建的刀具路径中。

Noparam Active：在创建刀具路径时只使用回零点描述，而不指定点的坐标或刀轴矢量。该选项只用于定义回零点。

Use From Point：指定回零点与初始点处于同一位置。选择该选项，将使回零点与初始点参数连接起来。该选项只用于定义回零点。

（2）指定点　指定点（Specify Point）选项是用点构造器来重新定义一个关联的或不关联的初始点或回零点。一旦指定了一个初始点或回零点，状态选项就自动设置为Active。

（3）指定刀轴　指定刀轴（Specify Tool Axis）用矢量构造器在初始点或回零点处指定刀轴的方向。该选项只有定义了初始点或回零点后才激活。

（4）激活刀轴　激活刀轴（Tool Axis Active）用于确定在指定刀轴选项中指定的刀轴是否输出到刀具路径与CLSF文件中，打开该选项，则输出。

3．进刀与退刀运动

进刀（Engage）与退刀（Retract）用于指定刀具作进刀与退刀运动时的相关参数，所定义的参数与特定情况的进刀或退刀运动相关。例如，一组参数可以与初始情况的进刀运动相关，而另一组参数可以与局部情况的进刀运动相关，如图7-41所示。

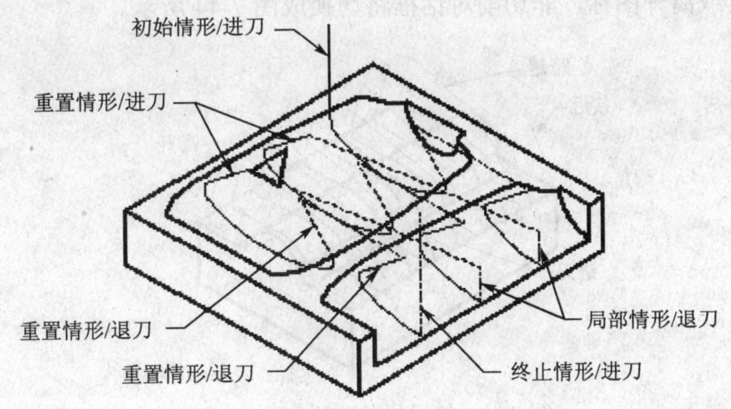

图7-41　不同情形的进刀与退刀示意

单击进刀与退刀图标，弹出的对话框如图7-42所示，可以进行进刀/退刀状态的设置和移动方式的设置。

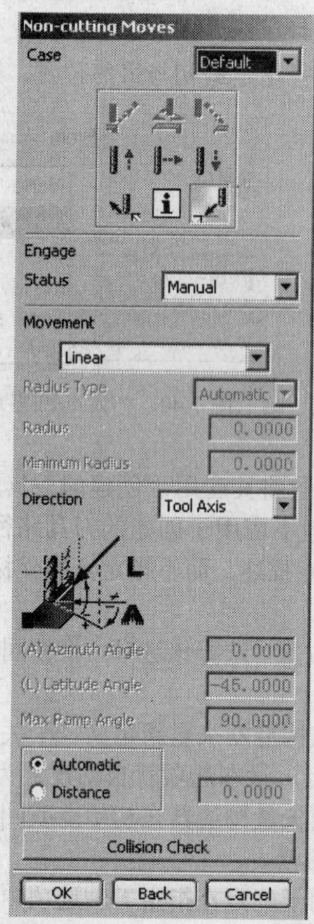

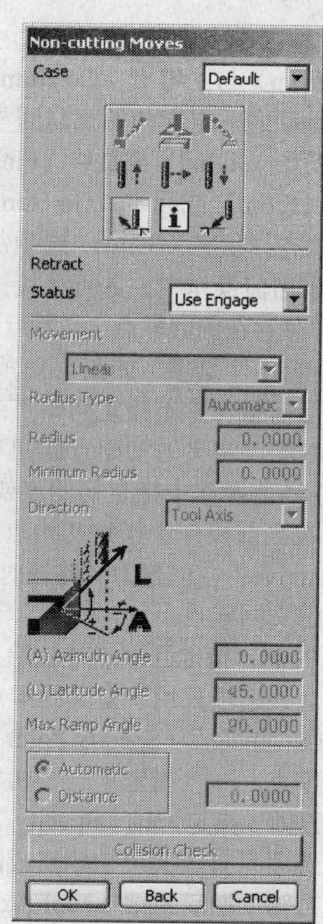

图 7-42　进刀与退刀对话框

4．接近与离开运动

接近（Approach）与离开（Departure）运动用于指定进刀前与退刀后的非切削运动，如图 7-43 所示。定义接近与离开运动，有利于指定与进刀或退刀运动不同的进给量和刀具移动方向。单击接近或离开图标，非切削对话框将切换成图 7-44 所示。

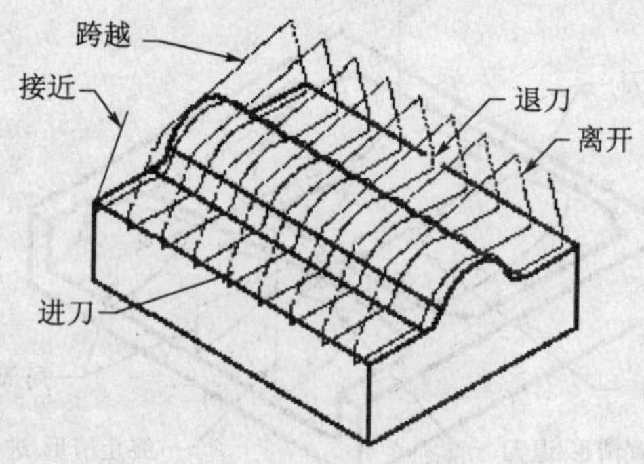

图 7-43　接近与离开对话框（一）

5．跨越运动

跨越（Traverse）运动用于指定从离开运动终点处移动到接近运动起点处的刀具运动，此时跨越运动的起点与终点分别为离开运动的终点与接近运动的起点，如图 7-45 所示。

若离开运动的状态设置为 None，则跨越运动的起点是退刀运动的终点，若接近运动的状态设置为 None，则跨越运动的终点是进刀运动的起点。如果设置了初始情形的初始点和终止情形的回零点，则跨越运动的起点和终点分别为初始点或回零点。

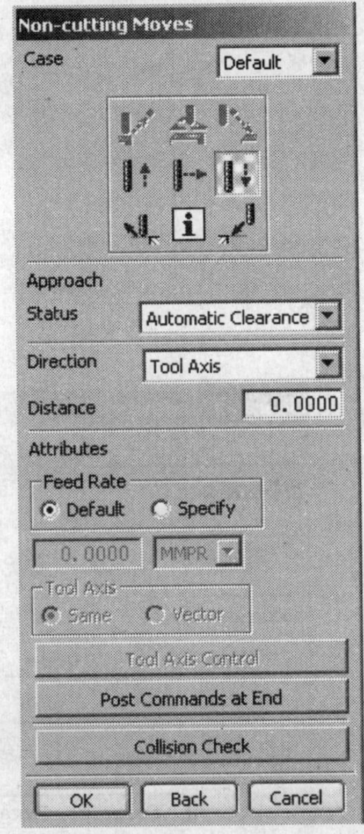

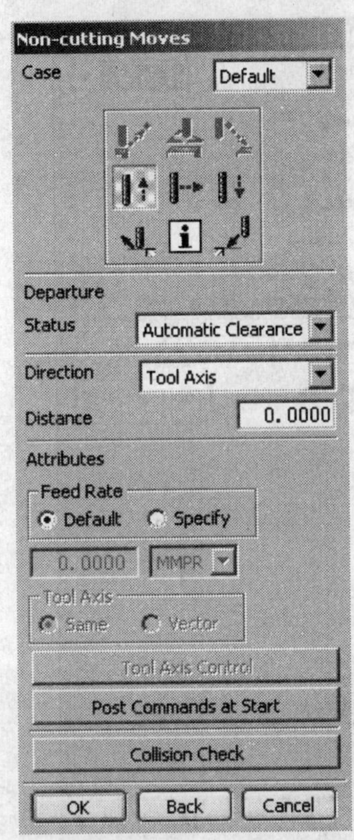

图 7-44 接近与离开对话框（二）

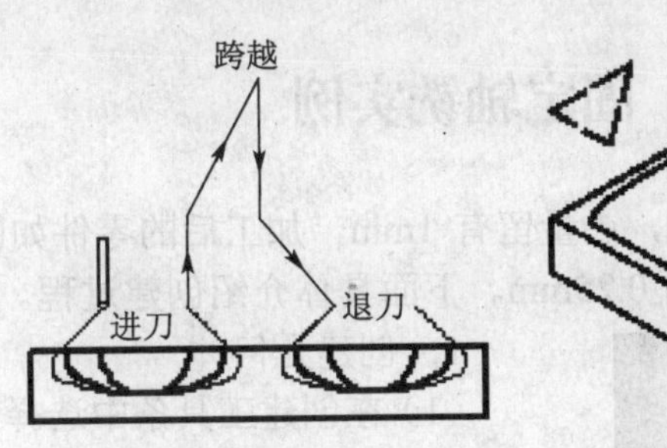

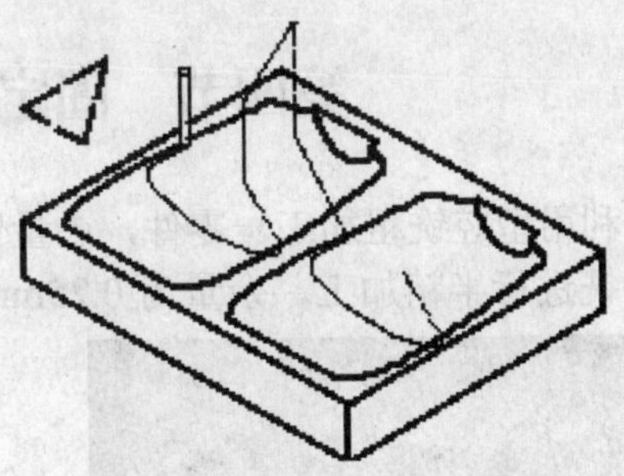

图 7-45 沿相同 Zig 路径的跨越运动示意

在每一种情形下，可以指定单一的终端跨越运动，也可以指定多个中间跨越运动，系统默认的是自动创建最短的单一终端跨越运动。单击跨越运动图标，则非切削运动对话框切换为图 7-46 所示的形式。

6．安全几何

安全几何用于为进刀、退刀、接近、离开以及跨越运动的各种情形指定安全几何。对进刀与接近运动，是从定义的安全几何上离开，向零件几何表面方向运动；对其他运动，则是从零件几何表面方向，向定义的安全几何运动。可以用点、平面、球或圆柱等实体来定义安全几何，定义安全几何后，各实体就可与指定的每个非切削运动情形关联。安全几何一旦创建就不能编辑，而只能删除，但在一个运动中正在使用的安全几何不能删除。只有在状态选项设置为 Clearance 时，安全几何图标才激活。单击该图标，弹出图 7-47 所示安全几何对话框。

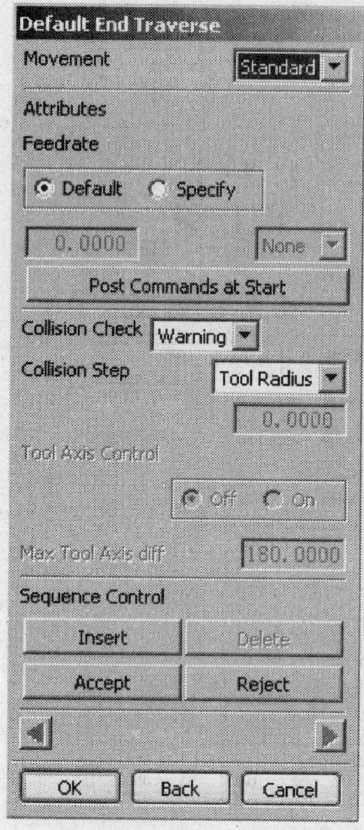

图 7-46　跨越运动对话框

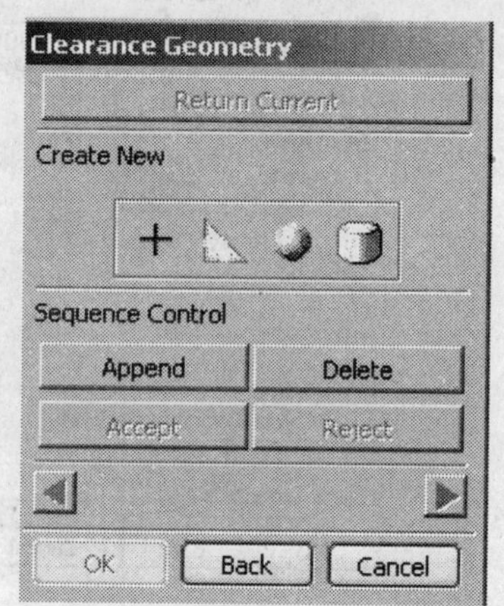

图 7-47　安全几何对话框

第四节　固定轴铣实例

在第六章中利用型腔铣粗加工一零件，余量留有 1mm，加工后的零件如图 7-48 所示。在此使用固定轴铣进行半精加工，余量为 0.25mm。下面具体介绍创建过程。

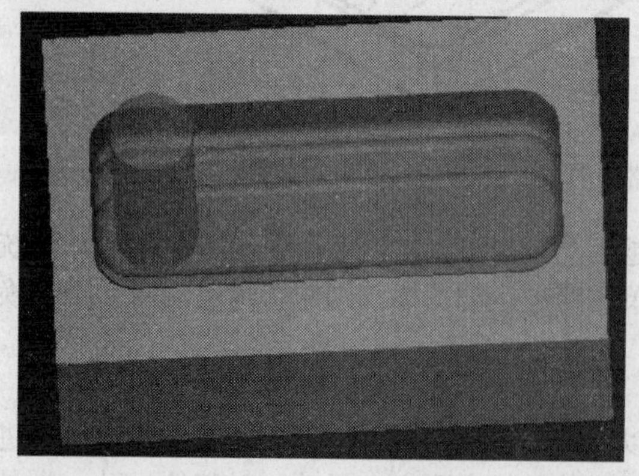

图 7-48　粗加工后的零件

1．创建几何体

（1）在创建工具条中选择图标，提出创建几何体对话框。

（2）在创建几何体对话框中，从创建几何体对话框中，从 Tyre 下拉列表框中选择 mill_contour 模板零件，再在子类区域（Subtype）选择几何体模板图标，从 Parent Group 下拉列表框中选择 WORKPIECE 选项，然后单击 OK，弹出创建铣削区域对话框。

（3）在创建铣削区域对话框中，先单击切削区域图标，再选择 Select 选项，弹出切削区域对话框。在该对话框中，从 Filter Method 下拉列表框中选择 Faces 选项，再单击 Select

All 选项，这样就选择了零件中的所有表面，但不需要的表面必须删除。

（4）在切削区域对话框中，从 Action Mode 下拉列表框中选择 Edit，再单击向左向右按钮，选择零件的四个侧面、底面以及顶面，并分别单击 Remove 选项，从所选切削区域中删除这些面。

2．创建半精加工固定轴操作

（1）在创建工具条上选择创建操作图标，弹出创建操作对话框，在 Type 下拉列表框中选模板零件 mill_contour。

（2）在创建操作对话框中，选择子类区域图标，在程序 Program 下拉列表框中选择 CAV-Program 程序组，在 Use Geometry 下拉列表框中选择 MILL_AREA 几何体，在 Use Tool 下拉列表框中选择 T_R2.5 刀具，在 Use Method 下拉列表框中选择 MILL_SEMI_FINISH 加工方法，在 Name 文本框中指定新建操作的名称为 Semi_Finish，然后单击 OK，弹出固定轴铣操作对话框。

3．定义驱动方法

在固定轴操作对话框中，从 Drive Method 下拉列表框中选择 Area Milling 选项，弹出区域驱动方法对话框。在该对话框中，从 Pattern 下拉列表框中选择 Follow Periphery 选项，然后设置横向进给方向为 Outward，再从 Stepover 下拉列表框中选择 Tool Diameter 选项，并在 Percent 文本框中输入 10，单击 OK，返回到固定轴操作对话框。

4．设置切削参数

在固定轴铣操作对话框中，单击 Cutting 选项，弹出切削参数对话框。在该对话框中，从 Cut Step 下拉列表框中选择 Tool Diameter 选项，并在 Percent 文本框中输入 20，再打开 Remove Edge Traces 选项。最后单击 OK，返回到固定轴操作对话框。

5．设置进给量

在固定轴铣操作对话框中，选择 Feed Rates 选项，弹出进给速度设置对话框，选择 Reset from Table 选项，再单击 OK，返回到固定轴铣操作对话框。

6．生成半精加工刀具路径

在固定轴铣操作对话框的底部，选择刀具路径生成图标，并在弹出的对话框中单击 OK，则显示如图 7-49 所示的刀具路径。半精加工后的零件如图 7-50 所示。

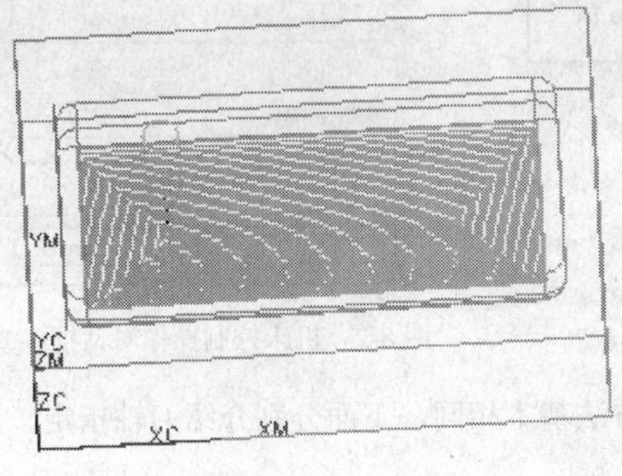

图 7-49　刀具路径示意

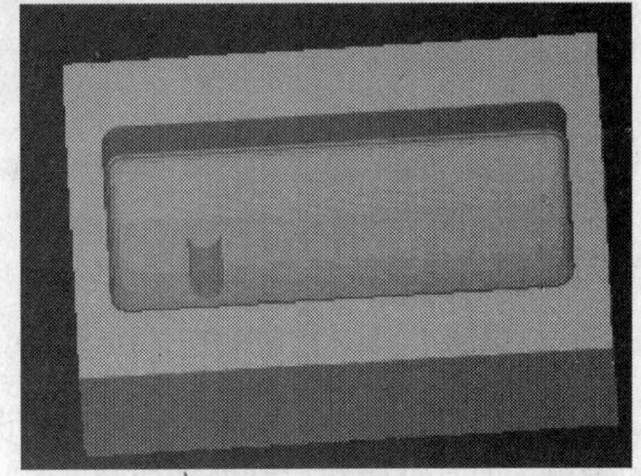

图 7-50　半精加工后的零件

第八章　加工操作中的高级应用

第一节　机床控制操作

一、概述

机床控制操作是指包含控制机床运动以及其他的辅助动作的一系列后处理事件的操作，是非切削加工。这些操作不在被加工工件上生成刀轨，但是利用这些操作可以免除在每一个包含刀轨的切削加工操作中去定义后处理事件命令。只需要在切削加工操作之前、之间和之后插入适当的机床控制操作即可。

典型的机床控制操作一般包含启动或关闭机床主轴（Spindle On/Spindle Off）、开启或关闭冷却液（Coolant On/Coolant Off）、加工过程中的换刀动作（Tool Change）、刀长补偿（Tool Length Compensation）等后处理事件。这些后处理事件是工件整个加工过程中的辅助动作，大多数是完成切削加工前的准备工作或完成加工后的操作，也可以是两个加工操作之间的辅助操作。

在平面铣和型腔铣操作对话框中，其机床控制操作选项为 Machine，选择 Machine 选项弹出图 8-1 所示的机床控制对话框；在其他铣削操作中，其机床控制选项为 Machine Control，选择 Machine Control 选项，其弹出对话框如图 8-2 所示。

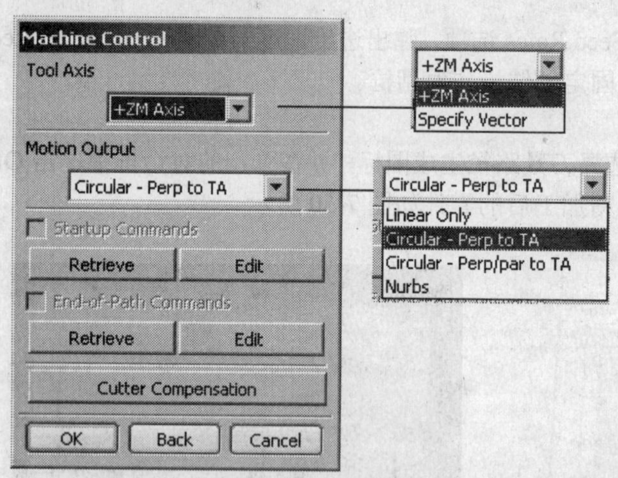

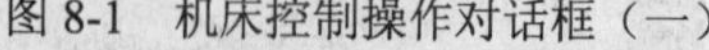

图 8-1　机床控制操作对话框（一）

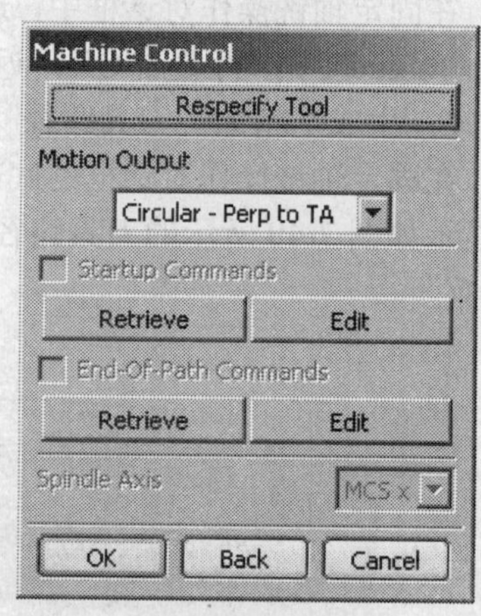

图 8-2　机床控制操作对话框（二）

在各操作对话框中，机床控制选项的设置方法基本相同，下面分别介绍刀轴指定、刀具运动输出、刀具补偿和后置处理命令。

二、指定刀轴

在图 8-1 机床控制操作对话框中，指定刀轴（Specify Tool）选项用于指定刀轴矢量。指定刀轴矢量有两种方法：默认选项是将刀轴指定为加工坐标系的 *Z* 轴；另一个选项是 Vector，选择 Vector 选项，弹出矢量构造器，可指定一个矢量作为刀轴矢量。

三、刀具运动输出

刀具运动输出控制刀具路径的生成方式。刀具路径可由直线、圆弧和 B 样条组成。如图 8-1 显示有四种刀具路径输出方式：直线（Linear Only）、垂直刀轴的圆弧（Circular—Perp to TA）、垂直或平行刀轴的圆弧（Circular—Perp/par to TA）和 B 样条曲线（Nurbs）。

1．直线（Linear Only）

选择直线（Linear Only）输出方式，生成的刀具路径全部由直线走刀组成，在刀具路径中不存在圆弧走刀，在圆角处的圆弧走刀则是由多次直线走刀逼近。因而，在刀具位置源文件（CLSF）中只有 GOTO 语句而没有 CIRCLE 语句，在后置处理程序中也只能见到 G01 语句而没有 G02 和 G03 语句。

2．垂直刀轴的圆弧（Circular—Perp to TA）

选择该输出方式，在垂直于刀轴的平面内，刀具运动尽可能由圆弧走刀组成。系统可将一系列直线走刀用一个圆弧走刀近似代替。刀具路径段为直线或不垂直于刀轴的曲线时，刀具运动是直线走刀；刀具路径段为曲线且垂直于刀轴时，刀具是由圆弧走刀近似代替。因而，在刀具位置源文件（CLSF）和后置处理程序中，既可能有直线走刀语句，又有圆弧走刀语句。

3．垂直或平行刀轴的圆弧（Circular—Perp/par to TA）

选择该输出方式，在垂直或平行于刀轴的平面内，系统可将一系列直线走刀用一个圆弧走刀近似代替，刀具的运动尽可能由圆弧组成。在刀具位置源文件（CLSF）和后置处理程序中，既可能有直线走刀语句，又有圆弧走刀语句。

4．B 样条曲线（Nurbs）

选择该输出方式，系统使刀具尽可能沿着 B 样条曲线移动，而不是沿近似的直线或圆弧段移动。刀具路径是直线时，刀具运动是直线走刀；刀具路径是曲线时，刀具运动是由 B 样条走刀近似代替。因而，在刀具位置源文件（CLSF）和后置处理程序中见不到圆弧走刀语句，但能见到直线走刀语句，以及 B 样条走刀语句（NURBS/）。

四、刀具补偿

由于刀具磨损或重磨刀具等原因，会引起刀具尺寸发生变化，为保证零件加工精度，需要对刀具进行尺寸补偿。刀具补偿（Cutter Compensation）是大多数机床控制系统具有的功能，用于补偿刀具的实际尺寸和指定尺寸之间的偏差。

刀具补偿方法是通过刀具补偿选项或刀具补偿后置处理命令，为刀具补偿指定一个寄存器号，该寄存器号对应于机床控制系统上的一个寄存器。在加工前，先将刀具补偿值输入该寄存器中。在加工时，系统调用该寄存器中的刀具补偿值计算刀具的加工位置。

虽然刀具补偿后置处理命令可以设置刀具的补偿，但图 8-3 所示对话框中的刀具补偿（Cutter Compensation）选项，可以灵活控制刀具补偿。

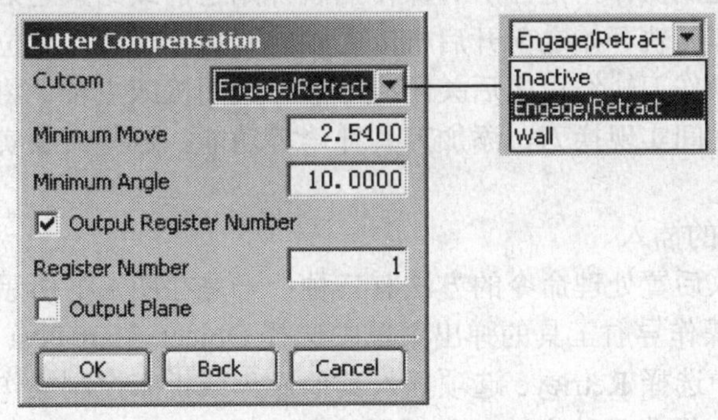

图 8-3　刀具补偿对话框

此处刀具补偿仅用于平面铣、型腔铣中，并且刀具走刀方式不能是Zig、Zig-Zag和Zig with Contour，而只能是 Follow Part、Follow Perphery 或 Profile 等走刀方式。

在图 8-3 中，可设置刀具补偿的三种情况：不采用刀具补偿（Inactive），进刀与退刀刀具补偿（Engage/Retract），侧壁刀具补偿（Wall）。

不采用刀具补偿（Inactive）在生成的刀具路径中不存在刀具补偿命令。

进刀与退刀刀具补偿（Engage/Retract）指定在进刀和退刀运动中采用刀具补偿。当初始进刀运动为直线进刀时，那么刀具补偿可用于初始直线进刀、中间的圆弧进刀和退刀。当初始进刀为圆弧进刀时，系统会在圆弧进刀运动前插入一段线形运动，从而克服机床控制器不允许在圆弧进刀时采用刀具补偿的限制，该线形运动可通过设置最小移动距离（Minimum Move）和最小角度（Minimum Angle）来定义。最小移动距离（Minimum Move）是指沿最小角度方向远离圆弧进刀点的一段距离，仅用于自动进刀退刀方法。最小角度（Minimum Angle）是指圆弧的延长切线绕进刀点旋转的角度，仅用于自动进刀退刀方法。如果不采用自动进刀退刀方法，则不存在控制器的限制，因而不需要使用最小移动距离（Minimum Move）和最小角度（Minimum Angle）这两个选项。图 8-4 所示，定义最小移动距离和最小角度以后，在圆弧进刀中可采用刀具补偿，刀具从它的当前位置移动到最小移动点。

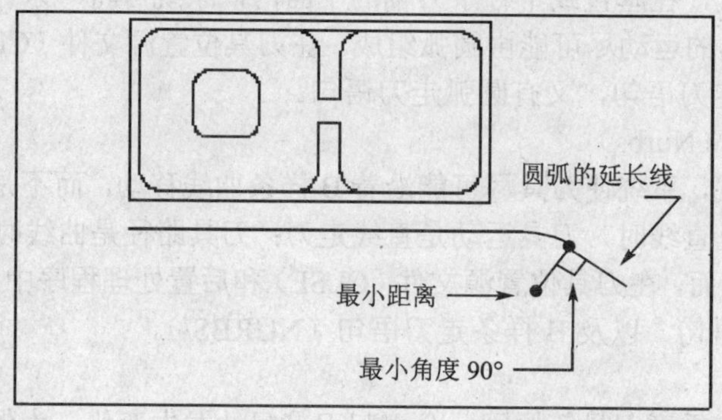

图 8-4　最小距离与最小角度设置

侧壁刀具补偿（Wall）指加工零件侧面时采用刀具补偿。只有当刀具和零件侧面相接触时，才用到刀具补偿。当加工型腔内部材料，刀具和零件侧面不接触时，不采用刀具补偿。

该处的刀具补偿和开始后置处理命令中的刀具补偿命令各自独立使用。如果在两处均设置了刀具补偿，则在刀具位置源文件中和后置处理程序中都会出现两个刀具补偿命令。

五、后置处理命令

这是典型的机床控制操作，是在所有操作刀轨开始之前或结束之后对机床进行一些特殊控制工作。比如在操作刀轨开始之前开启机床主轴、开启冷却液、定位刀具到起始位置、预选一把刀等，在所有操作刀轨结束之后关闭冷却液、关闭机床主轴、将刀具放回到初始位置等。也可以在各操作之间实现换刀、添加刀具补偿等功能。这些命令实际上都是一些后置处理命令。

1．后置处理命令的插入

在刀具路径中插入后置处理命令的方法有三种：一是在图 8-1 所示机床控制对话框中选择 Edit 选项；二是在操作导航工具的弹出菜单中选择 Object-Start Post 或 End Post 选项；三是在机床控制对话框中选择 Retrieve 选项插入其他操作或机床控制操作的后置处理命令。在创建机床控制操作时，用前两种方法加入后置处理命令。

当建立一个操作，要引用其他操作的机床控制信息时，可以在图 8-1 所示机床控制操作对话框中，选择 Retrieve，弹出图 8-5 所示对话框，选择其他模板或操作中的后置处理命令作为当前后置处理命令。对于相似操作，采用此法加入后置处理命令，提高了建立操作的效率。

在图 8-1 所示机床控制操作对话框中，选择 Edit 选项，弹出如图 8-6 所示对话框。在该对话框中可对后置处理命令进行插入、编辑、删除、剪切、粘贴和列出等操作。

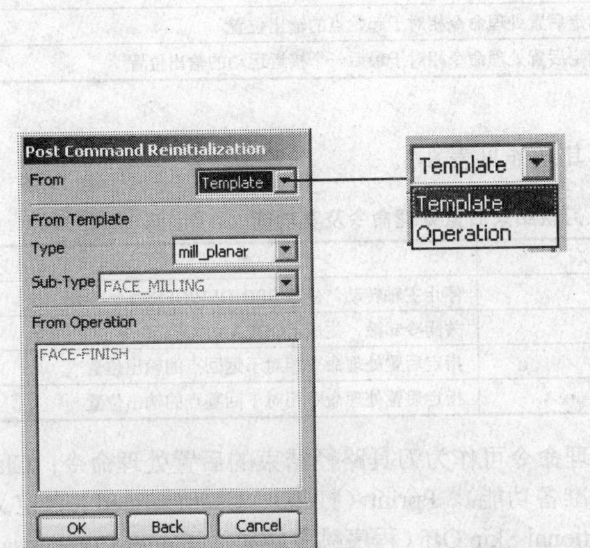

图 8-5　插入其他操作的后置处理命令对话框

图 8-6　插入后置处理命令对话框

后置处理命令可以放在刀具路径开始处，也可以放在刀具路径结束处，还可以插入在刀具路径中间。

2．刀具路径开始处的后置处理命令

铣削加工开始后置处理命令及其功能见表 8-1。

表 8-1　铣削加工开始后置处理命令及其功能

命　令	含　义	功　能
Tool Change	换刀	控制机床换刀，生成 LOAD/TOOL 命令
Spindle On	主轴旋转	控制机床主轴旋转，生成 SPINDLE/命令
Coolant On	冷却液开	控制冷却类型，生成 COOLANT/命令
Cutter Compensation	刀具直径补偿	指定刀具直径补偿情况，生成 CUTCOM/命令
Tool Length Compensation	刀长补偿	指定刀具长度偏置寄存器，生成 SET/ADJUST 命令
Sequence Number	顺序号	控制 NC 程序各语句的排序号，生成 SEQNQ/命令
Clamp	夹紧	用于锁紧转轴，生成 CLAMP/命令
Tool Preselect	预选刀具	在换刀前预选刀具，生成 SELECT/TOOL 命令
Origin	原点	在零件坐标系中指定一点作为机床相对坐标系的原点，生成 ORIGIN/命令
Rotate	旋转	控制工作台和主轴头的旋转，生成 ROTATE/命令
Set Modes	模式设置	指定坐标的输出模式和加工曲面的插补方式，生成 SET/MODE 命令
Optional Skip On	程序段开始	控制操作中加工语句的执行情况，生成 OPSKIP/ON 命令

续表

命　令	含　义	功　能
Optional Skip Off	程序段结束	控制操作中加工语句的执行情况，生成 OPSKIP/OFF 命令
Auxfun	辅助功能	控制输出到机床控制器中的辅助功能代码，生成 AUXFUN/命令
Prefun	准备功能	控制输出到机床控制器中的准备功能代码，生成 PREFUN/命令
Pprint	打印控制	用于输出相关注释，生成 PRINT/命令
User Defined	自定义命令	用于自定义后置处理命令
Operator Message	加工信息	为操作者提供有关的加工信息，生成 DISPLY/命令
Goto	转移到	用于插入一条移动刀具的命令
From Marker	起始标记	指定后置处理命令相对于从点的输出位置
Start Marker	起始点标记	指定后置处理命令相对于起始点的输出位置
Approach Marker	接近点标记	指定后置处理命令相对于最后一个接近运动的输出位置

3．刀具结束后置处理命令

铣削加工刀轨结束后置处理命令及其功能见表 8-2。

表 8-2　铣削加工刀轨结束后置处理命令及其功能

命　令	含　义	功　能
Spindle Off	主轴停转	停止主轴转动，生成 SPINDLE/OFF 命令
Coolant Off	冷却液关	关闭冷却液，生成 COOLANT/OFF 命令
Return Marker	返回点标记	指定后置处理命令相对于返回点的输出位置
Go Home Marker	回零点标记	指定后置处理命令相对于回零点的输出位置

另外还有一些刀具路径开始后置处理命令可作为刀具路径结束的后置处理命令：Clamp（夹紧）、Auxfun（辅助功能）、Prefun（准备功能）、Pprint（打印）、User Defined（自定义命令）、Operator Message（加工信息）、Optional Skip Off（程序跳段结束）、Cutter Compensation（刀具补偿）等。

4．刀具路径中间的后置处理命令

有许多刀具路径开始和结束后置处理命令可作为刀具路径中间的后置处理命令。如：Coolant On，Coolant Off，Spindle On，Spindle Off，Rotate，Clamp，Auxfun，Prefun，Pprint，User Defined，Operator Message，Optional Skip On，Optional Skip Off，Cutter Compensation 等命令。有许多刀具路径中间的后置处理命令和开始后置处理命令相似，常用于刀具路径中间的后置处理命令，见表 8-3。

表 8-3　铣削加工刀轨中间后置处理命令

命　令	含　义	功　能
Dwell	主轴延迟	使加工暂停一段时间，生成 DELAY/命令
Stop	停止	停止程序的执行，生成 STOP/命令
Optional Stop	任选停止	选择性的停止程序的执行

六、建立机床控制操作

要完成一个零件的加工，往往需要建立多个加工操作。对于同类型的加工操作其机床控制设置是相似的。为了简化操作的建立，可先建立一个机床控制操作，添加相关后置处理命令。以后在建立其他操作时，如果其机床控制命令与创建的机床控制操作包含的命令相似，则可通过图 8-1 中选择 Retrieve 选项，再在弹出对话框中选取已建立的机床控制操作，单击 OK，则可引用机床控制操作设置的后置处理命令到当前的操作中。

在创建工具条中选择创建操作图标，系统弹出创建操作对话框。在系统提供的默认模板零件中，选择机床控制操作子类型，对铣削操作为（MILL_CONTROL），在Program中选择程序组，在Use Geometry中选择几何组，在Use Tool中选取已创建的刀具，在Name文本框中输入机床控制操作名称，单击OK，弹出图8-7所示创建机床控制操作对话框。

图8-7　创建机床控制操作对话框

在机床控制操作对话框中，选择Edit选项，弹出图8-6所示的对话框，添加各种后置处理命令到机床控制操作中。

加入各种后置处理命令后，选择生成刀具路径选项，即完成该机床控制操作的建立，在建立其他操作时，即可引用。

第二节　后置处理技术

在UG中各加工模块主要功能是创建零件加工的刀具路径。但是，生成的刀具路径如果不经后置处理将无法直接发送到数控机床进行零件加工。这是因为不同厂商生产的机床硬件条件是不同的，例如，有的机床旋转轴水平布置，有的机床旋转轴是垂直布置，还有的机床在加工时可以多轴联动等。而且，各种机床所使用的控制系统也不一样，对于同一功能，在不同的数控系统中其代码也不完全相同。这些与特定机床相关的信息，并不包含在最初的UG刀具位置源文件（CLSF）中。因此，刀具位置源文件必须进行后置处理，以适应不同机床控制系统的特定要求。这种根据机床参数格式化刀具位置源文件，并生成特定机床可以识别的NC程序的过程称为后置处理，其处理结果为生成带 .ptp扩展名的后置处理文件（即数控程序）。在此介绍UG提供的两种后置处理器：GPM（图形后置处理器）和UG/POST（UG后置处理器）。

一、图形后置处理器

1．图形后置处理器简介

图形后置处理器（GPM），主要是对刀具路径进行正确转换从而生成数控加工程序，以应用于不同类型的机床控制系统。用GPM进行后置处理时，需要使用机床数据文件（MDF），机床数据文件包含对刀具路径进行后置处理时所需的机床数据。GPM和MDF文件相互依赖，GPM必须根据MDF文件中的数据来设置其开关量，同时MDF文件也只能用GPM进行后置处理。

采用GPM进行后置处理时，应先在加工应用中生成刀具位置源文件（CLSF），并用机床数据文件生成器（MDFG）建立机床数据文件（MDF），然后进入GPM模块，对刀具位置源文件进行后置处理。

GPM的工作步骤是：首先，系统读取指定的CLSF文件和MDF文件；然后，根据MDF指令对CLSF进行数据格式化处理；最后，输出经后置处理的刀具路径文件（PTP文件），即NC程序。

2．机床数据文件生成器

机床数据文件生成器（MDFG）是一个菜单驱动程序，用于生成ASCII码格式的机床数据文件，机床数据文件的扩展名为：.MDFA。

图形后置处理器是通过阅读机床数据文件（MDF）来确定后置处理的输出格式的。通过机床数据文件生成器，用户可以建立一个新的机床数据文件，也可以对存在的机床数据文件进行编辑。机床数据文件包含一系列交互式菜单，用户可通过各菜单选项选择或设置符合指定机床的相关参数。

在操作系统中，单击：开始－UG－Post Tools－mdfg 菜单项，系统打开机床数据文件生成器，弹出如图 8-8 所示的创建窗口。该窗口中包含三个菜单项：EDIT AN MDFA/MDF 菜单项，用于编辑存在的机床数据文件；CREATE NEW MDFA 菜单项，用于创建新的机床数据文件；TERMINATE 菜单项用于退出机床数据文件生成器。

创建机床数据文件时，在图 8-8 中输入 2 并单击回车键，再按系统提示输入文件名称、选取公制或英制单位，然后单击回车，即弹出如图 8-9 所示的 MDFG 主菜单。应用主菜单中的各菜单项，可以选择机床类型、设置机床坐标轴、指定 G 代码和 M 代码的格式、设置机床运动控制，以及指定其他与机床相关的参数。

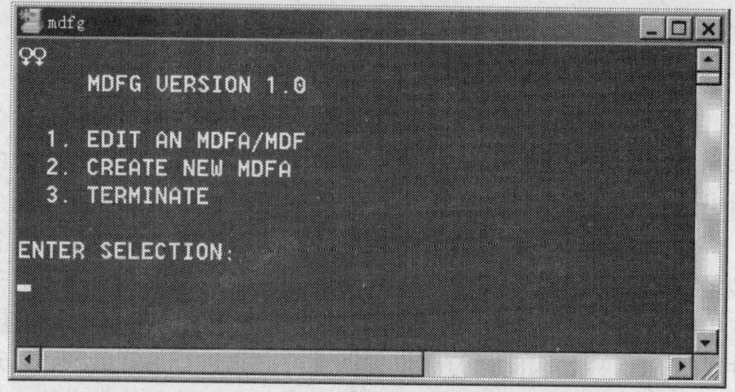

图 8-8　机床数据文件创建窗口

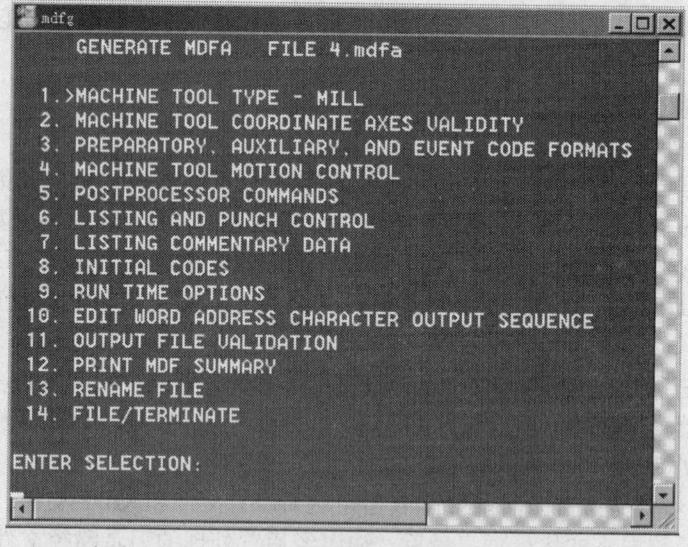

图 8-9　MDFG 主菜单

在主菜单中设置各机床参数时，应先输入参数前的序号，再单击回车键，进入相应参数的设置菜单。当完成一个参数设置后，系统自动跳到下一个参数供用户进行设置，并在其前面显示>符号。

3．图形后置处理器的后置处理途径

在 UG 加工环境中，在主菜单中选择 Tools－CLSF…菜单项，系统弹出刀具位置源文件选取对话框。选取已创建的刀具位置源文件后，显示刀具位置源文件管理器对话框，在对话框中单击 Postprocess 选项，弹出如图 8-10 所示的数控后置处理对话框。

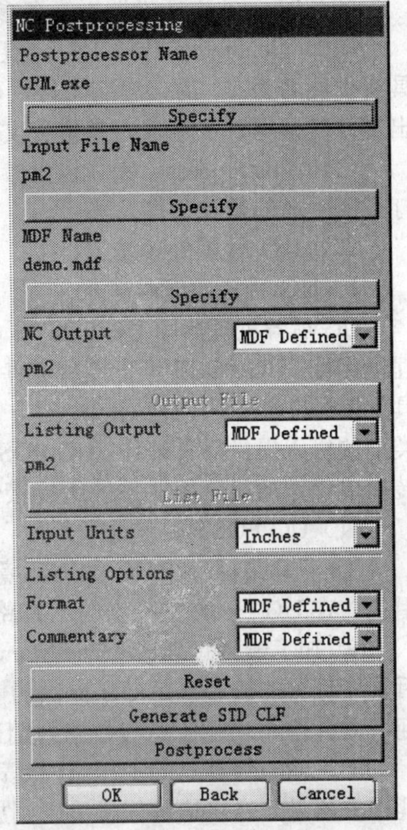

图 8-10　数控后置处理对话框

在图 8-10 所示的对话框中依次设置后置处理器、刀具位置源文件、机床数据文件、输出数控程序文件、设置输出单位等参数，然后单击 Postprocess 选项执行后置处理。图 8-10 所示的对话框各选项说明如下。

（1）Postprocessor Name　在 Postprocessor Name 的下方，显示当前使用的图形后置处理器名称。单击其下方的 Specify 选项，可通过浏览目录重新选择后置处理器。但一般情况没必要再选取，因为系统默认值为 GPM。

（2）Input File Name　在 Input File Name 的下方，显示当前要进行后置处理的刀具位置源文件。单击其下方的 Specify 选项，可通过浏览选取其他刀具位置源文件进行后置处理。

（3）MDF Name　在 MDF Name 的下方，显示当前使用的机床数据文件名。单击其下方的 Specify 选项，可选取其他机床数据文件用于后置处理。

（4）NC Output　NC Output 下拉列表框，用于选择后置处理数控程序的输出形式，它包含四个选项。

File：该选项指定以文本文件方式输出 NC 程序。选择该选项时，Output File 选项激活，单击该选项，可以选择或输入名称。默认名称为刀具位置源文件的名称。

Paper Tape：该选项指定输出 NC 代码到纸带打孔机。

None：该选项抑制输出。

MDF Defined：按机床数据文件定义的方式输出。

（5）Listing Output　该选项指定程序列表输出方式。包含五个可选项。

File：该选项指定以文件方式输出。选择该选项时，List File 选项激活，单击该选项，可以选择或输入文件名称。

Line Terminal：该选项指定程序列表输出到显示器。

Printer：该选项指定程序列表输出到打印机。

None：该选项抑制程序列表输出。

MDF Defined：按机床数据文件定义的方式输出。

（6）Input Units　指定输入数据的测量单位，可选择英寸、毫米或按 MDF 文件定义的单位。

（7）Listing Format　该下拉列表框用于选择程序列表的输出格式，它含三个可选项。

Packed：用紧缩格式输出，数据间没有空格，如 N001G01X1234Y1234M12。

Columns：按列输出，数据间有空格，如 N001 G01 X1234 Y1234 M12。

MDF Defined：按照机床数据文件定义的格式输出。

（8）Listing Commentary　该下拉列表框控制在列表输出中是否输出注释。可设置成 Yes、No 或 MDF Defined 三种形式。

（9）Reset　重新设置以上各参数。

（10）Generate STD CLF　产生一个标准的刀具位置文件，即 APT 文件。该文件是一个具有扩展名为.clf 的二进制文件，可用其他后置处理器进行后置处理。单击该选项时，则弹出文件对话框，可输入刀具位置文件的文件名。

（11）Postprocess　完成以上参数设置后，单击该选项可进行后置处理。可用文本编辑器打开所生成的数控程序。

二、UG 后置处理器

1. UG 后置处理器简介

UG 后置处理器即 UG/POST，是 UG 软件自身提供的一个后置处理程序。与图形后置处理器相比，UG/POST 可直接从零件的刀具路径中提取路径信息进行后置处理，而不必生成刀具位置源文件，因此使用起来更方便。同时，它允许用户自己定义后置处理命令，能为更多类型的机床提供后置处理。UG/POST 通过与图形后置处理器相似的途径，将产生的刀具路径转换成指定的机床控制系统所能接受的加工指令。

（1）UG/POST 后置处理条件　用 UG/POST 进行后置处理时，需具备以下条件。

① 刀具路径　在 UG 加工环境中创建的操作必须生成刀具路径。因为 UG/POST 是需要用包含在 UG－part 文件中的刀具路径信息作为后置处理的输入。

② 加工输出管理器（The Manufacturing Output Manager）加工输出管理器是 UG/POST 后置处理器的核心，是 UG 提供的一个事件驱动工具。在后置处理时，加工输出管理器启动翻译器并增添功能信息与数据到翻译器，加载事件管理器和定义文件。

加工输出管理器的工作流程是：系统首先利用事件生成器从刀具路径中提取每个事件及其相关信息，并将这些信息传送到加工输出管理器进行处理；然后把带有相关数据信息的事件传递到已生成的事件管理器中，由事件管理器对事件进行处理；再将要输出的数据信息返回到加工输出管理器；最后加工输出管理器通过阅读定义文件的有关信息来确定输出文件的格式。

③ 事件生成器　事件生成器（The Event Generator）是一个提取零件的刀具路径数据的文件，它能将提取的刀具路径数据作为事件和参数发送到加工输出管理器。这些事件包含大量能使数控机床执行某些特定加工动作的信息。例如，要使数控机床沿某一直线运动到参数 X、Y、Z 所确定的位置点，事件生成器将会产生一个直线运动事件，该事件带有直线运动终点 X、Y、Z 坐标值的参数信息，这些信息将会被发送到加工输出管理器中。

④ 事件管理器　事件管理器（The Event Handle）是描述机床配置的两个文件之一，它包含根据机床控制器定义的一系列事件处理命令。该文件的扩展名为.tcl。在事件管理器中定义的处理命令，必须满足各类事件的处理要求。事件管理器中包含的处理指令主要指定刀具路径的处理方法以及每一事件在机床上如何执行。这些指令是用 UG 内部自带的用 TCL 语言编写的程序。对于要用事件管理器处理的每一个事件必须是 TCL 程序，这些程序可通过 Post Build 自动完成。在事件生成器产生事件后，加工输出管理器将调用这些程序，如果不想对某一特殊的事件进行处理，只要在事件管理器中修改该事件的 TCL 程序即可。

⑤ 定义文件　定义文件（The Definition File）是包含特定机床静态信息的文件，这些静态信息包括：输出格式、有效字符（X、Y 等）及一般机床属性等。该文件的扩展名为.def。

（2）UG/POST 进行后置处理的步骤　UG/POST 进行后置处理的步骤为：生成工件的刀具路径；通过 Post Builder 生成事件管理器文件和定义文件，并将生成的事件管理器文件和定义文件增添到后置处理模板中；进入 UG/POST 后置处理环境进行后置处理，从而生成可用于指定机床的数控程序。

2．Post Builder

Post Builder 是为特定机床和数控系统定制后置处理器的一种工具。应用 Post Builder 可以建立两个与特定机床相关的后置处理文件：事件管理器和定义文件。

(1)进入 Post Builder 工作环境　在操作系统中，单击开始－程序－Unigraphics NX－Post Tools－Post Builder，即可打开进入 Post Builder 的起始对话框，如图 8-11 所示。

图 8-11　Post Builder 的起始对话框

① 新建机床后置处理文件　在图 8-11 对话框中单击新建文件图标，弹出 8-12 所示的对话框。新建机床后置处理文件时，首先需在对话框的 Post Name 文本框中输入后置处理文件名称，然后指定后置处理输出的单位并选取机床的类型，最后单击 OK，进入图 8-13 所示的机床后置处理参数设置对话框。

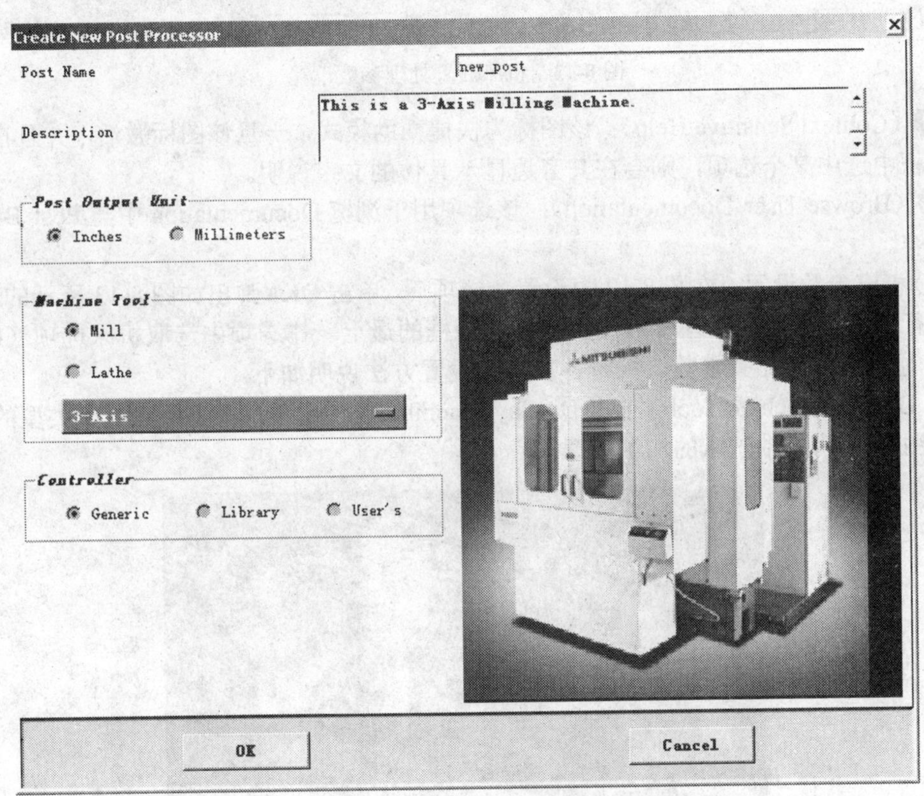

图 8-12　新建机床后置处理文件

② 帮助的使用　图 8-11 对话框右端的三个帮助图标，为用户提供相关的帮助信息。各图标功能说明如下。

(Balloon Help)：该图标处于激活状态，呈红色显示。当光标置于对话框某个选项时，会在其旁边显示该选项的相关说明。

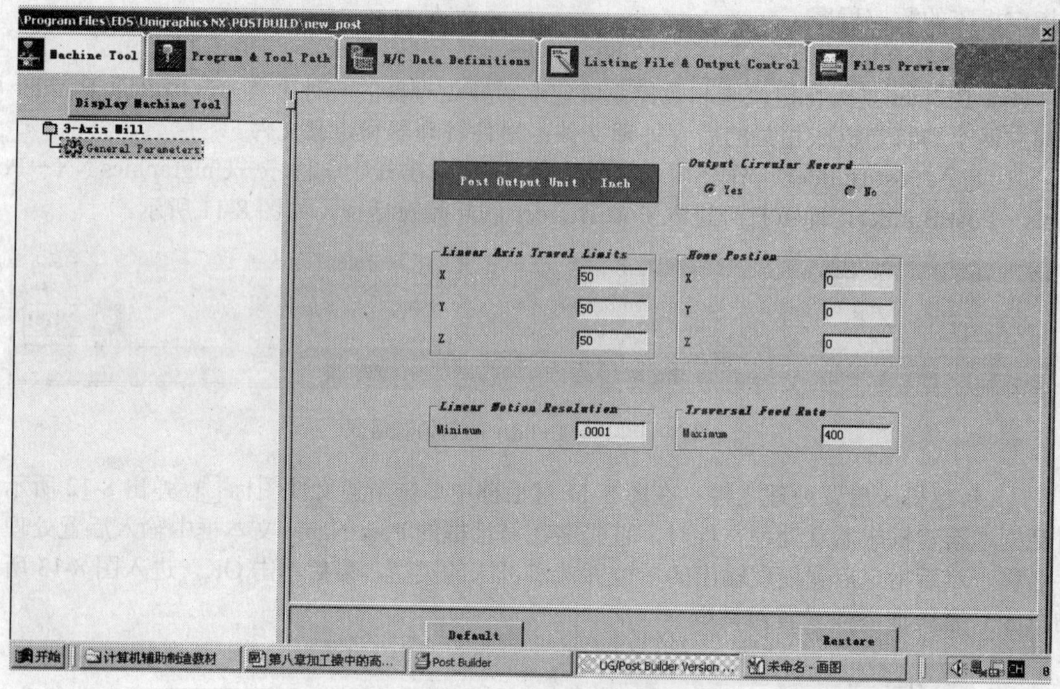

图 8-13　机床后置处理参数设置

(Context Sensitive Help)：该图标为快捷帮助模式，一旦该图标激活，并且在后置处理对话框中选中某个选项，则会在其旁边显示具体的文字说明。

(Browse User Documentation)：该选项用于浏览 Documentation 中与 Post Builder 相关的内容。

(2) 机床参数设置　在图 8-12 中设置各选项后，单击 OK，弹出如图 8-13 所示的对话框，即可进行所选机床后置处理参数设置。在对话框的最上一排选项中选取机床选项（Machine Tool)，显示机床的相关参数。机床各参数的设置方法说明如下。

① Display Machine Tool　单击 Display Machine Tool 选项，弹出所选机床类型的结构示意图。图 8-14 为三轴铣床的加工示意。

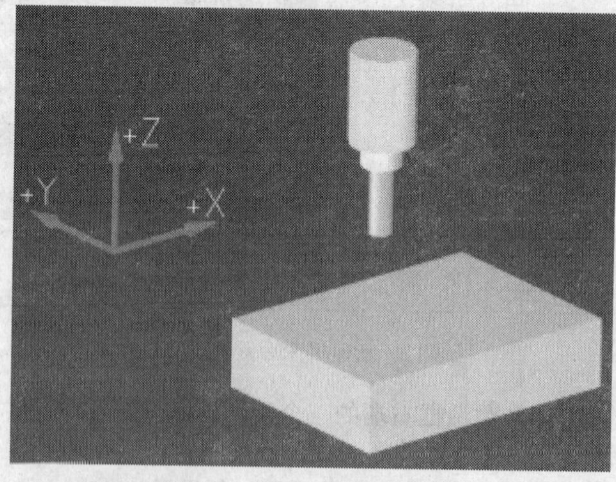

图 8-14　三轴铣床加工示意

② General Parameters　在图 8-13 中选取该选项，可弹出如图 8-15 所示的机床一般参数设置对话框。用于设置机床各坐标轴的最大行程、机床原点的坐标位置、机床直线移动的最小步距、机床快速移动的最大速度等。

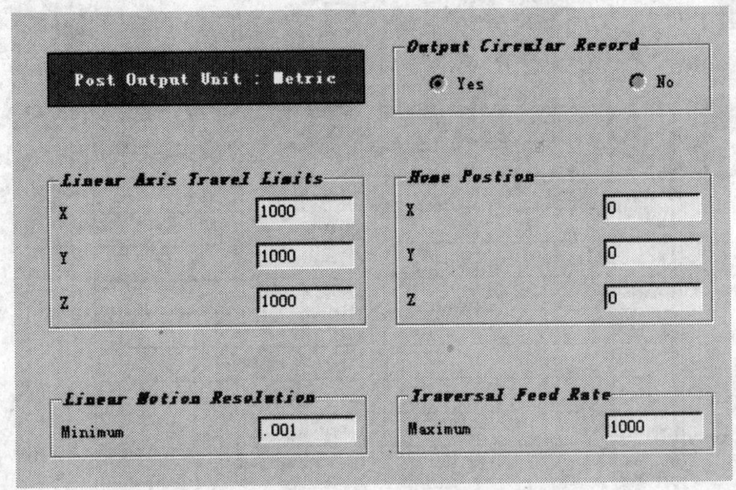

图 8-15　机床一般参数设置对话框

（3）程序与刀具路径　在图 8-13 最上部一排选项中，选取程序与刀具路径（Program & Tool Path）选项，对话框切换为如图 8-16 所示形式。这里可设置程序与刀具路径的相关参数。

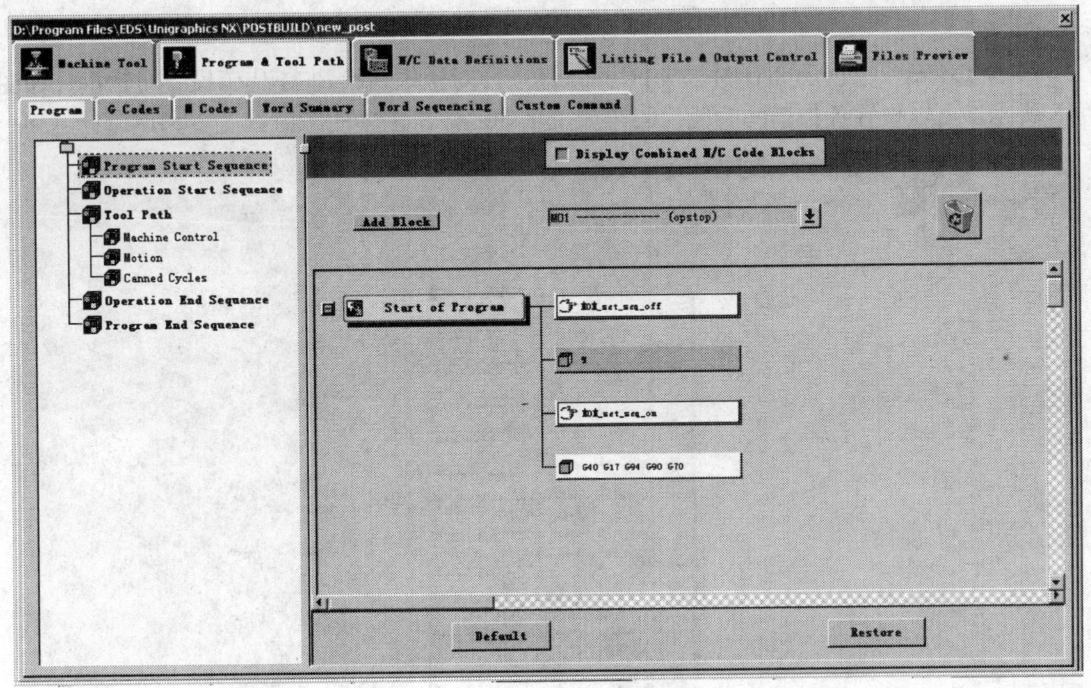

图 8-16　程序与刀具路径参数设置对话框

① Program　在图 8-16 所示对话框中，可设置与程序相关的参数。如程序的起始顺序、操作的起始顺序、刀具路径（机床控制、刀具运动等）、操作结束顺序、程序结束顺序等。

② G Codes　单击图 8-16 中的 G Codes 选项，对话框切换到 G 代码设置对话框，如图

8-17 所示，可以根据机床控制器为各种机床运动或加工操作设置 G 代码。如直线插补运动为 G01，顺圆弧插补运动设置为 G02，快速运动为 G00 等。

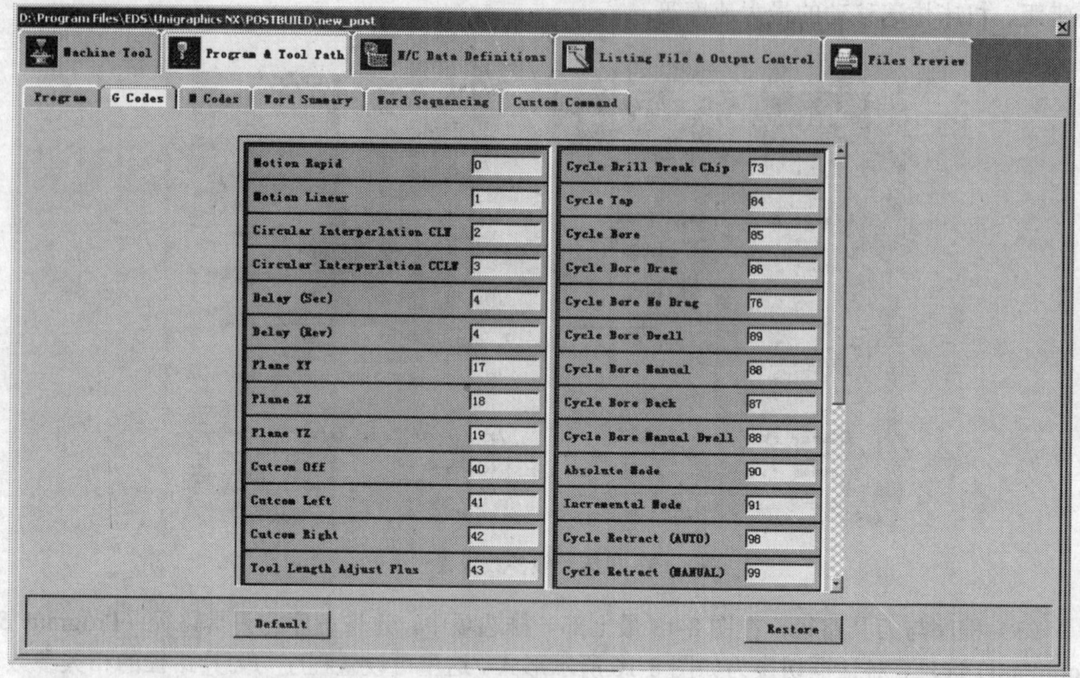

图 8-17　G 代码设置对话框

③ M Codes　单击图 8-16 中的 M Codes 选项，对话框切换到 M 代码设置对话框，如图 8-18 所示，可以设置各种辅助功能代码，如主轴的启停、主轴的顺时针旋转和逆时针旋转、

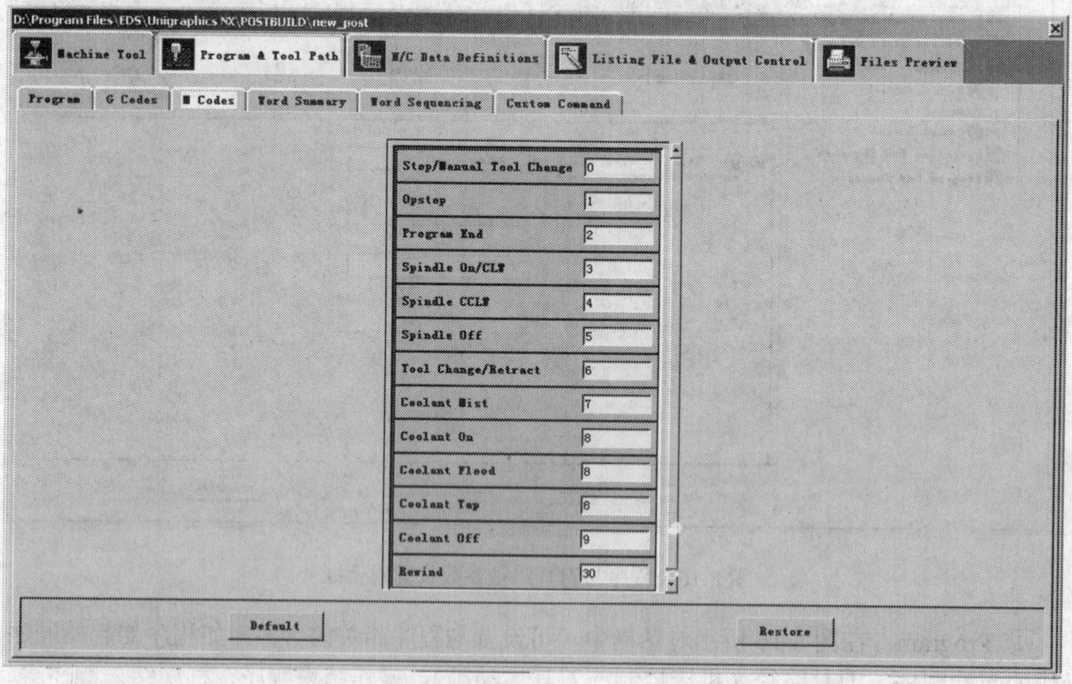

图 8-18　M 代码设置对话框

刀具的换刀等。对于 M 代码的分配需根据具体机床的辅助功能进行设置。

④ Word Summary　该选项用于综合设置数控程序中可能出现的各种代码。如代码的数据类型（文本类型或数值型）、代码符号、整数的位数、是否带小数及小数位数等。

⑤ Word Sequencing　该选项设置程序段中各代码的顺序。如设置每一程序语句中的 G 代码、辅助代码、各坐标轴的坐标值等参数的顺序。

⑥ Custom Command　该选项用于自定义后置处理命令。

（4）N/C 代码定义　在图 8-13 最上部一排选项中，选取 N/C 数据定义 （N/C Data Definitions）选项，系统弹出如图 8-19 所示对话框，可定义相关 N/C 数据。各参数设置说明如下。

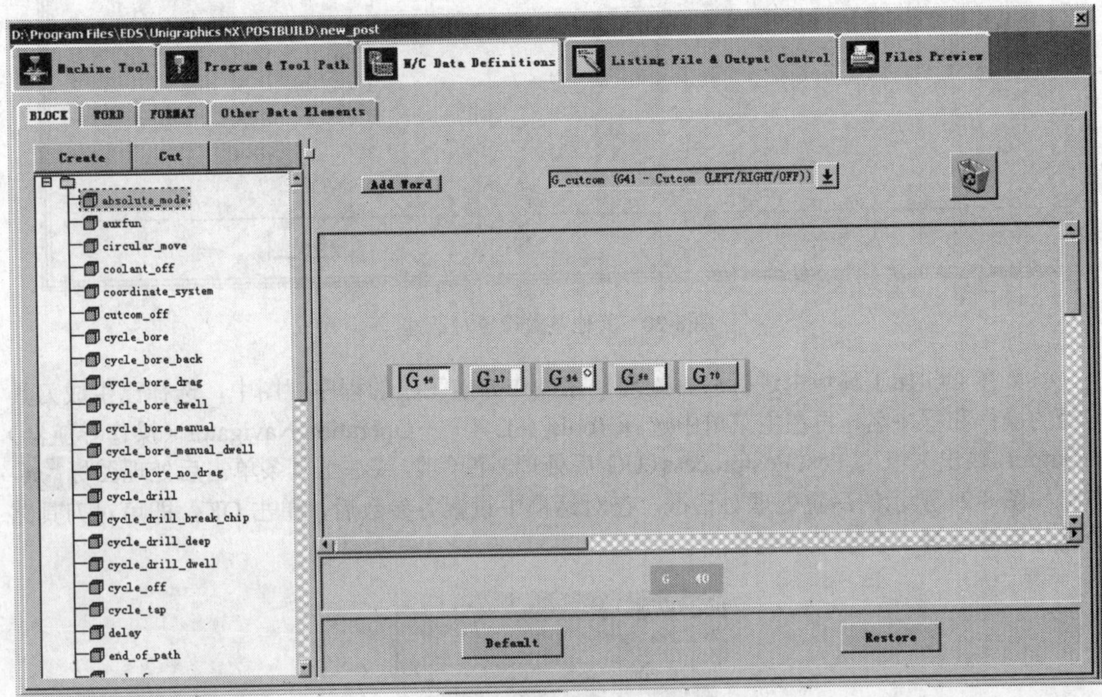

图 8-19　N/C 数据定义对话框

① BLOCK　该选项定义各种代码和操作的程序块。例如，辅助功能应包括哪些字符，循环钻孔应包含哪些代码和字符等。

② WORD　该选项定义数控程序中可能出现的各种代码及其格式。例如，坐标轴代码、准备功能代码、进给量代码、刀具代码等分别采用哪个字符表示，以及它们的格式。

③ FORMAT　该选项定义数控程序中可能出现的各种数据格式，如坐标值、准备功能代码、进给量、主轴转速等参数的数据格式。

④ Other Data Elements　该选项定义其他数据，如程序序号的起始值、增量以及跳过程序段的首字符等，如图 8-20 所示。

3．用 UG/POST 进行后置处理

用 Post Builder 建立特定机床事件管理器和定义文件后，可用 UG/POST 进行后置处理，将刀具路径生成适合指定机床的 NC 代码。用 UG/POST 进行后置处理时，可在 UG 加工环境中进行，也可以在操作系统下进行。

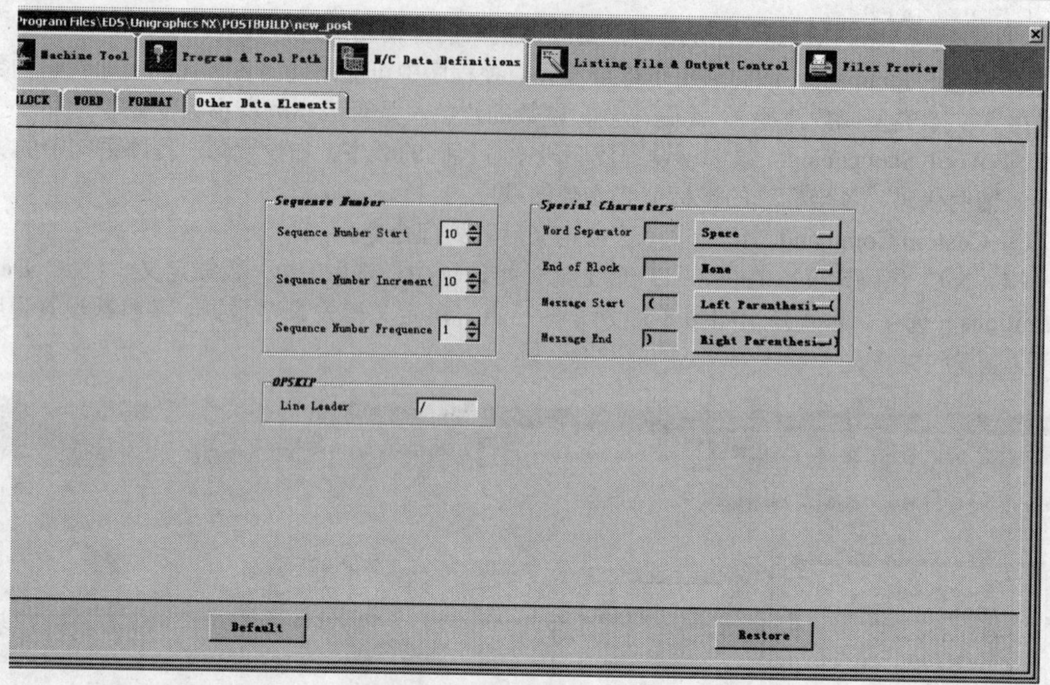

图 8-20　其他参数设置对话框

（1）在 UG 加工环境中进行后置处理　在操作导航工具的程序视图中，选择已生成刀具路径的操作和程序名，再在主菜单中选择 Tools（工具）－Operation Navigator（操作导航器）－Output（输出）－UG/Post Postprocess（UG/后处理）菜单项，或在工具条单击后处理图标，弹出如图 8-21 所示的后置处理对话框，在对话框中设置各参数后，单击 OK，即可对刀具路径进行后置处理。各选项说明如下。

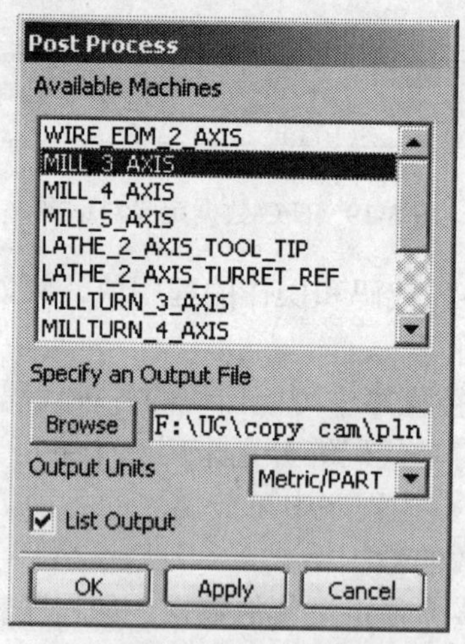

图 8-21　后置处理对话框

① Available Machines（可用机床）　该列表框显示模板所包含的机床定义文件，用户可根据加工需要，选择合适的机床定义文件。因为不同厂商生产的数控机床其控制参数不同，所以对话框中那些包含特定机床参数的机床定义文件只能由用户自定义。

② Specify an Output File（指定输出文件名）　该选项指定后置处理输出程序的文件名和

路径。可在其下方的文本框中直接输入路径和文件名，也可选择 Browse 选项，通过浏览目录指定输出文件的名称和路径。

③ Output Units（输出单位）　该选项设置输出单位，可选择公制或英制单位。

完成各项设置后，单击 OK，生成指定路径的文件名的程序文件。

（2）在操作系统环境中进行后置处理　在操作系统环境中，可对包含刀具路径的 UG 路径文件（.prt）进行后置处理。单击开始－程序－Unigraphics NX－Post Tools－ugpost。弹出如图 8-22 所示的 UG 后置处理对话框。先在对话框中，依次设置 UG 后置处理器的路径和文件名、机床定义文件路径和文件名、需要进行后置处理的零件路径和文件名、程序列表的输出路径和文件名以及错误信息输出文件的目录和文件名等，然后在对话框中选择 Execute ugpost（执行后处理）选项，执行后置处理，则可生成扩展名为.ptp 的后置处理输出文件（即数控程序）。该文件为文本文件，可用文本编辑器编辑。

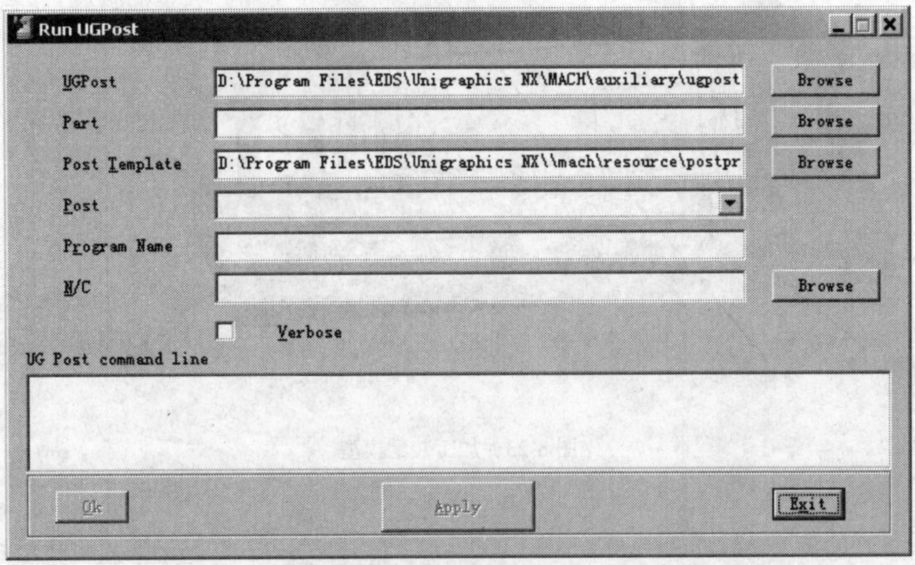

图 8-22　UG 后置处理器对话框

第三节　装 配 加 工

装配加工就是将被加工的零件、加工机床、各种工装夹具按实际加工情况建立其装配模型（可以是简化的模型），然后生成被加工零件的刀具轨迹。直接在装配模型上对零件完成刀轨的生成，是 UG 加工的主要特点之一。

在装配加工中定义一个加工操作时，可以选择装配部件中的任意几何对象，也可以选择任一装配组件的部件文件中的任意几何对象。而所有选择到的几何对象都是与装配模型相关的。

1．主模型

在装配加工中的主模型，具体是指先建立加工的装配模型。在开始加工之前，先创建一个新的加工部件文件，然后利用装配功能中的添加部件功能将加工装配模型作为一个独立的部件添加到加工部件文件中，所有的加工操作都是在该加工部件文件中定义，这些操作及其参数信息都保留在该部件文件中，所有的操作中所利用的几何对象都与装配模型相关。

这样在对零件创建刀具轨迹的同时，可以继续修改加工装配模型。一旦装配模型被修改，该装配模型所创建的加工刀轨所选择的几何对象就会相应更新。

这由多人共同完成一个产品的设计建模和加工等多项工作的方法，称为并行工程（Concurrent Engineering）方法。

2．加工装配

装配模型可直接用UG的加工模块UG/Manufacturing进行加工，装配模型中可含所有的工装夹具。这种加工方法比传统方法有如下优点。

（1）免去了要将被加工零件的夹具几何对象合并到被加工零件模型中。

（2）在没有写访问权限的情况下，NC编程员可以生成与主模型完全相关的刀轨。

（3）允许多个NC编程员同时在各自的文件中开发NC数据。

图8-23　显示了一个加工装配模型。

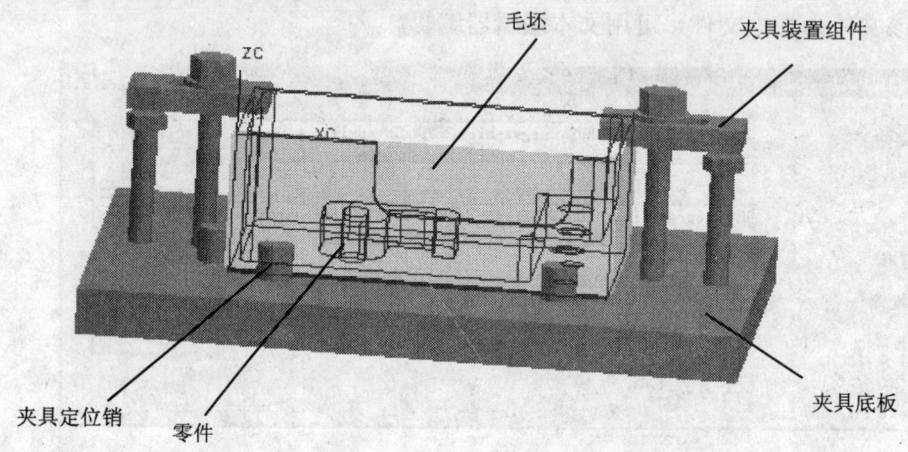

图8-23　加工装配模型

参考文献

1 徐宏海. 数控加工工艺. 北京：化学工业出版社，2003

2 郭铁良. 模具制造工艺学. 高等教育出版社，2002

3 机械工程手册电机工程手册编辑委员会. 机械工程手册. 第 2 版. 机械制造工艺及设备卷（一）. 北京：机械工业出版社，1996

4 机械工程手册电机工程手册编辑委员会. 机械工程手册. 第 2 版. 机械制造工艺及设备卷（二）. 北京：机械工业出版社，1996

5 林朝平. 现代制造技术. 南京：东南大学出版社，2001

6 于春生，韩旻. 数控机床编程及应用. 北京：高等教育出版社，2001

7 黄卫. 数控技术与数控编程. 北京：机械工业出版社，2004

8 赵长明，刘万菊. 数控加工工艺及设备. 北京：高等教育出版社，2003

9 张超英，罗学科. 数控机床加工工艺、编程及操作实训. 北京：高等教育出版社，2003

10 范钦武. 模具数控加工技术及应用. 北京：化学工业出版社，2004

11 金涤尘，宋放之. 现代模具制造技术. 北京：机械工业出版社，2000

12 王敏杰，宋满仓. 模具制造技术. 北京：电子工业出版社，2004

13 马秋成等. UG-CAM 篇. 北京：机械工业出版社，2002

14 王庆林等. UG 铣制造过程实用指导. 北京：清华大学出版社，2002

15 王先逵. 计算机辅助制造. 北京：清华大学出版社，1998

16 孟富森，蒋忠理. 数控技术与 CAM 应用. 重庆大学出版社，2002

17 刘建超. 模具 CAD/CAM. 北京：化学工业出版社，2003

18 许鹤峰，闫光荣. 数字化模具制造技术. 北京：化学工业出版社，2001

19 陈洪涛. 数控加工工艺与编程. 北京：高等教育出版社，2003

内 容 提 要

本书主要以 UG 软件为平台，着重讲述了计算机辅助制造的基本方法。内容新颖丰富，注重实际。

全书讲述了 CAM 的基本知识；介绍了数控编程及加工工艺的基本知识，进行了数控加工工艺分析；介绍了计算机辅助设计的方法，讲述了 UG 的几何造型技术；详细介绍了 UG 的加工方法，包括加工应用基础知识、平面铣加工、型腔铣加工、固定轴曲面轮廓铣加工等，通过实例来突出重点，便于理解；介绍了 UG 加工操作中的高级应用，包括了机床控制操作的方法、后置处理技术、装配加工等内容。

本书可作为高职高专院校模具专业、数控专业、机电一体化专业、机械设计制造及自动化专业的教材，也可作为大学本科学生及企业工程技术人员的参考书。